김상복 목사

야, 희망있네

인생과 종말

신교횃불

확신시리즈 5

야, 희망있네 인생과 종말

2019년 1월 11일 초판 1쇄 발행

지은이 | 김상복
편집인 | 우경신, 박유빈, 양선애, 양미애
발행처 | 도서출판 선교횃불(ccm2u)
　　　　전화 : (02)2203-2739
　　　　팩스 : (02)2203-2738
등록일 | 1999년 9월 21일 제 54호
등록처 | 서울 송파구 백제고분로 27길 12(삼전동)

ISBN　978-89-5546-407-8
　　　　978-89-5546-403-0(세트)

아, 희망있네

사랑하고 존경하는 김상복 목사님께

원로목사님의 팔순을 기념하면서 할렐루야교회가 목사님의 '확신시리즈'를 재발간하게 되어 얼마나 기쁜지 모르겠습니다. 이것은 모든 교인들의 마음이기도 합니다. 목사님은 목회자이시며 학자이십니다. 목회자의 가슴과 시각으로 신학을 쉽고 깊게 정리하셨고, 이를 통해 성도들의 삶을 윤택하게 해 주신 분입니다.

'평신도 신학'이라는 단어가 한국 교회에 생소했을 무렵, 목사님은 선구자 역할을 해 주셨습니다. 교회의 진정한 자원은 바로 '사람'이라는 것을 알려 주셨고, 성도들을 깨워 주님의 진정한 일꾼으로 세우려 노력하셨습니다. 무엇보다도 '3S'의 신학을 강조하시며, 전 성도들이 '구원(Salvation)'과 '성화(Sanctification)'와 '섬김(Service)'에 대해 확신을 갖고 살 수 있도록 온몸을 던져 섬겨 주셨습니다. 그리하여 교회를 건강하게 세우고, 성도들이 주님을 위해 세상의 빛과 소금으로 살 수 있도록 도와주셨습니다.

저는 목사님의 후임으로서 우리 교회의 토대가 강건하다는 것을 분명하게 아는 사람입니다. 목사님의 '평신도 신학'이 이러한 터전을 만들어 주었다는 확신과 자부심을 갖고 있습니다. 목사님의 그러한 가르침들은 그때만 필요했던 것이 아닙니다. 오늘날에도 여전히, 절실히 필요합니다. 그 어느 때보다도 성도들이 견고하게 서서 믿음을 지켜야 할 때가 지금이라고 생각하기 때문입니다. 또한 교회 사역의 본질로 돌아가 평신도들을 깨우며 무장시켜야 할 때도 바로 이때라고 보기 때문입니다. 주님의 교회가 세상의 유일한 희망이라면, 준비되고 건강한 성도들이야말로 교회의 소망이라고 믿습니다. 그렇기에 그동안 목사님께서 전하셨던 여러 가르침을 모아 더욱 깊고 풍성한 '확신시리즈'로 발간하는 것이 정말 기쁘고 감사할 따름입니다.

목사님이 저의 원로목사님이셔서 정말 감격스럽습니다. 목사님이 우리 할렐루야교회의 원로목사님이셔서 정말 든든합니다. 이번 '확신시리즈' 발간을 통해 모든 신학의 핵심이자 곧 결론이 되시는 예수님의 이름이 더욱 높아지기를 소망합니다.

2018년 7월
할렐루야교회 담임목사
김승욱

마지막 때의 희망을 찾다

우리는 예수님을 믿고 거듭나 구원받은 순간부터 하나님께서 천국으로 부르시는 그날까지 이 땅에서 주님과 함께 살아갑니다. 그렇다면 우리의 마지막은 어떨까요? 이 땅에서 개인의 종말을 경험하거나 혹은 천사장의 나팔 소리와 함께 최후의 심판자로 나타나실 예수님을 만나게 될 것입니다.

확신시리즈 제5권은 '인생과 종말'에 관한 내용입니다. 하나님의 은혜로 구원받은 우리에게는 개인의 종말이나 세상의 종말, 둘 다 간절히 기다려지는 희망의 시간입니다. 그렇기 때문에 "아, 희망이 있네!"라고 고백할 수 있습니다.

1부는 '구원받은 우리가 이 땅에서 어떻게 변화되는가? 또 일상과 현실에서는 어떻게 살아가야 할 것인가?'라는 질문을 던집니다. 그리고 '야고보서'에서 그 해답을 찾습니다. 예수님의 동생 야고보가 저술한 편지 야고보서는 당시 예루살렘의 핍박으로 인해 전 세계로 흩어져 온갖 고난을 겪으며 살아가던 디아스포라(Diaspora) 기독교인들이 어떻게 신앙을 생활화하며 살아야 하는지를 구체적으로 보여 줍니다.

한마디로 요약하면 신앙은 생활이고 생활 자체가 신앙이라는 것입니다. 신앙은 주일에 교회에 갈 때만 가슴에 달았다가 예배가 끝나면 떼어서 다음 주일까지 보관하는 것이 아닙니다. 신앙은 곧 우리의 일상과 생활 그 자체여야 합니다.

예수님을 전적으로 우리 삶의 주인으로 모시게 되면, 주님께서는 우리 마음의 집에 들어오십니다. 그날부터 주님과 함께 새로운 삶이 시작됩니다(계 3:20). 이제는 내가 사는 것이 아니요, 내 안에 임재하신 주님이 사시는 것입니다(갈 2:20). 나의 생각, 가치관, 언어, 대인 관계, 행동, 습관, 관심, 감정, 태도, 인격에 전인적 변화가 시작되고, 이전의 나 중심적이고 이기적인 삶이 하나님과 이웃을 위한 헌신적인 삶으로 변합니다.

어려운 시련도 이전에는 고통과 괴로움이었으나 이제는 그로 인해 믿음이 자라고, 인내력이 강화되는 놀라운 기회가 됩니다. 시련과 시험을 '다시없는 기쁨'으로 여기며 살기 시작합니다. 분명 똑같은 고통이고 시련인데 내 삶에서 그 의미가 완전히 달라집니다.

사람에 대한 가치관도 변합니다. 부자와 가난한 자에 대한 차별이 사라지고 모든 사람을 하나님의 형상을 지닌 동일한 가치를 가진 존재로 바라봅니다. 한 사람을 귀하게 여기고 사랑합니다. 하나님의 말씀을 가벼이 듣고 넘기지 않습니다. 작은 것부터 하나씩 행동으로 옮기며 말씀의 놀라운 진리를 깨달아 가는 것입니다. 언어생활도 변화합니다. 하나님을 찬양하는 입술이 되어 사람들을 축복합니다. 혀를 잘 다스리는 지혜로운 사람이 됩니다. 약한 자의 삶을 실질적으로 돕습니다. 어려운 이웃을 위해 기도하며 나의 물질을 나눕니다.

과거 세상적인 가치관으로 살아오던 삶이 이제는 예수님의 뜻에 따라 그분과 함께 지속적인 변화를 경험하며 살게 됩니다. 주님을 내 마음의 왕좌에 앉혀 드리니 신앙이 생활 속에 녹아드는 것입니다.

2부에서는 '요한계시록'을 통해 미래에 다가올 종말을 다룹니다. 이 땅을 살아가는 모든 사람에게는 개인적 종말과 역사적 종말이 다가오고 있습니다. 역사는 정점을 향해 움직이는 중입니다.

"이 예수는 하늘로 가심을 본 그대로 오시리라 하였느니라"(행 1:11)

"이 천국 복음이 모든 민족에게 증언되기 위하여 온 세상에 전파되리니 그제야 끝이 오리라"(마 24:14).

이 성경 말씀처럼 복음은 성령이 임하신 전도자들을 통해 땅 끝까지 전파될 것입니다. 그러면 비로소 세상의 종말이 옵니다.

사탄은 종말이 다가올수록 자기 때가 얼마 남지 않은 것을 알고 마지막 발악을 합니다. 주님을 못 박은 악의 세력 역시 주님을 따르는 자들을 심하게 핍박할 것입니다. 주님은 이 땅에 다가올 큰 고난의 때를 이미 예언하셨습니다(마 24장, 요한계시록). 주님이 다시 오실 날이 다가오면 적그리스도의 정치적 세력(계 17장)과 종교적 세력(계 18장)이 합세하여 예수 그리스도를 섬기는 기독교인들을 무섭게 핍박할 것입니다.

그때 하나님께서는 적대 세력을 향해 세 가지 시리즈의 재앙을 점점 강도를 높여 가면서 쏟아 부으실 것입니다. 인류의 절반이 죽고, 자연계가 파괴되고, 인류 역사상 가장 어려운 시대가 올 것입니다. 예수님께서는 이를 '큰 재난'이라 칭하셨습니다. 이 엄청난 영적인 전쟁 동안 많은 순교자들이 생길 것이고, 끝까지 견디는 자들은 구원을 얻을 것입니다. "네가 죽도록 충성하라 그리하면 내가 생명의 관을 네게 주리라"(계 2:10)고 말씀하신 주님의 약속을 믿고, 주님과 복음을 위해 그 어떤 고난도 견뎌 낼 수 있게 됩니다.

엄청난 재앙이 이 땅을 뒤덮게 되지만 최후 승리는 우리 주 예수님께 있습니다. 주님이 오셔서 악한 사탄을 결박하여 무저갱에 가두고 나면 그리스도의 왕국이 펼쳐집니다. 마지막 승리는 예수님에게 있습니다.

우리가 언제 어떤 모습으로 마지막 순간을 맞이하고, 주님 앞에 서게 될지는 아무도 알 수 없습니다. 그러나 구원받은 하나님의 자녀들에게는 그날이 언제라도 괜찮습니다. 주님 은혜로 구원받아 영원한 생명을 얻었기에 참된 평화가 있기 때문입니다. 그래서 요한계시록에 기록된 "읽는 자와 듣는 자와 그 가운데에 기록한 것을 지키는 자는 복이 있나니"(계 1:3)라는 말씀이 우리에게 희망을 주는 것입니다.

우리는 하루를 살아도 신실하게 살아갑니다. 언제 어떻게 개인적 종말이나 세상의 종말이 다가온다 해도 주님만을 기다리며 떨리는 마음으로 살아갑니다. 나태하거나 해이한 상태가 아닙니다. 기대와 설렘이 충만한 모습입니다. 활을 떠나기 직전의 화살이 팽팽하게 당겨진 것처럼 주님 안에서 준비된 성도로 살아가는 것입니다.

확신시리즈의 마지막 제5권을 통해 인생의 상승적 변화가 나타나기를 바랍니다. 우리 신앙이 현실 속에서 생활화되기를, 인생과 역사의 종말을 기대하며 신랑을 기다리는 신부처럼 살아가기를 진심으로 바랍니다. 우리에게 종말의 역사는 안개 속에 가려져 있는 미래가 아닙니다. 요한계시록을 통해 역사의 마지막이 어떻게 전개될 것인지 환하게 알게 되었기 때문입니다. 매일 주님의 다시 오심을 기다리며 두려움 대신 희망을 안고 살아가십시오.

2018년 12월
할렐루야교회 원로목사
김상복

차례

2부 종말이 눈에 보인다

신앙은 삶이다

시련의 기쁨

"하나님과 주 예수 그리스도의 종 야고보는 흩어져 있는 열두 지파에게 문안하노라 내 형제들아 너희가 여러 가지 시험을 당하거든 온전히 기쁘게 여기라 이는 너희 믿음의 시련이 인내를 만들어 내는 줄 너희가 앎이라 인내를 온전히 이루라 이는 너희로 온전하고 구비하여 조금도 부족함이 없게 하려 함이라 너희 중에 누구든지 지혜가 부족하거든 모든 사람에게 후히 주시고 꾸짖지 아니하시는 하나님께 구하라 그리하면 주시리라 오직 믿음으로 구하고 조금도 의심하지 말라 의심하는 자는 마치 바람에 밀려 요동하는 바다 물결 같으니 이런 사람은 무엇이든지 주께 얻기를 생각하지 말라 두 마음을 품어 모든 일에 정함이 없는 자로다" 약 1:1-8

우리 한국 교회가 안고 있는 문제 중 하나는 '신앙을 생활 속에 어떻게 정착시킬 것인가?' 하는 것입니다. 물론 다른 나라 교회도 마찬가지겠지만, 특별히 우리나라 그리스도인들은 신앙과 삶을 접목시키는 문제를 굉장히 어려워합니다.

신앙이 삶 속에 녹아 있어야 합니다. 하지만 많은 그리스도인들이 주일과 평일의 다른 생활, 교회와 가정의 이질적인 모습 등에서 내적으로 갈등합니다. 직장이나 사회생활에서 우리는 어떻게 신앙을 적용해야 할까요? 우리의 일상이 신앙생활과 연결되려면 어떻게 해야 할까요? 이것은 그리스도인에게 대단히 중요한 과제이며, 많은 성도들이 고민하는 문제입니다.

우리는 전도할 때 "예수 믿는 사람도 별 볼 일 없던데요?"라는 말을 종종 듣습니다. 저는 이런 이야기도 들은 적이 있습니다. "목사님, 제가 얼마 전에 저희 집 지붕을 수리했는데, 그 일을 맡은 사람이 교회 집사였습니다. 그런데 일을 다 마치고 보니까 돈은 남보다 더 많이 받고 일은 엉망으로 해 놓았지 뭡니까? 그러니 저보고 예수 믿으라고 하지 마시고, 그런 사람 빨리 회개시켜 변화되게 만드세요. 저같은 사람은 정직하게 사니까 예수 믿을 필요가 없습니다."

한번은 이런 이야기도 들었습니다. "직장 동료 중에 예수 믿는 사람이 있는데 별수 없습니다. 속도 좁고 앞뒤가 꽉 막혔습니다. 우리네들은 술자리 한번 같이하고 나면 다 통하는데, 예수 믿는 사람들은 그게 안 돼요. 생활이 이중적입니다. 말만 번지르르하게 잘하지요. 우리나라 인구의 25%가 예수 믿는 사람이라고 하던데, 왜 나라가 이 모양입니까? 강남을 좀 보세요. 강남에 교회가 얼마나 많습니까? 그런데 강남처럼 부패한 지역이 또 어디 있습니까?"

이런 반응들은 우리 그리스도인에게 큰 부담을 주고 경각심을 불러일으킵니다. 물론 그들의 말이 다 옳은 것도 아니고 반박할 여지도 있습니다. 하지만 그리스도인으로서 참 부끄럽다는 생각이 들고 '신앙의 생활화'가 얼마나 절실한가를 실감하게 됩니다.

그리스도인들의 신앙이 삶에서 따로 분리되지 않고, 자연스럽게 생활화되어 있다면 얼마나 좋을까요? 그렇다면 구태여 사람들에게 예수님을 믿으라고 말하지 않아도, 예수 그리스도의 이름을 꺼내지 않아도, 기도한다고 눈 감고 있지 않아도, 우리 삶 속에 깊이 뿌리내린 신앙이 다른 사람들에게 자연스럽게 보일 것이고, 당연히 선한 영향력을 발휘하게 될 것이니 말입니다.

주일과 평일의 생활이 크게 다르지 않고, 교회와 가정 및 직장에서의 모습이 모두 그리스도인다운 것이 가장 좋습니다. 그리스도인들의 태도, 사고방식, 무심코 하는 말과 행동 등에서 우리의 신앙을 그대로 드러낼 수 있다면 얼마나 좋을까요? 십자가 목걸이를 하지 않더라도, 식사 전에 기도를 하지 않더라도 우리가 신실한 그리스도인임을 나타낼 수 있다면 자연스럽게 전도가 될 것입니다.

미국 사람들은 자동차 범퍼에 스티커 붙이는 것을 좋아합니다. 하고 싶은 말이 있으면 스티커를 만들어 차에 붙입니다. 예를 들면 "GOD IS MY CO-PILOT!"이라고 적힌 스티커를 부착하고 다닙니다. 이것은 '하나님은 나의 공동 운전사입니다.'라는 의미입니다. 이렇게 신앙적인 문구를 붙인 차가 교통사고를 내면 어떻게 되겠습니까? 또 신호를 무시하고 주행하다가 교통경찰에게 적발되었을 때는 어떻겠습니까? 그리스도인으로서 큰 망신입니다. 주님이 함께하신다는 위로와 평화는 원하면서도 그리스도인다운 행함이 따르지 않는다면 하나님께 영광이 되지 않습니다.

시련을 대하는 그리스도인의 자세

'신앙의 생활화'는 우리 그리스도인들에게 주어진 중대한 과제입니다. 지금까지 갖고 있던 사고와 태도 및 생활 방식이 신앙을 통해 변화되어야 합니다. 즉, '신앙'이나 '믿음'이라는 말을 하지 않아도 신앙인의 신실하고 아름다운 모습이 나타나야 합니다. 예수 그리스도의 향기가 일상생활에서 드러나야 합니다. 성화된 그리스도인의 인격을 지녔다면 그런 모습이 자연스럽게 나타납니다.

우리 생활 속에서 신앙이 가장 잘 나타날 때가 언제일까요? 야고보서 1장 1-8절을 보면 우리의 신앙은 고난과 시련 앞에서 적나라하게 드러난다고 말씀합니다. 왜 그럴까요? 인간의 삶 자체가 시련으로 가득 차 있기 때문입니다. 한 생명이 잉태되는 순간부터 그 생명이 태어나기까지는 어머니가 열 달 동안 얼마나 호된 시련을 겪는지 모릅니다. 아기가 태어나는 순간에도 어머니는 죽을 고비를 넘기고 새 생명을 세상에 내놓습니다. 그렇게 태어난 아기는 울기부터 합니다. 왜 이런 세상에 나를 태어나게 했느냐고 항의하듯이 말입니다.

인간이 태어나면서부터 깔깔 웃으면서 '아! 인생이 재미있겠구나. 이렇게 좋은 세상에 태어나다니!'라고 생각할 수 있다면 얼마나 좋을까요? 인간이 타락하지 않았다면 아담이 낳은 첫아들은 웃으면서 태어났을지도 모릅니다. 그러나 죄가 세상에 들어와 인간이 타락하게 된 후로 죄 안에서 잉태되어 태어난 인간은 죽을 때까지 누구나 시련과 고통 가운데서 살아갈 수밖에 없습니다.

예외는 없습니다. 죽을 때도 고통스럽게 죽는 경우가 많으며, 남은 가족들에게는 슬픔을 안겨 주게 되는 것이 우리 인생입니다. 빈부나 지위 고하를 막론하고 인생은 눈물로 시작해 눈물로 끝납니다. 그러면 우리는 인생의 시련을 어떻게 대처해야 할까요? 바로 그 내용이 본문 말씀에 나와 있습니다.

"내 형제들아 너희가 여러 가지 시험을 당하거든 온전히 기쁘게 여기라"(약 1:2).

2절에서는 인간에게는 "여러 가지 시험"이 있다고 합니다. '나는 예수님을 잘 믿는 사람이니까, 하나님을 무척 사랑하는 사람이니까 나에게는 시련이 없을 거야!'라고 생각하면 큰 오산입니다. 시련은 사람을 차별하지 않습니다. 때와 장소를 가리지도 않습니다.

우리의 신앙이 생활화된 증거는 언제 어디서 어떻게 찾을 수 있을까요? 아무 어려움 없이 평안하고 즐거운 인생 속에서 찾기는 어려울 것입니다. 주일 예배나 기도 집회, 뜨거운 부흥회에서 나타나는 것도 아닙니다. 우리 삶 속에 시련의 파도가 몰아칠 때, 예기치 못한 폭풍우가 불어올 때, 바로 이때 우리의 신앙이 생활화되었는지 그렇지 않은지가 나타납니다.

시련은 예고도 없이 수시로 찾아옵니다. 일상생활, 의식주, 건강, 입시, 취업, 결혼, 부부 관계, 자녀 문제, 고부간의 갈등, 인간관계 등과 같은 여러 가지 개인적인 문제로 시련을 당할 수도 있고, 국가 경제나 정치 문제 혹은 자연재해 등으로 어려움에 처할 수도 있습니다. 뿐만 아니라 영적인 시험으로도 고통을 당합니다. "여러 가지 시험을 당하거든"을 보면 시련의 종류가 한두 가지가 아니라는 것을 알 수 있습니다.

그리스도인은 이와 같이 여러 모양의 시련을 겪을 때 자기 속의 진짜 신앙이 드러납니다. 신앙의 힘과 신앙적 인격, 멋과 아름다움이 나타납니다. 시련을 마주하는 자세, 대처하고 이겨 내는 태도를 통해 그 사람의 신앙이 생활화되어 있는 정도를 알 수 있습니다. 우리는 시련 앞에서 어떤 자세로 대처해야 할까요?

주님 안에서 믿음을 가지고 적극적으로 대처해야 합니다. 야고보서 1장 2절 말씀을 다시 한번 보십시오.

"내 형제들아 너희가 여러 가지 시험을 당하거든 온전히 기쁘게 여기라"
(약 1:2).

이것은 보통 사람들과는 전혀 다른 반응입니다. 신앙으로 연단되지 않은 사람은 자기에게 시련이 닥치면 어떻게 반응할까요? 슬퍼하고 괴로워하고 낙심하고 짜증 내고 분을 냅니다. 그러면 그리스도인들은 어떨까요? 그리스도인들은 정상을 초월해서 사는 사람들입니다. 야고보서 1장 2절은 시험을 만나면 "온전히 기쁘게 여기라", "다시없는 기쁨으로 여기라", "순수한 기쁨으로 여기라"고 번역할 수 있습니다. 시련을 당하는 데 이를 기뻐하라니 말이 안 됩니다. 그런데 하나님은 우리에게 기뻐하라고 권면하십니다. "기쁘게 여기라"는 말을 다르게 번역하면 "다시없는 기쁨으로 여기라"입니다. 기쁨은 적극적이고 긍정적인 태도입니다. 즉, '시련이 나에게 큰 도움이 되며, 이로 인해 더욱 성장하게 되리라'는 믿음에 근거한 발전적인 생각입니다. 시련을 통해 하나님의 은혜와 축복과 사랑이 넘치리라는 믿음을 갖는 것이 신앙이 생활화된 그리스도인의 반응입니다.

예수님을 믿는 사람들은 시련을 긍정적으로, 희망적으로, 발전적으로 바라봅니다. 왜냐하면 우리는 '사도신경'을 통해 시련 앞에서도 삼위일체 하나님을 믿는다고 고백하기 때문입니다. 그 신앙 고백의 진위는 우리가 시련과 시험을 만날 때, 정말 하나님을 믿고 그분의 섭리와 계획과 능력과 은혜를 의지하는지를 보면 알 수 있습니다.

또한 시련과 시험을 기쁘게 여기는지의 여부로 그 사람의 신앙의 생활화를 가늠할 수도 있습니다. 이것은 모든 여건에서 하나님을 완전히 신뢰하는 모습입니다.

시련을 기뻐해야
하는 이유

우리는 왜 시련을 기뻐해야 할까요? 그 이유는 다섯 가지로 정리할 수 있습니다.

첫째, 시련은 신앙의 성숙을 도모합니다. 3절 말씀을 보십시오.

"이는 너희 믿음의 시련이 인내를 만들어 내는 줄 너희가 앎이라"(약 1:3).

"이는 너희 믿음의 시련이"라는 구절을 영어로 번역하면 "the testing of your faith"입니다. 여러분의 믿음을 시험한다는 뜻입니다. 시련의 목적은 그리스도인들을 낙망하게 하려는 것이 아닙니다. 성장하도록 돕는 기회입니다. 시련은 믿음을 연단하는 하나님의 방법입니다. 학기말 시험에는 시험을 통과하고 다음 학년으로 진급하라는 의도가 들어 있습니다. 학생을 낙제시키는 것이 목적은 아닙니다. 여러 번의 시험을 통해서 유치원에서 초등학교로, 초등학교에서 중학교, 고등학교, 대학으로 올라가라는 겁니다. 그래서 믿음이 있는 사람들은 그런 시험 때문에 낙심하고 슬퍼하지 않습니다. 또한 낙제하지 않습니다. 진급하기 위해 적극적으로 시험을 준비하고 통과해서 상위 학년으로 올라갑니다. 믿음의 시험을 좋은 기회라 믿고 기뻐하는 겁니다.

둘째, 시련은 인내를 만들어 줍니다. 하나님께서는 시련을 통해 우리 믿음을 단련시키십니다. 시험을 거쳐 한 단계 진급할 때마다 인내하는 훈련도 하게 하십니다. 주님 안에서 이런 믿음의 훈련을 받음으로써 우리는 인내하는 힘을 지닌 신앙인이 될 수 있습니다.

인내에는 적극적인 인내와 소극적인 인내가 있습니다. 수영을 배울 때는 몸이 뜰 때까지 적극적으로 물에 들어가고 또 들어갑니다. 때로는 물을 먹는 일이 있지만 결국에는 물에 뜨고 수영을 하게 됩니다. 인내의 결과입니다. 소극적으로 참으려고만 하면 우리가 파괴됩니다. 도전할 때의 스트레스 때문에 염려, 근심, 두려움, 불안이 생깁니다. 때로는 내면에서 일어나는 분노로 인해 마음이 산산조각 나고 위장병, 혈압, 불면, 긴장이 생겨 자기 몸이 망가지기도 합니다. 믿는 사람들은 시련을 도전으로 바라보고 적극적으로 인내하며 대처합니다. 올림픽 시합을 준비하는 운동선수처럼 인내하며 훈련하여 결국 메달을 땁니다. 적극적으로 인내하는 것을 배웁니다.

> "인내를 온전히 이루라 이는 너희로 온전하고 구비하여 조금도 부족함이 없게 하려 함이라"(약 1:4).

"인내를 온전히 이루라"는 말씀은 '인내를 키워서 완성하라'는 뜻입니다. 우리를 향해서 '온전한 사람', 즉 완전한 사람, 성숙한 사람이 되라고 합니다. 온전한 사람은 어떤 사람일까요? 성경은 세 가지 종류의 사람을 언급합니다. 첫째는 혀를 잘 다스리는 사람입니다(약 3:2). 둘째는 선한 사람과 악한 사람을 다 사랑할 수 있는 사람입니다

(마 6:43-48). 하나님께서 선한 사람과 악한 자에게 동일하게 햇빛과 비를 주시는 것처럼 친구와 적을 둘 다 사랑할 수 있는 사람입니다. 셋째는 인내를 온전하게 이루는 사람입니다(약 1:4). 이것이 야고보 사도가 말하는 온전한 사람입니다.

그렇다면 어떻게 인내를 완성해야 할까요? 인내는 성령의 열매 가운데 하나입니다. 영적인 인내는 내가 스스로 만들어 낼 수 있는 덕목이 아닙니다. 내가 무조건 참는다고 완성되는 것이 아닙니다. 우리를 성숙하게 만드는 인내는 성령님의 도움으로 나타나는 덕목입니다. 성령께서 우리 안에 계시기 때문에 성령의 도움을 구하고 그분을 믿고 의지할 때 인내가 길러집니다. 예수 그리스도를 주님으로 마음에 모시고 사는 사람이라면 누구든지 인내를 온전히 이룰 수 있습니다. 시련을 통해 성령의 능력을 의지하는 습관을 기를 때 인내하는 힘이 강해집니다. 뿐만 아니라 우리의 영적 인격 또한 점점 더 성숙해질 것입니다.

차츰 인격을 갖추게 되면 4절 후반부의 "조금도 부족함이 없게 하려 함이라"는 말씀처럼 인내 면에서 부족함이 없는 사람, 즉 성숙한 사람이 됩니다. 이것이 인내가 우리에게 주는 축복입니다. 거룩한 인내가 내 속에서 훈련될수록 끝없이 다가오는 시련들을 잘 이겨 내고 인격이 성숙해지는 경험을 하게 됩니다. 처음에는 수영을 작은 냇가에서 배우지만 차츰 강물에서도 할 수 있게 되고 나중에는 파도를 헤치며 바다에서도 할 수 있게 되는 것과 마찬가지입니다. 이렇게 시련을 인내하며 이기는 훈련을 하다 보면 시련 자체까지도 기뻐할 수 있게 될 것입니다.

사람의 능력에는 한계가 있습니다. 참을성이 있는 사람은 두어 번까지 참습니다. 하지만 세 번 이상 반복되면 참기 어렵습니다. 대부분 폭발합니다. 그러나 정말 참지 못할 바로 그때 참아야 합니다. 그 시점에서 인격이 성숙해집니다. 유일한 방법은 "주여!" 하고 부르짖고 "성령님, 참도록 도와주소서." 하고 도움을 청하면 가장 인내하기 어려운 그 순간에 성령께서 인내의 열매를 주십니다. 성령의 도움으로 참으면 그때 하나님의 영광이 나타납니다. 사람들은 "어떻게 저렇게 참을 수 있지?" 하며 놀랍니다.

이때의 인내는 우리가 노력한 결과가 아닙니다. 인간을 초월하시는 하나님의 초인간적 능력입니다. 사람들은 우리를 보고 놀랄 뿐 아니라 존경스럽게 쳐다봅니다. 사람들이 놀라는 그 순간이 바로 하나님께는 영광이 되고 우리에게는 성장이 일어나는 시간입니다.

셋째, 시련은 우리의 신앙 상태를 파악하게 합니다. 시련이 닥치면 평소에는 알 수 없던 신앙의 참모습을 보게 됩니다. 우리가 얼마나 철저하게 주님을 의지하는지, 얼마나 주님의 능력을 믿고 그분의 뜻대로 살기 위해 노력하는지, 얼마나 성령의 능력을 구하는지를 확인할 수 있습니다. 이처럼 시련은 우리에게 유익을 줍니다. 시련을 긍정적인 자세로 받아들이고, 기쁘게 여길 줄 아는 훈련이 필요합니다. 시험을 통과할수록 우리는 더 성숙해집니다. 긍정적으로 인내할수록 인생을 더 성숙한 태도로 살아갈 수 있는 능력이 생깁니다. 결국에는 시련을 당할 때 기쁨으로 반응하게 됩니다.

넷째, 시련은 영적인 지혜를 얻게 합니다. 스스로가 유한하고 연약하고 부족한 존재임을 자각할 때, 시련은 우리에게 큰 짐이 됩니다. 그럴 때는 하나님께 나의 약함을 고백하고 하나님의 도움과 지혜를 구하십시오. 후히 주시고 꾸짖지 아니하시는 하나님의 지혜를 얻고, 그분의 친절한 인도하심을 받을 수 있습니다. 하나님의 지혜를 의지하는 삶이 그리스도인의 참된 인생입니다. 5절 말씀을 보십시오.

"너희 중에 누구든지 지혜가 부족하거든 모든 사람에게 후히 주시고 꾸짖지 아니하시는 하나님께 구하라 그리하면 주시리라"(약 1:5).

때로는 우리가 지혜가 부족해서 시련을 당할 때가 있습니다. 또 시련을 당할 때 우리가 도무지 어디로 가야 할지, 무엇을 해야 할지 모르고 방황할 수도 있습니다. 하나님께 도움을 구하십시오. 하나님의 지혜를 구하십시오. 인간의 힘으로 할 수 없다고 고백하고 도움을 구하는 순간, 하나님의 능력과 지혜가 우리에게 임합니다. 이것을 경험할 때 우리는 시련이 와도 기뻐할 수 있습니다.

"모든 사람에게 후히 주시고"는 무슨 뜻일까요? 이는 어떤 시련이나 어려움에 상관없이 누구든지 지혜를 구하면 하나님께서 능력과 지혜를 넉넉히 베풀어 주신다는 뜻입니다. 사람이 하나님을 의지하지 않고, 혼자 모든 일을 해결했을 때는 자기 능력을 과시하고 스스로를 자랑스럽게 여길 것입니다.

그러나 시련 앞에서 하나님의 지혜와 능력을 삶으로 경험하게 되면, 선하신 하나님의 손길을 직접 체험하기 때문에 이전보다 더욱 하나님을 사랑하고 주님께 영광을 돌릴 것입니다.

다섯째, 시련은 기도 응답을 체험하게 합니다. "후히 주시고 꾸짖지 아니하시는 하나님께" 구하는 기도는 우리의 믿음을 반영합니다. 우리가 믿고 구할 때 하나님께서는 기도에 응답하십니다. 이러한 체험으로 우리의 신앙은 더 발전하고, 인격은 더욱 성장합니다. 믿음으로 구할 때 하나님의 지혜를 받아 누리는 체험을 하게 되기 때문입니다. 이런 체험을 하면 할수록 우리는 더욱 하나님과 가까워지고 믿음은 깊고 단단해집니다.

인생은 태어날 때부터 죽을 때까지 시련의 연속입니다. 시련은 주님을 믿는 사람이나 믿지 않는 사람을 가리지 않고 모두에게 동일하게 찾아옵니다. 예고도 없이 수시로 찾아오는 시련 가운데서 주님을 믿는 우리 그리스도인들은 주님의 자녀다운 모습을 훈련하며 점점 성숙해집니다. 생활에서 배어 나오는 신앙의 향기를 뿜어냅니다.

성령이 우리와 함께하심을 믿으며 시련을 두려워하지 않고, 희망과 긍정적인 태도를 갖고 적극적으로 대처해 나가십시오. 시련을 통해 여러분의 신앙이 성숙해질 것입니다. 성령의 열매인 인내를 배우고, 진정한 믿음을 인정받아 하나님의 지혜를 얻을 뿐만 아니라 기도 응답을 체험하게 될 것입니다.

시련을 당하면 기뻐하십시오. 성숙해질 좋은 기회를 얻은 것이니 말입니다. 이와 같이 복된 '신앙의 생활화'가 날마다 우리 삶 가운데서 실현될 것을 믿고 기대합니다.

경제생활과 신앙

"낮은 형제는 자기의 높음을 자랑하고 부한 자는 자기의 낮아짐을 자랑할지니 이는 그가 풀의 꽃과 같이 지나감이라 해가 돋고 뜨거운 바람이 불어 풀을 말리면 꽃이 떨어져 그 모양의 아름다움이 없어지나니 부한 자도 그 행하는 일에 이와 같이 쇠잔하리라" 약 1:9-11

야고보서는 '신앙의 생활화'를 위한 교과서입니다. 야고보서 1장 9-11절에서는 '경제생활의 신앙화'에 대해 말씀하고 있습니다.

"낮은 형제는 자기의 높음을 자랑하고 부한 자는 자기의 낮아짐을 자랑할지니 이는 그가 풀의 꽃과 같이 지나감이라 해가 돋고 뜨거운 바람이 불어 풀을 말리면 꽃이 떨어져 그 모양의 아름다움이 없어지나니 부한 자도 그 행하는 일에 이와 같이 쇠잔하리라"(약 1:9-11).

이 말씀에는 두 종류의 사람이 등장합니다. 9절의 '낮은 형제', 10절의 '부한 자'입니다. 이를 다르게 표현하면 가난한 사람과 부자, 또는 낮은 사람과 높은 사람이 될 것입니다. 세상에는 이렇게 두 부류의 인생이 있는데, 각자의 처지와 형편에서 주님을 믿는 사람들이 삶에서 어떻게 신앙을 드러내는지를 살펴보겠습니다.

성경에 등장하는
부자와 가난한 자

'믿음의 조상'이라 불리는 아브라함은 부자였습니다. 아브라함은 하나님의 지시에 따라 갈대아 우르(지금의 이라크 지역)를 떠날 때부터 부유했습니다. 그의 집에서 태어나 훈련받은 장정들만 해도 318명이 었습니다(창 14:14). 아브라함의 가족까지 어림한다면, 아브라함이 거느린 식솔들은 족히 1천 명은 되었을 것입니다. 직원들의 가족까지 합해 수가 1천 명이나 되는 사업체라고 생각해 보십시오. 아브라함의 경제 여건이 어느 정도였을지 짐작될 것입니다.

아브라함의 아들인 이삭도 부자였습니다. 이삭의 아들 야곱도 마찬가지입니다. 요셉도, 다윗도, 솔로몬도 부자였습니다. 구약 성경 속 인물 중 가장 큰 부자는 욥이었습니다. 신약 성경에도 부자들이 여럿 나옵니다. 예수님의 제자 중에 세리였던 마태가 부자였습니다. 요한과 야고보도 마찬가지였습니다. 이들 형제의 아버지 세베대는 오늘날로 치면 어업 회사의 사장쯤 될 것입니다. 요한과 야고보 가족이 소유한 집은 다락방이 있는 2층 집이었고, 예수님과 제자들의 모임 장소로 내놓을 정도의 재력가였습니다. 실제로 그들은 갈릴리와 예루살렘에 집을 한 채씩 갖고 있었습니다.

예수님의 공생애 기간 동안 야고보와 요한의 어머니는 헤롯 왕의 재무 장관 부인을 포함해 여러 명의 여인들과 함께 예수님과 제자들을 위해 재정적인 후원을 한 사람이었습니다(막 15:40, 16:1; 눅 8:3). 이런 이유로 요한의 어머니가 "예수님, 그동안 제가 예수님을 위해서 뒷

바라지한 것 아시죠? 그러니 예수님이 왕위에 오르실 때 좌우에 우리 아들들을 앉혀 주세요." 하면서 예수님께 높은 자리를 청탁했던 것입니다(마 20:20-21).

예수님을 따라다니던 사람 가운데 구사의 아내가 있습니다(눅 8:3). 헤롯 왕의 재무 장관인 구사는 아주 부자였습니다. 아리마대 요셉이나 문둥병자 시몬 역시 부자였습니다. 죽었다가 다시 살아난 나사로의 누이였던 마리아와 마르다도 상당한 재산을 소유했던 것 같습니다. 왜냐하면 1년 치 수입에 해당하는 값비싼 향료를 예수님의 발에 부을 정도였으니 말입니다(요 12:1-3). 바울의 부모도 로마의 시민권을 살 정도로 부자였습니다. 이외에도 성경에는 많은 부자들이 나옵니다. 재산을 많이 가진 것이 나쁜 것은 아닙니다. 하나님의 자녀 중에는 부자도 있고 가난한 사람도 있습니다.

이번에는 성경에 등장하는 가난한 사람을 한번 살펴보겠습니다. 여러분 모두가 잘 아는 거지 나사로가 있습니다. 나사로는 부잣집 문간에서 그 집 식구들이 먹다 남긴 음식을 얻어먹으며 살았습니다. 그는 심한 피부병을 앓고 있었고 거동을 하지 못해 개들에게까지 천대를 받았습니다. 그러나 부자와 거지 나사로는 죽은 후에 삶이 완전히 역전됩니다. 이 세상에서 부자가 하늘나라에서도 반드시 부자라는 법은 없습니다.

"그가 음부에서 고통중에 눈을 들어 멀리 아브라함과 그의 품에 있는 나사로를 보고 불러 이르되 아버지 아브라함이여 나를 긍휼히 여기사 나사로를 보내어 그 손가락 끝에 물을 찍어 내 혀를 서늘하게 하소서 내가 이 불꽃 가운데서 괴로워하나이다 아브라함이 이르되 애 너는 살았을 때에 좋은 것을 받았고 나사로는 고난을 받았으니 이것을 기억하라 이제 그는 여기서 위로를 받고 너는 괴로움을 받느니라"(눅 16:23-25).

위대한 복음 전도자인 사도 바울도 가난한 사람이었습니다. 그는 본래 로마 시민권을 가진, 최고의 교육을 받은 엘리트였습니다. 그러나 그는 예수 그리스도를 위해 세상적인 모든 부귀영화를 한낱 배설물로 여겼습니다. 누릴 수 있는 모든 것을 포기하고 스스로 물질적으로는 가난한 사람이 되었습니다(빌 3:8).

예수님도 이 땅에서 지극히 가난한 사람이었습니다. 아마 예수님처럼 가난한 사람도 없을 것입니다. 그분은 태어날 때부터 마땅히 거할 방이 없어 말구유에 뉘었고, 육신의 부모도 목수로 매우 가난하게 살았습니다. 이스라엘 백성은 적어도 1년에 한 번은 예루살렘 성전에 올라가 예배를 드리는데, 이때 희생 제물로 소나 양이나 염소나 비둘기를 드렸습니다. 부자는 소나 양이나 염소를, 가난한 사람들은 비둘기를 바쳤습니다. 그런데 예수님의 부모인 요셉과 마리아는 가난했기 때문에 아기 예수의 결례(潔禮)를 행하러 성전에 올라갈 때 비둘기 한 쌍으로 제사를 드렸습니다.

세상에는 부자도 있고 가난한 사람도 있습니다. 본문에서도 낮은 형제와 부한 자가 있다고 말씀합니다. 우리 주변에도 가난한 사람들이 많습니다. 전 세계적으로 보면 지금 이 순간에도 굶어 죽는 사람들이 허다합니다. 그러면 누가, 왜, 낮은 형제가 되고 부한 자가 되는 것일까요? 무엇 때문에 빈부의 차가 생길까요? 이 문제는 사람의 지식으로는 다 설명할 수 없습니다. 그저 인간의 환경과 여건 속에서 이루어지는 일이라고밖에 말할 수 없습니다. 즉, 나무에도 큰 나무, 작은 나무가 있는 것처럼 세상의 섭리라고도 할 수 있습니다. 예수님도 가난한 사람은 언제 어디에나 있다고 하신 적이 있습니다.

가난해지고 싶어서 가난해지는 사람은 없습니다. 또 부자가 되고 싶다고 해서 부자가 될 수 있는 사람도 많지 않습니다. 그러므로 이 빈부의 영역에 대해서는 인간이 어떤 말도 할 수 없습니다. 가난이 죄의 결과이고, 부유한 것이 축복받은 결과라고 말할 수 없다는 뜻입니다. 물론 자신의 큰 실수나 잘못으로 패가망신하는 사람도 있지만, 그런 경우를 제외한 대부분의 경우는 불가항력이라 볼 수 있습니다.

고대 그리스의 철학자 플라톤의 『공화국』이라는 책을 보면, 한 국가가 잘 운영되려면 여러 종류의 사람이 있어야 한다는 내용이 있습니다. 플라톤은 네 부류의 사람이 필요하다고 말합니다. 첫째가 건강한 육체노동자이고, 둘째가 수완 좋은 사업가, 셋째가 전쟁을 수행하는 군인, 넷째가 철학하는 정치가입니다. 세상이 잘 돌아가려면 여러 종류의 사람들이 필요합니다. 실제로 세상에는 다양한 사람들이 있습니다. 어디에나 높은 사람, 낮은 사람이 다 있습니다.

낮은 형제

하나님께서는 우리 각자에게 나름대로의 적절한 처지와 형편을 허락해 주셨습니다. 그러므로 우리가 설령 가난하게 살지라도 그 환경 속에서 '어떻게 믿음으로 살아야 할지'를 알 필요가 있습니다. 야고보서 1장 9절 말씀을 보십시오.

"낮은 형제는 자기의 높음을 자랑하고"(약 1:9).

예수 그리스도를 믿는 이들은 외적인 형편만을 기준 삼아 사람의 높고 낮음을 평가하지 않는다는 말씀입니다. 다시 말하면, 세상의 안목으로는 가난하고 약해 보이지만 예수님을 믿는 사람은 하나님의 자녀로서 건강한 자부심을 갖고 살아야 한다는 뜻입니다. 고등교육을 받지 않았다 해도, 권력이 없고 가난하다 해도 절대로 비굴하게 살아서는 안 됩니다. 외적 형편을 비교하며 자기와 타인의 인생을 판단하고, 그로 인해 낙심하거나 혹은 교만하게 살아서는 안 됩니다. 왜냐하면 우리 그리스도인은 우주 만물의 주인이신 여호와 하나님을 모시고, 그분과 함께 살기 때문입니다. 가난하고 보잘것없이 산다 해도 하나님의 자녀 된 믿음의 사람은 모두가 똑같이 영생과 영원한 세계를 기업으로 약속받았음을 잊어서는 안 됩니다.

거지 나사로를 생각해 보십시오. 부자의 잔칫상에서 떨어지는 음식을 얻어먹고 살았지만, 그는 죽어서 천국으로 가 아브라함의 품에 안겼습니다. 그러나 세상에서 호의호식하며 살던 부자는 지옥에서 고통을 당했습니다. 가난한 자와 그를 무시하던 부자는 죽은 후의 삶이 완전히 반전되었습니다. 부자는 아브라함에게 나사로를 보내 자기에게 물 한 모금만, 아니 손가락에 물을 찍어 혀에 적시게만 해 달라고 애원했습니다. 그러나 그 소원은 이루어질 수 없었습니다. 그는 세상에서 부자로 살았지만, 하나님을 모르고 살았기 때문에 영원한 복락을 누릴 수 없었습니다. 그는 영적으로 가난한 자였습니다. 거지 나사로는 하나님 나라에서 참된 부자였습니다. 우리 그리스도인 역시 나사로처럼 현재 부유하지 않고, 세상의 명예와 지위가 없고, 설령 건강을 잃었다 할지라도 저 하늘나라의 지위와 상급을 생각하며 이 세상에서의 삶을 기쁘게 살아가야 합니다.

예수님은 가진 물질이 아무것도 없으셨습니다. 목수의 아들이었다는 점만 보아도 그분의 형편을 짐작할 수 있을 것입니다. 세상 사람의 눈에는 그분이 하찮고 보잘것없는 유대인으로 보였을지 몰라도, 하나님이 보시기에는 그의 사랑하는 아들이고 기뻐하는 자였습니다. 그랬기에 예수님은 이 세상에서 가진 것 하나 없어도 하나님의 아들답게 당당하게 사셨습니다. 비굴하게 살지 않으셨습니다. 자신의 영적인 신분을 아셨기 때문입니다.

예수님은 비록 나귀 새끼를 타고 예루살렘에 입성하셨지만 위풍당당하셨습니다. 여느 왕들의 행차처럼 호화찬란하지는 않았지만 왕과 같이 영광스럽게 행동하셨습니다. 이는 외적인 모습이 아니라 영적인 부요함을 말합니다. 이것이 주님을 믿는 사람의 당당한 모습이자 태도입니다. 우리는 어떤 형편에 처해도 하나님으로 인해 의연하게 사는 사람들입니다.

어느 조사 기관에서 전 세계 유명 인사 10만 명의 가정 형편을 조사했습니다. 80%가 엄청나게 가난한 집안에서 태어난 사람들이라는 놀라운 결과가 나왔습니다. 10만 명 중에 8만 명이 가난에 좌절하지 않고 그들의 어려운 환경을 극복하기 위해 노력한 결과, 성공을 거두었다는 사실은 시사하는 바가 매우 큽니다. 가난이 절대로 부정적인 것만은 아닙니다.

제가 읽은 이야기 중에 이런 일화가 있습니다. 미국 중부 어느 마을에 두 자매가 살고 있었습니다. 그들은 아주 좋은 집안 태생인 데다, 외모도 매력적이어서 뭇 총각들의 가슴을 설레게 했습니다. 같은 동네에 살던 두 총각이 용감하게 이 자매의 아버지를 찾아가 딸을 달라고 청했지만, 보기 좋게 거절당했습니다. 집안도 형편없고 돈도 없는 그들에게 귀한 딸을 줄 수 없다는 것이었습니다.

그런데 청혼을 했던 두 총각이 나중에 다 미국의 대통령이 되었습니다. 한 사람은 러더퍼드 헤이스(Rutherford Birchard Hayes, 1822-1893)이고, 또 다른 사람은 제임스 가필드(James Abram Garfield, 1831-1881)였습니다. 만약 그 청혼을 받아들였다면 두 자매는 대통령 부인이 되었을 것이고, 그 아버지는 대통령의 장인이 되었을 것입니다. 현재 가난하다고 그 사람을 무시해서는 안 됩니다. 당신이 하찮게 여기는 사람이 장차 어떤 인물이 될지는 지금 알 수 없습니다. 사람의 장래 일은 오직 하나님만이 아십니다.

"낮은 형제는 자기의 높음을 자랑하고"(약 1:9)라는 말씀에서의 '자랑'은 바로 하나님 때문입니다. 여기에 우리의 소망이 있습니다. 영원한 나라와 하늘의 기업, 하나님이 바로 우리의 기업입니다. 썩지 않고 없어지지 않는 영원한 기업, 나의 기업이 되신 하나님이 계시기에 낮은 형제도 자랑스럽게 고개를 들고 당당하게 살 수 있습니다.

어느 미국 교포 한 분이 하나님께 열심히 기도하고 은행으로 융자를 받으러 갔습니다. 능숙하지 못한 영어였지만 가서 열심히 설명한 후 기적처럼 융자를 받았습니다. 빌린 돈으로 작게 시작했던 사업이 번창해서 지금 그는 십여 개의 사업체를 운영하는 큰 기업가가 되었습니다. 그분에게 그 당시의 상황을 물었더니, 은행장에게 융자를 해 달라고 말하러 들어갔을 때 하나님 아버지만을 의지했다고 합니다. 하나님의 아들답게 아주 당당하게 요청했답니다. 그런 태도가 마음에 들었던 은행장이 융자를 허락해 주었다고 합니다.

부한
형제

성경에는 부유한 사람이 많이 등장합니다. 부자가 되는 방법에도 여러 가지가 있습니다. 가장 쉬운 길은 부잣집에 태어나는 것입니다. 물론 그 일이 마음대로 되는 것은 아니지만 말입니다. 어떤 이는 부모가 물려준 유산 덕분에 부자가 되는 사람도 있습니다. 또 어떤 이들은 가난한 집에서 태어나서 어렵게 자랐지만 자수성가하여 부자가 되기도 합니다. 한국 전쟁 때 북한에서 남쪽으로 맨손으로 피난 와서 터전을 일구고 자수성가한 사람들도 많습니다. 본문 10절 말씀을 보십시오.

"부한 자는 자기의 낮아짐을 자랑할지니 이는 그가 풀의 꽃과 같이 지나감이라"(약 1:10).

이는 예수 그리스도를 믿는 부자나 세상의 지위나 권력을 가진 그리스도인은 세상적인 지위와 부귀를 전부로 여기지 않고 거기에 소망을 두지 않고 산다는 뜻입니다. 우리의 소망은 오직 하나님을 아는 데 있습니다. 신앙인은 돈이 많고 권세가 높으며 학식이 뛰어날수록 더욱 낮아져 겸손하게 살아야 합니다. 낮은 자는 높은 사람처럼 살고, 높은 자는 낮은 사람처럼 살라는 말씀입니다.

누군가를 좋아할 때, 그가 부자이고 권세 있고 유명하기 때문에 좋아하는 것인지, 아니면 그가 훌륭한 인격과 품성을 지닌 좋은 사람이기 때문에 좋아하는 것인지 궁금할 때가 있습니다. 돈이나 사회적 지위 혹은 명성 때문에 좋아한다면, 이는 매우 유감스러운 일입니다. 전직 장관 한 분이 제게 이런 고백을 했습니다. "장관직에 있을 때는 그렇게 많은 사람들이 찾아왔는데, 사임하자 하루아침에 모두 발길을 끊었습니다."

우리의 외적 상황은 들의 풀과도 같습니다. 건강도 언제든 사라질 수 있고 부귀와 명예도 순식간에 잃어버릴 수 있습니다. 예수님을 믿는 사람들은 부유하게 산다고, 건강하다고, 실력을 행사할 수 있는 자리에 앉아 권세와 명예를 가졌다 해서 절대로 교만하게 처신해서는 안 됩니다. 하나님께만 소망을 두고 들풀과 같이 스러질 세상의 부귀영화에 소망을 두지 않아야 합니다.

주님을 믿는 부자 그리스도인들은 남을 절대로 무시하지 않습니다. 불쌍한 사람들을 억울하게 만들지 않습니다. 자신이 가진 힘으로 다른 사람을 괴롭히지 않습니다. 반드시 명심하십시오. 현재 가진 것들은 하나님이 가져가시면 하루아침에 잃을 수 있는 일시적인 것임을 늘 염두에 두어야 합니다. 또한 하나님께서 자기에게 부귀와 명예를 허락하셨다면, 그것이 하나님의 선물인 줄 알고 마땅히 잘 관리하고 이용해서 다른 사람들을 섬겨야 할 책임이 있음을 분명히 알아야 합니다. 우리에게도 장차 하나님 앞에서 우리의 손익을 계산할 날이 올 것입니다. 많이 받은 사람은 많이 받았기 때문에 더 큰 책임이 있습니다. 그러므로 우리에게 재산과 권력이 있을 때 하나님의 영광을 위해 사용해야 합니다.

세상의 재물은 있다가도 없어지고, 없다가도 생길 수 있습니다. 그러므로 주님을 믿는 자들은 재물이 없어도 비굴하지 않고, 많이 있다 해도 자랑하지 않습니다. 낮은 형제는 영적인 은혜와 하늘나라의 기업을 바라보면서 기쁘게 살아갑니다. 부유한 형제는 자신에게 맡겨진 책임을 깨닫고 겸손하게 섬기며 살아갑니다. 주님을 믿는 사람은 어떤 처지에 있어도 상관하지 않습니다. 세상의 성공이 우리의 마지막 소망이 아니기 때문입니다. 누구라도 주님이 주시는 소망 안에서 자신감 넘치는 삶을 살 수 있습니다. 하나님께서 주신 각자의 은혜의 분량대로 감사함으로 섬기며 사는 것입니다.

많은 것을 위탁받은 것은 위험물을 소유한 것과 마찬가지입니다. 잘 관리하지 않고 낭비하거나 유혹에 넘어가 엉뚱한 데 사용하면, 하나님 앞에서 모진 책임 추궁을 당할 것입니다. 우리는 특별히 하나님의 영광을 위해, 이웃과 교회를 위해 우리가 받은 것을 드리며 잘 사용해야 할 책임이 있습니다.

그러므로 우리는 교만해질 이유도 없고 낙망할 까닭도 없습니다. 그저 주님께 칭찬받을 수 있도록 부유하든지 가난하든지 하늘나라를 기업으로 삼고, 감사하며 살아가면 됩니다. 이것이 경제생활에서의 '신앙의 생활화'입니다. 가난하든 부유하든, 믿음 안에서 하나님 아버지의 자녀다운 태도로 주께서 허락하신 인생을 담대하고 행복하게 살아가기 바랍니다.

유혹의 뿌리

"시험을 참는 자는 복이 있나니 이는 시련을 견디어 낸 자가 주께서 자기를 사랑하는 자들에게 약속하신 생명의 면류관을 얻을 것이기 때문이라 사람이 시험을 받을 때에 내가 하나님께 시험을 받는다 하지 말지니 하나님은 악에게 시험을 받지도 아니하시고 친히 아무도 시험하지 아니하시느니라 오직 각 사람이 시험을 받는 것은 자기 욕심에 끌려 미혹됨이니 욕심이 잉태한즉 죄를 낳고 죄가 장성한즉 사망을 낳느니라 내 사랑하는 형제들아 속지 말라 온갖 좋은 은사와 온전한 선물이 다 위로부터 빛들의 아버지께로부터 내려오나니 그는 변함도 없으시고 회전하는 그림자도 없으시니라 그가 그 피조물 중에 우리를 한 첫 열매가 되게 하시려고 자기의 뜻을 따라 진리의 말씀으로 우리를 낳으셨느니라" 약 1:12-18

어떻게 하면 신앙이 우리 일상생활 가운데 스며들게 할 수 있을까요? 우리 믿음을 자연스럽게 표현하며 살아가려면 어떻게 해야 할까요?

이에 대해 야고보서는 첫 번째로 시련의 훈련을 받아야 한다고 말씀합니다. 시련에는 온갖 종류가 다 있습니다. 시련은 아무 때나 누구에게든 찾아옵니다. 모든 사람은 일평생 시련을 겪으며 살아갑니다. 우리 그리스도인은 시련에 대해 적극적이고 긍정적인 태도를 취해 언제, 어디서, 어떤 방법으로, 어떤 종류의 시련을 겪는다 해도 기쁨으로 인내하며 승리할 수 있어야 합니다.

그렇다면 우리의 참된 믿음은 언제 나타나야 할까요? 결론부터 말씀드리자면, 죄를 짓게 하는 유혹이 찾아올 때 우리의 진짜 신앙이 드러나야 합니다. 시련과 마찬가지로 유혹도 언제든지, 누구에게나 접근합니다. 죄의 유혹을 피할 수 있는 사람은 이 세상에 아무도 없습니다.

유혹의
출처

우리는 하루에도 몇 번씩 죄의 유혹에 직면합니다. 그 유혹에 어떻게 대처하느냐가 신앙의 생활화를 이루는 데 주요 관건이 됩니다. 야고보서 1장 13절 말씀을 보십시오.

"사람이 시험을 받을 때에 내가 하나님께 시험을 받는다 하지 말지니 하나님은 악에게 시험을 받지도 아니하시고 친히 아무도 시험하지 아니하시느니라"(약 1:13).

여기서 말하는 '시험'은 '유혹'입니다. 하나님은 자기 자녀가 악을 행하도록 유혹하시는 분이 아닙니다. 하나님은 전지전능하신 분이어서 모든 일을 하실 수 있습니다. 그런데 딱 한 가지, 하나님이 하실 수 없는 일이 있습니다. 그것은 죄를 범하는 일입니다.

하나님은 완전히 선하신 분이시기 때문에 그분에게는 악이 존재하지 않습니다. 이런 속성은 절대로 변할 수 없습니다. 그분과 악은 전혀 상관이 없습니다. 그런 하나님이 사랑하는 자기 자녀들이 악을 행하도록 유혹하신다는 것은 상상도 할 수 없는 일입니다. 다시 말해 우리가 악의 유혹에 넘어가 죄를 짓는 것은 절대로 하나님이 하신 일이 아니라는 뜻입니다.

한번은 제가 외국 여행 중에 우리 동포 한 사람을 만났는데, 그가 제게 하소연을 해 왔습니다. 그는 하나님께서 왜 자신에게 어려운 시련들을 주시는지 도무지 이해하지 못하겠다고 토로했습니다. 그의 사정을 들어 보니 정말 딱했습니다. 머나먼 이국땅에서 고생이 말이 아니었습니다. 그런데 전후 사정을 살펴보니 그의 처지는 하나님 때문에 나빠진 것이 아니었습니다. 그는 정식 이민을 간 것이 아니라 관광 비자로 그 나라에 머무르고 있었습니다. 그래서 불법 체류자로 경찰에 쫓기는 신세가 되어 직장도 구할 수 없고, 하고 싶은 공부도 할 수 없는 형편이 된 것입니다. 몸과 마음의 고생이 이만저만이 아니었기에 그는 하나님이 왜 자신에게 그토록 큰 시련을 주시는지 모르겠다며 원망하고 탄식했습니다.

더욱 기막힌 사실은 그 젊은이의 전공이 신학이어서 어느 한인 교회에서 중·고등부 담당 전도사로 섬기고 있다는 것이었습니다. 사실 저는 대단히 실망했습니다. 한국에서 신학교를 졸업한 사람이 불법 체류까지 하면서 하나님이 인정할 수 없는 일을 하고 "왜 하나님이 나에게 이런 시련을 주시는지 모르겠다!"라고 불평하는 것이 이해가 되지 않았습니다. 이것이 사리에 맞는 일일까요? 하나님은 절대로 악을 행하도록 섭리하시는 분이 아닙니다. 하나님은 불법 체류를 하도록 인도하시는 분이 아닙니다. 그 젊은이는 하나님께서 지금까지 자신을 인도하셨으니 앞으로도 살길을 열어 주셔야 하지 않겠느냐고 말했습니다. 그는 무언가 대단히 오해하고 있었습니다.

야고보서 1장 13절 말씀에서 보았듯이 하나님께 시험받는다고 말해서는 안 됩니다. 하나님은 악에게 시험받지도 않으시고 시험받을 수도 없으십니다. 그분은 거룩한 하나님이시기 때문입니다. 또한 하나님은 아무도 악을 행하도록 시험하지 않으십니다.

성도들이 털어놓는 고민과 어려움의 대부분은 하나님이 행하신 일이 아닙니다. 본인 스스로가 판 구덩이에 빠진 일이 다반사입니다. 그런데도 하나님을 원망하고 하나님께 불평합니다. 현재 처지에 대해 하나님께 불평하거나 책임을 전가하는 것은 모두 잘못된 태도입니다. 하나님은 절대로 자기 자녀가 악을 행하도록 유혹하지 않으십니다. 그렇다면 악과 유혹이 어디에서부터 오는 것인지 야고보서 1장 14-15절 말씀을 보겠습니다.

"오직 각 사람이 시험을 받는 것은 자기 욕심에 끌려 미혹됨이니 욕심이 잉태한즉 죄를 낳고 죄가 장성한즉 사망을 낳느니라"(약 1:14-15).

기독교는 욕심 자체를 정죄하지 않습니다. 욕심에는 여러 가지 종류가 있습니다. 영적인 것과 선한 일을 위해 권장할 만한 욕심이 있고, 악한 일을 위한 욕심이 있습니다. 본문에서 말씀하는 욕심은 죄가 되는 욕심입니다. 우리는 사랑이나 영적인 성장이나 선한 것들에 대해서는 거룩한 욕심을 부려야 하지만, 죄를 낳고 종국에 가서는 사망을 낳는 욕심은 반드시 근절해야 합니다.

유혹은 인간의 마음속에 있는 악한 욕심에서 비롯됩니다. 유혹의 뿌리는 욕심입니다. 영어 성경은 이를 'lust(욕정)'로 표현합니다. 사랑과 욕정은 다릅니다. 남자가 여자에게 "당신을 사랑합니다."라고 고백할 때 여자들은 그 말이 진짜 사랑인지, 아니면 욕정인지 반드시 분별해야 합니다. 남자들은 가끔 자신의 욕정과 사랑을 혼동하기 때문에 스스로를 늘 성찰하고, 절제하며 조심해야 합니다.

사랑은 언제나 상대방의 유익을 위하는 반면, 욕정은 상대방을 이용해 자신의 욕심을 채우려고 합니다. 이기적이고 자기중심적인 것이 바로 욕정이고 악한 욕심입니다.

인간은 누구나 욕심과 욕정이 있습니다. 사람 안에 있는 욕정은 언제든지 표출될 가능성이 있습니다. 더군다나 우리가 속한 사회도 내면의 욕정을 일으키도록 부추기는 실정입니다. 14절의 "자기 욕심에 끌려"라는 표현에서 '끌리다'라는 것은 '미혹을 받다'라는 뜻입니다. 창세기 3장 6절은 하와가 선악과를 본 순간을 설명합니다.

"여자가 그 나무를 본즉 먹음직도 하고 보암직도 하고 지혜롭게 할 만큼 탐스럽기도 한 나무인지라"(창 3:6).

여기서 '탐스럽게 보았다'는 것이 바로 욕심의 유혹에 넘어갔다는 증거입니다.

유혹에 빠지는 과정

여기에서 우리가 유혹에 빠지는 과정을 찬찬히 살펴볼 필요가 있습니다.

첫째, 유혹의 손길이 뻗쳐 옵니다. 우리가 사는 사회 도처에는 유혹의 손길이 숨어 있습니다. 네온사인이 번쩍이는 도시의 밤거리는 인간의 욕정을 부추기고 죄의 구렁텅이로 미혹합니다.

　이런 세상의 유혹에 넘어가서는 안 됩니다. 기도를 쉬지 않고, 말씀을 묵상하며 자신을 절제하고 다스릴 줄 알아야 합니다. 물고기가 낚시 끝에 매달린 미끼를 물면 잡히는 것처럼, 우리도 악의 손짓에 미혹되어 일단 그 꾐에 빠지면 야고보서 1장 15절 말씀처럼 종국에 가서는 사망에 이르게 됩니다.

"욕심이 잉태한즉 죄를 낳고 죄가 장성한즉 사망을 낳느니라"(약 1:15).

　둘째, 욕심이 죄를 낳습니다. 입시 부정을 저지른 대학 교수나 자신의 권력을 남용한 공무원 또는 국회의원들의 사례를 심심찮게 들어 보았을 것입니다. 이것은 모두 욕심이 잉태하여 죄를 낳은 것입니다. 혹시 여러분은 정직해서 남보다 뒤처진 적이 있나요? 정직하게 산 것을 감사하십시오. 우주를 창조하시고 다스리시는 공의로우신 심판자 하나님이 살아 계십니다. 하나님이 심판하실 날이 곧 올 것입니다. 이 세상에서의 심판과 하늘나라의 영원한 심판이 반드시 있습니다. 지금 당장은 악인들이 잘되는 것 같지만 그들의 죄는 자손에게 이르러 삼사 대까지 하나님의 진노를 살 것입니다(출 34:7).

　날마다 성실하고 선한 씨앗을 뿌리십시오. 여러분이 그 열매를 수확하지 못해도 여러분의 자녀와 자자손손이 하나님이 주시는 축복을 누리게 될 것입니다. 하나님을 사랑하고 그 계명을 지키는 자들에게는 수천 대까지 하나님의 은총이 있다고 약속하셨습니다(출 20:6). 하나님은 공의로우십니다. 하나님이 주신 은혜를 족한 줄 알고 감사하십시오. 남편은 아내를 괴롭히지 말고 아내도 남편에게 불평하지 마십시오. 서로의 존재가 악행의 원인 제공자가 되어서는 안 됩니다. 자녀들도 부모를 원망하지 마십시오. 현재 가난하다고 해서 헛된 욕심으로 악을 행해서는 안 됩니다. 욕심이 잉태한즉 죄를 낳고 죄가 장성한즉 사망을 낳는다는 말씀을 꼭 기억하십시오.

셋째, 죄가 사망을 낳습니다. 욕심이 죄가 되도록 만드는 것은 사탄의 역사입니다. 사람이 일단 욕심을 내게 되면 사탄이 그 마음에 들어가 죄를 짓게 만듭니다. '바늘 도둑이 소 도둑 된다'는 속담처럼 죄가 점점 자라 돌이킬 수 없는 상황, 즉 사망의 길로 접어들게 합니다. 하나님과 단절된 인간으로 하늘의 복락을 모른 채 사망의 음침한 골짜기를 거닐게 됩니다.

여러분의 현재를 점검해 보십시오. 혹시 욕심이 마음을 뒤흔들고 있지는 않나요? 아니면 이미 죄에 빠져 어찌할 수 없는 지경에 놓여 있는 건 아닌가요? 사망의 문턱에 다다랐나요? 혹은 지금 평안하고 무탈한가요? 지금 아무 일이 없다고 해서 안심해서는 안 됩니다. 이미 시련을 몇 차례 겪었고, 폭풍우가 지나갔다고 해서 엄청난 면역이 생기는 것도 아닙니다.

유혹은 언제 어디서나 찾아올 수 있습니다. 누구에게나 찾아옵니다. 그렇기 때문에 주님을 믿는 사람들은 죄의 근원인 욕심을 잘 다루고 해결해야 합니다. 어려서부터 주님 안에서 극복하는 훈련을 하면 더욱 좋습니다. 만약 욕심과 미혹에 끌려다니고 있다는 것이 자각되면, 그 즉시 하나님 앞에 회개하고 용서를 구하십시오.

유혹을 이기는 방법

야고보서 1장 16절에 "내 사랑하는 형제들아 속지 말라"는 경고의 말씀이 있습니다. 그러나 우리가 사는 세상 곳곳에는 유혹의 손길이 널려 있고, 가정을 망치려는 위협이 산재해 있으며, 자녀들을 그릇된 길로 가게 하는 악의 무리들도 너무나 많습니다. 이 유혹은 평생 끊이지 않을 텐데, 어떻게 해야 유혹을 이길 수 있을까요? 두 가지 방법을 살펴보겠습니다.

첫째, 하나님께서 주신 것들을 감사히 여겨야 합니다. 먼저 야고보서 1장 17절 말씀을 보십시오.

"온갖 좋은 은사와 온전한 선물이 다 위로부터 빛들의 아버지께로부터 내려오나니 그는 변함도 없으시고 회전하는 그림자도 없으시니라"(약 1:17).

하나님의 자녀가 하나님만을 바라보고 살면 하나님께서 그에게 꼭 필요하고 가장 좋은 것으로 채워 주신다는 말씀입니다. 그러나 하나님께서 허락하시지 않은 일을 할 때는 아담과 하와가 선악과를 먹었을 때처럼 큰 문제가 생깁니다. 하나님께서는 선악과를 제외하고 에덴동산에 있는 모든 과일을 다 먹을 수 있도록 허락해 주셨습니다. 우리에게 주신 것도 마찬가지입니다. 악한 것, 즉 죄를 제외한 모든 좋은 것을 우리에게 주셨습니다. 건강이나 기술이나 재능은 하나님이 주신 것입니다. 하나님이 주신 대로 받고 감사하고 기뻐하며, 받은 것을 100% 심고 거두며, 착하고 신실한 종으로 살아야 합니다. 이 땅에서 또 저 천국에서 복을 누려야 합니다. 당대에 우리가 심은 씨의 열매가 열리지 않는다고 낙심하지 마십시오. 다음 세대에라도 열매가 나타납니다. 하나님께서 우리에게 좋은 것을 주셨음을 확신하면서 가족이나 직장이나 무엇이든 우리에게 주신 것은 다 감사해야 합니다. 오직 주님 한 분만을 바라보고 그분을 따라 감사하며 살아야 합니다. 이렇게 살 때 욕심이 우리를 유혹하지 못합니다.

둘째, 하나님의 말씀에 순종해야 합니다. 야고보서 1장 18절 말씀을 보십시오.

"그가 그 피조물 중에 우리로 한 첫 열매가 되게 하시려고 자기의 뜻을 따라 진리의 말씀으로 우리를 낳으셨느니라"(약 1:18).

하나님께서 진리의 말씀으로 우리를 낳으셨으니 우리는 진리의 말씀을 먹고, 진리의 말씀으로 자라고 진리의 말씀으로 살아야 합니다. 사탄의 세력이 우리를 유혹하고 세상 모든 화려한 것들이 우리를 미혹할 때, 진리의 말씀을 기억하여 곧 돌이키고 유혹을 뿌리쳐야 합니다. 죄가 잉태되지 않도록 철저히 대비하며 성령의 도움을 받아야 합니다. 마음에서 일어나는 인간적인 욕심을 제거하지 못하면, 욕심이 잉태해서 죄를 낳고 그 죄는 결국 사망을 불러옵니다.

우리가 매일 성령의 영감으로 주신 하나님의 말씀을 받아 가슴에 품고 살면 하나님 가까이에서 그분께 순종할 수 있습니다. 그럴 때 세상의 수많은 유혹을 거뜬히 이길 수 있습니다. 큰 유혹을 만났을 때만 말씀에 순종하는 것이 아니라 사소한 유혹부터 말씀으로 물리치고 이기도록 항상 훈련해야 합니다. 언제 어디서든 주님과 더불어 살고 말씀을 따라가면 이 땅에서 욕심이나 욕정으로 인해 죄와 사망에 이르지는 않을 것입니다. 작은 승리들이 반복되면 큰 시련과 시험도 이길 수 있는 준비가 됩니다.

우리 그리스도인은 하나님을 사랑함으로, 하나님 말씀대로 살아 감으로 풍성한 축복을 누릴 수 있습니다. 그렇게 되도록 힘써 기도하며 순종해 나가야 합니다.

지금 여러분은 어떤 유혹이나 시련에 빠져 있나요? 지금 바로 회개하고 돌아서십시오. 각자가 당면한 죄의 문제를 해결하고, 또 지금 다가오는 유혹을 이기고 주님 안에서 승리하며 살 수 있도록 하나님께 기도하며 항상 성령님의 도움을 구하며 살아가시기 바랍니다.

신앙의 생활화를 위한 자세

"내 사랑하는 형제들아 너희가 알지니 사람마다 듣기는 속히 하고 말하기는 더디 하며 성내기도 더디 하라 사람이 성내는 것이 하나님의 의를 이루지 못함이라 그러므로 모든 더러운 것과 넘치는 악을 내버리고 너희 영혼을 능히 구원할 바 마음에 심어진 말씀을 온유함으로 받으라"
약 1:19-21

'신앙의 생활화'를 위해서는 시련이 닥칠 때 어떤 태도를 취해야 할까요? 영적인 성장을 도모하는 적극적인 태도로 대처해야 합니다. 유혹이 다가올 때도 하나님과의 친밀한 교제를 통해 유혹을 물리치고 승리하는 삶을 살아야 합니다. 이 장에서는 시련과 유혹을 잘 이겨 내는 그리스도인이 되기 위해 근본적으로 필요한 것들을 살펴보려 합니다.

본문 말씀을 보면 신앙의 생활화를 위해 가장 중요한 것은 '하나님의 말씀을 온유하게 받아들이는 것'이라고 합니다. 하나님의 말씀이 근본이라고 일러 주고 있습니다. 시련을 이기는 것도 말씀을 통해서, 유혹을 이기는 것도 말씀을 통해서 가능한 일입니다. 하나님 말씀에 대한 우리의 태도가 신앙의 생활화에서 중요한 부분을 차지합니다. 어떻게 말씀을 받아들이고 어떻게 말씀에 순종하고 어떻게 말씀 안에 사느냐에 따라 '시련을 이기고 유혹을 뿌리칠 수 있는' 생활화된 신앙의 성패가 달려 있습니다.

우리의 가정과 직장 및 사회생활, 모든 인간관계에서 나타나는 신앙의 모습은 말씀에 대한 자세에 따라 달라집니다. 신앙도 말씀에 기초하고 생활도 말씀에 좌우됩니다. 로마서 10장 17절에도 "믿음은 들음에서 나며 들음은 그리스도의 말씀으로 말미암았느니라"고 기록되어 있습니다. 그리스도인은 말씀을 열심히 들어야 하고 겸손히 받아들여야 합니다. 이것이 본문의 요지입니다. 이를 기초로 신앙의 생활화를 위한 다섯 가지 자세를 정리해 보겠습니다.

말씀을 경청하라

우선 말씀을 경건한 마음으로 경청해야 합니다. 야고보서 1장 19절 말씀을 보십시오.

> "내 사랑하는 형제들아 너희가 알지니 사람마다 듣기는 속히 하고"(약 1:19).

이 말씀은 언어생활을 뜻하는 것이 아닙니다. 물론 잠언에 보면 "입(혀와 말)을 조심하라"는 말씀이 곳곳에 언급되어 있습니다(10장, 13장, 17장, 29장). 이를 통해 그리스도인의 성숙한 모습은 그가 사용하는 언어를 통해 나타남을 분명히 알 수 있습니다.

야고보서 1장 19절은 "내 사랑하는 형제들아"로 시작합니다. 여기서 '형제'란 진리의 말씀을 통해 하나님의 자녀가 된 자들을 일컫습니다. 이 말씀은 믿음을 가진 성도에게 주는 교훈입니다. 18절 말씀을 보면 우리는 하나님의 진리의 말씀으로 새롭게 태어난 사람들입니다. 믿음 안에서 우리는 한 형제입니다. 야고보 사도는 믿음의 형제들에게 사랑하는 마음을 담아 진심으로 권고하고 있습니다.

이어서 연결되는 "사람마다 듣기는 속히 하고"라는 구절을 쉽게 풀면 '누구든지 듣기를 잘해야 한다'입니다. 이는 그리스도 안에서 진리의 말씀으로 거듭나 영적으로 하나님의 자녀가 된 그리스도인 모두에게 예외 없이 해당되는 말씀입니다. 남녀노소, 지위고하를 막론하고 신앙이 생활화되기 위해서는 누구든 '듣기'를 잘해야 합니다. 하나님의 말씀을 잘 들어야 하고, 다른 사람들이 말을 할 때에도 경청해야 합니다.

본문 말씀은 우리의 듣는 태도를 지적합니다. 하나님의 말씀을 듣는 데 영민하고 빨라야 합니다. 또한 간절한 마음으로 경청해야 합니다. 때와 장소를 불문하고 하나님 말씀 듣기를 간절히 소망하는 태도를 가져야 합니다. 목사의 설교뿐만 아니라 방송에서 나오는 말씀을 들을 때나 신문과 잡지 기사, 그리고 각종 Q.T. 책자 속에서 말씀을 접할 때 하나님께서 나에게 주시려는 그 섬세한 음성을 들으려고 애써야 합니다. 하나님의 말씀을 열심히 듣는 사람만이 신앙의 생활화를 꾀할 수 있고 삶이 점점 선하게 변화됩니다. 그러나 말씀에 소홀하면 절대로 신앙의 생활화를 기대할 수 없습니다.

말씀을 사모하는 사람과 말씀을 사모하지 않는 사람은 확연히 다릅니다. 분명한 차이가 납니다. 또 말씀을 진심으로 사모하는 마음으로 듣는 사람과 방관자적 입장에서 건성으로 듣는 사람은 영적인 태도와 삶의 변화에서 아주 큰 질적 차이가 있습니다.

저는 목사가 되기 전에 성가대원으로 봉사한 적이 있습니다. 그때 성가대석에 앉아서 말씀을 제대로 듣지 않은 적이 종종 있었습니다.

목사님이 설교하실 때 '아휴, 우리 목사님은 설교는 잘하시는데 왜 이리 은혜가 안 되지?' 하며 귀로는 들었으나 마음으로는 잘 듣지 않고 말씀에 집중하지 않았습니다. 어느 때는 다 아는 이야기라고, 수백 번 들은 설교라고 반은 흘려들었습니다. 지금 생각하면 참으로 한심하고 부끄러운 일입니다.

설교를 듣는 시간이나 혼자 말씀을 묵상하는 시간에 나를 향한 주님의 음성을 들으려는 우리의 의지와 노력이 부족할 수 있습니다. 사무엘이 "말씀하옵소서 주의 종이 듣겠나이다"(삼상 3:10)라고 고백한 것처럼 우리도 마음을 활짝 열고 간절한 마음으로 주님의 말씀을 기다리고, 기대하고, 귀 기울여 들어야 합니다. 그럴 때에 삶의 변화가 나타나고 신앙이 점차적으로 생활화됩니다. 우리가 하나님의 말씀을 듣는 방법에는 세 가지가 있습니다.

첫째, 하나님의 계시를 통해서 듣습니다. 하나님의 계시란 성경 말씀입니다. 성령의 역사를 통해 영감으로 기록된 하나님의 말씀은 한 마디 한 마디가 진리이기 때문에 하나도 버릴 것이 없습니다. 우리가 마음의 귀를 기울이면 하나님께서 각자에게 하시려는 말씀을 정확하게 들려주신다는 것을 기억하십시오.

이 사실은 우리가 더욱 성경을 사랑하도록 만듭니다. 성경을 읽을 때 연애편지를 읽듯이 설레는 가슴으로 읽으십시오. 하나님께서 여러분에게 보낸 말씀이라 여기며 읽고 또 읽어 외우다시피 하십시오. 말씀이 마음에 들어가면 여러분의 삶에 변화가 생길 것입니다.

둘째, 우리의 양심을 통해 듣습니다. 양심을 통해 전달되는 성령님의 음성을 들어야 합니다. 지금 우리가 사는 사회는 양심이 마비되기 쉽습니다. 가장 흔한 예로 자녀들에게 직접 거짓말을 가르치는 부모가 있습니다. 어린 자녀가 집으로 걸려 온 전화를 받았습니다. 상대의 전화를 피하고 싶은 경우 많은 부모들이 아이에게 거짓말을 하도록 시킵니다. "아빠 집에 없다고 그래." 아무리 작아 보여도 어려서부터 비양심적인 행동을 하도록 교육받으면 후에는 도무지 양심을 믿을 수 없게 되고 맙니다. 우리 주변에도 아예 양심이 마비가 된 사람들이 심심치 않게 보입니다.

우리 마음에는 항상 두 가지 목소리가 존재합니다. 첫 번째 목소리는 선한 양심의 소리입니다. 두 번째 목소리는 사탄의 꼬임입니다. 우리는 성령께서 주관하시는 첫 번째 목소리에 귀를 기울이고 그 소리를 따라 행동해야 합니다. 선한 양심에 순종할 때 신앙이 생활 속에서 드러나게 됩니다.

셋째, 역사의 교훈을 통해 듣습니다. 하나님은 공의로우시고 사랑이 많으시며 존귀하신 분입니다. 그분이 이 세계의 역사와 인간의 경험과 국가와 사회의 다양한 소식을 통해 우리에게 날마다 말씀하고 계십니다. 신문이나 라디오 혹은 텔레비전의 뉴스를 보고 들으면서 하나님께서 나에게 들려주시는 음성을 들어야 합니다. 각종 사건들을 통해 외치시는 하나님의 음성을 들어야 합니다. 죄를 지은 사람이 있을 때도 그의 잘못만 보면 위험합니다. 나 자신에게는 그러한 죄가 없는지도 살펴보아야 합니다. 우리의 귀감이 될 만한 보도가 나오면 삶의 거룩한 도전을 받아 우리도 이웃을 돕고 선을 행하는 자로 살아가야 합니다.

이처럼 하나님께서는 역사의 간증을 통해, 여러 인생과 사건의 교훈을 통해 우리에게 말씀하십니다. 언제 어디서든 마음을 열어 주님의 음성을 잘 듣고 하나님의 사랑의 경고를 받아들인다면, 우리의 인격은 더욱 성장하고 마음과 태도와 사고방식이 선하게 변화해 갈 것입니다. 우리가 이미 지니고 있던 좋은 성품은 강화되고, 나쁜 부분은 계속 교정해 나감으로써 우리의 신앙은 어느덧 생활화될 것입니다.

언제나 간절한 마음으로 주님의 말씀을 경청하십시오. 하나님의 음성을 주의 깊게 듣는 사람은 말씀을 경험하는 훈련이 되어 있기 때문에 사람들의 말에도 세심하게 귀를 기울입니다. 경청을 잘 하는 습관이 들어서입니다. 이런 태도와 습관이 생겼기 때문에 부모님, 선생님, 어른, 직장 상사, 지도자들의 말도 잘 듣고 잘 이해해서 인생에서 큰 유익을 얻습니다.

논쟁을 삼가라

하나님의 말씀을 경청한 후에는 덕이 되지 않는 말을 삼가야 합니다. 야고보서 1장 19절 말씀을 보십시오.

"내 사랑하는 형제들아 너희가 알지니 사람마다 듣기는 속히 하고 말하기는 더디 하며"(약 1:19).

'귀는 둘이고 입은 하나'라는 말이 있습니다. 듣기는 잘 하고 말하기는 더디 하라는 메시지입니다. 잘 들으면 배우는 것이 많고 지혜가 깊어집니다. 이 말씀에서의 '말하기'는 사람들끼리 어떤 주제를 놓고 논쟁하는 것이 아니라, 하나님 말씀에 대한 입장을 거론하는 일을 뜻합니다. 어디서든 말하기를 좋아해 떠드는 사람보다 듣기를 잘하는 사람이 성숙한 사람입니다.

대화하면서 말끝마다 꼬투리를 잡거나 따지고 논쟁하면서 타인의 말을 경청하지 않는 사람은 성장할 수 없습니다. 당연히 배우는 것도 없습니다. 이들은 아무리 오랜 세월 동안 교회를 다녔어도 영적으로 성장하지 않습니다. 우리에게는 무엇보다 하나님 말씀을 귀 기울여 들으려는 간절한 마음이 있어야 합니다.

모든 이단은 공통된 특징을 갖고 있습니다. 언제나 논쟁을 벌인다는 것입니다. 성경의 어느 한 부분, 특히 신학적으로 애매한 부분을 떼어 내어 자신들의 해석이 옳음을 주장하며 교회와 성도들을 공격합니다. 이단과 대화하다 보면 그들에게 설득당하기 십상입니다. 그들은 논쟁 자체를 오랜 시간 연구해서 세워 놓은 그들만의 논리 체계로 이끌어 갑니다. 또한 대부분의 성도들이 성경을 잘 모르기 때문에 이단과의 논쟁에서는 승리하기가 무척 힘듭니다. 이단과의 논쟁은 우리의 신앙을 약화시키고, 심지어는 이단에 동조하게도 만듭니다. 그러므로 이단과의 논쟁은 처음부터 피하는 것이 현명합니다.

말하기를 더디 하십시오. 덕이 되지 않는 말, 자신을 드러내고 남을 비난하고 반대하는 말, 극단적인 주장과 의견은 삼가십시오. 말을 많이 하다 보면 말의 실수가 많아집니다.

말씀을 듣고 의문이 드는 점을 질문하는 것은 아주 중요한 일입니다. 잘 알아듣지 못했거나 이해하기 어려운 내용을 명확하게 이해하기 위해서는 구체적인 설명을 여러 번 들어야 합니다.

때로 어떤 사람은 수천 년 동안 신학적으로 논쟁이 되어 온 문제만 골라서 목사에게 질문합니다. 고의로 논쟁을 유도합니다. 그것은 말씀을 깊이 연구해 하나님의 뜻을 따르려는 목적이 아닌 것입니다. 이처럼 깊이 있게 알지 못하면서 자기가 잘났음을 드러내려는 태도는 그리스도인으로서 바람직하지 않습니다.

인간의 짧은 지식으로는 하나님 말씀의 오묘함과 위대함을 다 설명할 수 없습니다. 어느 신학자의 해석만이 옳다고 말할 수도 없습니다. 그러므로 진리인 성경 말씀으로 논쟁을 일으키는 것은 신앙의 성장에 결코 도움이 되지 않습니다. 하나님의 말씀을 잘 듣고 순종하는 사람이 거듭난 신앙인이고 성장하는 그리스도인입니다. 일반적인 대화에서도 듣기를 잘 하고 말하기를 더디 하십시오. 그러면 사람들이 우리의 말을 더욱 소중히 여길 것입니다.

분노를 억제하라

야고보서 1장 19절의 "성내기를 더디 하며"는 분을 내지 말라는 뜻입니다. 잘 듣는 사람, 말을 많이 하지 않는 사람은 화를 잘 내지 않습니다. 다른 사람의 말을 잘 듣지 않는 사람, 자세히 들어 보지도 않고 판단하는 사람이 분을 잘 냅니다. 자기 말만 하고 자기 주장만

하면서 논쟁을 일으키고 스스로 분을 이기지 못해 화를 내는 사람들이 상당히 많습니다.

같은 말씀을 듣고도 어떤 사람은 은혜를 받고 영적으로 성장하는데, 어떤 사람은 말씀이 자기 마음에 들지 않는다고 불편하게 여기고 화를 냅니다. 게다가 다른 사람들까지 부정적인 방향으로 부추깁니다. 이런 사람에게는 신앙의 생활화를 기대할 수 없습니다. 신앙의 성장을 요구할 수도 없습니다. 주님의 말씀으로 논쟁을 즐기는 사람과 분을 잘 내는 사람은 성숙한 신앙인이 아닙니다. 성령이 충만한 사람은 분노를 자제하고 지혜롭게 관리합니다.

에베소서 4장 26절은 "분을 내어도 죄를 짓지 말며 해가 지도록 분을 품지 말고"라고 말씀합니다. 이 말씀은 '사람이 분을 낼 때도 있음'을 당연히 여기며 인정합니다. 화를 내는 것 자체는 잘못된 일이 아닙니다. 물론 우리가 화를 내야 할 경우도 있습니다. 바로 악에 대해서입니다. 성경에는 하나님의 분노가 나타난 일들이 많습니다. 하나님께서는 죄와 악에 대해 분노하셨습니다.

우리도 악에 대해서는 분을 낼 수 있으나, 그전에 두 가지를 기억해야 합니다. 첫째는 우리는 거룩하신 하나님이 아니라는 것이고, 둘째는 우리에게도 같은 악이 있다는 사실입니다. 우리가 분노를 표현할 때 그 원인이 어디에 있는지 점검해 보아야 합니다. 그저 속이 상해서 화를 내는 것인지, 혈기가 나서 화를 내는 깃인지, 성질이 고약해서 화를 내는 것인지, 분풀이나 한풀이로 화를 내는 것인지 등을 구분해야 합니다.

성령이 충만한 사람은 갈라디아서 5장 22절에 언급된 성령의 열매가 삶에서 나타납니다. 성령의 열매 중 '절제'는 자기를 통제할 수 있는 능력을 뜻합니다. 화가 나고 분노가 솟구치는 자기 감정을 억제할 줄 압니다. 차분하게 목소리를 낮춰서 자기 마음을 표현할 수 있습니다. 설령 정당한 이유로 악을 향해 화를 낸다 할지라도 성령 충만한 사람은 고함을 지르며 절제 없이 분노를 표출하기보다는 낮은 음성으로 무게 있게 표현합니다.

잠언 15장 1절은 "유순한 대답은 분노를 쉽게 하여도 과격한 말은 노를 격동하느니라"고 말씀합니다. 그리스도인은 품위 있고 부드러운 말을 사용하여 언어생활에서도 남다른 모습을 보여 주어야 합니다. 타인을 향해 화를 내는 일도 절제할 수 있어야겠지만, 다른 사람을 화나게 하는 언사는 더더욱 조심해야 합니다.

잠언 19장 19절은 "노하기를 맹렬히 하는 자는 벌을 받을 것이라 네가 그를 건져 주면 다시 그런 일이 생기리라"고 경고합니다. '성격이 불같은 사람은 벌을 받는다. 네가 그를 구하여 준다고 해도 그때뿐이다. 구해 줄 일이 또 생길 것이다.'라는 말입니다. 즉, 불같은 성격의 대가를 치른다는 말입니다.

분을 가슴에 품고 사는 사람은 속에 불을 품고 사는 사람과도 같습니다. 그 불에 타서 자신이 죽게 됩니다. 화를 많이 내면 화내는 사람 자신이 가장 큰 손해를 입습니다. 또 자주 화내는 사람을 좋아할 사람은 아무도 없습니다. 믿음의 사람은 신앙의 생활화를 위해 분노의 문제를 놓고 기도하며, 그때마다 성령의 도움을 구하여 분을 해소하는 방법으로 인내를 훈련해야 합니다. 분을 다스리는 사람이 결국 존경을 받습니다.

마음을
청결히 하라

하나님의 말씀을 잘 받아들이려면 우리 마음속에서 악을 먼저 제거해야 합니다. 21절 말씀을 살펴보십시오.

"그러므로 모든 더러운 것과 넘치는 악을 내버리고"(약 1:21).

"모든 더러운 것"이란 우리 생각과 마음속에 있는 온갖 부정한 것들, 예를 들면 음란한 욕정, 욕심, 미움, 질투, 불평, 불만, 비관과 비판적인 생각 등을 말합니다. 우리의 마음을 더럽히는 이런 것들이 마음에서 제거되어 빈 마음이 되어야 하나님 말씀을 제대로 들을 수 있습니다. 그러므로 우리는 날마다 주님 앞에서 회개와 자백을 통해 마음을 깨끗하게 해야 합니다. 마음 밭을 옥토로 만들어 하나님 말씀을 들어야 은혜를 받고, 삶에서도 영적인 열매를 맺을 수 있습니다. 마음 상태가 건강하고 청결해야 찬송을 불러도, 기도를 해도, 신앙 간증을 나누어도 은혜가 풍성하고 감사가 넘치게 되는 것입니다.

옥토 같은 마음이라야 하나님의 말씀의 씨가 떨어질 때 싹이 나고 열매를 맺으며 평안을 누릴 수 있습니다. 마음에 조금이라도 악한 생각이 들면 지체하지 말고 주님께 고백하십시오. 주님을 의지해 즉시 몰아내십시오. 주님과 동행하여 마음 밭을 항상 깨끗하고 건강하게 유지해야 합니다. 그리할 때 말씀을 잘 들을 수 있고, 말씀대로 순종하며 사는 신앙인이 될 수 있습니다.

온유한 마음으로
겸손하라

마지막으로, 말씀을 들을 때는 겸손한 자세로 들어야 합니다. 야고보서 1장 21절 말씀을 보십시오.

"그러므로 모든 더러운 것과 넘치는 악을 내버리고 너희 영혼을 능히 구원할 바 마음에 심어진 말씀을 온유함으로 받으라"(약 1:21).

'온유하다'는 부드럽고 겸손한 태도를 가리킵니다. 하나님의 말씀을 들을 때는 겸손하게 들어야 합니다. 많은 사람들이 예수 그리스도를 전적으로 신뢰하지 못하고, 신앙이 성장하지 않는 가장 큰 이유가 바로 교만입니다. 다른 사람보다 조금 더 공부를 많이 하면 교만해져서 하나님이 계시지 않는다고 떠듭니다. 그런 사람은 자기의 교만 때문에 구원받지 못합니다. 설령 주님을 믿는다 해도 겸손하지 않다면 아름답게 성장하지 못하고, 신앙의 생활화도 이뤄 낼 수 없습니다. 하나님은 겸손한 자를 세워 주십니다.

겸손한 마음으로 말씀을 들어야 합니다. 21절에 "마음에 심어진 말씀"은 '말씀의 씨앗'을 뜻합니다. 겸손히 받은 말씀만이 마음에 남아 싹을 틔우고 삶의 열매를 맺습니다.

성경 말씀을 읽을 때마다 기도하십시오. 마음을 부드럽고 깨끗하게 해 주셔서 주님의 음성을 겸손히 경청하고, 이 말씀을 통해 삶의 변화를 경험하게 하시고, 그 변화로 인해 신앙이 삶 자체에 자연스럽게 드러나게 해 달라고 간절히 소원하십시오. 그러면 자연히 여러분의 신앙이 성장할 것이고 생활화될 것입니다.

말씀을 듣는 데는 속히 하고, 논쟁을 일삼는 것은 지양하며, 마음밭을 깨끗하게 만들어 겸손하게 주님의 말씀을 들음으로 하나님의 은혜와 평강이 늘 여러분의 삶에 넘쳐나기를 진심으로 소망합니다.

5
—

말씀을 실천하라

"너희는 말씀을 행하는 자가 되고 듣기만 하여 자신을 속이는 자가 되지 말라 누구든지 말씀을 듣고 행하지 아니하면 그는 거울로 자기의 생긴 얼굴을 보는 사람과 같아서 제 자신을 보고 가서 그 모습이 어떠했는지를 곧 잊어버리거니와 자유롭게 하는 온전한 율법을 들여다보고 있는 자는 듣고 잊어버리는 자가 아니요 실천하는 자니 이 사람은 그 행하는 일에 복을 받으리라 누구든지 스스로 경건하다 생각하며 자기 혀를 재갈 물리지 아니하고 자기 마음을 속이면 이 사람의 경건은 헛것이라 하나님 아버지 앞에서 정결하고 더러움이 없는 경건은 곧 고아와 과부를 그 환난중에 돌보고 또 자기를 지켜 세속에 물들지 아니하는 그것이니라" 약 1:22-27

야고보 사도는 편지 서두에서 세 번의 대조를 통해 신앙이 생활화된 그리스도인이 지녀야 할 올바른 삶의 모습을 제시합니다. 첫째, 시련을 잘 이겨 내서 성숙해진 사람의 모습입니다. 이는 시련을 인내하며 신앙으로 지혜롭게 대처하는 사람입니다. 반면 바람이 불고 물결이 칠 때 요동하는 사람은 정함이 없는 믿음을 드러내는 것입니다. 둘째, 부자와 가난한 사람을 대조적으로 보여 줍니다. 물질의 부유함과 높은 권력은 일장춘몽에 불과합니다. 부유한 형제는 겸손하게 자신의 실체를 인정하고 낮은 것을 자랑하며 살아야 한다고 강조합니다. 가난한 형제는 가진 것이 없다 해도 하나님의 자녀 된 것을 믿고, 하늘나라에 영원한 기업이 있음을 기뻐하며 믿음 안에서 당당하게 살아야 합니다. 셋째, 하나님이 허락하시는 시련과 자기 욕정 때문에 비롯된 시련을 비교해서 보여 줍니다. 하나님이 주시는 시련은 우리를 성장시키고 우리에게 은총을 내리기 위한 수단이지만, 인간의 욕정 때문에 겪는 시련은 우리를 멸망으로 이끄는 길이라고 명시합니다.

이제는 네 번째 대조가 제시되어 있습니다. 야고보서 1장 22-27절에서 언급한 대조적 현상은 실천적인 신앙과 말뿐인 신앙, 즉 진짜 신앙과 가짜 신앙을 말합니다. 생활화된 신앙만이 참된 신앙입니다. 행동이 없는 신앙은 거짓입니다.

참된 신앙은 일상생활을 통해 명백하게 드러납니다. 진짜 그리스도인의 신앙에는 반드시 행동이 따르고, 생활의 변화와 영적 성숙이 있어서 다른 사람의 눈에도 그리스도의 훌륭한 제자로 보일 수밖에 없습니다. 본문 말씀을 통해 행동이 없는 신앙인의 비극과 행함이 있는 신앙인의 축복을 살펴보겠습니다.

실천하지 않는 신앙인

말씀을 듣기만 하고 행동이 뒤따르지 않는 신앙, 즉 말씀대로 실천하지 않고 순종하지 않는 신앙인은 불행합니다. 아무리 말씀을 들어도 자기 삶에 변화가 없고, 말씀을 행동으로 실천하려는 노력이 없는 신앙은 가짜입니다.

"너희는 말씀을 행하는 자가 되고 듣기만 하여 자신을 속이는 자가 되지 말라"(약 1:22).

이 말씀은 "너희는 말씀을 실천하는 사람이 되고 그저 듣기만 하여 스스로를 속이는 사람이 되지 말아야 한다."로 풀어 쓸 수 있을 것입니다. 우리가 말씀에 순종으로 실천하는 것이 구원의 조건은 아닙니다. 우리의 행위로 구원받는 것은 절대로 아닙니다(엡 2:9). 그러나 구원받은 하나님의 자녀, 성령으로 거듭난 주님의 자녀에게는 반드시 신앙의 실천이 따릅니다. 이것이 구원받은 사람의 증거입니다. 예수님을 믿기 전과 믿은 후의 삶이 똑같다면, 자기 신앙을 다시 한 번 철저히 점검해 보아야 합니다.

교회 제직이라고 해서, 목사나 전도사라고 해서 거듭난 그리스도인이 되는 것은 아닙니다. 하나님의 살아 계심과 예수님의 십자가 사건과 부활의 역사를 믿는다고 말로는 고백하지만, 실제로 참된 믿음이 없는 사람이 있다는 말입니다. 그런 사람들은 자신의 상태를 빨리 파악하고, 성령으로 거듭난 참된 그리스도인이 되도록 주님을 진심으로 마음에 모셔서 자신의 삶의 왕좌에 앉혀 드려야 합니다.

미국에서 목회할 때 있었던 일입니다. 어느 주일 아침에 강단에 앉아 회중석을 바라보았습니다. 저희 교회에 6-7년간 출석한 성도인데, 전혀 변화가 없는 한 사람이 눈에 띄었습니다. 그는 공부를 많이 한 지식인이었습니다. 한 주도 빠지지 않고 예배에 참석하지만, 영적인 은혜를 받지 못하는 형제였습니다. 그가 너무 측은하다는 마음이 들었습니다. 또 제가 목회자로서 얼마나 부족했으면 몇 년을 꼬박 자리를 지키고 앉아 있는 한 사람을 감동시키지 못했는가를 생각했습니다. 생각이 여기까지 미치자 설교를 하다가 그를 바라보며 그만 눈물을 흘리고 말았습니다. 저는 마음속으로 하나님께 부르짖었습니다. '하나님, 이 부족한 종을 용서하여 주옵소서. 목사로서 능력이 부족하다면 아예 교수만 하게 하든가, 이왕 목사가 되게 하시려면 은혜가 풍성한 목사로 만들어 주옵소서. 설령 제게는 은혜를 베풀지 않으시더라도 우리 교인들에게는 은혜를 베풀어 주사 주 안에서 참된

그리스도인이 되게 하옵소서.'

그날 예배가 끝난 후 '목사님이 왜 설교 중에 눈물을 흘렸는가?' 에 대해 토론하며 교인들 사이에서 이런저런 이야기가 있었다고 합니다. 어느 장로가 속을 썩였느냐, 어느 집사가 문제를 일으켰느냐 등등 갖가지 억측이 나왔습니다. 한참을 이야기하던 교인들이 다 자기 때문이라며 함께 회개 기도를 했다고 합니다. 사실은 제가 부족해서, 제 무능함 때문에 눈물을 흘린 것인데 말입니다.

교회를 오래 다녔으나 은혜를 받지 못하는 사람은 자신을 속이는 것입니다. 하나님의 전에서 예배에 참석하고 있으면서도 하나님 말씀을 자기를 향한 음성으로 듣지 않기 때문에 스스로를 속이는 것입니다. 참으로 불쌍하고 가여운 사람입니다.

하나님 말씀은 겸손히 받아야 합니다. 이 말씀 속에 나의 삶과 죽음의 길이 있고, 천국과 지옥이 있고, 행복과 불행이 있고, 성공과 실패가 있고, 만족한 삶과 불평뿐인 삶의 갈림길이 있습니다. 이 사실을 믿을 때 겸손하게 주님의 음성을 듣게 될 것입니다. 말씀을 듣기만 하고 순종하지 않는 이중생활은 시간 낭비입니다. 이는 자기 자신을 속이는 일입니다. 말씀을 듣고도 실천하지 않으면 죄의식만 증가합니다. 마음이 어두워지니 스스로에게 불만스럽습니다. 그리스도인임을 자처하면서 주님의 자녀답게 살지 않을 때, 하나님 보시기에도 기쁘지 않고 다른 사람에게도 덕이 되지 않습니다. 무엇보다 본인 스스로 '거짓 성도'라는 마음의 짐이 생깁니다.

성경 공부를 열심히 하더라도 성경에 대한 논쟁만 일삼는다면 이는 올바른 태도가 아닙니다. 자신의 성경적, 신학적 박식함을 자랑하는 것은 다른 성도들에게 아무런 도움이 되지 않습니다. 교만은 금물입니다. 하나님의 자녀에게는 많이 아는 것이 중요하지 않습니다. 조금 듣고 적게 안다고 해도 한 장 한 장의 벽돌을 쌓듯, 말씀을 듣고 작은 것 한 가지라도 행동으로 옮기는 것이 중요합니다. 우리가 들은 주님의 말씀을 하나씩 순종으로 쌓아 갈 때 그 말씀의 진리를 확실하게 알게 되고 견고한 신앙의 집을 짓게 되는 것입니다.

그렇다면 말씀을 듣기만 하고 행동으로 옮기지 않는 이유는 무엇일까요? 본문에서는 어떤 사람이 거울을 통해 자기 얼굴을 보고 와서 금방 자기 모습을 잊어버리는 것과 같다고 말씀합니다. 기독교인 대부분이 성경을 읽기는 합니다. 그런데 그 내용을 마음으로 묵상하지 않고 건성으로 읽고 잊어버립니다. 설교를 흘려듣습니다. 경청하며 듣고 보지 않기 때문에 금방 잊어버립니다. 여기서는 말씀을 듣고 행동으로 옮기지 않은 것이 주된 원인이라고 이야기합니다. 본인이 직접 행동으로 해본 일은 기억에 잘 남습니다. 그러나 머릿속으로만 아는 것은 기억에서 금세 사라집니다. 특히 신앙은 행동으로 옮길 때에만 그 진리를 알게 되는 참된 즐거움이 있습니다. 그럴 때 오묘한 진리를 온몸으로 깨닫게 됩니다.

누구든 스스로 경건하다 생각하는 사람은 말로만 그리스도인 행세를 하는 것입니다. 그런 사람은 불행합니다. 신앙인의 참된 모습을 알지 못하고 그 즐거움을 경험하지 못하기 때문입니다. 말씀은 삶으로 실천할 때라야 비로소 알게 됩니다. 26절은 실천이 없는 사람의 경건은 '헛것'이라고 말씀합니다. 가짜 신앙입니다. 열매를 맺지 못하는 나무와 같고, 모래 위에 지은 집이나 마찬가지입니다. 행함이 없는 믿음을 가진 사람의 결과는 비극과 불행일 수밖에 없습니다.

실천하는
신앙인

주님의 말씀을 제대로 듣지 않고, 들은 말씀을 행동으로 옮기지 않는 신앙은 불행합니다. 이와 반대로 말씀을 실천하는 신앙인은 복이 있습니다. 22절은 "너희는 말씀을 행하는 자가 되라"고 말씀합니다. 신앙은 행동입니다. 철학은 머리로 할 수 있습니다. 지식은 머리에 축적할 수 있습니다. 그러나 신앙은 머리로 완성되지 않습니다. 신앙은 반드시 행동으로 나타나야 합니다. 삶 자체가 주님 안에서 거룩하고 선하게 변화되어 나타나야 한다는 의미입니다.

참된 신앙인은 말씀을 잘 듣습니다. 똑같은 말씀이지만 실천하지 않는 신앙인처럼 건성으로 듣는 것이 아니라, 관심을 갖고 '들여다보고' 귀를 기울여 자세히 듣습니다. 한마디도 놓치지 않고 의미를 되새기며 듣습니다. 하나님의 말씀이기 때문입니다. 말씀 속에 우리의 살길이 제시되어 있기 때문입니다. 이런 태도로 말씀을 듣는 사람의 삶에는 반드시 변화가 일어납니다. 예수님도 이렇게 말씀하셨습니다.

"내 어머니와 내 동생들은 곧 하나님의 말씀을 듣고 행하는 이 사람들이라"(눅 8:21).

성령으로 거듭나서 하나님의 자녀, 예수님의 형제자매가 된 사람에게는 반드시 그에 합당한 행동이 따릅니다. 물론 이것이 하루아침에 완전해진다는 뜻은 아닙니다. 그러나 시간이 흐를수록 분명하게 주님을 닮아 간다는 뜻입니다. 아이가 생명을 받아 태어나면 성장하고 그 성장이 행동으로 나타나는 것은 당연합니다. 태어나기는 했으나 성장이 없다면 큰 병이 든 상태이거나 생명이 없거나 둘 중 하나일 것입니다.

행함이 있는 믿음을 소유한 사람은 말씀을 통해 들리는 하나님의 음성에 귀를 기울입니다. 나를 향하신 하나님의 뜻이 무엇인지 집중할 때 우리의 삶에 변화가 생깁니다. 성령으로 거듭나면 성령께서 쓰신 성경 말씀을 아기가 젖을 원하듯이 사모합니다. 여러분이 먼저 말씀을 행동으로 옮겨야 합니다. 진리를 분명히 알아 변화를 받은 후 가족과 주위 사람에게 행동을 통해 말씀을 증거해야 합니다. 실천하는 신앙인은 들은 말씀을 마음에 새깁니다. 마음을 늘 정결케 합니다. 그리고 듣는 즉시 실천에 옮깁니다.

하나님의 말씀은 우리의 모습을 비추는 거울입니다. 야고보서 1장 25절에서 우리를 죄에서 "자유롭게 하는 온전한 율법"은 거울을 뜻합니다. 인간의 적나라한 모습을 보여 주는 거울이 바로 성경 말씀입니다. 양서(良書)로 분류되는 많은 책들도 한 번만 읽으면 더 읽을 필요를 느끼지 않습니다. 하지만 하나님의 말씀인 성경은 읽으면 읽을수록 우리 마음에 깊은 감동을 주고, 하나님의 사랑을 깨닫게 합니다. 성경은 하나님의 긍휼을 가르쳐 주고, 삶의 진정한 의미를 깨우치게 하는 생명의 말씀이기 때문에 수십 세기를 거치는 동안 수많은 사람들이 애독하는 최고의 베스트셀러가 되어 왔습니다.

25절은 "자유롭게 하는 온전한 율법을 들여다보고 있는 자는 듣고 잊어버리는 자가 아니요 실천하는 자니 이 사람은 그 행하는 일에 복을 받으리라"고 말씀합니다. 하나님 말씀대로 살면 행복해집니다. 우리 마음이 깨끗해집니다. 27절에 기록되었듯 "하나님 아버지 앞에서 정결하고 더러움이 없는" 사람이 됩니다.

말씀을 읽을 때마다 겸손하게 듣고 그 말씀을 실천할 때 정결한 인생이 됩니다. 그 삶에 평안과 은혜가 넘칩니다. 성경은 곳곳에 그런 내용을 언급하고 있습니다.

"너희가 이것을 알고 행하면 복이 있으리라"(요 13:17).

"하나님의 말씀을 듣고 지키는 자가 복이 있느니라"(눅 11:28).

말씀을 듣고 행동으로 옮기는 삶은 하나님의 축복을 받기 마련입니다. 이들에게는 외적으로도, 내적으로도 큰 변화가 일어납니다.

외적인 변화

말씀을 행동으로 실천하는 믿음의 사람은 삶에서 변화가 일어납니다. 본문에서는 이 외적 변화를 두 가지로 말하고 있습니다.

첫째, 사용하는 말이 달라집니다. 말씀을 듣고 순종하는 그리스도인은 혀(입 또는 말)에 변화가 나타납니다. 언어생활이 달라진다는 뜻입니다.

"누구든지 스스로 경건하다 생각하며 자기 혀를 재갈 물리지 아니하고 자기 마음을 속이면 이 사람의 경건은 헛것이라"(약 1:26).

이 구절에서는 경건한 사람, 하나님을 믿고 말씀대로 살려고 노력하는 사람은 자기 입에 재갈을 물린다고 말씀합니다. 언어생활에서 선하고 거룩한 특징이 나타난다는 것입니다. 사람을 살리는 언어를 쓰는 사람은 어떨까요? 남의 입에 재갈을 물려 말을 하지 못하게 만드는 것이 아니라, 자기 입을 먼저 다스리고 말을 조심합니다. 자신이 순화된 언어를 사용하는지를 살핍니다. 언어 습관을 스스로 점검합니다. 내가 사용하는 언어가 사람을 살리는지 죽이는지, 상처를 주지 않는지를 주의 깊게 따져 봅니다. 사람을 살리는 은혜로운 언어를 사용하기 위해서 기도하고 부단히 노력합니다.

생명을 살리는 언어는 단어뿐만이 아니라 말하는 태도(attitude), 말할 때의 표정과 몸짓(body language), 소리의 높낮이(tone)와 크기(volume), 듣는 이의 반응(reaction)까지 생각합니다. 이는 복음적인 언어 사용입니다. 그냥 자연인으로서 평상시에 느끼고 생각하는 대로 그냥 말을 하지 않는다는 것입니다. 이런 사람의 말을 듣다 보면 사람들의 마음이 편안해집니다. 풀이 죽었다가 살아납니다.

신앙의 생활화를 이루어 가는 사람의 첫 번째 변화는 언어입니다. 새 생명으로 태어나 말씀을 잘 들으며 제대로 성장하는 사람은 사고

방식과 생활 태도가 달라지면서 사용하는 언어에서부터 변화가 나타납니다.

둘째, 약한 자를 돌보는 사람이 됩니다. 하나님 앞에서 정결한 신앙을 가진 사람은 주위에 있는 약한 사람을 돌봅니다.

"하나님 아버지 앞에서 정결하고 더러움이 없는 경건은 곧 고아와 과부를 그 환난중에 돌보고 또 자기를 지켜 세속에 물들지 아니하는 그것이니라"(약 1:27).

성경에서는 세 부류의 사람을 약한 사람으로 인정합니다. 고아와 과부와 장애인입니다. 하나님께서는 이 세 부류의 사람들에게 아주 특별한 관심을 보이십니다. 만일 이들이 억울함을 당하거나 피해를 입으면, 하나님이 직접 나서서 이들을 괴롭힌 사람을 벌주십니다. 그러므로 장애인을 함부로 대하거나 과부를 무시하거나 고아를 천대해서는 안 됩니다.

하나님의 진노가 두려워 이들을 불쌍히 여기고 돕는 것이 아니라, 하나님께서 이 약한 자들을 사랑하는 것을 기뻐하심을 기억하며 도우십시오. 그리할 때 하나님께서는 우리에게 더 큰 상급을 주십니다. 여러분의 도움을 필요로 하는 사람이 누구인가를 늘 돌아보고, 그들의 필요에 따라 늘 도움의 손길을 내어 주는 그리스도인이 되시기를 바랍니다.

내적인
변화

말씀에 순종하는 믿음의 사람에게 나타나는 내적인 변화는 '마음이 깨끗해지는 것'입니다. 세상에 물들지 않고, 세속에 휘둘리지 않는 순수함과 거룩함을 말합니다.

"또 자기를 지켜 세속에 물들지 아니하는 그것이니라"(약 1:27).

말씀이 우리 삶에서 점차 생활화되어 갈 때 우리의 신앙은 튼튼해지고 마음도 깨끗해집니다. 자연히 하나님이 주시는 평안과 축복을 누리며 살게 됩니다.

지금 한국 교회에는 '신앙의 생활화'가 너무도 절실합니다. 내가 먼저 겸손하게 말씀을 받아들여 신앙의 생활화를 이루어야 합니다. 나부터 언어생활의 변화를 보여 주고, 약한 자들을 돕고, 깨끗한 마음으로 살아가야 합니다. 각 사람이 자기 신앙을 성숙시키려고 노력한다면 우리 교회, 가정, 공동체, 더 나아가 사회가 변화될 것입니다. 다른 사람에게 책임을 전가하지 말고 나 자신부터 하나님 말씀을 경청하고 신앙을 생활화하는 참된 그리스도인이 되기를 바랍니다.

6

차별 대우하지 말라

"내 형제들아 영광의 주 곧 우리 주 예수 그리스도에 대한 믿음을 너희가 가졌으니 사람을 차별하여 대하지 말라 만일 너희 회당에 금 가락지를 끼고 아름다운 옷을 입은 사람이 들어오고 또 남루한 옷을 입은 가난한 사람이 들어올 때에 너희가 아름다운 옷을 입은 자를 눈여겨 보고 말하되 여기 좋은 자리에 앉으소서 하고 또 가난한 자에게 말하되 너는 거기 서 있든지 내 발등상 아래 앉으라 하면 너희끼리 서로 차별하며 악한 생각으로 판단하는 자가 되는 것이 아니냐 내 사랑하는 형제들아 들을지어다 하나님이 세상에서 가난한 자를 택하사 믿음에 부요하게 하시고 또 자기를 사랑하는 자들에게 약속하신 나라를 상속으로 받게 하지 아니하셨느냐 너희는 도리어 가난한 자를 업신여겼도다 부자는 너희를 억압하며 법정으로 끌고 가지 아니하느냐 그들은 너희에게 대하여 일컫는 바 그 아름다운 이름을 비방하지 아니하느냐 너희가 만일 성경에 기록된 대로 네 이웃 사랑하기를 네 몸과 같이 하라 하신 최고한 법을 지키면 잘하는 것이거니와 만일 너희가 사람을 차별하여 대하면 죄를 짓는 것이니 율법이 너희를 범법자로 정죄하리라 누구든지 온 율법을 지키다가 그 하나를 범하면 모두 범한 자가 되나니 간음하지 말라 하신 이가 또한 살인하지 말라 하셨은즉 네가 비록 간음하지 아니하여도 살인하면 율법을 범한 자가 되느니라 너희는 자유의 율법대로 심판 받을 자처럼 말도 하고 행하기도 하라 긍휼을 행하지 아니하는 자에게는 긍휼 없는 심판이 있으리라 긍휼은 심판을 이기고 자랑하느니라" 약 2:1-13

미국은 많은 인종이 모여 사는 나라이기 때문에 인종 간의 마찰과 불화가 많습니다. 1991년 로스앤젤레스에서 일어난 '로드니 킹 사건'에서 촉발된 폭동도 흑백 갈등이 주원인이었습니다. 백인들이 흑인들을 노예로 부리고 착취하던 시대는 지나간 지 오래지만 아직까지도 일각에서는 흑인 차별이 남아 있습니다.

"내 형제들아 영광의 주 곧 우리 주 예수 그리스도에 대한 믿음을 너희가 가졌으니 사람을 차별하여 대하지 말라 만일 너희 회당에 금 가락지를 끼고 아름다운 옷을 입은 사람이 들어오고 또 남루한 옷을 입은 가난한 사람이 들어올 때에 너희가 아름다운 옷을 입은 자를 눈여겨 보고 말하되 여기 좋은 자리에 앉으소서 하고 또 가난한 자에게 말하되 너는 거기 서 있든지 내 발등상 아래에 앉으라 하면 너희끼리 서로 차별하며 악한 생각으로 판단하는 자가 되는 것이 아니냐"(약 2:1-4)

이 본문에서 말하는 핵심은 '사람을 차별하지 말라'입니다. 야고보서 2장 2-3절은 회당에 금가락지를 끼고 아름다운 옷을 입은 부자와 남루한 옷을 입은 가난한 사람이 들어올 때의 사람들의 반응을 보여 줍니다. 당시 회당에 있던 사람들이 부자에게는 좋은 자리에 앉기를 권하고 가난한 사람에게는 서 있든지 바닥에 앉으라고 했던 모양입니다. 아마도 당시 회당에는 특별히 좋은 자리와 나쁜 자리가 정해져 있었던 것 같습니다.

여기서 '만일'이라는 단어를 생각할 때, 금가락지를 끼고 아름다운 옷을 입은 사람은 회당 예배에 자주 참석하는 사람은 아닌 듯합니다. 그저 자신의 부귀와 권세를 자랑하고 사람들의 이목을 집중시키기 위해 회당에 한 번씩 행차하는 사람인지도 모릅니다. 바리새인 같이 사람들에게 인정받고자 하는 위선적인 인물일 수도 있습니다. 어쨌든 이 말씀을 통해 야고보 사도 시대에 성도들 간에 차별을 두었다는 것은 확실합니다.

다행히 오늘날 교회에는 특별히 더 좋은 자리라고 할 만한 자리가 없습니다. 저마다 자기가 편한 곳에 앉으면 됩니다. 과거 영국에서는 교회에 귀족이 앉는 자리가 따로 지정되어 있었다고 합니다. 가난한 사람들은 감히 교회에 들어갈 수도 없었습니다. 미국도 마찬가지였습니다. 교회 좌석은 정해져 있고 사람은 많았기 때문에 좌석에 세를 놓기까지 했다고 합니다. 링컨 대통령도 워싱턴에 있는 어느 교회에 자리 하나를 세냈다는 이야기가 전해지고 있습니다. 이런 판국이니 가난한 사람은 교회에 들어가지도 못했다는 말이 틀린 말은 아니었음을 알 수 있습니다. 이것은 너무도 잘못된 일입니다. 교회는 모든 사람을 귀하게 여기는 곳이어야 합니다. 교회에서 교인 차별은 절대 있어서는 안 되는 일입니다. 그리스도에 대한 믿음을 가진 사람은 교회에서나 교회 밖에서나 하나님이 생명을 주신 사람의 가치를 동등하게 여기고 차별하지 않는 사람들입니다.

예수 그리스도와
차별 대우

예수님을 믿는 성도 간의 차별은 있을 수 없는 일입니다. 야고보서 2장 1절 말씀을 살펴보십시오.

"내 형제들아 영광의 주 곧 우리 주 예수 그리스도에 대한 믿음을 너희가 가졌으니 사람을 차별하여 대하지 말라"(약 2:1).

영광스러운 주님, 왕이신 주님, 그분이 주인이신 곳에서 사람을 함부로 대할 수는 없습니다. 사람을 차별해서는 안 됩니다. 주님을 경배하러 온 모든 사람은 다 하나님의 자녀들이기 때문에 정중하게 대해야 합니다. 어떤 사람은 존경하고 어떤 사람은 무시한다면, 이는 예수님의 관점에서 볼 때 옳지 않은 일입니다. 돈이 많거나 적다는 이유로 사람을 차별한다는 것은 예수 그리스도를 믿는다고 신앙 고백을 한 성도에게는 모순된 행동입니다.

예수님은 세상에서 소외되고 버림받은, 낮고 천한 자들의 친구셨습니다. 그분은 가난했고, 세상 권력이 없었으며, 심지어 머리 둘 곳조차 없으셨던 분입니다. 만약 지금 우리 곁에 예수님이 계신다면 그모습은 누구도 거들떠보지 않을 만큼 누추하고 보잘것없을지 모릅니다. 자가용은커녕 며칠 굶은 사람처럼 기운 없이 터덜터덜 걸어서 교회로 들어오셨을지 모릅니다. 과연 우리 중에 누가 그분을 알아보고 경배할 수 있을까요? 아마 대부분의 사람이 남루하고 초라한 외모만 보고 얼굴을 찌푸리며 예수님을 외면할 것입니다.

세상은 저 사람이 '얼마나 화려한 옷을 입고 비싼 자가용을 타고 다니는가? 얼마나 큰 재력가인가? 얼마나 막강한 권력을 소유했는가?' 등의 기준으로 사람의 가치를 판단합니다. 교회에서는 이런 척도로 사람을 차별하지 않아야 합니다. 이는 반드시 기억하고 실천해야 할 신앙적 행동입니다. 사람 차별은 하나님에 대한 모독이며, 그분의 작품에 대한 공격이기 때문입니다. 그것은 올바른 신앙인의 모습이 아니라는 사실을 꼭 기억하십시오.

잘못된 가치관

하나님께서는 절대로 지위나 권력이나 돈이나 생김새 같은 겉모습으로 사람을 판단하지 않으십니다. 야고보서 2장 4절 말씀을 보십시오.

"너희끼리 서로 차별하며 악한 생각으로 판단하는 자가 되는 것이 아니냐"(약 2:4).

인간 차별은 '악한 생각', 즉 잘못된 가치관에서 비롯된 것입니다. 우리 삶의 기준을 외적 조건에 두는 것은 하나님 앞에서 온당치 못한 태도입니다. 종교개혁자 마르틴 루터는 말했습니다. "하나님이 우리를 사랑하시는 것은 우리가 가치 있기 때문이 아니다. 우리가 가치 있는 것은 하나님이 우리를 사랑하시기 때문이다." 하나님은 자신이 창조하신 모든 사람을 사랑하시고, 엄청난 가치를 지닌 존재로 보십니다. 인간은 하나님의 작품이요, 영원한 사랑의 대상입니다.

사람의 가치는 외적인 데 있지 않습니다. 사람의 참된 가치는 그 존재 자체에 있습니다. 주님은 한 사람이 우주보다 더 가치 있는 존재(마 16:26)라고 말씀하셨습니다. 세상 기준으로 성공을 이루었다고 해서 귀한 사람이 되는 게 아닙니다. 사람은 하나님의 형상으로 지음을 받아 하나님의 사랑을 받고 있기에 말할 수 없이 고귀한 가치를 지닙니다. 이것은 어떤 사람이든 존중하고 사랑하고 동등하게 대해야 하는 충분한 조건이 됩니다. 모든 사람의 가치를 인정하고 차별하지 않는 것이 그리스도인의 태도이며, 교회에서뿐만 아니라 어디서든지 드러내야 할 하나님의 백성다운 가치 기준입니다.

하나님의 기준

그렇다면 하나님은 사람의 무엇을 중요하게 여기실까요? 5절을 보면 하나님의 두 가지 기준이 제시되어 있습니다.

"내 사랑하는 형제들아 들을지어다 하나님이 세상에서 가난한 자를 택하사 믿음에 부요하게 하시고 또 자기를 사랑하는 자들에게 약속하신 나라를 상속으로 받게 하지 아니하셨느냐"(약 2:5).

첫째, 부요한 믿음입니다. 하나님은 사람의 외모나 기득권에는 전혀 관심이 없으십니다. 믿음을 가장 중요하게 여기십니다. 다윗의 중심을 보셨듯이, 우리들의 마음 중심에 있는 믿음을 보십니다.

"사람은 외모를 보거니와 나 여호와는 중심을 보느니라"(삼상 16:7).

사무엘은 외모를 보고 이새의 큰아들을 왕으로 선택하려 했으나 하나님은 다윗의 믿음을 보셨습니다. 아무리 가난하고 힘없는 사람이라 해도 신실한 믿음이 있으면 하나님께서는 그를 인정하십니다. 하나님의 가치 기준은 외적인 조건에 있지 않습니다. "믿음이 없이는 하나님을 기쁘시게 하지 못하나니"(히 11:6)에서 보듯, 하나님을 기쁘시게 하는 조건은 믿음입니다. 인간에게 항상 있어야 할 세 가지 가치 중에서 첫째는 믿음입니다.

"믿음, 소망, 사랑, 이 세 가지는 항상 있을 것인데 그 중의 제일은 사랑이라"(고전 13:13).

하나님 앞에서는 하나님을 전적으로 신뢰하고 주님만 의지하는 사람이 가치 있습니다. 명예와 지위, 부와 유명세를 가졌다 해도 그 모든 자원의 주인이신 하나님을 인정하지 않고 자신의 힘으로 이룬 업적인 듯이 자만하는 사람은 하나님을 모를 뿐 아니라 영적인 가치관이 없다고 봐야 합니다. 그런 사람은 눈에 보이는 가치, 외적인 영광만을 추구하다가 하나님 앞에 서게 될 것입니다.

둘째, 하나님 사랑입니다. 하나님은 자신을 향한 믿음뿐만 아니라 우리의 죄를 사하신 예수 그리스도를 얼마나 사랑하는지에 관심을 가지십니다. 하나님에 대한 믿음과 사랑이 하나님께서 사람을 판단하시는 기준입니다. 비록 세상의 기준으로 볼 때 가난하고 비천해 보이는 사람이라 해도 주님을 향한 진정한 믿음과 사랑을 지녔다면 그가 바로 하나님의 영원한 나라를 상속받을 부자입니다.

"이는 세상에 있는 모든 것이 육신의 정욕과 안목의 정욕과 이생의 자랑이니 다 아버지께로부터 온 것이 아니요 세상으로부터 온 것이라"(요일 2:16).

하나님께서는 사람들이 중요하게 여기는 세상의 것들을 잣대로 하여 사람을 판단하시지 않습니다. 그러니 하나님의 자녀들 또한 외적인 조건으로 사람을 판단하거나 차별해서는 안 됩니다.

| 힘없는 사람에
| 대한 괄시

가난하게 사는 사람 중에는 자기가 게을러서 가난한 사람도 있지만, 그렇지 않은 경우가 훨씬 많습니다. 열심히 일하고 노력하지만 사회 환경과 제반 여건 때문에 가난하게 살 수밖에 없는 사람도 많습니다. 본인이 어떤 잘못을 해서가 아니라 불가항력으로 어쩔 수 없이 가난하게 사는 사람들이 대부분입니다.

"너희는 도리어 가난한 자를 업신여겼도다 부자는 너희를 억압하며 법정으로 끌고 가지 아니하느냐"(약 2:6).

'가난한 자'를 업신여기고 억압하는 예는 지금 우리 사회에도 많습니다. 피부색, 학벌, 언어나 인종, 신체나 정신적인 장애, 심지어 출신 지역으로 서로 차별하는 경우입니다. 피부색은 선택의 자유가 없이 타고난 것이므로 이것 때문에 그를 멸시하고 모욕하는 것은 옳지 않습니다. 고아를 괄시하는 경우도 그렇습니다. 고아가 되고 싶어 된 사람은 아무도 없습니다. 마찬가지로 과부가 되고 싶어서 된 사람은 아무도 없습니다. 그런데도 사람들은 부모가 없다고 무시하고, 남편이 없다고 괄시합니다. 아프리카에는 가난하게 사는 사람들이 많습니다. 지역적 태생 때문에 가난한 것이지 그들 개인의 잘못이 아닙니다.

과거 한국 문화에서는 여자로 태어났다는 이유만으로 무시와 차별을 받았습니다. 아내는 남편에게 존대를 했지만, 남편은 당연히 아내에게 반말을 했습니다. 남아 선호 사상으로 인해 딸은 아무리 똑똑해도 교육 기회를 박탈당했습니다. 또 어린아이도 하나의 인격체인데 나이가 어리다고 함부로 대하는 어른들이 허다했습니다. 이런 예들이 다 힘없고 가난한 자들을 업신여기고 억압하는 나쁜 문화였습니다. 반드시 개선되어야 할 부분입니다.

하나님께서 모든 사람을 자기 형상대로 귀하게 만드신 사실을 기억한다면 누군가를 업신여기고 차별하는 것은 옳지 않은 일임이 분명합니다. 내가 가진 것이 있고, 사회에서 인정받는 지위에 있고, 교회에서 중직을 맡고 있다고 해서 그렇지 못한 힘없고 가난한 사람을 무시하고 함부로 대해서는 안 됩니다. 진정한 그리스도인은 하나님의 관점에서 사람을 바라보고, 모두를 동등하게 대하며 인격적으로 존중해야 합니다.

최고의 법

우리 그리스도인은 최고의 법을 갖고, 지키며 사는 사람입니다. 야고보서 2장 8절을 보십시오.

"너희가 만일 성경에 기록된 대로 네 이웃 사랑하기를 네 몸과 같이 하라 하신 최고의 법을 지키면 잘하는 것이거니와"(약 2:8).

'최고의 법'은 킹 제임스 버전(King James Version) 영어 성경에 'the royal law'라고 번역되어 있습니다. '왕족들의 법'이라는 말입니다. 우리는 왕이신 하나님께 속한 사람들입니다. 예수 그리스도는 만왕의 왕이시므로 그분을 믿는 우리는 모두 왕족들입니다. 하나님께 속한 왕족들이 지켜야 할 법이 바로 하나님의 법입니다. 하나님의 법은 이웃을 자기 몸처럼 사랑하라는 것입니다. 이것이 최고의 법입니다.

우리는 최고의 법을 따르며 살아야 할 의무와 특권이 있습니다. 그러므로 사람을 외모로 차별하거나 누구는 귀히 여기고 누구는 업신여기는 판단은 하나님이 주신 최고의 법에 맞지 않습니다. 신앙생활을 하는 사람들은 나 자신을 사랑하듯 모든 이웃을 진심으로 사랑하며 살아가야 합니다. 그래야 나도 행복하고 내 주위의 모든 사람들이 함께 행복하게 될 것입니다.

하나님의 심판

그리스도인은 늘 세상이 경시하는 가난하고 약한 자의 편에 서야 합니다. 지위가 낮은 사람, 고아와 과부, 억울함을 당한 사회적 약자의 입장에 동조해야 합니다. 이것이 주님의 마음, 즉 긍휼을 베푸는 마음입니다. 그리스도인으로서 억눌리고 고통당하는 사람을 착취해서는 절대 안 됩니다. 야고보서 2장 12-13절 말씀을 보십시오.

"너희는 자유의 율법대로 심판 받을 자처럼 말도 하고 행하기도 하라 긍휼을 행하지 아니하는 자에게는 긍휼 없는 심판이 있으리라 긍휼은 심판을 이기고 자랑하느니라"(약 2:12-13).

그리스도인은 습관적으로 사람을 차별하지 않고 남을 평등하게 대합니다. 그 모든 것이 본인의 자유지만 그가 했던 모든 언행은 언젠가 심판을 받습니다. 완전하신 하나님은 심판을 내리시되 공정하게 심판하십니다. 이때 긍휼을 베푸는 사람, 자비로운 사람, 사랑이 넘치는 사람은 심판을 받지 않습니다. 긍휼은 하나님이 원하시는 가치이기 때문입니다. 이들은 오히려 심판을 이깁니다. 긍휼을 베푸는 사람은 다른 사람을 차별하지 않고 똑같이 귀하게 대합니다. 그래서 그는 하나님의 공의로운 심판 앞에서도 자랑스럽게 설 수 있습니다.

주님을 믿는 사람은 절대로 사람을 차별 대우하지 않습니다. 엘리너 루스벨트(Anna Eleanor Roosevelt, 1884-1962) 여사가 주도한 '국제인권선언'은 성경적 가치 위에 세워진 유엔(UN)의 선언입니다. 모든 인간은 존중받으며 살아갈 권리가 있습니다. 하나님의 자녀가 된 우리는 인간 존재 자체의 천부적 가치를 알기 때문에 겉모습으로 사람을 평가하지 않습니다. 하나님 앞에서 모든 사람이 평등하고 소중하다는 것을 주장하고, 이를 실천해 나갑니다.

하나님께서는 우리 그리스도인들이 가정과 교회, 사회와 국가에서 인간 존중, 인간 평등 운동을 펼쳐 나가기 원하십니다. 여러분도 이 일에 적극 동참하는 그리스도인이 되기를 바랍니다.

믿음과 행동의 일치

"내 형제들아 만일 사람이 믿음이 있노라 하고 행함이 없으면 무슨 유익이 있으리요 그 믿음이 능히 자기를 구원하겠느냐 만일 형제나 자매가 헐벗고 일용할 양식이 없는데 너희 중에 누구든지 그에게 이르되 평안히 가라, 덥게 하라, 배부르게 하라 하며 그 몸에 쓸 것을 주지 아니하면 무슨 유익이 있으리요 이와 같이 행함이 없는 믿음은 그 자체가 죽은 것이라 어떤 사람은 말하기를 너는 믿음이 있고 나는 행함이 있으니 행함이 없는 네 믿음을 내게 보이라 나는 행함으로 내 믿음을 네게 보이리라 하리라 네가 하나님은 한 분이신 줄을 믿느냐 잘하는도다 귀신들도 믿고 떠느니라 아아 허탄한 사람아 행함이 없는 믿음이 헛것인 줄을 알고자 하느냐 우리 조상 아브라함이 그 아들 이삭을 제단에 바칠 때에 행함으로 의롭다 하심을 받은 것이 아니냐 네가 보거니와 믿음이 그의 행함과 함께 일하고 행함으로 믿음이 온전하게 되었느니라 이에 성경에 이른바 아브라함이 하나님을 믿으니 이것을 의로 여기셨다는 말씀이 이루어졌고 그는 하나님의 벗이라 칭함을 받았나니 이로 보건대 사람이 행함으로 의롭다 하심을 받고 믿음으로만은 아니니라 또 이와 같이 기생 라합이 사자들을 접대하여 다른 길로 나가게 할 때에 행함으로 의롭다 하심을 받은 것이 아니냐 영혼 없는 몸이 죽은 것 같이 행함이 없는 믿음은 죽은 것이니라" 약 2:14-26

우리나라 성도들은 신앙의 열심과 열정은 있으나 '신앙의 생활화'가 잘 되어 있지 않습니다. 교계에서는 우리나라 인구의 약 20%(2015년 통계청 기준)가 그리스도인(개신교인)이라고 자랑합니다. 가톨릭(7.9%)이나 불교(15.5%)에 비해 단연 높은 비율입니다. 그리스도인들이 이 사회에서 선한 영향력을 발휘한다면 우리나라를 좀 더 나은 국가로 만들 수 있을 것입니다.

여기서 그리스도인이란 말로만 예수님을 믿는다고 하고 교회만 오가는 사람이 아닙니다. 신앙이 생활화된 진정한 성도를 칭합니다. 생활이 신앙 그 자체가 된 그리스도인들이 인구의 20%를 차지한다면 우리나라의 미래는 매우 희망적일 것입니다.

그리스도인들은 교육열도 뜨겁고 수입도 많은 편이며 사회적 지위도 다른 종교인들보다 서너 배 높습니다. 실제 통계상 예배 참석, 정기적 헌금, 기도회 참여를 하는 성도 비율도 높습니다. 고무적인 조사 결과입니다. 이제 우리에게 한 가지 더 필요한 것은 사람들의 눈에도 보이도록 복음을 행동으로 살아 내는 것입니다.

믿음의
의미

우리는 지금까지 행위로 구원받는 것이 아니라 믿음으로 구원을 얻는다고 배웠습니다. 그러나 야고보는 행위 없는 믿음은 참된 믿음이 아니어서 구원을 얻을 수 없다고 단언합니다. 믿음에는 반드시 행함이 따른다고 강조하고 있습니다. 14절 말씀을 보십시오.

"내 형제들아 만일 사람이 믿음이 있노라 하고 행함이 없으면 무슨 유익이 있으리요 그 믿음이 능히 자기를 구원하겠느냐"(약 2:14).

여러분은 이 말씀을 읽으며 약간 혼란스러웠을 수도 있습니다. 정확한 이해를 돕기 위해서는 '믿음과 행함의 관계'를 살펴볼 필요가 있습니다. 믿음과 행함은 마치 동전의 양면과 같습니다. 동전의 앞뒷면이 불가분의 관계인 것처럼 믿음과 행함은 떼려야 뗄 수 없는 연관성이 있습니다. 참된 믿음에는 반드시 행함이 따르고, 행함의 바탕에는 믿음이 있습니다.

사도 바울은 "너희는 그 은혜에 의하여 믿음으로 말미암아 구원을 받았으니 이것은 너희에게서 난 것이 아니요 하나님의 선물이라 행위에서 난 것이 아니니 이는 누구든지 자랑하지 못하게 함이라"(엡 2:8-9)라고 분명히 말했습니다. 여기서 바울이 말하는 믿음과 야고보가 말하는 믿음에는 어떤 차이가 있는지를 명확히 알 필요가 있습니다.

사도 바울이 말하는 '믿음'은 구원받기 위해서는 전적으로 예수 그리스도만을 신뢰하고 의지해야 한다는 의미입니다. '나는 죄인이기 때문에 아무리 노력해도 나의 노력만으로는 하나님의 영광에는 이를 수 없다. 구원받는 것은 예수 그리스도의 구속의 은혜로만 가능하다'는 논리의 믿음입니다. 구원받는 데는 인간의 행위가 도움을 주지 못합니다.

야고보가 말하는 '믿음'은 머리와 입술의 고백에만 머문 믿음입니다. 하나님이 살아 계심을 알고는 있으나 그분을 아버지로, 예수 그리스도를 내 삶의 구원자와 주인으로 모시지 않는 것을 말합니다.

행함이 없는
믿음

이제 행함이 없는 믿음, 머리에만 머문 믿음의 세 가지 특성을 살펴봅시다.

첫째, 행함이 없는 믿음은 무익합니다. 하나님에 대해 머리로만 동의하는 믿음이 있습니다. 간혹 이렇게 말하는 이들이 있습니다. "저는 하나님이 계신 것을 믿습니다. 하지만 예수님이 곧 하나님이라고는 믿지 못하겠습니다. 그러나 어쨌든 신의 존재는 믿습니다."

하나님이 계심을 인정하는 것만으로는 신앙이라고 이야기하지 않습니다. 이것은 아주 무익한 믿음입니다. 머리로는 알지만 가슴으로는 믿지 않기 때문에 그 삶은 하나님 앞에 헌신되지 않은 상태요, 삶에 변화가 없습니다. 19절 말씀을 보십시오.

"네가 하나님은 한 분이신 줄을 믿느냐 잘 하는도다 귀신들도 믿고 떠느니라"(약 2:19).

사탄은 누구보다도 하나님을 잘 아는 존재입니다. 사탄은 타락하기 전에는 천사들 가운데서도 가장 뛰어난 천사장이었고, 천사들은 가장 먼저 창조된 존재들로 하나님께서 천지와 인간을 창조하시기 전부터 존재했기 때문입니다(욥 38:7). 사탄은 하나님의 창조 능력을 직접 목격한 존재이므로 우리 인간과는 비교할 수 없을 정도로 하나님을 잘 압니다. 인간은 하나님을 믿으면서도 하나님을 두려워하지 않는 경우가 있지만 사탄은 하나님을 믿을 뿐만 아니라 하나님을 두려워합니다. 사탄은 하나님과 대면하여 논쟁하기까지 했습니다(욥 1:6-12). 이렇듯 사탄은 하나님을 잘 알고 있지만 그분께 순종하는 믿음은 갖고 있지 않습니다.

귀신 들린 사람 하나가 예수님을 만났을 때 그는 주님을 알아보았습니다(눅 4:34). 하지만 예수님이 하나님의 아들이심을 아는 것이 그에게는 전혀 쓸모없는 일이었습니다. 그런 지적인 인식 정도로는 하나님의 자녀가 되는 특권을 누리지 못하기 때문입니다. 우리가 하나님을 믿는다고 입으로만 고백하는 것도 이와 마찬가지입니다.

둘째, 행함이 없는 믿음은 죽은 믿음입니다. 살아 있는 생명에는 반드시 움직임이 있습니다. 아기는 태어나자마자 울기 시작합니다. 손과 발을 움직이며 살아 있음을 증명합니다.

"이와 같이 행함이 없는 믿음은 그 자체가 죽은 것이라"(약 2:17).

17절 말씀과 같이 행동이 따르지 않는 신앙은 죽은 것입니다. 15절 말씀을 보면 죽은 신앙의 모습이 제시되어 있습니다.

"만일 형제나 자매가 헐벗고 일용할 양식이 없는데 너희 중에 누구든 지 그에게 이르되 평안히 가라, 따뜻하게 하라, 배부르게 하라 하며 그 몸에 쓸 것을 주지 아니하면 무슨 유익이 있으리요"(약 2:15).

하나님의 사랑을 경험하고, 예수 그리스도를 구주로 영접한 참 된 신앙을 가진 사람은 영혼이 살아 있기 때문에 어려운 사람을 만 나면 자연스럽게 돕고 싶어 합니다. 이는 하나님의 마음으로 도움을 베푸는 것입니다. 불우한 이웃을 돕고 병든 자들을 돌보며 교도소를 방문하고 고아원과 양로원을 찾아갑니다. 무의촌 지역에 가서 의료 봉사를 합니다. 졸지에 어려움을 당한 사람을 위해 구제 헌금을 하 고 직접 찾아가서 위로와 사랑을 전합니다. 주님이 우리를 어떻게 사 랑하셨는지 알고 믿기 때문에 "네 이웃을 네 자신 같이 사랑하라" (마 22:39)는 주님의 명령에 순종하는 삶을 실천하는 것입니다. 이웃 을 향한 마음이 있고 그 마음에 합당하게 행동하는 신앙인입니다.

그러나 행함이 없는 신앙을 가진 사람은 이웃이 도움을 필요로 할 때에도 무감각합니다. 그 안에 하나님의 사랑이 없기 때문입니다. 오직 자기의 안락만을 생각하는 이기적인 모습으로 살아갑니다. 신 앙이 있는 그리스도인의 삶이 이렇다면 이것은 무익하고 죽은 신앙입니다. 참된 신앙에는 반드시 선한 행동이 따릅니다. 믿음과 행위는 둘로 나뉘지 않고 동전의 양면처럼 하나입니다.

셋째, 행함이 없는 믿음은 어리석습니다. 야고보는 행동이 따르지 않는 믿음은 무익하고 죽은 것일 뿐만 아니라, 어리석은 믿음이라고 단언했습니다.

"아아 허탄한 사람아 행함이 없는 믿음이 헛것인 줄을 알고자 하느냐" (약 2:20).

"허탄한 사람"이란 어리석은 사람을 말합니다. 선한 행동이 따르지 않으면 어리석은 사람이요, 가짜 믿음을 지닌 가짜 성도입니다. 이는 실체가 없는 헛된 믿음입니다. 거듭난 믿음 뒤에는 반드시 그에 합당한 언행이 따릅니다.

참된 믿음의 본보기

아브라함은 하나밖에 없는 아들인 이삭을 바치라는 하나님의 명령에 순종한, 대단한 믿음의 소유자였습니다. 그는 말로만 전능하신 하나님을 믿는다고 하지 않았습니다. 하나님의 예비하심과 능력을 믿고 말씀에 순종하는 실천적인 믿음의 본을 보여 주었습니다.

"우리 조상 아브라함이 그 아들 이삭을 제단에 바칠 때에 행함으로 의롭다 하심을 받은 것이 아니냐 네가 보거니와 믿음이 그의 행함과 함께 일하고 행함으로 믿음이 온전하게 되었느니라"(약 2:21-22).

머리로만 믿는 것이 아니라 손과 발로 믿음을 실천할 때 신앙은 성장합니다. "행함으로 믿음이 온전하게 되었느니라"는 '믿음이 완성되어 간다, 성숙하게 된다'는 뜻입니다. 신앙은 작은 부분부터 실천하고 생활화할 때 성장하고 더욱 깊어집니다. 성경의 진리는 들어서 아는 것이 아니라 행동으로 옮겼을 때 "아, 성경이 정말 진리이구나." 하며 깨닫게 됩니다. 머리에만 있는 믿음에는 확신이 없습니다.

주님은 원수를 사랑하라고 말씀하셨습니다(눅 6:35). 여러분이 미워하고 시기하는 사람이 있다면 지금 당장 그를 용납하고 사랑하십시오. 인간의 힘으로는 불가능한 일이지만 하나님의 능력을 의지한다면 능치 못할 일이 없습니다.

마음에 내키지 않고 손해 볼 것 같아도 순종할 때 신앙이 성장합니다. 하나뿐인 아들을 하나님께 바친 아브라함뿐만 아니라 정탐꾼들을 숨겨 준 라합도 자신의 믿음을 실천했을 때 하나님의 축복이 임했습니다. 신앙은 생활화할 때라야 그 참된 기쁨을 알 수 있습니다.

"이와 같이 기생 라합이 사자들을 접대하여 다른 길로 나가게 할 때에 행함으로 의롭다 하심을 받은 것이 아니냐"(약 2:25).

아브라함은 이스라엘 사람이었으나 라합은 이방 여인이었습니다.

아브라함은 부자였지만 라합은 가난했습니다. 아브라함은 의로운 사람이었지만, 라합은 기생이었습니다. 그러나 둘 다 똑같이 믿음을 행동으로 옮긴 훌륭한 신앙을 드러낸 인물입니다. 결국 라합은 아브라함과 함께 예수님의 육신의 조상이 되었습니다(마 1:5).

우리도 이처럼 사소한 일부터 시작해야 합니다. 언제 어디서든 신앙을 행동으로 옮기는 삶을 살아야 합니다. 복음은 말로 전하는 것이지만 동시에 복음은 몸으로 살아내는 것입니다. 우리의 신앙이 살아 있다는 것을 나타내십시오. 믿음이 생활화된, 순종하는 삶을 통해 여러분의 신앙이 지속적으로 발전하기를 원합니다.

생활화된 신앙으로 하나님 앞에 인정받고 사람들에게 사랑과 존경을 받는 순종의 사람이 되십시오. 예수님을 믿는 사람들이 이 나라를 안정되고 균형 잡힌 국가로 만들 수 있도록 여러분 자신부터 생활 속에서 언행으로 자연스럽게 믿음을 드러내십시오. 여러분의 삶과 존재 자체가 복음의 메시지가 되기를 간절히 바랍니다.

복된 언어생활

"내 형제들아 너희는 선생된 우리가 더 큰 심판을 받을 줄 알고 선생이 많이 되지 말라 우리가 다 실수가 많으니 만일 말에 실수가 없는 자라면 곧 온전한 사람이라 능히 온 몸도 굴레 씌우리라 우리가 말들의 입에 재갈 물리는 것은 우리에게 순종하게 하려고 그 온 몸을 제어하는 것이라 또 배를 보라 그렇게 크고 광풍에 밀려가는 것들을 지극히 작은 키로써 사공의 뜻대로 운행하나니 이와 같이 혀도 작은 지체로되 큰 것을 자랑하도다 보라 얼마나 작은 불이 얼마나 많은 나무를 태우는가 혀는 곧 불이요 불의의 세계라 혀는 우리 지체 중에서 온 몸을 더럽히고 삶의 수레바퀴를 불사르나니 그 사르는 것이 지옥 불에서 나느니라 여러 종류의 짐승과 새와 벌레와 바다의 생물은 다 사람이 길들일 수 있고 길들여 왔거니와 혀는 능히 길들일 사람이 없나니 쉬지 아니하는 악이요 죽이는 독이 가득한 것이라 이것으로 우리가 주 아버지를 찬송하고 또 이것으로 하나님의 형상대로 지음을 받은 사람을 저주하나니 한 입에서 찬송과 저주가 나오는도다 내 형제들아 이것이 마땅하지 아니하니라 샘이 한 구멍으로 어찌 단 물과 쓴 물을 내겠느냐 내 형제들아 어찌 무화과나무가 감람 열매를, 포도나무가 무화과를 맺겠느냐 이와 같이 짠 물이 단 물을 내지 못하느니라" 약 3:1-12

우리는 아침에 눈을 뜨면서부터 밤에 잠자리에 들 때까지 말을 합니다. 말을 하지 않고는 견디지 못합니다. 한 연구가가 사람이 하루에 몇 단어쯤 사용하는지를 조사했습니다. 조사 결과에 따르면 남자는 하루에 평균 2만 5천 단어 정도를 사용하고, 여자는 평균 3만 단어 정도를 사용한다고 합니다. 1년 동안 자신이 사용한 단어로 책을 펴내면 400쪽에 달하는 책을 132권 만들 수 있다고 합니다.

우리가 일평생 말하는 시간만 따로 모아 보면 대략 13년을 꼬박 말하는 데 소비한다는 계산이 나옵니다. 그런데 동서양을 막론하고 말을 많이 해서 유익하다는 사람은 한 명도 없습니다.

'평소에 말을 많이 하는 사람은 큰일을 할 수 없다', '사람이 입을 열면 사람을 상하게 하는 도끼가 된다', '말은 혀를 베는 칼인지라 입을 막고 혀를 깊숙이 감추어 두면 온몸이 평안하다', '교양 없는 사람은 무례한 말, 비루한 말, 저속한 말을 사용하고 또 큰 소리로 말하기를 좋아한다', '조심 없는 말은 분쟁을 일으키고, 잔인한 말은 인생을 망칠 수 있고, 매서운 말은 증오를 낳고, 함부로 하는 말은 사람을 죽일 수도 있다', '아무리 칼이 날카롭다 해도 혀보다 더 날카로운 칼은 없다', '말 속에 인격이 들어 있다' 등 우리에게 말조심을 경고하는 격 언이나 속담은 이외에도 아주 많습니다. 그 이유가 무엇인지 성경 말 씀을 통해 살펴보겠습니다.

│ 말과
│ 신앙

내과 진찰을 받으러 가면 의사는 우선 환자의 혀를 보고 전반적 인 건강 상태를 살핍니다. 우리의 영적, 인격적 질병도 혀를 보면 알 수 있습니다. 앞에서 나열한 경구와 마찬가지로 성경도 혀를 조심해 야 함을 언급합니다. 본문에서도 혀를 잘 길들여야 한다고 강조합니 다. 구체적으로 한 구절씩 살펴보겠습니다.

> "내 형제들아 너희는 선생된 우리가 더 큰 심판을 받을 줄 알고 선생 이 많이 되지 말라"(약 3:1).

1절의 '선생'은 수학이나 영어 같은 특정 과목 선생님을 지칭하는 것이 아닙니다. 여기에서의 '선생'은 하나님 말씀을 선포하는 목사를 말합니다. 목사가 되는 것을 쉽게 생각하는 사람들이 가끔 있습니다. 이에 야고보 사도는 함부로 목사가 되지 말라고 주의를 줍니다. 목사 는 말을 많이 하는 직업입니다. 그렇기 때문에 실수도 자주 할 수 있 습니다. 게다가 말로는 진리를 선포하지만, 본인의 삶이 말씀에 부합 하지 않을 때는 하나님의 더 큰 심판을 받을 위험도 있습니다. 진정

하나님으로부터 소명을 받은 자가 아니면 목회자의 길로 들어서지 말아야 합니다.

"만일 말에 실수가 없는 자라면 곧 온전한 사람이라"(약 3:2).

2절의 "온전한 사람"이란 성숙한 사람을 뜻합니다. 야고보 사도는 사람은 말실수를 할 수 있다고 인정합니다. 인간에게는 죄성이 있기 때문에 언제나 실수할 수 있습니다. 그러나 우리 입에서 하나님의 영광을 가리거나 다른 사람들을 죽이는 말이 나올 수 있기 때문에 예수 그리스도를 믿은 후에는 반드시 혀를 다스리는 훈련을 시작해야 합니다. 우리는 혀를 통해 하나님께 영광을 돌리고, 다른 사람에게는 축복을 기원하는 사람이 되어야 합니다.

성경은 말에 실수가 없는 사람을 온전하고 성숙한 사람이라고 합니다. 한 사람의 인격적 성숙도는 '하나님을 진심으로 사랑하는가'의 여부를 보면 알 수 있습니다. 또한 그 사람이 사용하는 말, 즉 언어생활을 보고 알 수 있습니다. 주님을 믿지 않을 때와 믿고 난 후의 언어생활에 어떤 차이가 있는가를 보면 그 사람의 신앙의 성숙도를 가늠할 수 있습니다. 그러면 우리가 말실수를 하는 두 가지 이유를 살펴보겠습니다.

첫째, 우리 마음이 악하기 때문입니다. 우리의 말은 마음을 그대로 드러냅니다. 예수님께서는 "입으로 들어가는 것이 사람을 더럽게 하는 것이 아니라 입에서 나오는 그것이 사람을 더럽게 하는 것이니라"

(마 15:11)고 말씀하셨습니다. 우리 내면에 분노와 미움과 시기와 욕심이 있으면 입에서도 당연히 악한 말이 나옵니다.

둘째, 나쁜 습관 때문입니다. 언어생활은 습관입니다. 어떤 사람은 어려서부터 좋지 않은 말을 오랫동안 사용해 왔기 때문에 무심결에 습관적으로 저속한 표현을 사용합니다. 욕을 섞어서 말을 해야 직성이 풀리는 사람도 있습니다. 그 사람 속에 들어 있는 것이 저절로 나오는 것입니다. 그리스도인들은 악한 말을 들을 때 그 말에 오염되는 것이 아니라 오히려 어두운 세상에서 빛이 되도록 더 곱고 선한 말을 써야 합니다.

들어서 격려와 힘과 위로가 되는 단어나 표현을 의도적으로 배우고 반복적으로 사용하십시오. 선한 말이 자연스럽게 나오도록 하십시오. 저는 이것을 생명의 언어라 부릅니다. 세상이 악할수록 믿는 자들의 가치를 드러낼 수 있는 것은 우리의 순화된 언어입니다.

말은 습관입니다. 어릴 때부터 바른 말, 고운 말, 힘을 실어 주는 말, 위로가 되는 말을 사용하도록 자녀들을 훈련시키십시오. 선하고 아름다운 언어생활을 익히도록 온 가족이 노력하십시오. 부모로서 자녀들에게 본이 되는 언어생활을 하시기 바랍니다. 악한 말은 어린 아이의 영혼까지 파괴할 수 있는 무서운 흉기임을 잊지 마십시오. 나쁜 말은 아이들의 입에서 절대로 허용하면 안 됩니다. 반복해서 사용하면 자기도 모르는 사이에 마음에 병이 듭니다.

3절에서는 혀를 다스리면 인간을 다스릴 수 있다고 말씀합니다.

"우리가 말들의 입에 재갈 물리는 것은 우리에게 순종하게 하려고 그 온 몸을 제어하는 것이라"(약 3:3).

혀는 입 안에 숨어 있는 작은 기관입니다. 이 작은 기관을 잘못 사용하면 큰 문제가 일어날 수 있습니다. 말을 하는 사람과 듣는 사람 모두가 고통을 받게 됩니다. 그러므로 언제 어디서든 혀를 조심하며, 내 말을 들은 상대방이 느낄 감정을 미리 생각해 보고 할 말을 조절해야 합니다. 늘 성령님의 도움을 받으며 훈련해야 합니다.

말(馬)을 통제하려면 입에 재갈을 물려야 합니다. 우리가 혀를 통제할 때에도 재갈을 무는 것과 같은 고통을 감내해야 합니다. 잘못된 언어를 사용했을 때는 금방 회개하고, 잘못 사용한 언어를 영적인 언어로 바꾸는 수고를 해야 합니다. 그래야 복된 사람이 됩니다. 아무 노력도 하지 않고 복된 혀를 가질 수는 없습니다.

육적인 언어는 부정적인 결과를 초래합니다. 언어를 바꾸려는 수고와 훈련이 필요하다는 뜻입니다. 말의 입에 물린 재갈이 말에게 아픔을 주어 열심히 달리도록 하는 것처럼 우리 혀에도 재갈을 물려야 합니다. 은혜롭고 덕이 되는 말을 통해 하나님께는 늘 영광을 올려 드리고, 사람에게는 평안과 유익을 주는 사람이 되어야 합니다.

"배를 보라 그렇게 크고 광풍에 밀려가는 것들을 지극히 작은 키로써 사공의 뜻대로 운행하나니"(약 3:4).

4절에서는 혀를 배의 키에 비유합니다. 큰 배가 조그마한 키의 방향을 따라 진로를 결정하는 것처럼 혀도 우리의 행동을 좌우합니다. 혀를 잘 다스리면 우리의 삶에 은혜와 복이 넘치고, 여러 사람에게 큰 위로와 용기를 줄 수 있습니다.

그러나 혀를 잘못 다스리면 많은 문제를 일으킵니다. 말 한마디를 잘못해서 상대의 마음을 크게 다치게 합니다. 말은 반드시 훈련을 해야 합니다. 배의 키처럼 방향을 잘 잡아야 합니다. 내가 이 말을 했을 때 상대방이 어떻게 느낄 것이며, 어떤 반응을 나타낼 것인가를 미리 생각하고 말해야 합니다. 하지만 많은 경우 이런 생각을 하지 않고 자기가 느끼거나 생각나는 대로 즉흥적으로 말하기 때문에 타인에게 고통을 줍니다. 키를 잘못 사용해서 배가 원치 않는 엉뚱한 방향으로 흘러가는 것과 같습니다. 언어를 잘 훈련해야 이웃과 자신에게 덕을 끼치고 서로 은혜를 나눌 수 있습니다.

"보라 얼마나 작은 불이 얼마나 많은 나무를 태우는가"(약 3:5).

5절 말씀에서는 말을 작은 불씨에 비유합니다. 작은 불씨는 수십 년 동안 정성껏 가꾼 숲을 순식간에 잿더미로 만들 수 있습니다. 수십만 평의 숲과 집을 태우고 심지어 사람마저 죽이는 무서운 비극을 초래합니다.

우리가 사용하는 말도 단 한 마디로 큰 재난을 일으킬 수 있습니다. 국가적으로는 전쟁을 발발할 수도 있고, 개인적으로는 아름다운 가정을 파괴시키거나 좋았던 인간관계를 망칠 수 있습니다. 부부간에도 무심코 던진 말이 상대에게 평생토록 잊지 못할 정도의 큰 상처를 남길 수 있음을 유념하십시오. 말 한마디로 천 냥 빚을 갚을 수 있는 반면, 말 한마디가 끔찍하고 무서운 결과를 불러올 수도 있습니다. 불은 잘 사용하면 인간에게 유익을 끼치지만, 잘못 사용하면 순식간에 인간의 목숨을 앗아 갑니다. 혀도 이와 같습니다.

6절을 보면 혀가 불과 같아서 온 몸을 더럽히는 악의 덩어리라고 말씀합니다. 그리고 이 혀는 인간의 삶과 생명을 불사르는 것으로, 지옥 불에서 생겨났다고 설명합니다.

"혀는 곧 불이요 불의의 세계라 혀는 우리 지체 중에서 온 몸을 더럽히고 삶의 수레바퀴를 불사르나니 그 사르는 것이 지옥 불에서 나느니라"(약 3:6).

지옥은 모든 것을 파괴시키고 고통스럽게 만드는 곳입니다. 나쁜 혀는 이 지옥의 속성을 갖고 있다고 말씀합니다. 즉, 혀가 우리 삶을 지옥으로 만들 수도 있습니다.

7-8절에서는 어떤 생물도 다 길들일 수 있지만 혀는 악하고 독이 가득 들어 있어 길들이기 어렵다고 말씀합니다. 입으로 하나님을 찬송하고 기도하는 동시에 그분의 형상대로 창조하신 사람들을 저주하기도 합니다(9절). 주님을 믿는 사람은 한 입으로 찬송과 저주를 동시에 해서는 안 됩니다(10절). 그러므로 우리의 입술을 철저히 훈련해야 합니다. 하나님을 찬양하는 입술로 이웃을 칭찬하고 격려하고 사랑할 수 있도록 노력해야 합니다.

부드럽고 온유한 말은 모든 일을 원만하고 형통하게 합니다. 즐거운 말은 하루를 밝게 만듭니다. 바르고 합당한 말은 고통을 덜어 주고, 사랑이 담긴 말은 다른 이의 삶을 치유하고 복되게 합니다.

| 언어
| 정화

언어 정화를 위해서는 많은 노력과 수고를 들여야 합니다. 저는 여러분께 네 가지 제안을 하려고 합니다.

첫째, 날마다 우리 마음을 깨끗하게 합시다. 하나님 말씀을 날마다 읽고 그 음성을 경청하고, 죄를 고백하고, 하나님을 찬양하며 그분께 순종하는 삶을 살아감으로 우리 마음을 깨끗하게 합시다.

악한 말은 악한 마음에서 나옵니다. 매일 경건 생활을 통해 우리의 마음을 정결하게 합시다. 그러면 우리의 입에서 아름답고 복된 말이 나올 것입니다. 마음속에 심긴 것들이 밖으로 나옵니다. 마음에 없는 것이 나올 수는 없습니다.

둘째, 침묵 훈련을 합시다. 말은 적게 할수록 좋습니다. 하나님의 말씀은 우리를 변화시키는 절대적인 기준이므로 늘 묵상하고 마음 깊이 암송하며 새겨야 합니다. 그러나 인간의 말은 상대적이고 주관적이므로 모든 사람이 동의하지 않을 수 있고, 모든 사람에게서 지지를 받지 못할 수도 있습니다. 개인의 의견을 절대적으로 앞세워 일을 진행하고자 할 때에는 도리어 문제가 발생합니다. 자신을 절대화시키는 잘못을 범하는 것입니다.

가능하면 자신의 의견을 부드럽게 말하고 상대에게 자신의 입장을 강요하지 마십시오. 좋은 의견은 개인에게서 나올 수도 있지만 많은 경우 다수의 합의에 의해 도출된 의견이 가장 합리적이고 적절할 수 있습니다. 좋은 의견이 있으면 설득력 있게 제시하되 강요해서는 안 됩니다. 좋은 의견을 제시하고 한발 물러서서 나머지 사람들이 토론하도록 기회를 주고 모두가 합의하면 그대로 진행하십시오.

만일 나의 의견이 거부되었다 해도 섭섭해하거나 분쟁을 일으켜서는 안 됩니다. 예수님의 말씀에 의하면 우리는 통치자들이 아니고 섬기는 자들이니 말입니다.

독재자가 한 나라의 운명을 좌지우지하는 것은 대단히 위험합니다. 민주주의가 좋은 이유는 여러 사람의 의견을 수렴하여 국민의 합의를 이끌어 내어 일을 처리하기 때문입니다. 교회도 마찬가지입니다. 교인마다 나름대로의 의견이 있을 것입니다. 그 의견들을 종합하고 절충하는 민주적 절차를 밟는 것이 좋습니다. 의논을 많이 하십시오. 토론을 자주 하십시오. 자기 주장만 옳다고 고집하지 말고 침묵 훈련도 하십시오. 훌륭한 의견은 강요하지 않아도 많은 사람의 공감을 불러일으킵니다. 다른 사람의 의견을 잘 들으십시오. 하나님의 세밀한 음성에 귀를 기울이십시오. 우리 모두와 함께 거하시는 성령의 음성에 귀를 기울여야 합니다.

조용히 앉아 기도하며 주님의 말씀을 묵상하는 것은 신앙생활과 우리의 인격 성장에 큰 도움이 됩니다. 한시도 가만있지 못하고 무언가 말을 해야 직성이 풀리는 사람은 지금 바로 침묵 훈련을 시작해 보도록 하십시오. 굳이 입을 열어서 자신의 어리석음을 드러낼 필요는 없습니다.

셋째, 나쁜 말은 듣지도, 읽지도, 입에 담지도 맙시다. 좋지 않은 말은 흉내도 내지 마십시오. 제 딸이 초등학교 다닐 때의 일입니다. 저는 매일 밤 잠들기 전에 딸아이와 잠시 이야기를 나누고 기도해 주는 습관이 있었습니다. 그런데 하루는 아이가 잠을 이루지 못하고 있었습니다. 머리에서 나쁜 말들이 생각나 입으로 나오려고 한다는 것입니다. 그것이 괴로워 잠을 잘 수 없었던 것입니다. 학교에서 친구들이 욕을 너무 많이 하고 이를 하루 종일 들으니까 자연스럽게 그 욕설이 머리에 입력돼 자기도 모르게 입 밖으로 나오려 했던 모양입니다. 저는 나쁜 말을 쓰지 않으려는 아이의 모습이 너무 기특하고 고마웠습니다. 그래서 하나님께 딸아이의 마음을 깨끗하게 해 달라고 기도를 드리고 아이를 재웠습니다.

넷째, 하나님의 은혜로 축복된 말만 합시다. 예수님을 믿는 사람은 입을 열면 축복과 격려와 긍정적인 말이 나오도록 훈련하고 연습해야 합니다. 여러분의 언어 습관이 어떠한지 한번 주의 깊게 살펴보십시오. 아부에 능한 사람도 있지만 남의 잘못만 들추어내는 사람도 있습니다. 신문이나 뉴스에도 미담보다는 범죄 사건이나 사고 소식과 같은 나쁜 소식이 더 많습니다. 희망보다 절망을 심어 주는 일들이 많이 일어납니다. 그러니 더더욱 예수님을 믿으며 소망 가운데 사는 우리가 이 어두운 세상을 밝혀 주어야 합니다. 즉, 복되고 희망이 넘치고 은혜로운 말을 하는 것이 습관화되고 생활화되도록 노력해야 합니다.

그리스도인들의 말에서는 친절과 사랑이 넘치고, 하나님이 드러나야 합니다. 세상 곳곳이 어둡고 부패하지만, 하나님의 자녀들은 아름다운 말을 통해 만나는 모든 사람에게 기쁜 소식을 전하고, 어두운 곳을 밝게 비추는 빛이 되어야 합니다.

지혜로운 사람

"너희 중에 지혜와 총명이 있는 자가 누구냐 그는 선행으로 말미암아
지혜의 온유함으로 그 행함을 보일지니라 그러나 너희 마음속에 독한
시기와 다툼이 있으면 자랑하지 말라 진리를 거슬러 거짓말하지 말라
이러한 지혜는 위로부터 내려온 것이 아니요 땅 위의 것이요 정욕의 것
이요 귀신의 것이니 시기와 다툼이 있는 곳에는 혼란과 모든 악한 일
이 있음이라 오직 위로부터 난 지혜는 첫째 성결하고 다음에 화평하고
관용하고 양순하며 긍휼과 선한 열매가 가득하고 편견과 거짓이 없나
니 화평하게 하는 자들은 화평으로 심어 의의 열매를 거두느니라"

약 3:13-18

이 장에서는 성경에서 말하는 '지혜로운 사람'에 대해 생각해 보려 합니다. 지혜와 유사한 의미를 가진 단어로 '지식'과 '이해'가 있습니다. 때로 성경에서는 '총명'이라고 표현합니다. 먼저 '지식'은 어떤 사물이나 사건의 내용을 아는 것입니다. 세계 지도에서 각 나라가 어디에 위치하는지, 각국의 인구는 몇 명인가 하는 사실 등을 많이 아는 경우 '지식이 있다' 혹은 '박식하다', '해박하다'라고 말합니다. '이해'는 알고 있는 사실의 의미와 성격을 분별하고 해석하여 제대로 판단할 수 있는 능력을 말합니다. 어떤 사실을 모아 놓았을 때 그 의미와 상호 관련성을 인식하는 사람에 대해 이해력이 풍부하다, 이해력이 좋다고 말합니다.

우리가 성경을 통해 집중적으로 살펴보려고 하는 '지혜'는 사실 내용과 의미를 잘 알 뿐만 아니라 이해한 것을 실생활에 유익하게 적용할 수 있는 능력입니다. 성경은 무엇보다 지혜를 중요시합니다. 하나님께서는 우리가 지혜로운 사람이 되기를 바라십니다.

"너희 중에 지혜와 총명이 있는 자가 누구냐 그는 선행으로 말미암아
지혜의 온유함으로 그 행함을 보일지니라"(약 3:13).

지혜로운 사람은 착하게 살 뿐 아니라 착한 행동을 합니다. 지혜로운 사람은 온유합니다. 그리고 선행으로 자신의 지혜를 보여 줍니다. 가정과 직장에서, 이웃과 친구들과의 관계에서, 또한 현실적이고 구체적인 생활에서 지혜를 나타냅니다.

언변이 좋고 말을 많이 하여 자기를 과시하는 사람이 지혜로운 자가 아닙니다. 일상생활에서 어떤 선한 결과를 도출해 내느냐를 통해 지혜가 있고 없음이 판별됩니다. 지혜에는 선한 결과가 따릅니다. 그리스도인의 삶에서 지혜와 선행은 항상 공존합니다. 신앙의 선한 생활화가 이루어진 사람이 지혜로운 사람입니다.

거짓
지혜

지혜는 거짓 지혜와 참된 지혜로 나눌 수 있습니다. 먼저 거짓 지혜의 세 가지 출처를 알아보겠습니다.

"이러한 지혜는 위로부터 내려온 것이 아니요 땅 위의 것이요 정욕의 것이요 귀신의 것이니"(약 3:15).

첫째, 세상적인 지혜입니다. 세상적인 지혜는 그리스도인이 원하는 지혜가 아닙니다. 미국에서 있었던 일입니다. 어느 신문사 주필이 교회에 나오기 시작했는데, 얼마 후부터 예배에서 통 보이지 않았답니다. 목사님이 심방을 가서 상담을 했더니 이런 말을 하더랍니다. "교회에서 별 도움을 받지 못했습니다. 목사님이 설교 시간에 제가 쓴 사설을 예로 들어 설교를 하시더군요. 제가 쓴 내용을 교회에 가서 목사님에게 또 들어야 하다니 제가 굳이 교회에 갈 필요가 없다는 생각이 들었습니다. 교회 생활이 제게 아무런 도움이 되지 않았습니다. 그래서 저는 교회를 다니지 않기로 했습니다."

우리나라 교회에서도 하나님의 지혜를 가르쳐 주기보다 신문에 난 사건이나 사설이나 정치 문제를 거론하는 경우가 종종 있습니다. 목사님들이 모여도 언론에 나온 이야기를 소재로 대화하는 경우가 있습니다. 떠들썩한 사건이 터지면 주일 예배 때 강대상에서도 거론 됩니다. 우리에게 필요한 것은 신문이나 인터넷 기사가 아닙니다. 하나님의 영적인 지혜입니다. 언론에서 다룬 시사 문제에 대한 견해를 언급하지 않으면 선지자적 역할을 하지 않는 것처럼 여긴 때도 있었 습니다. 하지만 하나님 말씀에 담겨 있는 영적인 지혜를 꾸준히 배우 면 현실 사회의 문제에 대해서도 하나님의 생각대로 건강하게 대처 할 수 있습니다. 교회가 하나님 말씀을 통해 영적인 지혜를 선포하지 않는다면 무슨 유익이 있을까요?

둘째, 정욕적인 지혜입니다. 이를 조금 더 정확하게 전달한다면 '인 간적'이라는 말로 바꿔 쓸 수 있습니다. 인간적인 세상의 지혜 역시 우리가 의지해야 할 지혜는 아닙니다.

셋째, 마귀적인 지혜입니다. 우리의 삶이 사탄의 조종에 따라 움직 이면 그들의 지혜를 의지하게 됩니다. 우리의 말과 행동, 생각이나 태도가 사탄의 악한 영향을 받게 되면 자연스럽게 사탄을 추종할 수밖에 없습니다. 사탄은 육적인 세상을 다스리는 자입니다. 예수님을 믿는 사람들은 사탄이 원하는 세속적인 가치관과는 정반대로 생각하고 말하고 행동해야 합니다.

여러분의 삶은 무엇에 따라 좌우되는지 자문해 보십시오. 여러분이 삶의 근본으로 삼고 있는 지혜는 어디에서부터 난 것인가요? 위로부터, 하나님으로부터 내려온 것인가요? 아니면 세상 정욕에서 비롯된 것인가요?

세상적이고 정욕적이며 마귀적인 거짓 지혜에는 세 가지 특징이 있습니다. 14절 말씀을 보십시오.

"너희 마음속에 독한 시기와 다툼이 있으면 자랑하지 말라 진리를 거슬러 거짓말하지 말라"(약 3:14).

첫째, 독한 시기가 있습니다. 시기는 남이 가진 자질이나 소유물을 갖고 싶어 하는 마음으로, 그 사람을 대하는 태도입니다. 독한 시기는 쓰디쓴 시기입니다. 상대방의 가슴에 독을 뿌리는 것과 같이 쓰라린 아픔을 안겨 줍니다. 세상적인 관점에서 볼 때 아무리 똑똑하고 언변이 좋고 논리 정연한 사람이라 해도 시기 때문에 그의 입에서 나오는 말과 태도가 옆 사람의 마음에 상처를 준다면 그것은 '독한 시기'입니다. 이것은 참된 지혜가 아닙니다. 우리가 이웃의 것을 탐내서 관계가 나빠지고 말투가 거칠어지며 이웃이 상처를 입는다면, 그것은 우리에게 지혜가 부족하기 때문입니다. 내가 그 사람보다 더 나은

듯이 보이더라도 실상은 그렇지 않습니다. 참된 지혜가 아닌 거짓 지혜이기 때문입니다.

둘째, 다툼이 있습니다. 우리가 아무리 더 많이 알고 잘난 듯이 보여도 우리 때문에 다툼이 생긴다면, 그것은 이기적인 야심 때문입니다. 이는 진리를 거스르는 거짓된 지혜입니다.

셋째, 자랑이 많습니다. 자랑을 많이 하는 사람은 모든 일을 자기 중심적으로 판단합니다. 자기밖에 모릅니다. 겉으로 보기에는 잘난 듯해도 자기 욕망과 욕심대로만 사는 사람은 말과 행동이 지혜롭지 못합니다. 자랑, 곧 자만은 과대망상에 빠지는 지름길입니다. 가정과 교회와 세상의 중심이 자신이라고 착각하는 사람은 지혜롭지 못하고 어리석은 사람입니다. 자기를 중심으로 인생을 설계하는 사람은 참으로 미련합니다. 이런 사람은 참된 진리를 거역하고 원치 않습니다. 참된 지혜는 참된 사랑을 블러일으킵니다. 사랑은 자랑하지 아니합니다(고전 13:4). 나의 자랑은 다른 사람을 위축시킬 수 있습니다.

"시기와 다툼이 있는 곳에는 혼란과 모든 악한 일이 있음이라"(약 3:16).

16절에서는 거짓 지혜의 결과는 혼란과 악한 일이라고 말씀합니다. 선한 열매를 맺지 못하는 것은 지혜가 부족한 탓입니다. 다른 사람과의 대화에서 내 주장이 받아들여진 것을 자랑하고, 이로 인해 자만에 빠지며, 다른 사람의 의견을 무시한 채 자신만 옳다고 여기는 사람은 어디서든 혼란을 일으킵니다. 성경 말씀에 기초한 참된 지혜를 따르지 않고 거짓 지혜를 따랐기 때문입니다.

여러분의 삶은 어떠한지 돌아보십시오. 여러분의 삶에 혼란과 악한 결과가 일어나는 말이나 의논, 혹은 대화가 있다면 그것은 악하고 세속적이며 사탄적인 지혜입니다. 하나님께 참된 지혜가 부족함을 아뢰고, 주님으로부터 오는 참된 지혜를 구하십시오.

| 참된
| 지혜

이제 거짓 지혜와 대조되는 참된 지혜에 대해서 생각해 봅시다. 17절 말씀을 보십시오.

> "오직 위로부터 난 지혜는 첫째 성결하고 다음에 화평하고 관용하고 양순하며 긍휼과 선한 열매가 가득하고 편견과 거짓이 없나니"(약 3:17).

참된 지혜의 근원은 '위(하늘)'에 있습니다. 땅에서는 아무리 참된 지혜를 찾으려 해도 찾을 수 없습니다. 신문이나 뉴스 혹은 인터넷에서 보고 들은 내용으로는 참된 지혜를 얻지 못합니다. 나 자신에게서 지혜를 찾으려 해도 사탄의 영향을 받은 인간적인 거짓 지혜밖에 나오지 않습니다.

오직 하늘로부터 난 것만이 참된 지혜입니다. 그러므로 작은 일에서부터 하나님께 지혜를 간구해야 합니다. 사업이든 학업이든 인간관계든 어려움을 만날 때마다 자기 자신의 힘으로 해결하려 하지 말고, 항상 하나님께 지혜를 구하십시오.

"너희 중에 누구든지 지혜가 부족하거든 모든 사람에게 후히 주시고 꾸짖지 아니하시는 하나님께 구하라 그리하면 주시리라"(약 1:5).

"그러므로 내가 너희에게 말하노니 무엇이든지 기도하고 구하는 것은 받은 줄로 믿으라 그리하면 너희에게 그대로 되리라"(막 11:24).

우리 삶은 매 순간 하나님의 지혜를 필요로 합니다. 하나님의 지혜는 여덟 가지 특징이 있습니다.

첫째, 성결합니다. '성결하다'는 '순결하다', '깨끗하다', '순수하다'로 바꿔 말할 수 있습니다. 하나님의 지혜를 따라 사는 사람의 생각과 말투와 태도는 깨끗합니다. 날마다 거룩하신 하나님을 바라보며 살기 때문에 오염되지 않고 이기적이지 않습니다. 예수님을 믿는 사람들은 얼굴과 눈길부터 맑습니다. 또 솔직합니다. 알면서 모르는 척, 모르면서 아는 척하지 않습니다. 권모술수가 없이 늘 투명하고 정직하게 살아갑니다.

둘째, 평화롭습니다. 참된 지혜가 있는 사람은 평화롭습니다. 살다 보면 다른 사람에게 오해를 받거나 화가 나는 일이 생길 수 있습니다. 그러나 하나님을 바라보며 하나님으로 인해 평화롭게 사는 사람은 하나님께서 모든 것을 아신다는 사실을 알고, 믿기 때문에 어떤 일이 일어나도 마음의 평안을 유지합니다. 온 우주 만물을 다스리시는 하나님을 믿을 때 우리는 요동치 않습니다.

> "평안을 너희에게 끼치노니 곧 나의 평안을 너희에게 주노라 내가 너희에게 주는 것은 세상이 주는 것과 같지 아니하니라 너희는 마음에 근심하지도 말고 두려워하지도 말라"(요 14:27).

셋째, 부드럽습니다. 참된 지혜가 있는 사람은 분위기가 딱딱하거나 매섭지 않습니다. 누가 보아도 부드럽고 유연합니다. 휘어야 할 때 휘고 곧아야 할 때 곧은 태도를 취합니다.

넷째, 원만합니다. 지혜로운 사람은 언제나 원만한 입장을 취합니다. 반대 의견을 가진 사람이 있더라도 그를 인정하고 존중해 줍니다. 또한 자신의 입장을 이해하도록 상대방을 지혜롭게 설득하는 능력이 있습니다.

다섯째, 긍휼이 있습니다. 긍휼한 마음을 갖고서 다른 사람을 자비롭게 대한다는 말입니다. 남의 잘못을 이해해 주려 애쓰고, 정죄보다는 자비를 택합니다.

여섯째, 좋은 결과를 추구합니다. 참된 지혜는 언제든 좋은 결과를 가져옵니다. 언제나 끝을 선하고 아름답게 만듭니다.

일곱째, 편견과 거짓이 없습니다. 영원한 하늘의 지혜를 구하는 사람은 늘 하나님을 찾기 때문에 흔들림이 없습니다. 사람들의 평가와 시류에 따라 좌우되지 않습니다. 위의 것을 바라보며 장차 다가올 심판을 예상하기 때문입니다. 또한 거짓이 없다는 말은 위선적이지 않다는 뜻입니다. 하나님 앞에서 진실하게 생활하며 언행일치의 삶을 삽니다.

여덟째, 의로운 열매가 많이 열립니다. 지혜로운 사람들은 언제 어디에 있든 평화를 가져옵니다. 그들의 말과 태도와 몸짓이 어디서나 평화를 불러오고 선한 열매를 많이 맺습니다.

"화평하게 하는 자들은 화평으로 심어 의의 열매를 거두느니라"(약 3:18).

참된 지혜는 세상이나 정욕이나 마귀에게서 온 것이 아닙니다. 오직 위로부터, 하나님께로부터 온 것만이 참된 지혜입니다. 이 지혜는 하나님께 구할 때만 얻을 수 있습니다. 매 순간 하나님께 지혜를 구하십시오. 우리 모두가 하나님이 원하는 참된 지혜자, 의의 열매를 맺고 평화를 만들어 가는 그리스도인이 되어야 합니다. 모든 일에 참되고 선한 지혜를 힘입어 좋은 결과를 많이 맺으며 사시기 바랍니다. 그럴 때 우리 그리스도인들의 진정한 신앙이 나타날 것입니다.

10

다툼과 분쟁의 원인

"너희 중에 싸움이 어디로부터 다툼이 어디로부터 나느냐 너희 지체 중에서 싸우는 정욕으로부터 나는 것이 아니냐 너희는 욕심을 내어도 얻지 못하여 살인하며 시기하여도 능히 취하지 못하므로 다투고 싸우는도다 너희가 얻지 못함은 구하지 아니하기 때문이요 구하여도 받지 못함은 정욕으로 쓰려고 잘못 구하기 때문이라 간음한 여인들아 세상과 벗된 것이 하나님과 원수 됨을 알지 못하느냐 그런즉 누구든지 세상과 벗이 되고자 하는 자는 스스로 하나님과 원수 되는 것이니라 너희는 하나님이 우리 속에 거하게 하신 성령이 시기하기까지 사모한다 하신 말씀을 헛된 줄로 생각하느냐 그러나 더욱 큰 은혜를 주시나니 그러므로 일렀으되 하나님이 교만한 자를 물리치시고 겸손한 자에게 은혜를 주신다 하였느니라" 약 4:1-6

어릴 때 동생이나 친구들과 싸웠던 기억이 있나요? 저는 형제가 아홉이라 집안에 바람 잘 날이 없었습니다. 그런데 다른 형제들끼리는 종종 다투는 것을 본 기억은 있으나, 제가 누군가와 싸웠던 기억은 없습니다.

어떤 형제들은 어릴 때 원수처럼 싸우기도 합니다. 그런데 장성하고 나면 대부분의 형제들은 친하게 지냅니다. 어쩌면 많이 싸워서 그만큼 미운 정 고운 정이 들어서일지도 모릅니다.

인간은 어려서부터 갖가지 이유로 다른 이와 다툽니다. 어린아이 때부터 그렇습니다. 누가 가르치지 않아도 자연스럽게 다툼과 싸움을 터득합니다. 어려서는 친구나 형제자매들과 다투고, 결혼하면 부부끼리 싸웁니다. 자녀와 부모도 끊임없이 의견 충돌을 일으키고, 직장에서도 불화가 생깁니다. 성인들이 모인 공동체나 동아리에서도 다툼은 여전하고, 지구촌 곳곳에서 전쟁이 끊이지 않고 일어납니다. 이처럼 우리가 사는 세상은 다툼으로 가득 차 있습니다.

교회도 마찬가지입니다. 미국에 있는 어느 한인 교회는 교인들이 다투어서 여덟 번이나 분리된 곳도 있습니다. 한국 교계도 그동안 엄청나게 많은 분쟁이 있었습니다. 위키백과에 따르면 장로교의 경우

교단이 160개가 넘는다고 합니다. 도대체 이러한 온갖 다툼의 출처와 근원은 무엇일까요? 이번 장에서는 야고보서를 통해 그 근원을 하나씩 짚어 볼 것입니다.

다툼의 원인

정욕

다툼의 첫째 원인은 정욕입니다. 정욕은 잘못된 자기중심적인 욕심입니다. 야고보서 4장 1절 말씀을 보십시오.

"너희 중에 싸움이 어디로부터 다툼이 어디로부터 나느냐 너희 지체 중에서 싸우는 정욕으로부터 나는 것이 아니냐"(약 4:1).

기독교는 욕심 자체를 부정하지 않습니다. 오히려 위(하늘)의 것을 바라고 영적인 데 욕심을 내라고 가르칩니다. 그러나 잘못된 욕심은 다릅니다. 정욕은 모든 것을 자기중심적으로 생각하고 자기 욕망과 이익을 채우는 데만 급급하므로 당장 버려야 합니다.

모든 분쟁은 마음의 정욕에서 출발합니다. '누구보다 내가 잘났고, 내가 옳고, 내가 최고이고, 내가 이만큼 소유해야 한다!'라는 의식이 문제의 시작입니다.

2절에서 야고보 사도는 "너희는 욕심을 내어도 얻지 못하여"라고 단언합니다. 이 욕심은 하나님께서 원하시는 것에는 전혀 관심이 없고 오직 자신이 원하는 것에만 몰두합니다. 욕심은 끝이 없기 때문에 욕심을 낸 만큼 다 얻지는 못합니다. 자기가 원하는 것을 얻기 위해 아무리 애를 써도 마음대로 되지 않습니다. 그렇게 되면 분이 나서 견디지 못합니다. 욕심은 많은데 실제 내가 얻는 것은 적고 마음에 차지 않기 때문에 화가 나게 되고, 분쟁을 일으키는 것입니다. 이것이 다툼의 주요인입니다.

여러분이 탐내는 세상 것들은 대부분 다른 누군가가 이미 갖고 있는 소유물일 확률이 높습니다. 그것들을 손에 넣으려면 다른 사람이 순순히 내놓지 않는 한, 수단과 방법을 가리지 않고 달려들어 빼앗아야 합니다. 그것이 물질이든 세상 권력이든 사람이든 명예나 지위든 말입니다. '너 죽고 나 살자!'라는 자기중심적인 정욕이 이 사회에서 다툼이 끊이지 않게 만들고 있습니다.

모두가 잘되고 모두가 함께 잘 살면서 좋은 방향으로 나아가려면 '포용'과 '타협'이 필요합니다. 노사 관계도, 정치적 사안들도 긍정적 타협을 통해 쌍방에 유익한 결과를 낳도록 해야 합니다. 물론 개인의 욕심도 적정선에서 타협할 줄 알아야 합니다.

지나친 욕심은 불행을 초래합니다. 그 욕심을 다 채우지 못하기 때문에 불만이 생깁니다. 2절에는 욕심이 채워지지 않을 때 사람은 살인까지 한다고 말씀합니다. 이는 실제로 사람을 죽인다는 뜻이 아닙니다. 마태복음 5장 22절에서 예수님이 '형제를 미워하는 것도 살인이나 마찬가지로 중한 죄'라고 언급하신 것과 같은 의미입니다. 물론 지나친 욕심에 눈이 어두워지고 판단력을 상실하면, 어린이를 유괴하고 부녀자를 인신매매하며 강도와 살인 같은 끔찍한 일을 저지르기도 합니다. 그러나 문제는 무엇일까요? 이런 온갖 죄를 짓고서도 그 많은 욕심을 다 채울 수가 없다는 사실입니다.

"살인하며 시기하여도 능히 취하지 못하므로 다투고 싸우는도다"(약 4:2).

미워하고, 질투하고, 악을 행해도 사람의 이기적 욕심은 다 채워지지 않고 만족도 없습니다. 욕심이 많은 인생은 참으로 고통스럽습니다. 이와 관련해 사도 바울은 우리에게 이렇게 이야기합니다.

"우리가 먹을 것과 입을 것이 있은즉 족한 줄로 알 것이니라"(딤전 6:8).

지금 이 순간에도 지구촌 어딘가에는 먹을 것이 없어 굶어 죽어가는 어린이들이 있습니다. 어느 기관의 통계를 보니 하루에 3만 5천 명의 사람이 굶주림으로 죽는다고 합니다. 우리는 먹을 것이 있고, 입을 옷이 있으며, 안락한 집에서 편안하게 생활할 수 있는 것만으로도 하나님께 충분히 감사해야 합니다.

진정한 그리스도인이라면 기본적인 의식주만 해결되어도 만족하고 감사할 수 있어야 합니다. 주님의 자녀는 큰 욕심 없이 살 수 있습니다. 기본적인 의식주 이외에 덤으로 주시는 모든 것은 하나님의 은혜이며 축복으로 여기고 감사해야 합니다. 여분의 물질로 '하나님을 위해 어떻게 쓸까?', '가난하고 어려운 사람들을 어떻게 도와줄까?', '우리를 필요로 하는 사람들을 어떻게 도울 수 있을까?'에 대해 고민해야 합니다. 욕심 없이 살면 평안하고, 이웃을 도우며 살면 기쁩니다. 여러분이 가진 것으로 하나님께 영광 돌릴 일을 찾아보십시오.

잘못 구함

싸움이 많은 두 번째 이유는 잘못 구했기 때문입니다. 즉, 잘못된 기도가 그 원인입니다. 야고보서 4장 2절 후반부와 3절 말씀을 보십시오.

"너희가 얻지 못함은 구하지 아니하기 때문이요 구하여도 받지 못함은 정욕으로 쓰려고 잘못 구하기 때문이라"(약 4:2-3).

우리는 기도할 때 하나님께서 무엇을 원하시는가를 듣기보다 내가 원하는 것, 내 욕심만 나열하는 경우가 많습니다. 우리의 모범이 되시는 예수님은 "이 잔을 내게서 지나가게 하옵소서 그러나 나의 원대로 마시옵고 아버지의 원대로 하옵소서"(마 26:39)라고 기도하셨습니다. 여기에서 '그러나'가 중요합니다. 우리의 모든 소원을 다 주님 앞에 아뢰더라도 결국에는 "그러나 나의 원대로 마시옵고 주님 원대로 하옵소서!"라고 기도해야 합니다.

자식을 위해 혹은 사업을 위해 기도할 때도 마찬가지입니다. 하나님의 뜻에 순종하고자 하는 열린 마음을 잃지 마십시오. 다른 사람과 비교하거나 내 욕심만 추구하는 것은 잘못된 기도입니다.

세상과 벗함

다툼이 일어나는 세 번째 원인은 나쁜 친구(벗) 때문입니다. 친구를 잘못 사귀면 인생을 망칠 수 있습니다. 4-5절 말씀을 보십시오.

"간음한 여인들아 세상과 벗된 것이 하나님과 원수 됨을 알지 못하느냐 그런즉 누구든지 세상과 벗이 되고자 하는 자는 스스로 하나님과 원수 되는 것이니라 너희는 하나님이 우리 속에 거하게 하신 성령이 시기하기까지 사모한다 하신 말씀을 헛된 줄로 생각하느냐"(약 4:4-5).

예수 그리스도를 구주로 영접하고 나면 예수님이 언제나 우리 안에 임재해 계십니다. 성령께서도 내 안에 거하십니다. 그렇기 때문에 그리스도인은 말과 생각과 행동을 성령님과 의논해서 결정해야 합니다. 우리의 친구가 되시는 성령님께 지혜를 구하여 일을 진행하고 해결해 나가야 합니다. 성령님과 사귀고 벗하는 것이 그리스도인의 올바른 삶입니다. 세상의 속삭임, 세상의 기준, 사람들의 시선에 마음을 뺏기고 귀가 솔깃해져서는 안 됩니다. 세상과 벗하는 잘못을 저지르니 다툼이 일어나는 것입니다.

주일에 교회에 오면 성령님과 벗하는 척하고 월요일부터는 다시 세상과 단짝이 되는 삶을 살게 되면 마음속에 당연히 갈등과 분쟁이 생깁니다. 마음에 갈등이 있으면 현실 생활에서도 반드시 갈등을 일으킵니다. 만나는 사람들과도 다투게 되고 가정과 교회, 직장과 사회에서도 분란을 일으킵니다.

날마다 성령님과 벗이 되어 함께 살아가십시오. 그분께 모든 것을 의논하고 모든 것을 의탁하며 고민을 토로하고 대화하십시오. 좋으신 성령님과 벗하며 그분 안에서 참된 평안을 누리십시오. 세상은 우리의 벗이 아닙니다.

│ 하나님의 은혜를
│ 받는 사람

잘못된 욕심을 갖고 잘못된 기도를 하는 사람, 잘못된 친구를 사귀는 사람은 분쟁과 싸움을 일으킵니다. 하나님께서는 이런 사람에게 은혜를 베풀지 않으십니다. 6절 말씀을 보십시오.

"그러나 더욱 큰 은혜를 주시나니 그러므로 일렀으되 하나님이 교만한 자를 물리치시고 겸손한 자에게 은혜를 주신다 하였느니라"(약 4:6).

하나님께서는 자기중심적으로 사는 교만한 자가 아닌, 하나님 중심으로 사는 겸손한 자를 사랑하시고 그에게 은혜를 베풀어 주십니다. 하나님 중심으로 사는 사람은 겸손합니다. 항상 하나님이 바라시는 것을 찾고, 하나님의 선하시고 기뻐하시고 온전하신 뜻이 무엇인지를 구합니다. 그리고 이를 따라 순종하며 살아갑니다. 겸손한 사람은 자기를 우선시하지 않습니다. 하나님을 최우선으로 여기고, 나보다 이웃을 먼저 생각하며 자기를 낮춥니다. 하나님은 겸손한 자에게 헤아릴 수 없는 큰 은혜를 주신다고 약속하셨습니다. 하나님이 첫째, 이웃이 둘째, 내가 세 번째 자리를 차지했을 때, 하나님의 크신 은혜를 경험할 수 있습니다. 여러분도 이 겸손한 자의 대열에 서서 하나님의 큰 은혜의 축복을 받으시기 바랍니다.

11

—

하나님께서 높이시는 사람

"그런즉 너희는 하나님께 복종할지어다 마귀를 대적하라 그리하면 너
희를 피하리라 하나님을 가까이하라 그리하면 너희를 가까이하시리라
죄인들아 손을 깨끗이 하라 두 마음을 품은 자들아 마음을 성결하게
하라 슬퍼하며 애통하며 울지어다 너희 웃음을 애통으로, 너희 즐거
움을 근심으로 바꿀지어다 주 앞에서 낮추라 그리하면 주께서 너희를
높이시리라" 약 4:7-10

하나님께서 어떤 사람에게 은혜와 축복을 내려 주실까요? 어떤 사람을 사랑하시어 그를 높여 주실까요? 하나님께서는 자신이 택하신 모든 자녀를 높여 주시려고 하십니다. 하나님께서 높이시면 낮출 사람이 없습니다. 그러나 하나님이 낮추시면 아무도 높일 수가 없습니다. 하나님께서 어떤 사람을 높이시는지 본문 말씀을 통해 살펴봅시다.

겸손한 사람

하나님께서는 자기 정체성과 자기 위치를 정확하게 아는 사람을 높이십니다. 야고보서 4장 7절 말씀을 보십시오.

"그런즉 너희는 하나님께 복종할지어다"(약 4:7).

'복종'이라는 단어는 군대에서 가장 많이 씁니다. 군인은 자기 지위와 계급이 무엇인지 정확히 파악합니다. 윗사람과 아랫사람 모두 자기 할 일을 제대로 해야 합니다. 자기 위치를 정확하게 아는 사람은 명령 체계에 복종하고 자기 임무에 충실할 수 있습니다. 하나님께서 어떤 사람을 높이시는지는 결론적으로 10절 말씀에 기록되어 있습니다. 하나님이 하나님이신 줄 알고 하나님께 순종하며 살려는 사람을 하나님은 높여 주십니다.

"주 앞에서 낮추라 그리하면 주께서 너희를 높이시리라"(약 4:10).

하나님께 높임을 받는 사람은 겸손한 사람입니다. 겸손한 사람은 하나님의 주권을 알고, 하나님께 복종하고 순종해야 할 자기 위치를 정확하게 알기 때문입니다. 인간이 인간 됨을 제대로 파악하는 일은 대단히 중요합니다. 영국의 인류학자 에드먼드 리치(Edmund Leach, 1910-1989)는 "우리 인간이 신이라는 사실을 인정해야 할 때가 되지 않았는가?"라는 오만한 질문을 한 적이 있습니다. 하나님께서는 이런 어리석은 말을 하는 사람을 높이지 않으십니다. 반대로 "하나님은 절대자시며 우주를 주관하는 분이시며 유일한 분이시다. 나는 그분이 창조한 피조물이다."라는 인식을 갖고 자기 정체성과 지위를 정확히 파악한 사람을 높이십니다. 사람이 하나님과 자신의 관계를 제대로 알지 못할 때는 스스로를 높이는 교만의 죄를 짓게 됩니다.

7절 후반부에서는 "마귀를 대적하라"고 말씀합니다. 이는 교만의 죄를 범치 말라는 뜻입니다. 마귀, 즉 사탄은 인간을 유혹해 하나님과 같이 되고자 하는 야심을 심어 주고, 결국 죄를 범하게 만들었습니다(창 3:1-7). 사탄은 하나님을 대적할 정도로 교만한 존재입니다.

사람도 간혹 그렇게 교만해집니다. 자기 능력으로 현재 위치에 서게 되었다고 자만할 때가 있습니다. 내가 가진 지혜와 능력과 건강으로 지금의 삶을 이루었다고 여깁니다. 우리가 이루고 누리는 이 모든 것은 하나님의 은혜 안에서만 가능한 일임을 잊어서는 안 됩니다.

"그런즉 선줄로 생각하는 자는 넘어질까 조심하라"(고전 10:12).

사탄은 우리가 하나님을 밀어내고 그 자리에 자기 자신이 앉게끔 유혹합니다. 스스로를 우상화하고 자기에게 영광을 돌리도록 꼬드깁니다. 우리는 이러한 사탄의 꾐을 거부하고, 마귀를 대적하여 하나님 앞에서 교만의 죄를 짓지 않도록 깨어 있어야 합니다.

하나님은 겸손한 사람을 사랑하시고 교만한 자를 물리치십니다. 교만한 자는 반드시 넘어집니다. 여러분도 하나님의 은혜를 입는 겸손한 자가 되시기 바랍니다.

하나님을 가까이하는 사람

우리의 삶의 주인은 하나님이십니다. 이 사실을 깨달은 그리스도인은 언제 어디서나 하나님을 가까이하고, 그분 곁으로 다가갑니다.

"하나님을 가까이하라 그리하면 너희를 가까이하시리라 죄인들아 손을 깨끗이 하라 두 마음을 품은 자들아 마음을 성결하게 하라"(약 4:8).

우리가 언제 어디서 무엇을 하든 주님께 전심으로 나아가면 주님이 더욱 분명하게 보입니다. 무한한 능력과 지혜를 소유한 거룩하신 하나님이 보입니다. 그분의 거룩하심에 우리 자신을 견주어 볼 때 우리 손이 더럽다는 사실도 알게 됩니다. 세상을 살아가면서 묻은 때와 먼지가 더욱 확연히 드러납니다. 하나님의 의로우심과 거룩하심 앞에서 우리의 정결치 못함을 볼 때, 그분 앞에서 회개하지 않을 수 없습니다. 그러나 하나님을 멀리하는 사람은 죄를 지어 자기 손과 영혼이 더러워졌다 해도 이를 보지도 깨닫지도 못합니다.

여러분은 하나님께로 가까이 나아가는 삶을 살고 있나요? 매 순간 주님께 가까이 나아감으로 여러분의 삶을 성찰하십시오. 잘못이 있으면 곧바로 회개하고 용서를 구하십시오. 주님 안에서 날마다 새로워지는 생활을 하십시오. 주님 앞에서 겸손하게 행하고 나를 구원해 주신 은혜에 감사하십시오. 그리할 때 하나님께서 더 큰 사랑과 축복을 부어 주십니다.

자기 죄를 슬퍼하는 사람

다른 사람의 죄가 아닌, 자기 자신의 실체와 자기가 지은 죄로 인해 가슴을 찢으며 애통할 줄 아는 사람은 하나님의 깊은 은혜를 체험합니다.

"슬퍼하며 애통하며 울지어다 너희 웃음을 애통으로, 너희 즐거움을 근심으로 바꿀지어다"(약 4:9).

이 말씀은 슬퍼하며 살아가라는 말이 아닙니다. 자기 죄를 자각하고 애통하며 회개의 눈물을 흘리라는 뜻입니다.

"애통하는 자는 복이 있나니 그들이 위로를 받을 것임이요"(마 5:4).

장수같이 건장한 남자라도 하나님께서 영적인 은혜를 베푸실 때 자기도 모르게 깊은 감동을 받아 눈물을 흘릴 때가 있습니다. 부끄러워할 필요는 없습니다. 자연스럽게 눈물을 흘리고 그분 품에 안기어 안식하면 됩니다. 또 때로는 자신의 죄를 느끼며 애통해하는 때도 있습니다. 때로는 처절한 상황 때문에 하나님 앞에서 고통스럽게 애통하는 일도 있습니다. 하나님은 그 눈물을 보시고 도움의 손길을 내밀어 주십니다. 그래서 애통하는 자는 복이 있다고 합니다.

자기 정체성과 위치를 잘 알고, 교만의 죄 가운데로 유혹하는 마귀를 담대히 대적하고, 하나님께로 가까이 나아와 자기 죄를 회개하고 눈물 흘리며 애통해하는 사람은 겸손한 사람입니다. 영적으로 겸손한 사람만이 이렇게 행할 수 있습니다. 이런 사람은 하나님께서 일으켜 주십니다.

"주 앞에서 낮추라 그리하면 주께서 너희를 높이시리라"(약 4:10).

하나님 앞에서 낮아지는 사람은 하나님께서 기어이 높이실 것이라고 말씀합니다. 기독교는 역설의 종교입니다. 낮아지면 높아지고, 죽으면 살고, 섬기면 섬김을 받는 인물이 되고, 땅에 떨어져 썩으면 열매를 맺습니다. 세상 사람들은 깨닫지도 이해하지도 못하는 심오한 진리입니다. 이 진리는 영적인 귀, 들을 귀가 열려 있는 자만이 깨달을 수 있습니다. 하나님께서 여러분에게도 들을 수 있는 영적인 귀를 허락해 주시기를 간절히 소망합니다.

사람을 대하는 태도

"형제들아 서로 비방하지 말라 형제를 비방하는 자나 형제를 판단하는 자는 곧 율법을 비방하고 율법을 판단하는 것이라 네가 만일 율법을 판단하면 율법의 준행자가 아니요 재판관이로다 입법자와 재판관은 오직 한 분이시니 능히 구원하기도 하시며 멸하기도 하시느니라 너는 누구이기에 이웃을 판단하느냐" 약 4:11-12

한 유대인이 자기 민족에 대해 쓴 글을 읽은 적이 있습니다. 그 글에서 지적한 유대인의 첫 번째 특징은 '불평을 많이 한다.'는 것입니다. 맞는 말이라는 생각이 들었습니다. 출애굽 시대의 이스라엘 민족은 얼마나 모세를 원망하고 하나님께 불평을 늘어놓았는지 모릅니다. 두 번째 특징은 '남을 비난하기를 좋아한다.'입니다. 저는 이 글을 읽고 유대인과 한국인이 비슷하다고 느꼈습니다. 한국인도 불평불만이 많고 남을 비판하기 좋아하는 성향이 있기 때문입니다.

혹시 여러분에게도 사람들이 꺼릴 만한 요인이 있나요? 다른 사람들이 당신과 함께 있는 것을 불편해하지는 않나요? 사랑이 메마르고 삭막한 인생을 살고 있다고 생각되나요? 종종 '아무도 나를 좋아하지 않는다. 그래서 나도 사람들이 다 싫고 원망스럽다!'고 생각하는 사람들이 있습니다. 알고 보면 대부분의 원인은 그들의 태도에 있습니다. 당신이 다른 사람을 대하는 모습을 면밀히 살펴보십시오. 혹시 불친절하고 냉담하지는 않나요? 특별히 다른 사람에 대한 불평이 많아 비판이나 비난을 잘 하는 습관이 있지 않나요? 그렇다면 사람들이 좋아할 리가 없습니다. 그런 사람들은 피하고 싶은 존재입니다.

표정도 무척 중요합니다. 어떤 사람은 표정만 봐도 밝고 환해지는 느낌을 받습니다. 그러나 어떤 이는 언제나 잔뜩 찡그린 표정이어서 보는 사람까지 우울하게 만듭니다. 언어 습관도 무척 중요합니다. 어느 지역 사투리를 쓰느냐가 아니라, 주로 어떤 내용이 담긴 말을 하느냐가 중요합니다. 누군가를 험담하고 상대방을 비판하는 말을 주로 한다면, 듣는 이는 계속해서 상처를 받기 때문에 그 사람을 가까이 하지 않으려 할 것입니다. 그와 만나면 삶의 에너지를 공급받기는커녕 진이 빠지고 에너지가 고갈되는데 굳이 만날 이유가 있을까요? 이런 사람 곁에는 당연히 친구도 없습니다. 직장에서도 승진이 힘들고 사람들에게 인정받기는 더더욱 어렵습니다. 상냥하고 덕이 되는 말을 하는 사람도 많은데 누가 비난과 비판만 하는 사람을 상대하려 할까요? 사람들은 누구나 자기를 격려하고 돌봐주는 친구를 원합니다. 그리스도인이라면 어떤 태도로 사람을 대해야 할지 생각해 봅시다.

형제를 비방하지 말라

신앙을 생활화하는 사람은 복된 언어생활을 즐깁니다. 그리스도인의 특징 가운데 하나가 아름다운 언어를 사용한다는 것입니다. 예수님을 믿기 전에는 험악하고 거친 말을 하고, 불평과 불만, 비방과 험담을 일삼았을 것입니다. 그러나 예수님을 믿고 난 후에는 변화되어 선하고 고운 말을 사용합니다. 야고보 사도는 우리 입술에서 비난하는 말을 제거하라고 합니다.

"형제들아 서로 비방하지 말라"(약 4:11).

"비방하지 말라"는 헐뜯지 말라는 뜻입니다. 아주 좋은 표현입니다. '헐뜯다'는 '헐다'와 '뜯다'의 합성어 같습니다. '헐다'는 국어사전을 보면 '집이나 쌓은 물건을 무너뜨리다'라는 의미입니다. 최선의 노력으로 완성해 놓은 것을 파괴하는 것입니다. 또 다른 풀이로는 '남을 나쁘게 말하다'입니다. 영어에서 남을 험담한다는 뜻을 가진 단어는 'backbite'입니다. 즉, '뒤에서(back)' '물어뜯는(bite)' 것이 비방이고 험담입니다. 공들여 쌓은 인간관계를 무너뜨리고 파괴하는 것이 뒤에서 남을 물어뜯고 험담하는 일입니다.

지혜롭게 건설적인 비판을 조심스레 건넨다면 상대방에게 도움이 될 수 있습니다. 그러나 뒤에서 험담하듯 남을 비방하는 행위는 정당하지 못합니다. 또한 결국에는 자기가 그 말에 대한 책임을 져야 합니다. 여러분이 몰래 한 말이라도 반드시 당사자의 귀에 들어가게 되어 있습니다. 세상에 비밀은 없습니다. 뒤에서 남을 헐뜯고 비방하는 일은 그리스도인의 올바른 태도가 아닙니다.

형제를 판단하지 말라

그리스도인은 형제를 판단하지 않아야 합니다. 본인이 마치 재판관처럼 '옳다, 그르다, 잘했다, 잘못했다, 좋다, 나쁘다' 등의 판단을 해서는 안 됩니다. 누군가를 판단한다는 것은 교만하다는 증거입니다. 성경의 가르침은 절대적입니다. 그러나 그 외의 것들은 다 상대적인 것들입니다. 개인의 의견들입니다.

"형제를 비방하는 자나 형제를 판단하는 자는 곧 율법을 비방하고 율법을 판단하는 것이라"(약 4:11).

하나님께서 주신 율법만이 절대적입니다. 그 외의 것을 가지고 판단하는 것은 율법이 말하는 가치를 내 기준으로 판단하는 것입니다. 다른 사람의 옷차림이나 외모, 취향을 자기 기준에 맞춰 판단하지 마십시오. 사람마다 가자의 개성이 있고, 고유의 모양과 색깔이 있습니다. 제멋에 사는 것이 인생입니다. 심미적인 것은 모두 주관적 기준에 따릅니다. '제 눈에 안경'이라는 말도 있듯이 아름답다, 추하다, 좋다, 나쁘다, 이런 판단은 상대적이기 때문에 단정 지어 말해서는 안 됩니다.

하나의 의견을 제시하는 것은 좋지만, 절대이고 단정적인 표현은 삼가는 것이 좋습니다. 형제를 비방하는 것은 곧 율법을 비방하는 것입니다. 심판은 율법이 할 일이지 불완전한 인간이 개인적으로 할 일이 아닙니다. 하나님께서 하실 일이지 죄인인 인간이 할 일이 아니라는 뜻입니다.

"너는 누구이기에 이웃을 판단하느냐"(약 4:12).

어떤 부모든지 세상에서 자기 자녀만큼 예쁘고 귀한 아이는 없다고 여깁니다. 고슴도치도 뾰족한 가시투성이인 제 새끼를 예뻐합니다. 그런데 자기 아이는 애지중지하면서 남의 집 아이는 하찮게 대하는 사람들도 가끔 있습니다. 다른 사람들 앞에서 아내나 자녀를 자랑하는 사람을 팔불출이라고 놀리기까지 합니다. 그러나 저는 그렇게 생각하지 않습니다. 자기 아내와 자녀를 가장 귀하게 여기고 사랑해야 합니다. 그런 사람이 정말 멋있는 사람입니다. 내 아내와 자녀를 사랑하는 것은 나만이 할 수 있는 특권입니다.

심미적인 것은 객관적 기준이 없습니다. 보는 사람에 따라 다 다릅니다. 그러므로 우리가 비판자나 심판자가 될 수 없습니다. 우리가 남을 판단해선 안 되는 이유를 다섯 가지로 나누어 생각해 봅시다.

첫째, 성도들은 영원한 한 가족이기 때문입니다. 예수 그리스도로 말미암아 하나님의 자녀가 된 우리는 영원한 형제자매이며 한 가족입니다. 가족끼리는 서로 비방하지 않습니다. 그리스도인들은 모두 영원한 형제자매이기 때문에 이 땅에서부터 서로 친하게 지내야 합니다. 주님을 믿는 사람들의 공동체에서는 남을 비난하지 않아야 합니다. 서로 의견이 다르다고 해서 상대방을 비판해선 안 됩니다. 누구든지 자신의 의견을 말할 수 있어야 합니다.

형제간에 의가 좋으면 보기에 얼마나 아름답고 은혜가 되는지 모릅니다. 저는 가족들과 떨어져 미국에서 오래 생활했기 때문에 가족에 대한 애착이 굉장히 강합니다. 부모와 형제에 대한 그리움이 있습니다. 그래서 화목한 가정을 보면 참 흐뭇합니다.

그런데 교회에서도 교인들 사이에 간혹 서로를 비난하는 일이 있습니다. 얼마나 안타까운지 모릅니다. 누군가가 실수를 하면 같이 울어 주고, 안아 주고 격려해 주고 싶습니다. 어떤 사람은 형제가 실수를 하면 검사나 판사처럼 판단합니다. 제가 실수한 사람을 변호하면 "목사님은 사랑은 많지만 정의가 없습니다."라고 말합니다.

그런데 제가 그렇게 하는 데는 다 이유가 있습니다. 제가 비판하지 않아도 교인들이 앞장서서 저보다 먼저 그를 정죄하기 때문에 제가 책망할 기회가 없습니다. 도리어 반대편에 서서 실수한 교인을 보호해 주어야 균형이 맞습니다.

야고보 사도는 "형제들아 서로 비방하지 말라"(약 4:11)고 권고합니다. 우리는 교인들과 매 주일 여러 번 마주칩니다. 주일 예배, 저녁 예배, 수요 예배, 심지어 새벽 기도회 때도 만납니다. 자신이 비난한 형제를 피할 수 없습니다. 그렇기 때문에 하나님의 자녀들은 서로 비난하지 않아야 합니다.

가정에서도 마찬가지입니다. 결혼 전까지는 형제 사이가 좋았는데, 결혼하여 새 사람이 들어오면 형제 사이가 틀어지는 경우가 있습니다. 참 불행한 일입니다. 여러분이 결혼하여 다른 가정의 일원이 되면, 그 가정에 사랑과 화목을 가져오는 사람이 되어야 합니다. 가정의 분란은 주로 '말'이 원인이 됩니다. 특히 시댁이나 배우자의 가족에 대해서는 절대로 부정적인 비판을 하지 말아야 합니다. 본인이 자기 부모나 형제를 비판할 수는 있으나 혈육 관계가 아닌 배우자의 비방을 받을 때는 용납하기가 참 힘듭니다. 가족 중 누군가를 비난하고 비방하지 마십시오. 비난, 비방 때문에 문제와 갈등이 일어납니다.

가정에서도, 교회에서도 형제지간에 서로를 비방하고 판단하는 일이 있어서는 안 됩니다.

둘째, 형제를 비방하는 것은 율법을 비방하고 판단하는 행위이기 때문입니다. 성경이 곧 율법입니다. 하나님의 말씀인 성경은 하나님으로부터 그 권위가 나옵니다. 성경 말씀에 순종하지 않는 것은 하나님을 거역하는 행위입니다. 성경을 판단하는 것은 인간이 하나님 노릇을 하려는 것입니다. 그러므로 형제를 판단하는 행위는 대단히 큰 죄임을 기억하십시오.

셋째, 우리는 율법을 지켜야 하는 사람이기 때문입니다. 우리 그리스도인은 하나님 앞에서 율법을 준수해야 하는 사람들이지, 이웃을 재판하고 판단하는 자가 아닙니다.

"네가 만일 율법을 판단하면 율법의 준행자가 아니요 재판관이로다"(약 4:11).

정확한 재판관은 오직 전지전능하신 하나님 한 분뿐이십니다. 그분은 완전하십니다. 공정하게 심판하십니다. 우리는 다른 사람의 잘못을 보고 그를 판단하기 전에 나에게는 잘못이 없는지 먼저 살펴보아야 합니다. 나 자신이 죄인이고 실수 많고 부족한 존재인데 어찌 남을 판단할 수 있을까요? 우리에게는 남을 심판하고 재판할 자격이 없습니다. 우리 자신이 연약한 존재임을 깨닫고, 함부로 형제를 비방하지 않아야 합니다.

넷째, 하나님만이 우리의 심판자이시기 때문입니다. 하나님은 우리를 구원하기도 하시며 멸하기도 하시는 분이십니다(약 4:12). 우리는 하나님 말씀에 순종하고 하나님께 심판받지 않도록 자신을 잘 다스려야 합니다. 스스로의 말, 표정, 행동, 태도 등에 신경 쓰다 보면 다른 사람을 비방할 겨를이 없습니다. 남의 잘못이 눈에 보일 때는 먼저 전능하신 하나님 앞에서 내 모습을 비추어 보고, 나를 먼저 성찰하고 점검하기를 바랍니다.

다섯째, 우리가 남을 심판하면 우리 자신이 더 큰 심판을 받기 때문입니다. '심은 대로 거둔다'는 말씀처럼 여러분이 다른 사람을 칭찬하면 여러분이 칭찬받을 것입니다. 남을 격려하면 여러분이 격려를 받을 것입니다. 반대로 여러분이 불평만 한다면 다른 사람도 여러분에 대해 불평할 것이고, 남을 헐뜯는다면 여러분도 누군가에게 헐뜯길 것입니다.

> "비판을 받지 아니하려거든 비판하지 말라 너희가 비판하는 그 비판으로 너희가 비판을 받을 것이요 너희가 헤아리는 그 헤아림으로 너희가 헤아림을 받을 것이니라"(마 7:1-2).

남을 비판하는 사람은 반드시 비판을 받습니다. 다윗이 아들 압살롬의 반역을 피해 도망가는 중에 시므이라는 사람이 나타나 왕을 저주했습니다. 이때 다윗의 부하 장수가 왕을 저주하는 시므이를 당장 죽이려고 하였으나, 다윗은 하나님께서 대신 갚아 주실 것이라며 부하를 말렸습니다(삼하 16:5-14). 다윗을 저주한 시므이는 결국 죽임을 당했습니다. 다윗의 아들 솔로몬이 왕이 되어 그를 단죄한 것입니다(왕상 2:36-46). 모든 일은 결국 심은 대로 거두게 됩니다.

그리스도인의 신앙의 생활화는 언어 사용에서 드러납니다. 형제를 비방하고 판단하는 언어는 절대 금물입니다. 여러분은 언제 어디서나 형제자매를 격려하고 축복하는 복된 언어를 사용하여 메마른 세상을 윤기 있게 빛내는 그리스도인이 되기를 바랍니다.

주님의 뜻대로 경영하는 삶

"들으라 너희 중에 말하기를 오늘이나 내일이나 우리가 어떤 도시에 가서 거기서 일 년을 머물며 장사하여 이익을 보리라 하는 자들아 내일 일을 너희가 알지 못하는도다 너희 생명이 무엇이냐 너희는 잠깐 보이다가 없어지는 안개니라 너희가 도리어 말하기를 주의 뜻이면 우리가 살기도 하고 이것이나 저것을 하리라 할 것이거늘 이제도 너희가 허탄한 자랑을 하니 그러한 자랑은 다 악한 것이라 그러므로 사람이 선을 행할 줄 알고도 행하지 아니하면 죄니라" 약 4:13-17

우리는 살아가면서 당면한 일이나 먼 미래에 대해 많은 계획을 세웁니다. 때로는 계획한 대로 일이 잘 풀릴 때도 있고 어떤 때는 계획과는 달리 일에 차질이 생겨 낙망하기도 합니다. 그렇다면 세상 사람들과 그리스도인은 인생을 계획할 때 어떤 차이가 있을까요? 이 장에서 함께 살펴보도록 하겠습니다.

계획적인 인생

야고보서 4장 13-17절에는 계획성 있는 삶을 사는 사람이 등장합니다. 그의 모습을 좀 더 자세히 살펴보겠습니다.

"오늘이나 내일이나 우리가 어떤 도시에 가서 거기서 일 년을 머물며 장사하여 이익을 보리라 하는 자들아"(약 4:13).

사람이라면 누구라도 이 정도의 계획성은 갖고 살아야 합니다. 이 사람의 경우 아주 구체적이고 빈틈없이 계획을 짰습니다. "오늘이나 내일"이라는 시간도 정해져 있고 '우리'라는 함께 일할 사람도 확정되어 있습니다. 또 어디에서 사업을 벌일 것인지도 이미 예정되어 있습니다. '아무 도시'라는 말은 '아무 데나'의 뜻이 아니라 그가 계획한 특정 도시를 지칭합니다. 그는 누가, 언제, 어디서뿐만 아니라 '1년 동안'이라는 확실한 기간까지 정해 놓고 장사를 하겠다는 포부를 밝힙니다. 그는 "한번 해보자! 안 되면 할 수 없지!" 하는 식의 사람이 아닙니다. 제가 볼 때 그는 계획성이 있는 훌륭한 사업가입니다.

여러분도 인생을 설계하고 장기 또는 단기 계획을 세워 착실하게 살아가야 합니다. 그리스도인들은 세상 기준에서 뒤처지는 삶을 살지 않습니다. 학생들을 가르치면서 관찰해 봐도 그렇습니다. 성적을 잘 받지 못한 한 학생이 찾아와 묻습니다. "교수님, 저는 열심히 공부했는데 왜 성적이 이 정도밖에 안 됩니까?" 그 학생을 유심히 관찰해 보면 정말 열심히 공부합니다. 그런데 뚜렷한 계획 없이 무조건 열심히만 합니다. 뭐가 중요한 요점인지도 모르고 그저 외우기만 합니다. 핵심을 공부한 학생은 짧은 시간을 공부해도 성적이 잘 나옵니다. 공부도 철저한 계획을 세워 해 나가야 좋은 성적을 올릴 수 있습니다.

본문에 등장한 사람은 사회에서도 비교적 성공적인 사람입니다. 그는 자신의 계획대로 일을 해낼 사람입니다. 그리스도인도 이 사람처럼 구체적인 계획과 실천을 통해 일해야 합니다. 교회 부서에서 일을 맡아 할 때도 이 같은 계획성을 갖고 효과적으로 처리해야 합니다.

여기서 문제는 이 사람이 사업을 계획했다는 데 있는 것이 아닙니다. 인간의 힘만을 의지한 데 있습니다. 인간에게는 한계가 있습니다.

계획하는 것은 인간이지만 이루시는 이는 하나님입니다. 내 생각대로, 내가 계획하는 대로, 내 뜻대로 모든 일이 이루어지리라고 믿는 것은 큰 잘못입니다. 하나님을 의지하지 않고 내 주관과 판단에 모든 것을 맡겨서 해 나갈 때는 반드시 한계에 부딪힙니다.

인간의 한계

인간은 한 치 앞도 내다볼 수 없는 유한한 존재입니다. 장차 일어날 일을 다 안다면 실수도 하지 않고 시행착오도 겪지 않을 것입니다. 14절 말씀을 보십시오.

> "내일 일을 너희가 알지 못하는도다 너희 생명이 무엇이냐 너희는 잠깐 보이다가 없어지는 안개니라"(약 4:14).

인간의 한계를 인정하면서 일을 계획하고 추진해 나가야 합니다. 하나님을 의지하고 그분의 일하심을 믿어야 합니다. 미국에 '라디오 바이블 클럽'이라는 기독교 서적 출판사가 있습니다. 이 출판사는 규모가 꽤 큰 편인데, 책임자 되는 사람이 방문객들에게 이런 말을 했습니다. "우리는 예산이 없습니다. 우리는 결산만 있습니다." 그렇게 큰 회사에 예산이 없다는 말에 방문객들이 놀라자 그 책임자는 "우리는 하나님께서 공급해 주시는 만큼만 일합니다."라고 대답했습니다. 이 회사는 사업을 해서 이윤을 남기는 회사가 아닙니다. 하나님의 백성들이 전국에서 헌금을 보내 주면 그 헌금으로 일을 했기 때문에 헌금 액수에 맞춰 사업 크기를 결정한다고 합니다.

교회 예산도 그렇습니다. 교회 예산은 하나의 신앙 고백입니다. "우리가 이렇게 믿고 일을 계획하니 주님께서 채워 주십시오." 하는 신앙 고백입니다. 얼마를 예산으로 세웠다고 해서 그대로 다 되는 것은 아닙니다.

우리 인생도 마찬가지입니다. 계획을 세웠다고 해서 그것이 모두 이루어지는 것은 아닙니다. 장수해야 100세까지 사는 것이 인생입니다. 그 인생살이는 잠깐 보이다 없어지는 안개에 불과합니다. 우리는 늘 하나님께서 주신 달란트 안에서 규모 있게 살아야 합니다. 주님을 믿는 사람들은 계획성 있는 삶을 살되, 결과는 반드시 절대 주권자이신 하나님께 맡기고 살아가야 합니다.

주님께 맡기는 삶

혹시 여러분은 '내 인생의 주인은 나!'라고 생각하시나요? 이는 대단히 어리석은 생각입니다. 15절 말씀을 보십시오.

"너희가 도리어 말하기를 주의 뜻이면 우리가 살기도 하고 이것이나 저것을 하리라 할 것이거늘"(약 4:15).

우리는 '주님의 뜻(Lord willing)'이라면 무슨 일이든 순종하며 살겠다는 의지와 각오가 있어야 합니다. "이제도 너희가 허탄한 자랑을 하니"(16절)라는 말씀처럼 내 삶을 내 마음대로 이끄는 것은 허탄한 일입니다. 이러한 자랑은 부당한 자랑입니다. 인간이 누구인지, 하나님이 누구인지 파악하지 못한 모습이기 때문입니다. 자신의 능력으로만 살겠다는 태도는 인간의 한계를 모르는 것입니다.

"주의 뜻", 즉 '주님이 원하시면 이렇게도 하고 저렇게도 하겠습니다!'라고 마음먹은 사람은 평안을 누리며 삽니다. 인간의 능력에는 한계가 있습니다. 우리가 할 수 있는 일이 있고, 할 수 없는 일이 있습니다. 사람의 마음도 사람이 원하는 대로 조정할 수 없습니다. 아내나 남편 혹은 자녀의 마음도 원하는 대로 다스릴 수 없습니다. 실제로 우리는 자기 마음도 자기 뜻대로 움직일 수 없습니다. 이것이 연약하고 유한한 인간의 모습입니다.

그러나 우리가 주님을 의지하여 주님과 함께 계획하면 인생이 달라집니다. 주님이 우리에게 방법을 알려 주시기를 원하고, 주님이 필요한 사람들을 만나게 해 주시고, 지혜와 기회를 주실 줄로 믿고 의지하면, 우리의 연약함과 부족함을 극복할 수 있습니다.

우리의 본이 되시는 예수 그리스도의 삶 전체가 온전히 하나님의 뜻이었음을 기억하십시오. 십자가 위에서 피 흘리시고 죽기까지 고난을 감당하셨던 예수님을 기억하십시오. 그 예수님을 따라 여러분도 주님 뜻이라면 무엇이든 하겠다는 의지와 각오를 품으십시오.

주님과 함께 그분의 뜻에 따라 계획하고 행동함으로 하나님께서 내리시는 풍성한 은혜의 축복을 받으시기 바랍니다. 계속해서 17절 말씀을 보십시오.

"그러므로 사람이 선을 행할 줄 알고도 행하지 아니하면 죄니라"(약 4:17).

이 말씀에서의 '선'은 하나님의 뜻대로 계획하고 그 뜻에 순종해 살기로 작정하는 것, 하나님의 인도하심을 따라 나의 최선의 것을 그분께 바치며 사는 삶입니다. 내 마음대로 사는 인생은 하나님을 배제한 악한 삶입니다. 어떤 단체든, 가정이든, 교회든, 국가든 하나님의 뜻에서 벗어난 일을 해서는 안 됩니다. 하나님의 뜻대로 행하지 않는 삶은 사악한 삶입니다.

우리는 각자의 위치에서 주님이 주신 삶의 뜻과 목적이 무엇인지를 찾아 성실하게 살아가야 합니다. 노동자는 열심히 일하고, 기업주는 착실하게 기업을 키우고, 학생은 본분을 잘 지켜 공부하고, 부모는 가정을 잘 보살피며 각자 맡은 자리에서 신실하게 서 있어야 합니다. 예수님을 믿는 사람은 사회가 흔들리고 사람들이 방황할 때에도 반석이신 주님을 붙들고 주님이 주신 사명을 확실히 행해야 합니다. 사회를 안정시키고 앞으로 나아갈 방향을 제시하는 빛과 소금 같은 존재여야 합니다.

하나님께서 여러분에게 지혜를 부어 주시기를 바랍니다. 그리하여 무엇을 계획하든 하나님께서 세워 놓으신 뜻을 이 땅에서 이루는 삶을 살 수 있기를 바랍니다. 여러분의 인생을 하나님께 완전히 맡기고, 그분의 인도하심을 따라 사는 복된 삶을 누리시길 소망합니다.

악한 부자에 대한 경고

"들으라 부한 자들아 너희에게 임할 고생으로 말미암아 울고 통곡하라 너희 재물은 썩었고 너희 옷은 좀먹었으며 너희 금과 은은 녹이 슬었으니 이 녹이 너희에게 증거가 되며 불 같이 너희 살을 먹으리라 너희가 말세에 재물을 쌓았도다 보라 너희 밭에서 추수한 품꾼에게 주지 아니한 삯이 소리 지르며 그 추수한 자의 우는 소리가 만군의 주의 귀에 들렸느니라 너희가 땅에서 사치하고 방종하여 살륙의 날에 너희 마음을 살찌게 하였도다 너희는 의인을 정죄하고 죽였으나 그는 너희에게 대항하지 아니하였느니라" 약 5:1-6

성경에는 부자에 대한 언급이 많습니다. 부자는 두 부류로 나눌 수 있는데, 하나는 악한 부자이고 하나는 선한 부자입니다. 악한 부자는 부정한 방법으로 자기만을 위해 재산을 모아 그 돈을 나쁜 일에 씁니다. 선한 부자는 정직하게 돈을 벌어 올바르게 쓰고, 하나님과 이웃을 위해 선하게 사용합니다.

구약 성경의 욥은 선한 부자의 대표적 인물입니다. 욥은 자신이 가난한 사람과 고아와 과부들을 돌보았다고 고백했습니다(욥 29:12-13). 신약 성경에 소개된 아리마대 요셉은 예수님의 시신을 거두어 자신의 무덤에 장사를 지냈습니다.

한편 어리석은 부자 이야기도 있습니다. 그는 추수한 곡식을 창고에 가득 쌓아 놓고 인생을 즐기려 했습니다. 바로 그때 하나님께 "어리석은 자여 오늘 밤에 네 영혼을 도로 찾으리니 그러면 네 준비한 것이 누구의 것이 되겠느냐 하셨으니"(눅 12:20)라는 말씀을 들었습니다. 거지 나사로를 돌보지 않았던 악한 부자도 결국 지옥에 갔습니다. 청지기로서의 책임을 망각한 삶을 살았기 때문입니다.

울고
통곡하라

야고보서 5장 1-6절을 통해 우리는 악한 부자에 대한 하나님의 무서운 경고를 볼 수 있습니다. 1절 말씀부터 살펴보겠습니다.

"들으라 부한 자들아 너희에게 임할 고생으로 말미암아 울고 통곡하라"
(약 5:1).

이 말씀의 '부한 자'는 악한 부자입니다. 여기서의 '고생'은 단순한 어려움이 아니라 점점 가까워 오는 비참한 최후의 날을 뜻합니다. 즉, 악한 부자에게 오늘만 즐기며 흥청망청 살지 말고 앞으로 어떤 결과가 닥칠지 생각하며 조심하라는 말씀입니다.

악한 부자에게는 말할 수 없는 고통과 엄중한 심판이 찾아옵니다. 자신의 권력이나 지위, 물질 등을 악하게 사용하여 장차 비참한 심판을 받지 않도록 '지금' 행동해야 합니다. 나중에는 후회해도 소용없습니다. 지금 자신의 잘못을 깨달아 하나님 앞에서 울고 통곡하며 회개해야 합니다. 현재 내 모습이 어떠한가에 관심을 기울여 올바른 길로 나아가지 않는다면, 심판의 날에 울고불고 살려 달라고 애원해도 아무 소용없습니다. 예수님이 천사장의 나팔 소리와 함께 다시 오시는 그날이 되면 이미 늦습니다. 이제 다시는 기회가 없습니다. 그때는 무서운 지옥 형벌만이 악한 부자를 기다릴 것입니다.

악한 부자의
모습

그렇다면 악한 부자란 어떤 사람을 가리킬까요? 돈이 없어 굶어 죽는 사람들이 지천에 널려 있는데도 돈이 썩을 정도로 재물을 쌓아 둔 사람이 바로 악한 부자입니다. 2절 말씀을 보십시오.

"너희 재물은 썩었고 너희 옷은 좀먹었으며"(약 5:2).

요즘은 따뜻한 옷을 입지 못해 추위에 떠는 사람은 없습니다. 옷은 어디나 있습니다. 그러나 과거에는 입을 옷이 없어서 어려움을 겪는 이웃이 있었습니다. 지금은 다들 옷이 많다 못해 넘쳐납니다. 집집마다 안 입는 옷들이 옷장에서 좀먹고 있을 것입니다. 여러분에게도 옷장에만 둔 옷이 있다면 불우 이웃을 돕는 시설이나 옷이 필요한 외국으로 보내십시오. 우리가 가진 재물은 우리 소유가 아닙니다. 하나님께서 그분의 것을 우리에게 맡기신 것입니다. 그러므로 우리는 가진 것을 가난한 이웃들과 나누며 살아야 합니다.

악한 부자는 어떻게 부자가 되었을까요? 4절 말씀이 이를 설명해 줍니다.

"보라 너희 밭에서 추수한 품꾼에게 주지 아니한 삯이 소리 지르며 그 추수한 자의 우는 소리가 만군의 주의 귀에 들렸느니라"(약 5:4).

악한 부자가 가진 돈은 정당하고 정직하게 번 돈이 아니었습니다. 그들은 다른 사람에게 고통을 주고, 억울하게 만들고, 합당한 삯을 주지 않고 이를 착취해서 돈을 벌었습니다.

수단과 방법을 가리지 않고 자기 이익만을 챙기는 사람들이 있습니다. 이런 방법으로 부자가 된 사람은 나누어 쓰지 않습니다. 자기 재물이 많음을 과시합니다. 돈이 썩고 옷이 좀먹도록 놔두면서도 나누지 않고, 더 많은 재산을 모으려고 혈안이 되어 있습니다. 이런 사람들은 지금 가난한 자들과 함께 울고 통곡하지 않으면 장차 심판의 날에 큰 형벌로 인해 슬피 울어도 이미 때는 늦습니다.

"너희 금과 은은 녹이 슬었으니 이 녹이 너희에게 증거가 되며"(약 5:3).

이 말씀은 우리에게 주시는 하나님의 엄중한 경고입니다. 부당한 방법으로 재물을 모았을 때, 억울함을 당한 사람들이 하나님 앞에 증인으로 나섭니다. 내가 열 사람을 억울하게 했다면 열 사람이 나의 악함을 증언할 것이고, 백 사람을 억울하게 했다면 백 사람이 나를 고발할 것입니다. 또 옳지 않은 재물이 우리의 악함을 확증할 것입니다. 그리하여 그 재물이 "불 같이 너희 살을 먹으리라"(약 5:3)는 말씀을 이룰 것입니다. 품꾼에게 삯을 주지 않고 착취하여 쌓은 재물이 악한 부자를 심판하는 땔감이 된다는 말씀입니다.

우리는 다른 사람을 억울하게 해서는 안 됩니다. 부당하게 대우해서도 안 됩니다. "너희가 말세에 재물을 쌓았도다"(약 5:3)라는 말씀을 기억하십시오. 오늘이 우리의 마지막 날인 것처럼 살아야 합니다. 하나님이 우리를 언제 데려가실지 모릅니다. 우리가 죽는 순간까지 악한 재물을 모으고 악한 세력을 규합한다면, 그것이 마지막 심판 때에 우리를 불사르는 땔감이 됩니다. 심판을 피할 수 없게 만드는 확실한 증거가 되고 맙니다.

"너희 밭에서 추수한 품꾼에게 주지 아니한 삯이 소리 지르며 그 추수한 자의 우는 소리가 만군의 주의 귀에 들렸느니라"(약 5:4).

이 말씀도 같은 맥락에서 이해할 수 있습니다. 억울함을 당한 사람의 고통과 울부짖음이 하나님 귀에 다 들립니다. 우리가 아무리 죄를 감추려 해도 감추어지지 않습니다. 우리에게 주어진 재물과 권력과 학식과 재능을 오직 주님과 이웃을 위해, 복음을 전하는 데 선하게 사용해야 합니다. 우리가 가진 것을 나누어 가난한 사람을 돌보고, 주님이 주신 재물이 썩지 않도록 해야 합니다. 6절 말씀을 보면 악한 부자의 모습이 한 가지 더 추가되어 있습니다.

"너희는 의인을 정죄하고 죽였으나 그는 너희에게 대항하지 아니하였느니라"(약 5:6).

이는 대항하지 않았다기보다 대항하지 못했다고 봐야 합니다. 약자들은 권력과 지위를 이용해 세도를 부리는 강자들에게 감히 대항하지 못합니다. 아무리 서럽고 억울해도 참을 수밖에 없습니다. 그럴 때 권세를 마구 휘두르는 사람들은 더욱 기고만장하여 힘없는 사람들을 억누르고 짓밟습니다.

기업을 운영하는 사람도 마찬가지입니다. 노동자 편에서 복리와 후생을 생각하지 않고 오직 자신의 부를 추구하는 데 급급하여 저임금을 주며 노동자들을 혹사시키는 기업가들이 종종 있습니다. 외국인 노동자들을 착취하는 사업가들도 있습니다.

외국인 노동자 사역을 하시는 목사님들은 체불된 임금을 받아 주려고 많은 고생을 하기도 했습니다. 야고보서 5장 5절의 "너희가 땅에서 사치하고 방종하여 살륙의 날에 너희 마음을 살찌게 하였도다"라는 말씀을 보십시오. 약자들을 착취한 사람은 악한 부자입니다. 그들이 장차 하나님 앞에서 두려움에 벌벌 떨 날이 올 것입니다. 늦기전에 울고 통곡하며 애통함으로 회개해야 합니다.

우리가 가진 물질과 권력과 지식을 이웃, 교회, 사회, 국가, 민족과 세계를 위해 사용해야 합니다. 이 땅의 복음화를 위해 주님의 교회와 세계 선교를 위해 나누고 심어야 합니다. 나만 갖겠다고, 나만 편안하게 살겠다고 움켜쥐고 있어선 안 됩니다. 주님이 맡기신 재물을 썩게 만들지 마십시오. 나누고 심음으로 더 풍성한 열매를 맺어야 합니다.

여러분이 비록 큰 부자가 아니라 해도, 삶 속에서 악한 부자의 모습과 태도가 있지는 않은지 살펴보십시오. 하나님께서 경고하신 말씀을 귀담아들으십시오. 남은 생애는 받은 물질을 나누며 사는 그리스도인, 이웃을 복되게 만드는 하나님의 자녀로 살아가시기를 바랍니다. 우리가 나누고 베풀어 준 것만이 우리 것으로 영원히 남아 있게 된다는 사실을 잊지 마십시오.

인내하는 신앙

"그러므로 형제들아 주께서 강림하시기까지 길이 참으라 보라 농부가
땅에서 나는 귀한 열매를 바라고 길이 참아 이른 비와 늦은 비를 기다
리나니 너희도 길이 참고 마음을 굳건하게 하라 주의 강림이 가까우니
라 형제들아 서로 원망하지 말라 그리하여야 심판을 면하리라 보라 심
판주가 문 밖에 서 계시니라 형제들아 주의 이름으로 말한 선지자들
을 고난과 오래 참음의 본으로 삼으라 보라 인내하는 자를 우리가 복
되다 하나니 너희가 욥의 인내를 들었고 주께서 주신 결말을 보았거니
와 주는 가장 자비하시고 긍휼히 여기시는 이시니라" 약 5:7-11

예수님을 믿는 사람은 자살해서는 안 됩니다. 하나님께서 주신 생명을 종잇장처럼 쉽게 태우는 일은 하나님의 자녀로서 올바른 행위가 아닙니다. 물론 자살을 시도하는 사람들도 다들 그만한 사정과 사연이 있으리라 짐작은 합니다만, 어떤 이유라 해도 자기 생명을 스스로 끊을 만큼 중요하지는 않을 것이라고 조심스럽게 생각해 봅니다. 죽을 용기가 생겼을 때 그 용기로 살아가면 더 좋은 결과가 있을 것입니다. 저는 '자살'은 더 이상 참을 수 없어서 죽음까지 이르는 것이라 생각합니다. 자살은 사실 용기 있는 자의 결단이 아닙니다. 오히려 용기 없는 자의 결단이라고 할 수 있습니다. 자살은 허망한 망상입니다.

성경에서는 세 부류의 성숙한 사람을 언급합니다. 첫째는 혀를 다스리는 사람, 둘째는 나를 좋아하는 사람과 미워하는 사람을 구분하지 않고 모두 다 사랑하는 사람, 셋째는 인내심이 강한 사람입니다.

우리 그리스도인은 무슨 일이든 주님과 함께 참고, 성령의 도움을 구하면서 신앙인답게 끝까지 주님을 바라보고 살아야 합니다. 믿음을 지키면서 주님이 부르실 그날까지 나의 모든 것을 바쳐 최선을 다해 살아야 합니다. 세상 돌아가는 형편이 마음에 들지 않고, 내 삶이

억울하고 비참하다 해서 인내하지 못한 채 목숨을 끊어서는 절대 안
됩니다.

주님 오실 때까지 참으라

인생에서 인내력을 키우는 것은 필수 요건입니다. 신앙생활에서도 인내의 훈련과 완성은 더욱더 필요합니다. 야고보 사도는 이 서신의 첫 부분에서 분명하게 이야기합니다(약 1:1-4). 사랑의 첫 번째 요소도 오래 참는 것입니다. 모든 것을 참고 모든 것을 견뎌 내는 것입니다(고전 13:1-8). 우리가 언제까지 참아야 할까요? 주님 오실 때까지입니다. 5장 7절 말씀을 보십시오.

"그러므로 형제들아 주께서 강림하시기까지 길이 참으라 보라 농부가 땅에서 나는 귀한 열매를 바라고 길이 참아 이른 비와 늦은 비를 기다리나니"(약 5:7).

야고보 사도는 농부가 이른 비와 늦은 비를 기다리는 것처럼 참으라고 말합니다. 이스라엘 지방에는 이른 비와 늦은 비가 반드시 옵니다. 그저 기다리면 됩니다. 안달할 필요가 없습니다. 농부는 참고 기다립니다. 반드시 비가 오니까요. 그리스도인은 성령의 도우심을 힘입어 잘 참을 수 있습니다. 성령이 도와주시고 필요할 때마다 성령이 주시는 열매인 인내가 있기 때문입니다. 이것이 생활화된 신앙인의

특징입니다. 주님이 다시 오실 때까지 참으라는 말은 세계 역사와 각 개인의 삶이 결국에는 하나님께 달려 있다는 뜻입니다. 우주의 역사가 내 고민과 염려와 수고로 되는 것이 아니라, 하나님의 주권 속에서 이루어지므로 그분의 뜻이 온전히 성취되기를 참고 기다리면 적절한 때에 반드시 비가 올 것입니다.

인간은 하나님의 도구는 될 수 있을지언정, 세계를 마음대로 움직이는 주역은 아닙니다. 내 힘으로 무언가 해보겠다는 의지는 허망한 생각입니다. 우리 각자에게 주어진 사명들이 합쳐져서 이 세상이 원만하게 돌아가는 것입니다. 인간에게는 한계가 있기 때문에 어느 한 사람이 세계를 움직일 수는 없습니다.

세계를 움직이는 일은 하나님의 영역입니다. 우리는 각자에게 맡겨진 일, 정치가, 사업가, 교사, 학생, 주부로 나에게 주어진 사명을 잘 감당하면 됩니다. 주님이 다시 오실 때까지 자기 자리에서 충성을 다하면 됩니다. "네가 죽도록 충성하라 그리하면 내가 생명의 관을 네게 주리라"(계 2:10), "맡은 자들에게 구할 것은 충성이니라"(고전 4:2). 주님은 우리에게 충성(faithfulness)하라고 말씀하십니다.

'주님이 오실 때'란 주님이 오셔서 우리 영혼을 데려가시는 때를 말합니다. 이 땅에서 주어진 시간을 살다가 그분에게로 가는 것입니다. 또한 주님께서는 천사장의 나팔 소리와 함께 오신다는 것입니다. 그날이 바로 야고보서 5장 7절 말씀에 언급된 때입니다. 이때는 모든 사람이 다 일어나 주님의 마지막 심판을 받게 됩니다. 인간의 수명이 다해 이 세상을 떠나든, 예수님이 다시 오셔서 우리를 부르시든, 우리는 매 순간 이 땅에서 충성하며 살아야 합니다.

이는 농부가 봄과 여름을 지나 열매를 맺고 추수할 때를 기다리는 것과 마찬가지입니다. 농사를 짓는 일은 각 과정마다 매우 힘든 작업들을 요합니다. 농부는 봄에 씨를 뿌리고 비가 오길 기다립니다. 때에 맞춰 씨를 뿌리고 농작물을 손질해야 풍성한 수확을 얻을 수 있습니다. 그때를 기다리면 됩니다.

감리교 창시자인 존 웨슬리(John Wesley, 1703-1791)의 어머니는 아들이 나쁜 짓을 할 때마다 그 버릇을 고치려고 스무 번이나 충고를 했습니다. 그것을 본 남편이 어떻게 스무 번이나 인내할 수 있는지를 물었습니다. 그러자 웨슬리의 어머니는 "내가 열아홉 번만 참았다면 그동안 참은 것이 모두 헛수고가 되었을 거예요. 스무 번까지 참았으니 내 아들이 잘된 것이지요."라고 대답했다고 합니다.

인내에 성공이 달려 있고 열매가 있습니다. 인생은 인내의 연속입니다. 결혼생활도 인내력의 완성을 위한 평생의 훈련 과정입니다. 한 생명이 이 세상에 나오기 위해서 어머니는 열 달을 참고 기다려야 합니다. 태어난 아기가 세발자전거를 타기 위해서는 적어도 4-5년은 기다려야 합니다. 유치원부터 시작해 대학까지 공부를 다 마치려면 최소한 17년을 기다려야 합니다. 끝까지 참고 공부한 사람이 학사 학위를 받습니다. 참고 인내하는 사람이 결국 행복해집니다. 인생은 참고 인내하는 자에게 성공과 행복을 선사합니다.

기독교 신앙은 인내입니다. 예수님께서는 죽기까지 참으셨습니다. 우리는 언제까지 참아야 할까요? 8절 말씀을 보십시오.

"너희도 길이 참고 마음을 굳건하게 하라 주의 강림이 가까우니라"(약 5:8).

낙심하지 말고 주님께서 다시 오시는 날까지 기다리고 참으라고 말씀합니다. 세계 역사와 우리 인생은 하나님께서 친히 주관하시므로 우리는 낙심할 필요가 없습니다. 낙심하지 않기 위해서는 마음을 강하게 해야 합니다. 하나님이 우리를 통해 이루고자 하시는 일에 마음을 강하게 하고 인내하며 모든 열정을 바쳐야 합니다.

불평하지 말고 참으라

참는 방법도 두 가지입니다. 불평하면서 참거나 불평 없이 참는 것입니다. 분산과 집중이 관건입니다. 즉, 에너지를 불평과 인내에 분산하거나 인내하는 일에 집중하는 것입니다. 어차피 참아야 할 일이면 즐겁게 참는 것이 더 현명합니다. 인내하는 동안에는 불평하지 말아야 합니다.

"형제들아 서로 원망하지 말라 그리하여야 심판을 면하리라 심판주가 문 밖에 서 계시느니라"(약 5:9).

우리끼리 원망하며 다투어도 결국에는 모든 것을 아시는 하나님께서 마지막에 심판하십니다. 그분께 맡겨야 합니다. 심판의 날이 속히 올 것이기 때문입니다. 우리는 죽은 자와 산 자를 심판하시는 하나님을 믿습니다. 서로 원망만 하면 둘 다 불행해질 뿐입니다. 여러분의 인생 여정에 어떤 어려움이 있더라도 끝까지 주님을 신뢰하고 의지하십시오. 하나님께서 은혜를 내려 주실 것입니다.

우리가 더 참아야 할 이유는 "심판주가 문 밖에 서 계시"기 때문입니다. 주님이 다시 오실 날이 다 되었다는 뜻입니다. 우리가 억울한 일을 당하고 손해 본 일이 있어도 최후의 심판자인 예수 그리스도께서 바로 문 밖까지 오셨으므로 더 이상 슬퍼하거나 원망하지 마십시오. 주님께서 우리의 슬픔과 원한을 갚아 주실 것입니다. 나를 억울하게 한 사람, 나에게 손해를 입힌 사람, 나를 미워한 사람, 그들 모두가 하나님 앞에서 심판받는 날이 곧 옵니다. 공의로운 심판자가 문 밖에 서서 기다리시기 때문에 우리는 참고 인내할 수 있습니다.

그리스도인은 사람을 바라보고 살지 않습니다. 오직 하나님만 바라보고 삽니다. 영원한 세계에 소망을 두고 삽니다. 또한 원수 갚는 일이 심판자에게 달린 일임을 알기에 이생의 일로 실망하거나 포기하거나 절망하지 않습니다. 이제 우리가 본받아야 할, 인내로 살아간 신앙인과 선지자들, 그리고 욥의 삶을 살펴봅시다.

"형제들아 주의 이름으로 말한 선지자들을 고난과 오래 참음의 본으로 삼으라"(약 5:10).

우리 신앙 선조들은 주님의 말씀대로 살기 위해, 온갖 고생을 다 했습니다. 돌에 맞기도 하고, 짐승에게 물리기도 하고, 옥에 갇히기도 하고, 동굴에 숨기도 하고, 굶기도 하고, 사자 굴에 던져지기도 했지만 이 모진 고통을 끝까지 인내하며 이겨 냈습니다. 순교하면서까지 자신의 신앙을 지켰습니다. 삶을 포기하거나 하나님을 원망하지 않았습니다. 그들은 믿음으로 고난을 참고 견뎠습니다. 그리스도인의 특징은 참고 견디는 것입니다. 11절 말씀에서는 고난과 오래 참음의 대명사인 욥을 언급합니다.

"보라 인내하는 자를 우리가 복되다 하나니 너희가 욥의 인내를 들었고 주께서 주신 결말을 보았거니와 주는 가장 자비하시고 긍휼히 여기시는 이시니라"(약 5:11).

인내하는 사람은 하나님의 은총을 입습니다. 포기하는 사람, 낙심하는 사람, 겁내는 사람, 불안해하는 사람은 아무것도 얻지 못합니다. 그러나 끝까지 참는 사람은 하나님께서 베푸시는 축복의 열매를 수확할 수 있습니다. 욥이 그러했습니다.

우리가 아무리 큰 어려움에 처하고 심한 고생을 했다 하더라도 욥의 고난에 비하면 그리 크지 않을 것입니다. 욥은 열 명의 자녀를 모두 잃었습니다. 재산도 전부 잃었습니다. 가축들도 다 죽었고, 집도 폭풍으로 인해 다 무너져 내렸습니다. 심지어 아내는 욥을 위로하기는커녕 "하나님을 욕하고 죽으라"(욥 2:9)고 말했으니 욥이 얼마나 어려웠을까요? 지금 고생스럽다고 생각되거든 '하나님께서 왜 나에게 이런 고난을 주시는가?' 하고 원망하기 전에 욥을 한번 생각해 보십시오. 여러분의 아내 혹은 남편이 당신더러 하나님을 욕하고 죽으라고 말하고 있나요? 욥을 더욱 고통스럽게 한 것은 온몸을 뒤덮은 피부병이었습니다. 욥은 견딜 수가 없었습니다. 가려운 곳을 기왓장으로 긁고, 개가 와서 핥는 모습을 상상해 보십시오.

그러나 욥은 이런 끔찍한 고난 중에도 불평하지 않았습니다. 오히려 "주신 이도 여호와시요 거두신 이도 여호와시오니 여호와의 이름이 찬송을 받으실지니이다"(욥 1:21)라고 고백하며 하나님을 신뢰했습니다. 이토록 극한 상황에서조차 하나님을 찬양할 제목을 찾아내는 욥 같은 사람을 하나님께서 그냥 두셨을까요? 11절 말씀에서 볼 수 있듯이 "주는 가장 자비하시고 긍휼히 여기시는" 분이시기에 이런 믿음을 갖고 끝까지 하나님을 바라보고, 감사하고, 찬양하는 사람에게는 자비와 긍휼의 은혜를 베풀어 주십니다. 고난당하기 전보다 몇 배나 더 큰 축복과 열매를 안겨 주십니다.

여러분도 이 놀라운 진리를 깨닫게 되기 바랍니다. 마지막 숨을 거두는 순간까지, 주님께서 다시 오실 때까지, 주님이 주시는 열매를 받을 때까지, 주님이 베푸시는 축복을 누릴 때까지, 끝까지 참고 기다리는 믿음을 소유하기 바랍니다. 혼자서는 어렵습니다. 우리 안에 임재하시는 성령의 도움을 계속해서 받아야 가능합니다. 여러분의 삶과 가정과 직장과 온 사회와 국가가 여러분의 인내하는 신앙으로 인해 끝까지 형통하며 기쁨과 감사가 넘치기를 바랍니다.

신뢰할 수 있는 그리스도인

"내 형제들아 무엇보다도 맹세하지 말지니 하늘로나 땅으로나 아무 다른 것으로도 맹세하지 말고 오직 너희가 그렇다고 생각하는 것은 그렇다 하고 아니라고 생각하는 것은 아니라 하여 정죄 받음을 면하라"

약 5:12

예전에 이런 글을 본 적이 있습니다. 진짜 국산 참깨로 만든 참기름이 워낙 귀하고, 가짜가 판을 치는 세상이다 보니 남대문시장의 한 참기름 가게에 "정말, 진짜, 순, 국산 참기름만 팝니다!"라는 문구가 걸려 있더라는 내용의 글입니다.

이는 비단 참기름에만 국한된 문제가 아닙니다. 교회도 '복음'으로 부족해 한 글자를 더 붙여 '순복음'이라고 합니다. 장로회 역시 수십 개의 교단으로 나뉘어 있는데, 그중에 '순장로교'라는 교단도 있습니다. 이런 사례는 기독교뿐만 아니라 대한민국 자체가 신뢰가 사라진 사회, 서로를 믿지 못하는 세상이 되었음을 보여 줍니다. 아무리 간절하게 진실을 호소해도 끊임없이 서로를 의심합니다. 그 정도로 우리 사회는 불신 풍조가 팽배해졌습니다.

믿을 수 없는 사회

서울의 한 교회에서 교인 300명에게 "당신은 거짓말을 한 적이 있습니까?"라는 질문으로 여론 조사를 했습니다. 응답자의 94%가

"예!"라고 답했습니다. 결론은 그리스도인들도 거짓말을 한다는 것입니다. "왜 거짓말을 했습니까?"라는 질문에 대부분의 응답자는 "입장이 곤란해서"라는 이유를 댔습니다.

오래전에 '거짓말이 판치는 시대'라는 제목의 신문 사설을 읽었습니다. 요지는 '우리 사회는 거짓말을 해야만 통한다. 거짓말하지 않고 정직하게 살면 손해를 본다.'였습니다. 또 다른 신문에서는 '한국 사회에서 믿을 만한 사람이 누구인가?'라는 제목으로, 사회학자를 통해 조사한 내용의 기사를 내보냈습니다. 그 기사에서는 직업별 신뢰도를 보여 주며, 가장 믿을 수 있는 직업군으로 '목사'를 꼽았고, 그다음은 교수였습니다. 가장 믿을 수 없는 직업군으로는 정치인이 꼽혔습니다. 다행이다 싶었습니다. 그런데 목사도 믿을 수 없다고 하는 조사 자료도 있었습니다. 목사를 믿을 수 없는 첫 번째 이유는 '목사의 말과 행동이 일치하지 않아서'였습니다. 두 번째는 '목회를 너무 독재적이고 권위적으로 해서'였습니다. 이것은 목회자들이 깊이 반성해야 할 점입니다.

사람을 믿지 못하는 데는 여러 가지 이유가 있을 것입니다. 저는 다음 세 가지로 정리해 보았습니다.

첫째, 그 사람의 인격을 믿을 수 없기 때문입니다. 한 사람의 인격은 한 번 만나서는 알 수 없습니다. 긴 시간을 두고 함께 지내 보아야 알 수 있습니다. 특별히 어떤 사건을 통해서라기보다는 함께 지내면서 그의 삶 전반에 나타나는 여러 모습을 보고 '신임할 수 있는 사람이다'라고 판단하게 됩니다. 여러분은 그리스도인으로서 주위 사람들에게 신임을 얻고 있나요? 믿을 만한 사람이라는 평판을 듣나요?

모압 여인이었던 룻은 시어머니를 따라 남편의 고향 베들레헴에 와서 살았습니다. 룻은 이방인이었지만 신앙과 행실이 올바르고 나무랄 데가 없었던 모양입니다. 룻을 아내로 맞아들인 남편 보아스가 그 사실을 증명합니다. "네가 현숙한 여자인 줄을 나의 성읍 백성이 다 아느니라"(룻 3:11). 우리도 이렇게 이웃에게 인정받는 삶을 살아야 합니다. 여러분의 이름이 거론될 때 "아, 그 사람은 믿을 만해!"라는 말을 들어야 하지 않을까요?

둘째, 거짓말을 일삼기 때문입니다. 거짓말은 시간이 지나면 반드시 들통이 나고 맙니다. 당장은 상대방이 믿을지 몰라도, 진실이 곧 밝혀지고 거짓됨이 낱낱이 드러납니다. 거짓말을 한 사람은 부정직한 사람으로 낙인찍혀 주위 사람들의 신임을 잃습니다. 진실은 쉽지 않습니다. 1만 더하거나 빼도 이미 진실이 아니기 때문입니다.

그리스도인이 정직하지 않다면 세상 사람들은 무얼 보고 우리가 하나님의 자녀인 줄 알 수 있을까요? 기도를 많이 하고 수시로 성경을 읽고 교회에 열심히 다닌다 해도, 주위 사람들에게 신임을 받지 못한다면 신앙적 인격에 결함이 있기 때문일 것입니다.

주님을 믿는 사람에게는 진실과 정직이 신용입니다. 한번 신뢰에 금이 가면 회복하기가 대단히 힘듭니다. 이솝 우화에 나오는 「늑대와 양치기 소년」 이야기처럼 진실을 말해도 통하지 않는 상황에 처하게 됩니다. 거짓은 오래가지 못합니다. 진실만이 하나님 앞에서 사는 그리스도인이 취해야 할 가장 올바른 자세입니다.

셋째, 과장해서 말하기 때문입니다. 주로 적극적이고 외향적인 사람들이 과장해서 말하는 경향이 있습니다. 한 이틀 비가 오면 요즘은 매일 비가 온다고 합니다. 배우자가 몇 번 잘못하면 "당신은 언제나 그 모양이야."라고 타박을 줍니다. 자기가 잘한 일이 있으면 세상에서 최고나 된 듯 떠벌립니다. 자기에게 불리하다 싶은 이야기는 살짝 빼 버립니다. 사람들은 이런 사람의 말을 100% 신뢰하지 않고 30-40%는 깎아서 듣습니다. 과장해서 말하는 경향이 있다는 것을 이미 알기 때문입니다.

믿을 수 있는 그리스도인

그리스도인은 누구에게나 믿을 만한 존재가 되려고 노력합니다. 그러기 위해서는 맹세를 하지 않아야 합니다. 본문 말씀을 보십시오. 야고보 사도는 믿는 형제들에게 "무엇보다도 맹세하지 말지니"(약 5:12)라고 말했습니다. 여기서 맹세하지 말라는 것은 거짓 맹세를 하지 말라는 명령입니다. 레위기 19장 12절에서 하나님께서는 "너희는 내 이름으로 거짓 맹세함으로 네 하나님의 이름을 욕되게 하지 말라 나는 여호와이니라"고 말씀하십니다.

우리는 지금 야고보서를 통해 '신앙의 생활화'를 생각하고 있습니다. 생활 속에서 신앙을 나타내기 위한 여러 가지 방법을 살펴보고 있는 것입니다. 본문에서는 '무엇보다도'라는 표현을 썼습니다. 이를 통해 그리스도인에게 '착함과 정직함'이 가장 큰 덕임을 알 수 있습니다. 한 사람의 참된 신앙과 믿음의 여부는 '그는 신뢰할 수 있는 사람인가?' 하는 정직성을 기준으로 판단할 수 있을 것입니다.

서양 사람들은 거짓말했다는 말을 가장 싫어합니다. 다른 비방과 비난은 그냥 넘어갈 수 있어도 "당신, 거짓말했지?"라고 하면 절대로 참지 않습니다. 그만큼 자신의 인격과 말과 행동이 신임받는 것을 최고로 여기기 때문입니다. 그런 생각이 어디에서 왔는가를 따져 보면, 기독교 문화에서 비롯되었음을 짐작할 수 있습니다. 그렇다고 서양 사람들이 다 거짓말을 안 한다는 말은 아닙니다. 사회적으로 신뢰를 중요하게 여기는 문화가 정착되어 있다는 뜻입니다.

한국은 기독교 문화권이 아닙니다. 체면을 중요하게 여깁니다. 거짓말도 들켜서 체면을 상하지만 않으면 크게 개의치 않습니다. 그러나 일단 들키면 체면 때문에 얼굴을 가립니다. 그 결과 한국에서는 상대방을 믿지 못하는 일들이 많이 생깁니다. 온 나라에 부정부패가 심각하기 때문에 믿을 수 없는 사회가 되어 혼란이 많습니다.

이 사회에 등불이 될 만한 사람이 누구일까요? 하나님을 믿지 않는 사람들이 그 일을 감당할 수 있을까요? 우리 그리스도인들이 솔선수범하여 신실한 인격을 갖추고 정직한 삶을 살아야 합니다. 서로를 믿지 못하는 세상이긴 하지만 우리들부터 바뀌면 됩니다. 올바르게 사는 사람들이 없는 시대에 그리스도인들은 거듭난 자답게 하나님 앞에서 정직하게 행하고, 사회 부조리를 타파하며, 세상에 시원한 생수를 제공하는 샘물 역할을 해야 합니다.

지옥에서 낙원에 있는 나사로에게 손가락에 물 한 방울만 찍어서 자기 입술에 발라 달라고 애원하던 부자처럼, 세상 사람들은 정직과 진실과 올곧음에 극심한 갈증을 느낍니다. 어두운 세상일수록 작은 빛이 더욱 큰 영향력을 발휘합니다.

예수님을 믿는 사람은 거짓 맹세를 하지 않습니다. 특별히 "하늘로나 땅으로나"(약 5:12) 맹세하면 안 됩니다. '하늘'은 하나님의 보좌이기 때문이고 '땅'은 하나님의 발등상이기 때문입니다.

우리는 가끔 이런 말을 듣습니다. "이제부터 제가 하는 이야기는 진실입니다. 만약 제가 하는 말이 사실이 아니라면 하늘에서 벼락이 떨어져 당장 죽어도 좋습니다." 이런 이야기는 삼가십시오. 당신이 옳다고 여기는 것이 제3자가 볼 때는 틀릴 수 있습니다. 사람의 생각은 절대적일 수도, 완벽할 수도 없습니다. 주관적인 견해를 진리인 양 말하는 것은 위험한 일입니다. 인간은 불완전하고 부족한 존재이기 때문에 100% 옳다고 할 수 없습니다. 그러므로 하늘이나 하나님을 두고 맹세하는 것은 잘못입니다. 12절 후반부 말씀을 보십시오.

"오직 너희가 그렇다고 생각하는 것은 그렇다 하고 아니라고 생각하는 것은 아니라 하여 정죄 받음을 면하라"(약 5:12).

어떤 경우에 "집사님, 믿지 않으실지 모르지만 이것은 진실입니다. 하나님을 두고 맹세합니다. 거짓말이면 하나님이 지금 당장 벼락을 내려서 절 죽여도 좋습니다."라고 말한다면 이는 두 가지 이유 때문에 잘못된 일입니다. 첫째, 그리스도인은 맹세를 하면 안 됩니다. 둘째, 그렇게까지 말해야 다른 사람이 당신을 믿을 정도라면 당신의 신뢰도에 문제가 있는 것입니다. 당신에 대한 신뢰도가 어느 정도인지 스스로 드러내는 말입니다.

우리는 살면서 "예" 할 것은 "예"라고 하고, "아니요" 할 것은 "아니요"라고 하면 됩니다. 그저 자기가 하는 말을 믿게 만들려고 맹세를 하고 하나님의 이름을 건다면, 그 사람은 못 믿을 사람입니다. 처음부터 "예"와 "아니요"를 분명히 하십시오. 맹세까지 하면서 내 말을 믿어 달라고 부탁하는 것은 나의 정직도와 신뢰성에 문제가 있다는 증거입니다.

이제부터는 언제 어디서라도 여러분의 입장을 간결하고 솔직하게 있는 그대로 표현하십시오. 처음에는 사람들이 여러분을 안 믿어 줄지 모르지만 시간이 지나면서 여러분의 정직함이 증명되면 결국에는 '믿어도 좋은 사람'이라는 평판을 얻게 될 것입니다.

우리는 손해 보는 일이 있다 해도 정직을 우선으로 합니다. 신학교에서 강의할 때 학생 몇 명이 저를 찾아온 적이 있었습니다. 그들은 시험 시간에 커닝한 학생들이었습니다. 그들은 여러 가지 변명을 했습니다. 그러나 커닝을 한 일에는 변명의 여지가 없습니다. 잘못했다고만 하면 됩니다. 물론 저는 그들을 용서했습니다. 그리고 점수를 깎았습니다. 하지만 곧 그들의 정직을 칭찬해 주었고 계속해서 관심을 갖고 지켜보게 되었습니다. 당장은 손해를 본다 해도 '정직'은 결국 우리 인격을 성장시키고 인생에 큰 유익을 줍니다. 우리가 정직하게 살아감으로 피할 수 있는 것이 무엇인지 보십시오.

"정죄 받음을 면하라"(약 5:12).

정죄 받음, 즉 심판을 면하라는 말입니다. 심판은 이 땅에서 받는 것이 좋습니다. 이 세상에 살면서 손해를 보거나 욕을 먹거나 뺨을 한 대 맞더라도 이 땅에서 잘못에 대한 대가를 치르는 것이 좋습니다. 그렇지 않은 사람은 하나님 앞에서 심판을 받게 됩니다. 그때는 에누리가 없습니다.

그리스도인들은 하나님 앞에서 사는 사람입니다. 언제나 하나님을 의식하면서 산다는 뜻입니다. 매 순간 정직한 삶을 위해 부단한 노력을 기울여야 합니다. 그런 삶을 살 수 있도록 하나님께 간구하십시오. 여러분의 말 한마디가 여러분의 인격을 대변합니다. 누구나 우리를 신뢰할 수 있도록, 그래서 불신 풍조가 만연한 이 사회의 목마름을 해소해 줄 수 있는 시원한 샘물로 살아가시기를 바랍니다.

서로를 위해 기도하라

"너희 중에 고난 당하는 자가 있느냐 그는 기도할 것이요 즐거워하는 자가 있느냐 그는 찬송할지니라 너희 중에 병든 자가 있느냐 그는 교회의 장로들을 청할 것이요 그들은 주의 이름으로 기름을 바르며 그를 위하여 기도할지니라 믿음의 기도는 병든 자를 구원하리니 주께서 그를 일으키시리라 혹시 죄를 범하였을지라도 사하심을 받으리라 그러므로 너희 죄를 서로 고백하며 병이 낫기를 위하여 서로 기도하라 의인의 간구는 역사하는 힘이 큼이니라 엘리야는 우리와 성정이 같은 사람이로되 그가 비가 오지 않기를 간절히 기도한즉 삼 년 육 개월 동안 땅에 비가 오지 아니하고 다시 기도하니 하늘이 비를 주고 땅이 열매를 맺었느니라" 약 5:13-18

여러분은 지금 혹시 몸의 질병이나 가정 문제 또는 자녀 교육이나 직장과 사업 때문에 고통받고 있진 않나요? 인생이 참으로 고달프고 힘겹다고 느끼나요? 우리 인생은 고통으로 가득 차 있습니다. 이번 장에서는 이 고난과 고통에 대한 해결책이 어디 있는지 살펴보기로 합시다.

인생의 양면

인간이면 누구나 고난을 겪습니다. 고난이 없는 인생은 어디에도 없습니다. 그렇다면 우리 그리스도인은 고난을 받을 때 어떻게 해야 할까요?

"너희 중에 고난당하는 자가 있느냐 그는 기도할 것이요"(약 5:13).

고난과 시련을 당하면 가장 먼저 기도해야 합니다. 자기 자신의 기도가 고난을 이기게 하는 첫 번째 열쇠입니다. 시작부터 하나님이 간섭하시기 때문입니다. 고난을 당하지 않는 사람은 없습니다. 고난을 당하는 성도의 반응은 대개 두 가지로 나타납니다. 첫 번째는 불평과 걱정으로 한두 주 고민한 다음 '기도나 좀 해볼까?' 합니다. 두 번째는 고난이 닥치면 시작부터 기도에 매달립니다. 후자가 주님을 제대로 믿는 성도의 모습입니다.

그리스도인은 시련이 닥치면 그 즉시 무릎을 꿇어야 합니다. 본인의 기도가 가장 중요합니다. 옆에서 도와주는 사람, 응원해 주는 사람, 위로해 주는 사람, 기도해 주는 사람, 상담해 주는 사람이 있겠지만, 고난을 당할 때는 본인이 그 즉시 어떤 태도를 취하느냐가 가장 중요합니다.

여러분에게 닥친 위기는 살아 계신 하나님을 경험할 수 있는 좋은 기회입니다. 그래서 기도해야 한다는 것입니다. 모든 문제의 열쇠가 하나님께 있습니다. 우리 힘만으로 넉넉히 해결할 수 있을 때는 그렇게 기도하지 않습니다. 날마다 기도해야 하지만 대부분의 성도들은 기도 생활을 열심히 하지 않습니다. 기도의 생활화가 안 되어 있기 때문에 꼭 고난이 오고 문제가 생겨야 기도합니다. 그렇게라도 기도하는 것이 전혀 기도하지 않는 것보다는 낫습니다.

그러나 모든 문제를 해결할 수 있는 분은 하나님뿐이십니다. 그런데도 사람들은 자기가 할 수 있는 방법을 모두 쓴 다음에 해결되지 않으면 그때서야 기도합니다. 그래서는 안 됩니다. 가장 먼저 기도해야 합니다. 그러면 고난이 없는 즐거운 때는 어떻게 해야 할까요?

"즐거워하는 자가 있느냐 그는 찬송할지니라"(약 5:13).

'고난을 당하면 기도하고, 즐거울 때는 찬송하라!'는 말씀은 결국 우리 삶의 핵심은 하나님께 있다는 사실을 확인시켜 줍니다. 문제가 있어도 하나님이요, 문제가 없어도 하나님입니다. 그리스도인의 삶의 중심은 언제나 하나님입니다.

전도서 3장 말씀처럼 범사에 기한이 있고 날 때와 죽을 때가 있으며 울 때와 웃을 때가 있습니다. 인생은 고통과 기쁨 사이를 왔다 갔다 하며 흘러갑니다. 좋은 일이 있으면 하나님을 찬양하고, 어려운 일이 있으면 하나님께 기도해서 문제를 해결하면 됩니다. 어떤 일이 있어도 우리 삶의 중심은 오직 하나님뿐이심을 기억합시다.

기도의 방법

고난에는 여러 종류가 있습니다. 경제적인 고난, 인간관계의 고난, 마음의 고난과 영적인 고난 등이 있습니다. 빼놓을 수 없는 고난이 바로 육체의 고난입니다. 야고보 사도는 고난을 이야기하면서 육체의 질병을 예로 들어 설명했습니다.

"너희 중에 병든 자가 있느냐 그는 교회의 장로들을 청할 것이요 그들은 주의 이름으로 기름을 바르며 그를 위하여 기도할지니라"(약 5:14).

질병은 누구에게나 찾아옵니다. 병이 들면 우선 본인이 기도해야 합니다. 그다음 할 일은 교회의 지체들에게 기도를 부탁하는 것입니다. 종종 장로들은 모여서 교회 행정만 하는 사람이라는 착각을 합니다. 그러나 장로 사역에서 중요한 부분이 환난 중에 있는 자들을 위해 기도해 주는 일입니다.

환난을 당한 자, 어려움을 당한 자, 몸이 아픈 자 등 고난 중에 있는 사람들은 자신의 형편을 교회의 목사나 장로들에게 알려야 합니다. 영적 지도자들에게 연락을 해서 자기 상황과 처지를 알리라는 뜻입니다. 목사, 전도사, 장로, 권사, 집사 등 교회의 직분자들, 영적으로 성숙한 사람들, 우리보다 신앙이 앞선 사람들에게 기도 부탁을 해야 합니다.

미국인, 미국에 사는 한국 교민, 그리고 한국, 이 두 나라의 세 부류 사람들을 대상으로 목회하면서 저는 한국 교회만의 특이한 점 두 가지를 알게 되었습니다. 첫째, 병이 나면 저주받은 것으로 생각합니다. 그래서 심방을 가면 "목사님이 오셔서 기도해 주시는 것은 좋지만, 교회에 저를 위해서 기도하라고 광고하지 마십시오."라고 부탁하는 성도를 종종 만납니다. 그러나 문제가 생기면 서슴지 않고 기도 부탁을 해야 합니다. 그것이 성경적입니다. 하나님이 간섭하셔야 모든 문제가 해결됩니다. 여러 사람에게 기도를 부탁해야 합니다.

둘째, 어떤 문제나 어려움이 있는 것을 부끄럽게 생각하고 숨기는 것입니다. 아프고 싶어서 아픈 사람은 세상에 없습니다. 아무에게도 자신의 처지를 알리지 않으면 시간이 지날수록 공연히 섭섭한 마음이 생깁니다. 이런 분들을 가끔 보았습니다. '이 교회는 사랑이 없어. 내가 아픈데 아무도 심방도 오지 않고 기도도 안 해 주다니….' 본인이 아무에게도 말을 하지 않고서 자기 속사정까지 알아주길 기대합니다. 아무에게도 알리지 않는데 교회에서 어떻게 알 수 있을까요? 교인들과 목회자를 자신에게 무관심하고 몰인정한 사람으로 만들지 마십시오. 겸손하게 알리고 기도를 부탁하십시오.

만약 사탄이 역사하여 병이 생겼다면 힘을 합해 영적 전쟁을 치러야 합니다. 교회는 공동체입니다. 자기 상황과 문제를 알리는 것은 아주 중요한 일입니다. 자신의 기도는 물론이고 장로들에게 청해 기도해야 함을 꼭 기억하십시오. "너희 중의 두 사람이 땅에서 합심하여 무엇이든지 구하면 하늘에 계신 내 아버지께서 그들을 위하여 이루게 하시리라"(마 18:19)고 말씀하셨습니다. 이제는 어려움에 처했을 때 어떻게 기도해야 하는지 일곱 가지 방법을 살펴보겠습니다.

첫째, 주의 이름으로 기도해야 합니다. 우리의 기도는 예수님의 이름으로 하는 것입니다. 즉, 그분의 능력과 공로로 응답받고 은혜받는 것입니다.

"주의 이름으로 기름을 바르며 그를 위하여 기도할지니라"(약 5:14).

우리는 다 죄성이 있는 죄인입니다. 부족한 사람들입니다. 예수님께서 우리 질고를 짊어지시고 십자가에서 돌아가심으로 우리를 구원하셨기 때문에, 그분의 이름을 통해 하나님께 기도하라는 것입니다. 기도하는 사람 때문에 하나님의 능력이 나타나는 것이 아닙니다. 오직 예수님으로 인해 기도가 응답됩니다.

둘째, '기름을 바르고' 기도해야 합니다. 성경에서 사용된 기름은 여섯 가지 용도가 있습니다. 그 기름은 주로 이스라엘에서 자라는 올리브에서 추출한 감람유입니다. 감람유의 용도는 여러 가지입니다. 참기름처럼 식용으로 쓰기도 하고, 화장품으로 쓰기도 합니다. 이스라엘은 사막이 많고 건조하기 때문에 살결을 윤기 있게 유지하기 위해 감람유를 바릅니다. 장례식에서도 사용합니다. 시체에 감람유를 바르고 매장하기 때문입니다. 등잔불을 켜는 데도 씁니다. 제사 제물로 감람유를 드리기도 합니다. 밀가루에 감람유를 섞어 제단 앞 불에 태웁니다. 밀가루와 감람유가 타는 고소한 냄새가 온 성전에 퍼지는데, 그 향기가 하나님께로 올라간다는 상징적인 의미를 지닙니다.

감람유는 약으로도 씁니다. 그 예가 성경 여러 곳에 있습니다. 사마리아 사람이 강도 만난 사람을 도와주면서 가장 먼저 한 일이 기름을 발라 준 것입니다(눅 10:34). 예수님께서 열두 제자를 둘씩 짝지어 복음을 전하고 병자들을 고치라고 파송하셨을 때, 그들은 "많은 귀신을 쫓아내며 많은 병자에게 기름을 발라"(막 6:13) 고쳐 주었습니다. 또 이사야 1장 6절에서도 기름을 약으로 언급하고 있습니다.

약은 하나님께서 인간에게 주신 지혜로 만들어 낸 물질입니다. 그러므로 우리는 현대의 발달된 의학과 약학을 잘 활용해 병을 고칠 수 있습니다. 하나님께 기도만 해서 병을 치유하겠다고, 믿음으로 치유할 수 있다고 병원에 가지 않고 약을 먹지 않는 것은 올바른 신앙이 아닙니다. 기름을 바르고 기도하라고 했습니다. 하나님께서 기적을 일으켜 병을 치유하기도 하시지만, 인간의 노력으로 가능한 일은 하며 기도를 병행해야 합니다. 그럴 때 회복이 빠릅니다. 물론 의학의 답이 없을 때는 기도로 치유할 수 있습니다.

보스턴 의학 저널의 통계 자료를 보니, 신앙을 가진 사람들이 치료 받았을 때 회복되는 속도가 불신자보다 30% 정도 빠르다고 합니다. 대부분의 질병의 원인은 마음에 있습니다. 늘 기쁘게 생활하고, 작은 일에도 감사하고, 어려울 때 기도하면 건강하게 생활할 수 있고 병에 걸려도 빨리 치유되고 회복할 수 있습니다.

셋째, 믿고 기도해야 합니다. 의심은 불안을 일으킵니다. 기도가 이루어지리라 믿고 기대와 적극적 소망을 가지고 기도하는 것, 이런 강력한 믿음의 자세는 불가능을 가능케 합니다.

"믿음의 기도는 병든 자를 구원하리니 주께서 그를 일으키시리라 혹시 죄를 범하였을지라도 사하심을 받으리라"(약 5:15).

인간이 가질 수 있는 가장 큰 힘이 바로 믿음입니다. 예수님을 믿지 않는 사람은 자기 자신을 믿습니다. 그렇게 자신을 믿는 사람도 성공할 수 있습니다. 그러면 하나님을 믿는 우리는 얼마나 더 큰 성공을 경험할 수 있을까요? 믿음에는 엄청난 힘이 들어 있습니다. 믿고 기도할 때 하나님의 놀라운 능력을 체험할 수 있습니다. 하나님이 계신 곳에 기적의 세계가 있습니다.

넷째, 서로서로 기도해야 합니다. 아픈 사람은 몸만 아프지 않습니다. 마음도 아픕니다. 마음의 병이 가장 큰 병입니다. 교인들 사이에도 서로 마음이 불편하여 피해 다니는 이들이 있습니다. 서로 용서하지 못해 괴로운 이들이 있습니다. 이때 서로서로 자신의 죄를 자복하고 상대를 위해 기도해 주어야 합니다. 중보 기도자만이 아니라 성도들은 누구나 서로를 위해 기도하는 습관을 가져야 합니다.

"그러므로 너희 죄를 서로 고백하며 병이 낫기를 위하여 서로 기도하라"
(약 5:16).

교인들 대부분은 기도 받기를 원합니다. 그런데 성경에 "기도 받기를 힘쓰라"는 구절은 한 군데도 없습니다. 우리는 서로를 위해, 남편과 아내를 위해, 자녀를 위해, 부모를 위해, 이웃을 위해, 목회자를 위해 서로 기도해 주어야 합니다. 문명의 이기인 휴대 전화를 잘 활용하십시오. 바빠서 직접 만나 교제하기 힘들다면 전화로 기도해 주면 됩니다. 주님 안에서 형제자매가 된 사람들끼리 서로 기도를 부탁하고 기도해 주는 아름다운 관계를 맺으십시오.

다섯째, 의인이 기도해야 합니다. 의인이 누구일까요? 로마서 3장 11절은 "의인은 없나니 하나도 없으며"라고 말씀합니다. 그런데 우리가 어디 가서 의인을 찾아 기도를 받을 수 있을까요? 실은 우리 모두가 의인입니다. 우리는 모두 죄인이지만 예수 그리스도의 구속을 힘입어 의인이 되었습니다. 예수님을 믿기에 하나님께서 우리를 의인으로 인정하십니다. 우리는 예수님 덕분에 모두 "값 없이 의롭다"고 인정받은 사람들입니다(롬 3:24).

"의인의 간구는 역사하는 힘이 큼이니라"(약 5:16).

우리 가운데 누구든지 예수 그리스도의 이름으로 기도하면 하나님께서 들으신다는 말씀입니다. 우리가 예수님의 십자가 공로로 의인이 되었기 때문입니다. 목사님이나 직분자들의 기도만 효과가 있는 것이 아닙니다. 여러분 모두의 진실한 기도가 큰일을 이룰 수 있음을 기억하고, 자기 자신과 서로를 위해 기도해 주는 일에 힘쓰십시오.

여섯째, 간절하게 기도해야 합니다. 간절한 기도란 의심하지 않고 믿는 마음으로 하는 것입니다. 오직 예수님의 이름으로, 하나님의 자녀로서 우리를 사랑하시는 좋으신 하나님께 집중적으로 매달리는 것입니다.

"엘리야는 우리와 성정이 같은 사람이로되 그가 비가 오지 않기를 간절히 기도한즉"(약 5:17).

기도할 때는 간절한 마음으로 하십시오. 크고 심각한 문제라면 금식을 하며 간절히 기도하십시오. 하나님께서 당신의 문제를 해결해 주실 것입니다.

일곱째, 구체적으로 기도해야 합니다. 엘리야는 '비를 멈춰 달라고' 구체적으로 기도했습니다. "하나님이 알아서 해 주시옵소서."가 아니라 자기가 원하는 구체적인 제목을 놓고 기도했는데, 18절에는 "다시 기도하니 하늘이 비를 주고 땅이 열매를 맺었느니라"고 말씀합니다. 엘리야가 기도한 대로 비가 안 오기도 하고 오기도 합니다. 이것은 반복된 기도 응답의 경험입니다.

기도 응답을 경험한 사람이 기도를 더욱 열심히 합니다. 기도의 용장은 기도 응답을 많이 받아 본 사람들입니다. 이들은 기도 응답을 통해 많은 문제 해결을 체험한 분들입니다. 여러분에게도 이와 같은 체험이 늘어나기를 바랍니다. 기도가 생활화되어야 합니다.

위기나 고난, 질병을 두려워하지 않고 기도로 하나님을 만나며 주님 안에서 넉넉히 문제를 해결하는 복된 삶을 사십시오. 자신의 기도와 장로들의 기도, 믿음의 기도, 성도들 간의 중보 기도, 의인의 기도, 간절한 기도, 구체적인 기도로 여러분이 당한 고난을 해결해 주실 하나님과 풍성하고 긴밀한 교제를 나누기 바랍니다.

18

회복시켜 주라

"내 형제들아 너희 중에 미혹되어 진리를 떠난 자를 누가 돌아서게 하면 너희가 알 것은 죄인을 미혹된 길에서 돌아서게 하는 자가 그의 영혼을 사망에서 구원할 것이며 허다한 죄를 덮을 것임이라" 약 5:19-20

사람은 누구든지 잘못할 수 있습니다. 예수님을 믿는 사람도 잘못된 길로 갈 수 있습니다. 인간은 죄성을 갖고 태어났고 죄에 물들어 있기 때문에 잘못을 저지를 가능성은 늘 있습니다. 어려서부터 신앙으로 철저하게 훈련된 사람이라면 잘못을 덜 하며 살 수 있습니다. 그러나 잘못된 습관을 오래 지녀왔고, 방치했던 사람들은 더 자주 잘못을 저지를 수 있습니다. 이 세상에 완전한 인간은 한 명도 없습니다.

진리란 무엇인가

특별히 어려서부터 진리의 말씀으로 철저하게 훈련받은 사람은 진리에서 벗어날 확률이 적습니다. 예수님을 믿는 가정에서 태어난 경우 이런 축복을 받게 됩니다. 저도 청소년기에는 기독교 가정에서 태어난 것을 대단히 불편하게 생각했는데, 지나고 보니 믿음의 가정에서 태어나 꾸준히 주님 안에서 훈련받으며 살아온 것이 정말로 감사하다는 생각이 들었습니다.

본문 말씀에 따르면 교인들도 누구나 잘못을 저지를 수 있다고 합니다. 형제자매, 지체들끼리도 서로 잘못할 수 있고, 실수할 수도 있다는 것입니다. 19절 말씀을 보십시오.

"내 형제들아 너희 중에 미혹되어 진리를 떠난 자를 누가 돌아서게 하면"(약 5:19).

"내 형제들아"는 성도들을 가리킵니다. 성도들도 잘못을 저지르고 죄를 범할 수 있습니다. "진리를 떠난 자"는 하나님의 자녀라 해도 누구든지 진리에서 떠날 수 있는 가능성이 존재한다는 뜻입니다.

사도 요한은 "만일 우리가 죄가 없다고 말하면 스스로 속이고 또 진리가 우리 속에 있지 아니할 것이요"(요일 1:8)라고 말했습니다. 인간은 영적으로나 육적으로 많은 잘못을 저지를 수 있는 존재라는 사실을 인정하는 것이 대단히 중요합니다.

본문을 통해 우리는 "진리를 떠난" 것이 잘못된 상태임을 알 수 있습니다. 먼저 진리가 무엇인지를 알아야 이 말을 이해할 수 있습니다. 현대는 옳고 그름의 판단이 불확실한 시대입니다. 소위 '상대주의', '도덕적 상대주의,' '포스트 모던 시대'라고 말하며 '진리는 존재하지 않는다. 절대적인 진리는 없다. 모든 것이 다 상대적이다.'라는 사상이 만연해 있습니다. '상황 윤리' 역시 상황에 따라서, 즉 형편과 처지에 따라서 옳을 수도 있고 잘못된 것일 수도 있다는 주관적이고 개인적인 판단을 수용합니다. 진리 부재의 결과, 가치관의 혼돈과 윤리적 타락이 급속도로 증가하고 있습니다. 이런 점이 현대 사회의 큰 문제입니다.

그러나 성경에는 명확한 진리가 제시되어 있습니다. 그 진리는 두 가지로 구분할 수 있습니다.

첫째, 예수 그리스도가 진리입니다. 예수님 자신이 바로 진리입니다. 어느 누구도 자신이 진리라고 선포한 적은 없었습니다. 마호메트나 부처나 소크라테스나 공자 모두 진리를 발견하여 가르쳤던 성인(聖人)들이지 진리 그 자체라고 주장한 사람은 없습니다.

"내가 곧 길이요 진리요 생명이니"(요 14:6).

자신이 진리라고 밝힌 분은 오직 예수님뿐입니다. 예수님은 이런 말씀도 하셨습니다.

"진리를 알지니 진리가 너희를 자유롭게 하리라"(요 8:32).

예수 그리스도를 통해서만 우주와 인간과 역사에 대해 일관된 설명이 가능합니다. 죄인으로 죽어야 했던 우리가 하나님의 자녀가 되었습니다. 내 죄를 사하시기 위해 십자가에서 피 흘리신 예수 그리스도, 참 진리이신 주님을 믿음으로 말미암아 죄에서 해방되어 영생을 얻습니다. 영원한 하나님의 나라, 죽음도 눈물도 없는 완전한 천국으로 들어가게 되는 것입니다.

둘째, 하나님의 말씀이 진리입니다. 진리 자체이신 예수님께서는 아버지 하나님의 말씀은 진리라고 선언하셨습니다.

"그들을 진리로 거룩하게 하옵소서 아버지의 말씀은 진리니이다"(요 17:17).

진리이신 예수님은 성경, 즉 하나님의 말씀을 진리라고 선포하셨습니다. 하나님의 말씀인 진리가 우리를 거룩하게 만들어 줍니다. 이것을 성화라 합니다. 진리이신 예수님을 믿어 구원받고 진리인 하나님 말씀을 통해 거룩해집니다.

진리에서 떠난 자

누군가 진리에서 떠나 방황하고 있다는 사실은 다음 다섯 가지를 점검해 보면 알 수 있습니다.

첫째, 교회를 떠납니다. 주일날 하나님께 예배를 드리는 것보다 다른 활동이 더 중요하다고 여기는 것입니다. 몸이 아프기 때문에 예배에 참석하지 못하는 경우도 있습니다. 그런데 제가 여러 교인들을 겪어 본 경험으로는 개인적인 사유로 주일 예배를 자주 결석하는 분들이 있습니다. 이는 아주 위험합니다. 한두 번 결석하면 죄의식을 느끼다가도 이것이 반복되면 신앙의 양심이 마비되어 교회를 아예 떠나는 경우가 있습니다. 하나님께서 주일에 예배를 드리도록 만들어 놓은 시스템에 순종해야 합니다.

반면 불치병에 걸려 시한부 인생을 살면서도 열심을 다해 예배에 꼭 참석하시는 분들이 계십니다. 제가 아는 분은 암에 걸려 투병하시면서도 주일 예배에 꼭 참석하셨는데, 어느 주일날 몸이 피곤해서 예배 도중에 나가셨습니다. 제 방에서 잠시 쉬시다가 그날 밤 자택에서 세상을 떠나셨습니다. 그분 때문에 온 교회가 얼마나 은혜를 받았는지 모릅니다. 더 좋은 신앙의 간증을 교회에 남기셨기 때문입니다. 하늘나라에 가시는 그 순간까지 교회에 나와 예배를 드린 것입니다. 이렇게 아름다운 주일 성수는 신앙 간증도 되고 하나님께는 큰 영광이 됩니다. 주님의 교회를 떠나는 것은 진리를 떠나는 것과 같다는 사실을 꼭 기억하십시오.

둘째, 잘못된 이유로 교회에 다닙니다. 잘못된 이유의 첫 번째는 '사업상' 교회에 다니는 것입니다. 미국 교회에 있었던 일 한 가지를 소개하겠습니다. 대학을 졸업하고 보험 회사에 입사한 한 남자가 영업을 위해 교회에 나오기 시작했습니다. 자기가 사는 동네에서 가장 큰 교회를 골라 다니면서 열심히 교인들에게 보험 사업을 했습니다. 소기의 목적을 달성한 것입니다. 그런데 감사하게도 하나님께서는 그런 이기적인 목적으로 교회에 나온 사람에게 여러 차례 진리의 말씀을 선포하여 큰 은혜를 받게 하셨습니다. 결국 그는 훗날 훌륭한 목사가 되었습니다. 특별히 어려운 이웃을 돌보는 전도자가 되었고, 미디어를 통해서도 전도를 잘하는 목사가 되었습니다.

정치인들 중에도 선거철에 표를 얻기 위해 교회에 나오는 사람들이 있습니다. 또 친구를 사귀러 교회에 나오는 사람도 있고, 자기 수양을 위해 일주일에 한 번씩 좋은 말씀이나 듣자고 예배에 참석하는 이도 있는 줄 압니다. 혹시 여러분이 그러하다면 진정으로 진리의 말씀 안에 거할 수 있도록 진심으로 진리이신 예수님을 믿으십시오.

셋째, 도덕적으로 문제가 생깁니다. 진리에서 떠나면 예수님을 믿는 사람도 도덕적으로 무너집니다. 외간 여자나 남자에게 마음이 끌리거나 불법적인 일을 저지르고도 양심의 가책이 없습니다.

진리를 떠나 도덕적으로 타락하는 것은 각별히 더 조심해야 합니다. 여러분에게 이런 낌새가 있다면 지금 즉시 하나님 앞에서 회개하고 돌아서서 잘못된 타락의 길로 가지 않도록 붙잡아 주시기를 간구하십시오. 인간은 누구나 상황과 기회가 주어지면 죄를 짓고 타락할 수 있는 연약하고 부족한 존재입니다. 그러므로 진리에서 떠나지 않도록 늘 기도하며 진리 안에서 깨어 있으십시오.

넷째, 질병에 걸릴 수 있습니다. 진리에서 떠나 계속해서 방황하면 마음에 불안이 생기고 육체의 질병에 걸릴 수 있습니다. 영적으로 잘못될 때 그 결과로 육체의 질병이 생깁니다. 마음이 진리에서 떠나면 불안해집니다. 방황하게 되고 어두워집니다. 어두워진 마음과 영혼은 병에 걸리기 좋은 상태입니다. 죄책감이 우리를 괴롭히면 도망갈 수 없습니다. 사울 왕의 비극이 그 좋은 예입니다.

다섯째, 죽을 수도 있습니다. 진리를 떠나면 질병에 걸릴 뿐만 아니라 죽음에 이를 수도 있습니다. 하나님의 자녀가 방황하며 하나님의 영광을 가릴 때, 하나님께서 그의 몸을 데려가실 수 있습니다. 이 땅에 살면서 하나님의 이름을 계속 더럽히는 것보다 죽음을 통해 데려가는 것이 더 낫기 때문입니다. 그래서 "사망에 이르는 죄"(요일 5:16)가 있다고 말씀합니다. 이처럼 진리를 떠나 방황하는 것은 대단히 위험한 일입니다. 우리는 진리 안에서 살아야 합니다.

형제를 회복시켜 주는 그리스도인

우리 주위에 진리에서 떠난 사람이 있을 때, 우리가 해야 할 일은 영적으로 잘못된 그들을 회복시켜 주는 일입니다. 간혹 형제자매 가운데 누가 잘못되어 쓰러지면, 그들을 쫓아가 마치 원수나 되는 것처럼 발로 차는 사람들이 있습니다. 안 그래도 고통 중에 있는 사람을 비난하고 조롱하고 뒤에서 수군대는 일은 주님 안에서 형제자매 된 자들이 취할 올바른 태도가 아닙니다. 쓰러진 사람을 일으켜 주고 격려해 주고 기도해 주어서 회복시키기는커녕, 쓰러진 사람을 더 괴롭히는 사람은 신앙의 생활화가 안 된 성도입니다.

신앙이 성숙하고 생활화 된 사람은 형제자매를 회복시켜 주려 합니다. 손을 내밀어 일으켜 주고 격려하고 돌보아 줍니다. 누군가가 그 사람을 비방하려고 할 때는 친히 그를 보호해 줍니다. 20절 말씀을 보십시오.

"너희가 알 것은 죄인을 미혹된 길에서 돌아서게 하는 자가 그의 영혼을 사망에서 구원할 것이며"(약 5:20).

주님 안에서 하나 된 형제자매를 회복시켜 주는 자, 일으켜 주는 자, 돌아서게 하는 자, 이 사람이 참으로 생활화된 신앙을 가진 사람입니다. 교회와 공동체에 꼭 필요한 성숙한 사람입니다. 쓰러지는 것은 쉽습니다. 그러나 일으켜 주는 것은 그리 쉬운 일이 아닙니다. 우리가 형제자매를 회복시켜 줄 때 두 가지 결과가 나타납니다.

첫째, 쓰러진 사람의 영혼을 구할 수 있습니다. "그의 영혼을 사망에서 구원할 것이며"라는 말씀에서 '구원'은 전도가 아닙니다. 회복을 말합니다. 진리에서 떠난 영혼을 다시 제 궤도에 들어서게 하는 일은 대단히 중요합니다. 예수님께 다시 데려와 관계를 회복시켜 예수님과 대화하게 하고, 회개하여 주님 품으로 돌아와 진리의 말씀에 거하게 하는 일은 성숙한 그리스도인이 실천해야 하는 삶입니다.

둘째, 허다한 죄를 덮어 줍니다. 성숙한 신앙인들은 다른 사람의 작은 죄를 지적하거나 비난하지 않습니다. 오히려 사랑으로 그들의 죄를 덮어 줍니다. 이것이 참된 그리스도인의 모습입니다. 대부분의 사람들은 남의 잘못을 밝히는 데 주저함이 없습니다. 남의 허물에 대해서는 심하게 과장하기까지 합니다. 이것은 신앙의 생활화가 안 된 증거입니다.

하나님의 사람은 진리를 알고, 따르고, 배우고, 행하는 사람이기 때문에 다른 사람의 허다한 죄를 덮어 주어야 합니다. 이런 일에 전문가가 되어야 합니다. 내가 아니더라도 잘못을 밝히는 사람은 얼마든지 있습니다. 우리는 언제나 진리에서 떠난 사람을 일으켜 주고 돌보아 주는 사람, 회복시켜 주는 사람이 되어야겠습니다. 우리로 인해 어두운 세상이 밝아지고 연약한 사람들이 일어날 수 있어야 합니다. 여러분도 이런 삶을 살도록 하나님께 간구하고 실천하시기 바랍니다. 지금은 이런 사람들이 필요한 시대입니다.

주 그리스도를 의지하라

"나더러 주여 주여 하는 자마다 다 천국에 들어갈 것이 아니요 다만 하늘에 계신 내 아버지의 뜻대로 행하는 자라야 들어가리라 그 날에 많은 사람이 나더러 이르되 주여 주여 우리가 주의 이름으로 선지자 노릇 하며 주의 이름으로 귀신을 쫓아 내며 주의 이름으로 많은 권능을 행하지 아니하였나이까 하리니 그 때에 내가 그들에게 밝히 말하되 내가 너희를 도무지 알지 못하니 불법을 행하는 자들아 내게서 떠나가라 하리라" 마 7:21-23

세상은 의도적으로 교회를 비판합니다. 그리스도인을 비난하는 무리는 셀 수 없이 많습니다. 예수님 시대부터 지금까지 세상이 교회를 사랑한 적은 없습니다. 하나님과 예수님을 모독하지는 않지만, 교회와 교인들의 모습에 실망하고 고개를 돌리는 사람도 많습니다. 가끔은 그리스도인들이 어물쩍 넘어가려고 하는, 정말 부끄러운 부분을 지적하고 비판하기도 합니다. 그럴 때는 그 비판을 묵묵히 감수할 수밖에 없습니다.

사실 그리스도인과 불신자는 상당히 비슷합니다. 어느 부분은 완전히 똑같습니다. 무엇이 같을까요? 바로 죄의 성품을 가지고 태어났다는 사실입니다. 그러나 그리스도인을 불신자와 구분 지을 수 있는 가장 큰 차이가 있습니다. 바로 '용서받은 죄인'이라는 점입니다. 그리스도인도 죄의 성품을 갖고 있고, 실제로 죄를 저지르기도 합니다. 그러나 그런 잘못을 솔직하게 고백하고 회개하며 하나님께 용서를 구합니다. 반면 불신자는 하나님의 은혜를 체험하지 못한 채 죄와 함께 일생을 살아갑니다.

그리스도인이 세상 사람들에게 비판받는 이유는 삶 속에서 신앙이 생활화되어 있지 않기 때문입니다. 한국 교회는 신앙 자체가 부족하지 않습니다. 어느 나라와 비교해도 한국 교인들은 열정적이고 뜨겁습니다. 다만 우리에게 필요한 것은 성화의 과정을 거치며 신앙의 생활화를 이루는 것입니다. 지금까지 저는 야고보서를 강해하며 신앙의 생활화를 거듭 강조해 왔습니다. 그것을 다시 한번 정리하도록 하겠습니다. 우선 신앙인의 삶에 필요한 세 가지를 살펴봅시다.

분명한 신앙 고백

우리는 예수님을 마음으로 믿고 입술로 분명한 신앙 고백을 해야 합니다. 예수님께서 나를 위해 십자가에 못 박혀 돌아가시고 그분의 보혈로 구원받아 하나님의 자녀가 되는 은혜를 입었다는 사실을 믿음으로 고백해야 합니다. 예수 그리스도를 '나의 구원자', 그리고 '나의 주님'이라고 고백해야 합니다. 21절 말씀을 보십시오.

"나더러 주여 주여 하는 자마다 다 천국에 들어갈 것이 아니요 다만 하늘에 계신 내 아버지의 뜻대로 행하는 자라야 들어가리라"(마 7:21).

이 말씀을 자칫 "주여! 주여!"라고 부르지만 말고, 행동을 잘하라는 가르침으로 생각할 수도 있습니다. 사실 이 말씀의 요지는 그게 아닙니다. 본문에서 "주여! 주여!"라고 외친 것은 마지막 심판대 앞에 선 죄인들이 절박해진 마음으로 주님을 찾느라 두 번이나 다급한 심정으로 반복해서 부른 것입니다.

교회에 오래 다녔음에도 불구하고 우리를 죄에서 구원하신 예수님을 "주님!"이라고 부르지 못하는 사람들도 있습니다. 이는 신앙 고백을 하지 못하는 분들입니다. 하나님을 '창조주'이자 '우주의 근원' 정도로 관념적으로만 의식할 뿐, 그 하나님을 '나의 하나님' 혹은 '나의 아버지'라고 부를 수 있는 신앙이 없는 교인도 있다는 뜻입니다.

미국에서는 불신자들도 참석한 공공 모임에도 목사를 초청합니다. 예를 들면 학교 졸업식에 목사가 초빙되어 기도하는 시간이 있습니다. 그 기도를 들어 보면 '창조주 하나님'으로 시작하나 '예수님의 이름'으로 마치지 않고 단순히 '아멘'으로 끝납니다. 이런 목사님들은 대부분 자유주의 신학을 가진 분들입니다. 혹시 여러분도 하나님의 존재는 의식하지만 하나님이 '내 아버지'라는 사실을 믿지 못하고 고백하지 못하는 것은 아닌가요? 그렇다면 지금 즉시 그분을 '내 아버지'로 받아들이십시오. 예수님을 '주님'이라 하고 하나님을 '아버지'라고 부를 수 있는 신앙 고백이 우리 입술을 통해 나와야 합니다.

한 자유주의 신학교 교장 선생님이 이런 이야기를 했습니다. "예수님을 믿는다는 말을 함부로 하지 마십시오. 묵묵히 그리스도인답게 사는 것이 중요합니다. 입으로 예수님을 믿는다고 떠들어 대고 예수님을 믿으라고 외치는 것은 별 의미가 없습니다." 이분은 예수님을 믿는다고 말로만 "주여! 주여!" 하면서 생활은 엉망진창이면 아무 소용없으니, 차라리 그럴 바에는 그리스도인이라는 말을 하지 말라고 권고한 것입니다. 그러나 그리스도인이라면 누구나 반드시 입으로 신앙을 고백해야 합니다. 예수님께서도 "입에서 나오는 것들은 마음에서 나오나니"(마 15:18)라고 말씀하셨습니다. 바울 사도도 "입으로 시인하여 구원에 이르느니라"(롬 10:10)라고 가르쳤습니다. 신앙을 고백하며 시인도 하고 신앙인답게 살기도 해야 합니다.

입으로 신앙을 고백하는 것을 조금도 두려워하지 마십시오. 그리스도인임을 공적으로 드러내고, 하나님을 아버지라 부르고, 예수님을 주라 부르는 신앙 고백을 할 것인가 말 것인가는 고민의 대상이 아닙니다. 그리스도인은 반드시 마음으로 믿고 고백하며 입술로도 공개적인 신앙 고백을 해야 합니다. 예수님께서도 "사람 앞에서 나를 시인하면 나도 하늘에 계신 내 아버지 앞에서 그를 시인"하겠다고 하셨습니다(마 10:32).

신앙 활동

신앙 고백을 하고 나면 그에 합당한 언행이 따라야 합니다. 22절 말씀을 보십시오.

"그 날에 많은 사람이 나더러 이르되 주여 주여 우리가 주의 이름으로 선지자 노릇 하며 주의 이름으로 귀신을 쫓아내며 주의 이름으로 많은 권능을 행하지 아니하였나이까 하리니"(마 7:22).

"주여"를 두 번이나 부른 것을 보면 그 열정이 대단한 듯합니다. 본문에 언급된 사람들은 "선지자 노릇"을 했습니다. 요즘 식으로 말하면 주님의 이름으로 하나님 말씀을 선포했다는 뜻입니다. 전도를 하고, 주의 이름으로 귀신을 쫓고, 권능과 기적을 일으켰습니다. 지금 이 시대에 만약 이런 사람이 나타난다면 인기가 굉장할 것입니다. 예수 그리스도의 이름으로 말씀을 전하고 귀신을 쫓아내고, 기적을 행하고, 병든 자를 고친다면 여의도 광장을 채우고도 남을 많은 사람들이 따를 것입니다.

신앙 활동에는 열정이 있어야 합니다. 보통 한국 집회에서는 '주여' 삼창을 하고 통성 기도를 합니다. 신앙 행사나 활동에 적극적으로 참석하는 것은 좋은 태도입니다. 신앙 활동에 적극적으로 참여하다 보면, 입술로 신앙 고백을 하지 못했던 사람도 성령의 역사로 마음이 열리고 귀가 뚫려 주님을 찾게 되기 때문입니다.

어떤 면에서 신앙은 과학적입니다. 과학자들은 가설을 세운 후 자료를 수집해서 실험을 통해 그 가설의 진위를 판단합니다. 우리 신앙도 실험을 해보아야 합니다. 신앙을 가설이라 생각하고 '주여'도 외쳐 보고, 기도도 해보고, 찬송도 불러 보고, 교회에도 와 보고, 성경도 읽어 보고, 무엇인지는 명확하게 잘 몰라도 실험실인 교회에 참석해 보고 이것저것 따라해 보아야 합니다.

아직 확실한 신앙 고백이 없다 할지라도 신앙 모임에 참석하십시오. 서서히 신앙이 진리라는 결론이 나타납니다. 열심히 전도와 봉사에 힘쓰고 분명한 신앙 고백을 하도록 하십시오. 이미 신앙 고백을 한 사람은 활발한 영적 활동에 시간을 투자하십시오.

마음속으로만 조용히, 몰래 믿는 '은밀한 제자'는 그다지 좋지 않습니다. 니고데모는 조용히 혼자서만 예수님을 믿으려 했습니다. 아리마대 요셉도 그랬습니다. 그러나 그들은 예수님이 십자가에 달려 돌아가셨을 때 나타났습니다. 당시 국회의원이었던 니고데모는 동료 국회의원들에게 예수님을 정당하게 대할 것을 공개적으로 주장했습니다(요 7:50-51). 아리마대 요셉은 결국 예수님을 위해 무덤을 내어 놓았습니다.

│ 신앙의
│ 생활화

신앙을 고백하고 신앙 활동에 적극적인 것은 참 좋습니다. 그러면 무엇이 문제일까요? 23절 말씀을 보십시오.

"내가 너희를 도무지 알지 못하니 불법을 행하는 자들아 내게서 떠나 가라 하리라"(마 7:23).

예수님은 무엇 때문에 훌륭하게 복음을 전하고 능력을 행한 사람들에게 "너희를 알지 못하니 떠나가라"고 명하셨을까요? 그들은 말로는 주님을 부르면서도 일상생활 속에서는 '불법'을 행하며 사는 사람들이었습니다. 신앙을 이용하는 사람들입니다. 그들의 삶에는 신앙의 열매가 없었습니다. 입술로 신앙을 고백하고 열심히 봉사해도 그 삶에 영적인 열매가 맺히지 않았기 때문입니다. 교회에 열심히 다녀도 예수님이 심판의 날 우리를 몰라보실 수 있다는 것은 참으로 무서운 말씀입니다. 그렇기 때문에 우리의 삶 가운데 신앙인의 모습이 분명히 드러나야 합니다. 신앙의 생활화가 되어야 합니다.

지금까지 야고보서를 통해 신앙의 생활화를 살펴보았습니다. 그 핵심을 네 가지로 요약하여 다시 한번 새겨 보도록 하겠습니다.

첫째, 사고방식이 변해야 합니다. 신앙 고백과 함께 우리의 사물을 보는 견해와 사고방식이 하나님의 말씀대로, 하나님의 뜻에 합당하게 변화해야 합니다. 말씀을 통해 우리의 생각이 변할 수 있습니다. "너희는 이 세대를 본받지 말고 오직 마음을 새롭게 함으로 변화를 받아 하나님의 선하시고 기뻐하시고 온전하신 뜻이 무엇인지 분별하도록 하라"(롬 12:2)는 말씀을 기억하십시오.

둘째, 언어생활이 변해야 합니다. 그리스도인의 입술에서는 하나님의 말씀과 축복의 언어가 흘러넘쳐야 합니다. 예수님을 믿기 전에 사용하던 악한 말들은 버리십시오. 우리 입술에서는 하나님을 찬양하고 다른 사람을 격려하고, 넘어진 사람을 위로하며 일으켜 세워 주는 선한 말들만 나와야 합니다.

셋째, 태도가 변해야 합니다. 우리의 몸가짐, 옷차림, 머리 모양, 태도, 이 모든 것이 스쳐 지나가며 보아도 깨끗하고 순전하여 다른 사람에게 신뢰를 줄 수 있어야 합니다. 훌륭한 태도로 그리스도의 향기를 전할 수 있어야 합니다.

넷째, 행동이 변해야 합니다. 온전히 하나님 말씀에 순종하며, 일상생활에서 주님의 말씀을 실천하며 살아야 합니다.

이 네 가지 변화는 하루아침에 이루어지지는 않습니다. 많은 시간과 노력과 더불어 성령의 도우심이 있어야 합니다. 한순간에 신앙이 성장하는 경우도 있습니다만 그것은 어찌 보면 위험한 일입니다. 무엇이든 지나치게 빠른 것은 문제를 일으킬 수 있습니다.

교회에도 가끔 그런 교인이 있습니다. 어느 날 갑자기 신앙의 열정이 넘쳐 교회 일을 혼자 다 하다가 석 달쯤 지나면 어디 갔는지 안 보입니다. 이는 어딘가 잘못된 것입니다. 태어난 아기가 서서히 자라듯이 신앙도 마찬가지입니다. 점진적 성화여야 합니다.

신앙생활은 우리 육신의 성장과 같습니다. 한 생명이 태어나서 어른이 되기까지의 과정을 떠올려 보십시오. 몸은 빨리 자라 외모는 어른처럼 보이는데, 말과 행동이 어린아이와 같다면 그것은 큰 문제입니다. 어린아이가 할아버지 노릇을 한다면 그것도 문제입니다. 몸도, 정신도 정상적인 성장 과정을 거쳐야 인격적으로도 완성된 성숙한 인간이 될 수 있습니다.

신앙도 마찬가지입니다. 신앙이 차근차근 성장하여 그 사람의 말과 행동에서 성숙함이 나타나야 합니다. 그렇게 차곡차곡 신앙이 성장한 사람들은 어떤 풍파가 닥쳐도 흔들리지 않고 안정된 신앙생활을 합니다. 신앙의 생활화는 나의 열정과 노력만으로 되는 것이 아닙니다. 반드시 성령님의 도움이 필요합니다.

요약과
맺는 말

'신앙의 생활화'는 신앙에서부터 출발합니다. 우리를 죄에서 구원하시기 위해 십자가에서 죽으셨다가 부활하신 예수님을 믿는 것입니다. 우리에게 은혜의 선물로 영원한 생명을 값없이 주신 하나님의 아들, 예수 그리스도를 우리 구주로 믿고 영접하는 것입니다. 즉, 주님을 우리 마음의 왕좌에 앉혀 드리고, 성경에 근거한 구원의 객관적 확신과 우리 안에 임재하신 성령께서 주신 주관적 확신을 소유하는 것, 여기서부터 신앙은 출발합니다.

믿음으로 구원받은 사람은 영원한 생명을 소유하게 됩니다. 예수님이 내 안에 거하시고, 하나님 아버지께서 보내신 성령이 내주하고 계신 사실을 확실히 알게 됩니다. 주님과 함께 새로운 삶을 살아가게 되는 것입니다. 이제 영적으로 거듭나 새로 태어난 영혼은 성장을 시작하고, 변화를 체험합니다. 이 변화를 성화라 합니다. 성화의 과정은 구원받은 그 시간부터 주님의 나라에 이를 때까지 점진적으로 평생 계속됩니다.

구원의 확신, 주님 임재의 확신, 주님과 동행하는 삶의 확신, 기도 응답의 확신, 죄 용서의 확신, 주님이 우리 삶을 계속 인도하신다는 확신, 최후 승리의 확신을 가슴에 안고 살아가기 시작할 때, 우리의 새 생명이 성장하게 되는 것입니다.

우리 영혼이 건강하게 성장하기 위해서는 영의 양식인 하나님의 말씀을 날마다 먹어야 합니다. 주일 예배는 하나님의 자녀들이 모두 함께 모여 하나님께 영광과 찬송을 올려 드리며, 그분의 말씀을 듣고 기뻐하는 대축제입니다. 우리는 목사님이 준비하신 풍족한 잔칫상을 받습니다. 한 주에 한 번 열리는 이 축제에는 모든 그리스도인이 반드시 참석해야 합니다. 그러나 월요일부터 토요일까지는 각자 삶의 터전에서 그날에 필요한 '오늘의 양식'을 스스로 찾아 먹어야 합니다. 매일 먹어야 하는 양식이 부족하면, 영적으로 허기지고 갈급하게 될 뿐만 아니라 제대로 성장하기도 어렵습니다.

이제는 주님과 함께 사는 삶이기 때문에 주님과 매일, 매 순간마다 삶의 모든 영역에서 대화하고 기도하는 생활을 해야 합니다. 모든 일에 기도와 간구로 우리 인생의 구할 것을 감사함으로 아뢰십시오. 그럴 때 하나님 아버지께서 평안과 기쁨과 감사로 가득 찬 인생을 선물로 주실 것입니다.

소그룹 모임을 통해 성도 간에 깊은 교제를 나누십시오. 천국을 향해 함께 걸어가는 형제자매들 서로가 사랑하고 격려하며 중보하십시오. 이 땅에 사는 동안 우리는 주님을 증거하며 하나님과 이웃을 사랑하고 섬겨야 합니다. 우리 자신을 주님께 드리십시오. 주님이 다시 오실 때까지 우리에게 주신 몸, 시간, 물질, 은사를 사용해 하나님과 교회, 이웃과 가족을 섬기며 증인 된 삶을 살아가십시오. 그러면 영적 성장과 변화를 계속해서 경험하게 될 것입니다. 이제는 내 뜻대로 사는 삶이 아닙니다. 하나님 뜻에 순종하며 사는 인생입니다. 순종하는 삶에는 엄청난 축복이 따릅니다.

이런 과정을 거치면서 우리의 내적, 외적 모습이 달라집니다. 말과 행동, 정서와 태도, 습관과 인격의 변화 등 모든 것이 건강하게 변화해 가고 점차 성장해 갑니다. 성령의 도움을 받으며 살아가는 우리는 점점 예수님의 모습을 닮아 가게 됩니다. 또한 성령께서 주시는 아름다운 성품이 나타납니다. 즉, 사랑과 기쁨, 평화와 인내, 자비와 양선, 충성과 온유와 절제 같은 인격적 변화를 체험합니다. 이렇게 점차 성화되어 가며 삶의 큰 만족을 느끼게 될 것입니다. 이 세상에서는 완전히 성화되지 않지만, 주님 오시는 그날 그분을 맞이하는 순간, 우리는 완전히 주님과 같은 모습으로 영화롭게 변화될 것입니다(요일 3:2). 우리는 그날을 기다리며 하나님과 교회와 이웃과 가족을 사랑하며, 각자가 받은 영적인 은사를 최대한 사용해 그리스도의 몸을 세워 가야 합니다.

은사와 사랑은 뗄 수 없는 관계에 있습니다. 은사는 사랑이 밑바탕되어야만 하나님이 원하시는 아름다운 열매를 맺을 수 있습니다. 그래야 하나님께는 영광이요, 우리가 섬기는 교회와 사회에 큰 축복이 됩니다. 더불어 우리에게는 충만한 기쁨이 있을 것입니다.

이제 우리는 치열한 삶의 현장에서 날마다 성장하고 성화되어 갑니다. 우리의 신앙은 많은 교훈과 훈련과 경험을 통해 생활화되어 갑니다. 신앙이 생활이 되고, 생활이 곧 신앙이 되는 것입니다. 우리에게 신앙과 생활은 하나입니다. 날마다, 매 순간 주님과 함께하는 기쁨이 바로 여기에 있습니다. 고단하고 수고로운 현실 속에서도 주님과 함께 하나님의 자녀로서의 특권과 책임을 감당해 가는 것입니다.

요한계시록 강해

종말이 눈에 보인다

20
|
요한계시록을 시작하며

"예수 그리스도의 계시라 이는 하나님이 그에게 주사 반드시 속히 일
어날 일들을 그 종들에게 보이시려고 그의 천사를 그 종 요한에게 보
내어 알게 하신 것이라" 계 1:1

요한계시록은 대부분의 그리스도인에게 '닫혀 있는 책'입니다. 내용이 몹시 난해하고 해석이 다양하다 보니 많은 사람들이 읽다가 중도에 포기합니다. 어떤 이들은 요한계시록의 상징적 의미를 곡해하거나 전혀 알려져 있지 않고 신빙성 없는 내용까지 자신 있게 전하는 바람에 이단이라는 말을 듣기도 합니다.

놀랍게도 하나님께서는 "이 예언의 말씀을 읽는 자와 듣는 자와 그 가운데에 기록한 것을 지키는 자는 복이 있나니"(계 1:3)라고 말씀하십니다. 즉, 요한계시록을 읽는 것은 축복이라고 선언하셨습니다. 그러므로 우리는 요한계시록을 꼭 읽고 하나님이 주시는 축복을 누려야 합니다. 요한계시록을 해석하는 방법에는 여러 가지가 있습니다. 종말론에 대한 신학자들의 의견이 분분합니다. 주로 천년기설의 해석 방법에 따라 크게 세 가지로 나눌 수 있습니다.

첫째, 후 천년설입니다. 후 천년설(後 千年說)은 19세기 말까지 압도적인 위치를 차지했으나 현재는 신학자들 가운데서 지지 기반이 많이 약해졌습니다. 19세기 당시 서구 여러 나라는 물질문명이 한창 발달하는 중이었고, 세계 곳곳으로 선교사를 파송해 아프리카와 아시아, 중동 등으로 복음을 전파시켰습니다. 그런 가운데 서구 그리스도인들은 예수 그리스도의 복음을 통해 마침내 세계가 완전히 복음화되고, 그때부터 이 땅에 세계 평화가 천 년 동안 계속될 것이라고 생각했습니다. 이것이 바로 후 천년설입니다.

평화로운 세상이 천 년 동안 계속될 것이라고 자신한 지 얼마 되지 않은 1905년, 제1차 세계 대전이 터집니다. 그때부터 사람들은 후 천년설에 대해 의문을 품기 시작했습니다. 곧이어 제2차 세계 대전, 한국 전쟁, 베트남 전쟁 등이 연이어 일어나고 중동 전쟁까지 터지는 바람에 후 천년설의 입지는 급격히 약화되었습니다. 일부에서는 아직도 그 영향력이 남아 있기는 합니다. 미국 신학자 루서스 존 러쉬두니(Rousas John Rushdoony, 1916-2001) 같은 분이 여기에 속합니다.

둘째, 무 천년설입니다. 요한계시록 20장에서는 예수 그리스도께서 천 년 동안 왕 노릇을 하면서 우리를 다스리실 것이라고 여러 번 언급하고 있습니다. 이에 대해 '천 년'은 단지 오랜 기간을 상징적으로 표현한 것이며 '천년 왕국'이라는 것도 교회 시대(은혜 시대), 곧 지금을 가리킨다는 해석이 바로 무 천년설(無 千年說)입니다. 주로 개혁주의 교회에서 이 견해를 지지하고 있습니다.

셋째, 전 천년설입니다. 전 천년설(前 千年說)은 교회 시대 끝에 7년간의 대환난 기간이 지나고 난 후, 예수님께서 이 땅을 천 년 동안 다스리신다는 견해입니다.

종종 교인들 사이에도 자신과 신학적 견해가 다를 경우 '나는 옳고 당신은 틀렸다!'라는 식으로 단정 짓는 태도 때문에 갈등이 생깁니다. 그리스도인들 사이에 의견차가 생기는 것은 성경 해석상의 차이일 뿐입니다. 그러므로 무조건 정죄하고 적대시해서는 안 됩니다.

여러 기독교 신문을 봐도 그렇습니다. 종말론에 대해 자기와 다른 의견은 심하게 정죄하고 무시하고 비난하곤 합니다. 그런 태도는 바람직하지 않습니다. 물론 종말론에 대해 성경에 명시되어 있지 않은 내용을 말하거나 전파하는 사람은 경계해야 마땅합니다. 대개 이단은 성경에 명시되어 있지 않은 내용을 확실한 사실처럼 자세히 설명해 줍니다. 성경에 나와 있지 않은 내용을 확실하게 써 놓은 책은 살 필요가 없습니다. 사서 읽어도 안 됩니다. 그런데 이상하게도 그런 책이 잘 팔립니다. 『내가 본 천국』이 바로 그런 책입니다.

요한계시록은 상징과 비유로 가득합니다. 그 상징과 비유에는 다 고유한 의미가 있습니다. 요한계시록이 이렇듯 철저하게 상징적으로 기록된 것은 하나님께서 여운을 남기시기 위함이 아닌가 싶습니다. 하나님께서 여운을 남기셨다면, 인간이 요한계시록의 면면을 세세하게 밝혀내려는 태도로 접근하는 것은 바람직하지 않습니다.

요한계시록을 읽은 사람들이 공통적으로 갖는 느낌이 무엇일까요? 바로 두려움입니다. 머리가 몇 개씩 달린 짐승이 등장하고 무서운 재앙들이 상세하게 기록되어 있기 때문입니다. 또 전반적으로 상당히 난해합니다. 아무리 읽어도 도무지 무슨 말인지 모르겠다며 읽다가 포기해 버립니다. 요한계시록을 매일 아침 읽고 은혜받았다는 사람은 아직까지 만나 보지 못했습니다.

그런가 하면 자기가 요한계시록을 여러 번 읽고 통달했다고 자부하는 사람도 있습니다. 일일이 다 해석할 수도 없고, 상징과 비유가 많은 책을 어떻게 다 깨달았다고 자신할 수 있는지 의문입니다. 우리는 그저 희미하게, 대략적으로 알 수 있을 뿐입니다. 어려운 책이라고 여기며 전혀 읽지 않는 태도, 다 안다고 자만하는 태도, 둘 다 바람직하지 않습니다.

| 요한계시록의
| 주제

우리는 대개 요한계시록을 '장래에 있을 일에 관한 책'이라는 정도로 알고 있습니다. 요한계시록이 구체적으로 어떤 책인지 알려면 요한계시록을 직접 읽어 보아야 합니다. 진리에 대해 의문이 생기면 성경에서 직접 찾아야 합니다. 요한계시록 1장 1절을 보십시오.

"예수 그리스도의 계시라 이는 하나님이 그에게 주사 반드시 속히 일어날 일들을 그 종들에게 보이시려고 그의 천사를 그 종 요한에게 보내어 알게 하신 것이라"(계 1:1).

요한계시록은 예수 그리스도께서 우리의 구주요, 만왕의 왕이실 뿐만 아니라 마지막 심판자라는 사실을 보여 주는 계시입니다. '계시(apocalypse)'란 연극이 시작될 때 막을 들어 올려 무대를 보여 주는 것입니다. 즉, 요한계시록은 하나님께서 앞으로 있을 모든 일들을 가려 놓은 막을 살짝 들어 조금 보여 주신 것을 기록한 책입니다. 하나님께서는 장래에 있을 일들을 전부 보여 주지는 않으셨습니다. 우리가 천국이나 미래에 대해 흥미와 관심을 가질 만큼 가르쳐 주셨기 때문에 우리는 딱 그만큼만 알 수 있습니다. 1절에서 계시의 내용을 언급한 부분을 눈여겨보시기 바랍니다.

"반드시 속히 일어날 일들"(계 1:1).

요한계시록에 계시된 사건들은 앞으로 꼭 일어날 일들입니다. 주님을 믿는 성도들은 미래에 대해 무지하지 않습니다. 속속들이 다 알지는 못해도 하나님께서 우리를 위해 미래에 대한 지식, 곧 계시를 허락해 주셨기 때문에 우리는 성경에 계시된 사건들이 분명히 일어나리라는 것을 확신할 수 있습니다.

"속히 일어날 일들"은 이제 그 일이 곧 일어날 것이라는 의미가 아니라, 일단 종말의 사건이 시작되면 계속적으로 일들이 전개되기 때문에 계시되었던 사건들이 빠른 속도로 나타난다는 의미입니다. 즉, 긴급성을 나타냅니다. 이렇듯 요한계시록에는 확실하고도 긴급한 일들이 계시되어 있습니다.

요한계시록의 저자

요한계시록의 저자는 사도 요한입니다. 요한은 터키 서해안에 있는 밧모 섬에 유배되었을 때인 A.D. 95년에 요한계시록을 썼습니다. 이때는 예수님의 열두 제자 중 요한만이 생존해 있었습니다. 예수님을 배반했던 가룟 유다는 자살했고, 나머지 제자는 모두 순교했습니다. 예수님과 3년 동안 동고동락했던 사람들 가운데 요한만 살아남은 것입니다. 1절을 보십시오.

"그의 천사를 그 종 요한에게 보내어 알게 하신 것이라"(계 1:1).

기독교 역사를 처음 쓴 4세기의 유세비우스(Eusebius of Caesarea, 260-340)라는 사람은 그의 저서에서 요한을 가리켜 "살아 있는 유일한 음성(viva voce)"이라고 했습니다. 그런 요한이 마지막으로 이 땅을 살아가는 성도들에게 하나님의 진리를 가르쳐 주기 위해 쓴 책이 바로 요한계시록입니다.

사도 요한의 아버지 세베대는 어부였습니다. 일개 어부가 아니라 어업 회사 사장 정도의 재력이 있던 사람입니다. 마가복음을 보면 그가 일꾼 여럿을 데리고 갈릴리 바다에서 고기를 잡았다는 사실을 알 수 있습니다(막 1:20). 요한의 어머니도 자기 아들인 야고보와 요한을 예수님 앞으로 데리고 와서 주님 나라가 세워질 때 하나는 오른편에, 하나는 왼편에 앉혀 달라고 부탁할 만큼 열성적인 사람이었습니다(마 20:20-21). 그녀는 다른 여인들과 함께 3년 동안 보이지 않는 곳에서 예수님의 쓸 것과 먹을 것을 지원해 주었습니다. 이들은 그 당시 집도 두 채나 소유했는데 하나는 갈릴리에, 또 하나는 예루살렘에 있었습니다(요 19:27). 또 요한은 당대의 가야바 대제사장 궁전에도 쉽사리 드나들 정도의 사람이었습니다(요 18:15).

이렇듯 유복한 가정에서 태어난 요한은 예수님이 활동하시기 전부터 일어났던 영적 운동인 세례 요한의 회개 운동에 참여했습니다. 그와 그의 형제 야고보는 예수님의 제자가 되기 전에 이미 세례 요한의 제자로 활동했던 것입니다. 다시 말해 요한은 자기가 살던 시대의 정황을 제대로 파악하고 그 시대의 한복판으로 뛰어들어 헌신했던 사람이라고 할 수 있습니다.

그 후 3년간 예수님을 따라다닌 요한은 예수님의 제자 가운데서도 베드로와 야고보와 함께 핵심 인물로 부각되었습니다. 신약 성경에서는 예수님이 중요한 일이 있을 때마다 이들과 동행하셨던 모습이 여러 번 나옵니다. A.D. 90년경에는 요한을 제외한 다른 제자들은 이 땅에 남아 있지 않았습니다. 예수님이 살아 계실 때 수제자로서 그분의 특별한 사랑을 받았던 사도 요한은 결국 마지막까지 살아서 예수님의 영광을 보고 세상 끝 날에 대해 기록하는 특별한 은혜를 받았습니다(요 21:22).

요한계시록이 기록된 목적과 수신인

요한계시록이 기록된 목적은 1장 3절에 나와 있습니다.

"이 예언의 말씀을 읽는 자와 듣는 자와 그 가운데에 기록한 것을 지키는 자는 복이 있나니 때가 가까움이라"(계 1:3).

하나님께서 우리에게 요한계시록을 허락하신 이유는 두려워하고 불안해하라는 것이 아닙니다. 이 책을 읽고 은혜와 위로와 복을 받으라는 데 그 목적과 이유가 있습니다. 이 말씀을 보면 세 그룹이 나옵니다. 먼저 '읽는 자'와 '듣는 자'입니다. 세 번째 그룹은 기록된 것을 '지키는 자'인데, 이것은 읽는 자, 듣는 자 모두를 가리킵니다. 요한계시록을 읽고, 듣고, 지키는 자들이 복되다고 말씀합니다. 여기서 '복'의 개념은 우리가 보통 생각하는 복과는 다릅니다. 특히 우리 동양에서 말하는 오복(五福) 같은 것이 아닙니다.

'복되다'는 정확하게 번역하면 '행복하다'입니다. 시편 1편의 "복 있는 사람"에서의 복과 같은 개념입니다. 이는 우리의 영적인 행복, 즉 하나님께서 주시는 내적 평안을 말합니다. 하나님께서 앞으로 있을 일들에 대해 가르쳐 주셨기 때문에 우리는 미래에 대해 불안해하지 않고 평안한 마음으로 살아갈 수 있게 된 것입니다.

요한계시록의 수신인은 4절에 나와 있습니다.

"요한은 아시아에 있는 일곱 교회에 편지하노니"(계 1:4).

아시아에 있는 일곱 교회는 에베소 교회, 서머나 교회, 버가모 교회, 두아디라 교회, 사데 교회, 빌라델비아 교회, 라오디게아 교회입니다. 이 교회들이 요한계시록의 수신인입니다. 여기서 언급하는 아시아는 지금의 터키 지방입니다. 이 일곱 교회에 대해서는 요한계시록 2장과 3장에 자세하게 언급되어 있습니다.

요한계시록의
개요

요한계시록의 개요는 1장 19절에 한마디로 정리되어 있습니다.

"그러므로 네가 본 것과 지금 있는 일과 장차 될 일을 기록하라"(계 1:19).

요한계시록이 과거와 현재와 미래에 대해 써 놓은 책이라는 뜻입니다. 1장이 과거, 2-3장이 현재, 4-22장이 미래에 해당합니다. 1장은 사도 요한이 하늘로 승천하신 영광스러운 예수님의 모습을 묘사한 것입니다. 본문에서 "네가 본 것"이란 바로 승천하신 예수님의 모습입니다. 2-3장은 "지금 있는 일", 곧 당시 존재했던 일곱 교회의 영적상황에 대한 경고와 격려입니다. 4장부터는 "장차 될 일", 곧 미래에해당합니다. 엄밀히 말하자면 6장부터가 미래입니다. 왜냐하면 4장과 5장은 하늘 보좌에 대한 장면이기 때문입니다. 보좌에 앉으신 어린 양 예수님께서 손에 드신 두루마리 인봉을 떼면서부터 미래에 일어날 사건이 전개됩니다. 6장이 그 시작 부분입니다.

6장부터 18장까지는 7년 동안의 대환난 시대가 펼쳐집니다. 이때세 가지 재앙, 곧 일곱 인봉의 재앙과 일곱 나팔의 재앙과 일곱 대접의 재앙이 차례차례 나타납니다. 예수님께서는 그때에 대해 "창세로부터 지금까지 이런 환난이 없었고 후에도 없으리라"(마 24:21)고 말씀하십니다.

17장과 18장에는 종교적인 바벨론과 정치적인 바벨론의 패망이 나옵니다. 세계의 모든 종교가 하나로 합쳐졌을 때 적그리스도가 독재적인 세계 정부의 통치자가 되어 세계를 완전히 장악합니다. 적그리스도는 종교를 이용해 일단 권력을 잡고 나면 종교를 없애려고 발악할 것입니다. 19장에서는 지상에서 악의 세력이 멸망하자 오랫동안 기다려 왔다는 듯 하늘에서 할렐루야 4중창이 울려 퍼지는 모습이 그려집니다. 20장에는 우리 주님께서 이 땅에 오셔서 천 년 동안 다스리신다는 예언이 선포됩니다. 특히 '천 년'이라는 단어가 여섯 번이나 언급됩니다. 성경학자들은 이 사실에 입각해 '천년 왕국'이라는 말을 만들어 냈습니다. 천 년 동안 사탄은 감금되고, 천 년이 지난 후 인류는 크고 흰 보좌 앞에서 심판을 받게 됩니다. 21-22장에서는 하늘로부터 새 예루살렘이 내려오고 새 하늘과 새 땅이 전개되어 우리의 마지막 소망인 영원무궁한 세계가 펼쳐집니다.

그런데 1장부터 22장까지를 살펴보았을 때, 한 가지 주목할 만한 사실이 있습니다. 먼저 1장 10절 말씀을 보십시오.

"주의 날에 내가 성령에 감동되어 내 뒤에서 나는 나팔 소리 같은 큰 음성을 들으니"(계 1:10).

여기에서 "성령에 감동되어"라는 말은 하나님의 영에 완전히 사로잡혀 있음을 뜻합니다. 성령이 역사하시는 가운데 사도 요한은 아시아의 일곱 교회에 편지를 쓰라는 중요한 지시를 받았습니다. 이번에는 4장 2절을 보십시오.

"내가 곧 성령에 감동되었더니 보라 하늘에 보좌를 베풀었고 그 보좌 위에 앉으신 이가 있는데"(계 4:2).

바로 앞의 2-3장은 지상의 일, 즉 일곱 교회에 대한 이야기입니다. 그런데 4장에서는 장면이 천상으로 바뀌었습니다. 바벨론이 멸망하는 17장 3절도 보십시오.

"곧 성령으로 나를 데리고 광야로 가니라 내가 보니 여자가 붉은 빛 짐승을 탔는데 그 짐승의 몸에 하나님을 모독하는 이름들이 가득하고 일곱 머리와 열 뿔이 있으며"(계 17:3).

7년 대환난 시기에 대해 이야기하다가 드디어 이 세계의 멸망에 대해 언급합니다. 하나님의 영이 다시 나타나 요한을 인도한 것입니다. 여기서 우리는 하나의 전환이 있을 때마다 하나님의 영이 나타나 계시하신다는 사실을 알 수 있습니다. 요한계시록을 특별히 장소를 중심으로 구분해 보면 1-3장은 밧모 섬, 4-16장은 하늘, 17장부터 21장 8절까지는 광야, 21장 9절부터 마지막까지는 산입니다.

각 장의 내용과 주제

1장은 부활하신 예수 그리스도에 대한 환상입니다. 사도 요한은 예수님의 본래 모습을 보는 순간, 너무나도 찬란하고 영광스러워서 그만 기절하고 말았습니다. 그 모습은 변화산에서 베드로와 야고보와 함께 목격했던 모습이었을 것입니다(마 17:2).

2장에는 에베소 교회, 서머나 교회, 버가모 교회, 두아디라 교회에 대한 기사가, 3장에는 사데 교회, 빌라델비아 교회, 라오디게아 교회에 대한 기사가 나옵니다. 4장에는 이십사 장로와 네 생물(천사)이 둘러선 하늘 보좌에 예수님께서 앉아 계신 장면이 나옵니다. 이십사 장로는 하나님의 백성을 대표하는 자들입니다. 이십사라는 숫자는 구약 시대의 열두 지파와 신약 시대의 열두 제자를 합한 숫자입니다.

5장에서는 드디어 어린 양이신 예수님께 초점이 맞춰집니다. 그런데 보좌에 앉으신 예수님의 손에는 인봉이 일곱 개나 된 두루마리가 들려 있습니다. '인봉(印封)'이란 초를 녹여 봉한 자리에 도장을 찍어 놓은 것입니다. 옛날에는 편지를 보내는 사람이 발신인을 밝히기 위해 손에 낀 반지를 인장 도장 삼아 사용했습니다.

미래에 대한 모든 비밀이 들어 있는 두루마리의 인봉을 뗄 자격이 있는 분은 오직 역사를 주관하시는 예수님밖에 없습니다. 예수님께서 인봉을 떼기 시작하는 6장에서부터 미래의 사건이 전개됩니다. 예수님께서 인봉을 뗄 때마다 재앙이 하나씩 일어납니다. 여기에서 특이한 것은 마지막 일곱째 인봉을 뗄 때 바로 나팔의 재앙이 시작되고, 또 마지막 일곱째 나팔을 불 때 대접의 재앙이 시작된다는 점입니다.

그런데 여섯째 인을 뗄 때까지 세계 인구의 4분의 1이 죽는다고 합니다. 대환난기 전반부에서 그런 엄청난 사건이 일어납니다. 요한계시록에서 이런 재앙의 내용을 읽을 때면 사실 두렵습니다. '과연 이 땅에 이런 일이 일어날 것인가?' 하는 생각이 들어 겁이 납니다. 그런데 감사하게도 우리는 이 환난과 상관이 없습니다. 이 사실을 기억하십시오. 대환난은 하나님의 자녀들에게는 해당되지 않습니다. 3장 10절을 보십시오.

"네가 나의 인내의 말씀을 지켰은즉 내가 또한 너를 지켜 시험의 때를 면하게 하리니 이는 장차 온 세상에 임하여 땅에 거하는 자들을 시험할 때라"(계 3:10).

'시험'은 사실 '심판(judgement)'이라고 표현해야 더 정확합니다. 세상은 점점 악해지고 있습니다. 예수님께서도 말세에는 불법이 성하고 사랑이 식는다고 하셨습니다. 영적 문제, 정치 문제, 도덕 문제, 사회 문제 등 곳곳에 온갖 문제와 갈등이 계속 증가할 것입니다. 우리가 사는 시대만 돌아봐도 세상이 얼마나 악해졌는지 알 수 있습니다. 이런 상태가 지속된다면 아무리 오래 참으시는 하나님이라 해도 언젠가는 진노를 터뜨리실 것입니다. 노아 시대의 홍수 심판이나 소돔과 고모라 심판처럼 말입니다. 앞으로 있을 심판은 이전의 어떤 심판보다 훨씬 더 엄중하고 클 것입니다.

그러나 구원받은 사람들은 6장부터 나타날 시험의 때, 곧 심판의 때를 면하게 될 것입니다. 면제를 받았기 때문에 우리는 대환난을 겪지 않습니다. 이런 미래의 사실을 요한계시록을 통해 알았기 때문에 우리는 복된 사람들입니다. 많은 신학자들이 예수님이 다시 오실 때 성도들이 공중으로 들림을 받아 대환난을 겪지 않을 것이라고 주장하는 이유도 바로 이 말씀에 근거합니다.

7장에서는 14만 4천 명이 나옵니다. 여호와의 증인들은 14만 4천 명이 자신들을 가리킨다고 주장합니다. 그러나 본문을 살펴보면 14만 4천 명이 이스라엘 백성을 가리킨다는 것을 알 수 있습니다. 주님을 믿는 사람들이 들림을 받아 지상에서 사라지고 난 후 복음을 전할 사람이 없을 때 적그리스도가 나타나 이스라엘을 보호할 것입니다. 그러다 3년 반이 지났을 때 적그리스도가 돌변하여 자기가 하나님이니 자기를 섬기라고 요구할 것입니다. 적그리스도는 '짐승'이라고도 하는데, 이 짐승은 마귀가 인간의 몸을 입은 것입니다. 성육화(聖肉化)에 반대되는 개념, 즉 마육화(魔肉化)라고 할 수 있습니다.

마귀에게도 삼위일체 같은 것이 있습니다. '마귀'라는 영물이 있고, 그 영물이 인간으로 나타나는 짐승이라는 존재, 곧 '적그리스도'가 있고, 또 하나의 짐승인 '거짓 선지자'가 있습니다(계 13장).

적그리스도가 자신이 곧 하나님이니 자신을 섬기라고 할 때 이스라엘 백성들은 거세게 반발할 것이고 그때부터 극심한 핍박이 시작됩니다. 그런데 바로 이 시기에 이스라엘 백성들이 진짜 예수 그리스도에게로 돌아오게 됩니다. 온 민족이 주께로 돌아온다는 사도 바울의 말이 실제로 일어나는 것입니다(롬 11:26).

8장과 9장은 일곱 나팔의 재앙에 대한 이야기입니다. 본문에 나타난 시간으로 따져 보면 일곱 인봉의 재앙이 3년 반 동안 있은 후, 나머지 3년 반 동안 두 가지 종류의 재앙, 곧 일곱 나팔의 재앙과 일곱 대접의 재앙이 함께 일어날 것입니다. 재앙의 심도는 가속화됩니다. 10장에는 작은 두루마리가 나오는데, 사도 요한이 그것을 먹었을 때

입에는 달지만 배에는 쓰다고 했습니다. 11장에는 마지막 두 증인이 등장합니다. 12장에는 여자와 붉은 용이 나오는데, 여자는 이스라엘을, 붉은 용은 사탄을 상징합니다. 따라서 12장은 사탄이 최후의 발악을 하면서 이스라엘을 핍박하는 기사라 할 수 있습니다.

13장에는 두 짐승인 적그리스도와 거짓 선지자가 등장합니다. 14장에는 14만 4천 명이 나오는데, 7장에서와는 달리 그들이 있는 장소가 하늘로 옮겨졌습니다. 이것은 그들이 대환난 기간 동안 복음을 전하다가 순교한 것으로 보입니다. 15장에서는 일곱 대접을 가진 일곱 천사가 나타납니다. 그리고 16장에서 마지막 재앙이 일어납니다.

17장은 전 세계 종교를 하나로 합쳤던 종교적 바벨론의 멸망을 다루고 있습니다. 이 세상 종교는 두 가지입니다. 하나는 하나님의 은혜로 구원받는 종교이고, 또 다른 하나는 자기 행위로 구원받는 종교입니다. 하나님의 전적인 은혜로 구원받는 종교는 오직 기독교밖에 없습니다.

"너희는 그 은혜에 의하여 믿음으로 말미암아 구원을 받았으니 이것은 너희에게서 난 것이 아니요 하나님의 선물이라 행위에서 난 것이 아니니 이는 누구든지 자랑하지 못하게 함이라"(엡 2:8-9).

다른 종교들은 전부 자기 행위로 구원받습니다. 예수 그리스도의 구속으로 값없이 의롭다 함을 받는다는 기독교의 구원론을 제외한 나머지 종교들의 구원론은 말만 약간씩 다를 뿐, 인간의 행위로 구원받는다는 점에서 궁극적으로는 모두 일치합니다. 그렇기 때문에 기독교와 여타 종교는 절대로 하나가 될 수 없습니다. 많은 사람들이 "종교는 다 똑같지 않냐?", "기독교는 너무 독선적이고 폐쇄적이다."라고 말하는 것은 겉으로 드러나는 도덕률만 보고 판단하기 때문입니다.

'종교는 결국 하나다'라는 인식은 점점 더 만연하고 있는 실정입니다. 심지어는 교회 안에서도 이런 인식을 따르는 움직임이 오래전부터 공공연하게 있어 왔습니다. 이런 종교 혼합 운동이 바로 종교적 바벨론 운동입니다. 종교 다원주의 운동도 같은 맥락으로 봐야 합니다.

세계를 하나로 만들자는 움직임은 종교뿐만 아니라 정치에서도 두드러집니다. 유엔 총회 때 목사, 신부, 승려, 회교 지도자가 각자의 종교 예복을 입고 일렬로 서서 세계 평화를 위해 기도한 일도 있었습니다. 앞으로 그런 일들은 더 자주 일어날 것입니다. 정치적으로 세계는 하나가 되어야 한다는 운동도 오래전부터 있어 왔습니다. 세속주의적인 휴머니스트들은 "하나의 세계 정부를 세워야 한다.", "국경이나 나라를 다 없애고 세계가 완전히 하나가 되어야 한다."고 주장합니다. 또한 이런 메시지를 대학에서 가르치며 많은 사람들을 규합하고 있습니다(휴머니스트 선언, 1973).

종교적 바벨론 운동은 결국 정치적 바벨론을 지지하는 역할을 합니다. 그러다 세계적으로 불균형과 혼란이 극심해져서 그런 문제들을 수습할 강력한 독재자가 나타나면, 종교적 바벨론은 결국 정치적 바벨론에 병합되고 말 것입니다. 요한계시록 17-18장은 이러한 악의 세력이 마침내는 멸망하고, 하나님의 세계가 승리한다는 승전보를 전하고 있습니다. 세상에서는 악의 세력이 더 잘되는 것같이 보일 때가 있습니다. 그러나 요한계시록을 보면 사탄은 결국 멸망하고 하나님의 정의로운 세계가 궁극적으로 승리한다는 사실을 알 수 있습니다. 그렇기 때문에 이 요한계시록의 말씀을 읽는 자와 듣는 자와 지키는 자가 복이 있습니다. 예수님을 믿으며 선하게 살다 보면 세상에서 손해 볼 때가 많습니다. 그런 일로 낙심될 때, 이 세상을 주관하시고 선으로 악을 심판하실 하나님을 바라보십시오.

19장에서는 어린 양의 혼인 잔치가 열리고 예수님께서 드디어 백마를 타고 이 땅에 통치자로 오십니다. 그리고 예수님께서 다스리시는 '천년 왕국'에 대한 기사가 20장에 언급됩니다. 21장에는 새 예루살렘이 나타나고 새 하늘과 새 땅이 펼쳐집니다. 새 하늘과 새 땅은 질적인 면에서 지금과는 완전히 다를 것입니다. 예수님의 부활하신 몸이 겉모습은 전과 같았으나 질적으로는 전혀 새로워져서 시공을 초월하기도 하고 공중에 뜰 수 있는 것과 같은 이치입니다. 예수님께서 다시 오시는 날, 우리 몸도 순식간에 변해 공중을 운행할 수 있을 것입니다. 22장에서는 계시의 확실성을 언급하며 요한계시록을 마무리합니다.

요한계시록을 해석하는 방법

첫째, 우화적인 해석 방법입니다. 이것은 요한계시록을 종말에 대한 예언서가 아니라 선과 악의 장기적인 대결을 상징적으로 나타낸 기사로만 취급하는 것입니다. 주로 자유주의 신학자들이 따르는 해석 방법입니다. 그러나 예수님께서 그 당시에 있었던 일곱 교회에 대해 언급하신 부분(2-3장)을 보더라도, 역사성을 완전히 배제한 이 방법은 옳지 않습니다.

둘째, 과거사적인 해석 방법입니다. 이 방법에 따르면 1-11장은 유대교에 대한 교회의 투쟁과 승리를, 12-19장은 이방 나라 로마에 대한 교회의 투쟁과 승리를, 그리고 20-22장은 그 승리의 결과인 영적인 영광을 말하는 것입니다. 이 해석 방법은 요한이 요한계시록을 22장까지 썼을 때, 거기에 기록된 사건들은 이미 일어난 일들이었기 때문에 지금 현재나 미래 시대와는 아무 상관이 없다고 보는 견해입니다. 요한계시록에 상징이 많은 것에 대해서는 그 당시에는 하고 싶은 말을 자유롭게 할 수 없었기 때문이라고 설명합니다. 이 해석 방법은 복음주의권 내에서 호소력이 약합니다.

셋째, 역사적인 해석 방법입니다. 이것은 요한계시록을 요한이 살던 시대부터 종말까지 기독교 역사 가운데 일어난 중요한 사건들의 기록으로 보는 입장입니다. 이 해석 방법을 따르는 사람들은 6-19장 사이의 사건들을 역사적인 사건들과 연관시키는 작업을 합니다.

넷째, 미래적인 해석 방법입니다. 1-3장은 요한 당시의 일이고, 4-22장은 교회 입장에서 아직도 성취되지 않은 예언적 사건으로 간주하는 해석 방법입니다. 즉, 성경에 기록된 대로 해석하는 방법입니다. 저는 이 미래적인 해석 방법과 역사적인 해석 방법을 병행해서 요한계시록을 살펴보려 합니다. 한 가지 예를 들어 이 해석 방법을 응용해 보도록 하겠습니다.

"또 내가 보매 천사가 무저갱의 열쇠와 큰 쇠사슬을 그의 손에 가지고 하늘로부터 내려와서 용을 잡으니 곧 옛 뱀이요 마귀요 사탄이라 잡아서 천 년 동안 결박하여 무저갱에 던져 넣어 잠그고 그 위에 인봉하여 천 년이 차도록 다시는 만국을 미혹하지 못하게 하였는데 그 후에는 반드시 잠깐 놓이리라"(계 20:1-3).

여기서 중요한 것은 '요한이 무엇을 보았느냐?'입니다. "내가 보매" 이하에 나와 있는 일들을 요한이 본 것으로 받아들이기만 하면 됩니다. 천사가 정말 무저갱 열쇠와 큰 쇠사슬을 가지고 하늘에서 내려왔는가와 같은 문제를 놓고 시비를 가리는 것은 바람직하지 않습니다. 요한은 천사를 보았고, 그 천사가 무저갱 열쇠와 큰 쇠사슬을 손에 들고 하늘로부터 내려오는 모습을 보았으며, 본 대로 기록했습니다. 또 하늘에서 내려온 천사가 용을 잡아서 결박하고 무저갱에 천 년 동안 가두어 두었다가 그 후 잠깐 놓아주는 것을 보았고, 이 역시 본 것 그대로를 기록했습니다.

우리는 그저 요한이 본 대로만 이해하면 됩니다. 즉, 하나님께서 우리에게 허락해 주신 만큼의 계시에 만족해야 합니다. 우리가 자세하고 세밀하게 알아야 할 것이라면 하나님께서는 요한에게도 더욱 분명하고 뚜렷하게 가르쳐 주셨을 것입니다. 성경에 계시된 그 이상의 것을 밝혀내려고 한다면 요한계시록은 더 이상 우리에게 복된 책이 되지 못합니다.

요한이 본 예수 그리스도
(1장)

"예수 그리스도의 계시라 이는 하나님이 그에게 주사 반드시 속히 일
어날 일들을 그 종들에게 보이시려고 그의 천사를 그 종 요한에게 보
내어 알게 하신 것이라 요한은 하나님의 말씀과 예수 그리스도의 증거
곧 자기가 본 것을 다 증언하였느니라 이 예언의 말씀을 읽는 자와 듣
는 자와 그 가운데에 기록한 것을 지키는 자는 복이 있나니 때가 가까
움이라" 계 1:1-3

서론 부분인 1장에서는 요한계시록에 대해 전반적인 소개를 하고 있습니다. 간략한 내용은 이미 앞에서 살펴본 바 있습니다.

"예수 그리스도의 계시라 이는 하나님이 그에게 주사 반드시 속히 일어날 일들을 그 종들에게 보이시려고 그의 천사를 그 종 요한에게 보내어 알게 하신 것이라 요한은 하나님의 말씀과 예수 그리스도의 증거 곧 자기가 본 것을 다 증언하였느니라 이 예언의 말씀을 읽는 자와 듣는 자와 그 가운데에 기록한 것을 지키는 자는 복이 있나니 때가 가까움이라"(계 1:1-3).

요한계시록의 계시를 주관하시는 분은 성부 하나님이십니다. 이는 1장 1절에서 "하나님이 그에게"라고 분명하게 명시합니다. 여기에서 '그'는 문장 구조로 보아 예수 그리스도를 가리킨다는 사실을 금방 알 수 있습니다. 요한계시록의 계시는 하나님께서 예수 그리스도에게 주신 것을 다시 예수님이 천사를 통해 요한에게 주신 것이라 할 수 있습니다. 그런데 4-5절을 보면 성삼위 하나님이 모두 거론됩니다.

"이제도 계시고 전에도 계셨고 장차 오실 이와 그의 보좌 앞에 있는 일곱 영과 또 충성된 증인으로 죽은 자들 가운데에서 먼저 나시고 땅의 임금들의 머리가 되신 예수 그리스도로 말미암아"(계 1:4-5).

"이제도 계시고 전에도 계셨고 장차 오실 이"는 하나님이신 예수님이십니다. 이번에는 8절을 보십시오.

"주 하나님이 이르시되 나는 알파와 오메가라 이제도 있고 전에도 있었고 장차 올 자요 전능한 자라 하시더라"(계 1:8).

요한계시록 22장 13절을 보면 예수님께서 자신을 "알파와 오메가"라고 말씀하십니다. 하나님과 예수님은 같은 분이십니다. 1장 4절에도 예수님이 하나님과 동격으로 나타나 있고, "그의 보좌 앞에 있는 일곱 영"은 성령입니다. 결국 성삼위 하나님 모두가 함께 종말에 대한 계시를 주관하시는 것입니다.

사도 요한은 1장 2절에서 자신을 '종'이라고 표현합니다. 종은 주인의 명령에 절대 복종해야 합니다. 무엇이든 자기 뜻대로, 마음대로 할 수 없습니다. 주인이 자라고 하면 자고, 일하라고 하면 일하고, 어디로 가라고 하면 그곳으로 가야 하는 것이 종의 태도이자 삶입니다. 사도 요한은 이런 맥락에서 자신을 종으로 여겼습니다.

저의 최고 소망도 저 자신을 완전히 비워서 매사에 하나님이 원하시는 대로 행하는 삶을 사는 것입니다. 그러나 '나'라는 존재가 너무나 살아 있어서 내 마음대로 할 때가 얼마나 많은지 모릅니다. 우리 자신이 예수 그리스도의 종임을 깨닫고 철저히 자기 자신을 죽여야 합니다. 예수님을 믿기 시작한 순간부터 내 뜻대로 사는 것이 아니라 완전히 하나님의 뜻대로 살기로 작정했음을 기억하십시오.

다시 오실 예수님

5절에는 예수님이 어떤 분이신지 나타나 있습니다.

> "또 충성된 증인으로 죽은 자들 가운데에서 먼저 나시고 땅의 임금들의 머리가 되신 예수 그리스도"(계 1:5).

예수님은 자기가 본 그대로 증거하시는 충성된 증인이시며, 죽은 자 가운데서 가장 먼저 살아나신 분입니다. 또한 지상의 왕들의 머리가 되신 분, 즉 만왕의 왕이십니다. 예수님은 친히 이 땅에 오셔서 모든 민족을 철장과 공의로 다스리실 것입니다. 요한계시록은 초반부터 예수님이 천년 왕국을 다스리실 것(20장)에 대해 주목합니다. 5절 후반부와 6절에는 예수님께서 하신 일을 기록하고 있습니다.

> "우리를 사랑하사 그의 피로 우리 죄에서 우리를 해방하시고 그의 아버지 하나님을 위하여 우리를 나라와 제사장으로 삼으신 그에게 영광과 능력이 세세토록 있기를 원하노라 아멘"(계 1:5-6).

예수님은 우리를 사랑하십니다. 여기에서 "사랑하사"는 현재형입니다. 즉, 예수님은 우리를 계속해서, 항상 사랑하십니다. 또한 우리를 하나님의 백성으로, 제사장으로 삼아 주십니다. 이런 예수님이 이제 곧 다시 오실 것입니다.

"볼지어다 그가 구름을 타고 오시리라 각 사람의 눈이 그를 보겠고 그를 찌른 자들도 볼 것이요 땅에 있는 모든 족속이 그로 말미암아 애곡하리니 그러하리라 아멘"(계 1:7).

순간순간 죄를 범하는 우리의 연약함을 아시는 예수님, 우리를 긍휼히 여기며 끝까지 사랑하시는 예수님이 마치 신부를 맞이하러 오는 신랑처럼 우리를 데리러 오실 것입니다. 그리스도인들은 주님이 언제 오신다 해도 두려워할 필요가 전혀 없습니다. 마귀에게 속했던 나를 하나님의 백성으로 삼아 주시고, 하나님을 섬기는 왕 같은 제사장으로 살아가는 특권을 주신 바로 그분이 나를 데리러 오신다니 얼마나 감사한 일인가요? 그래서 사도 요한도 요한계시록 마지막 장에서 "아멘 주 예수여 오시옵소서"(계 22:20)라고 외쳤습니다. 주님은 우리에게는 "아멘"이요 구원의 주님이시지만, 그분을 반대하고 외면하고 거부한 자들에게는 심판의 주로 오십니다. 심판받는 이들은 예수님이 다시 오실 그때에 애곡하고 통곡할 수밖에 없습니다.

우리는 전적으로 하나님의 은혜로 구원받았습니다. 우리가 거룩하거나 그분께 충성했기 때문이 아닙니다. 부족하고 허물 많은 우리가 주님의 다시 오심을 사모할 수 있는 이유가 이것입니다. 우리를 온전히 받아 주신 그분을 만날 때 얼마나 감격스러울까요? 자신이 죄가 많고 한없이 부족하다는 것을 뼈저리게 느끼는 사람일수록 주님의 다시 오심이 더욱 반가울 것입니다.

제가 주님의 은혜를 처음 깨달았을 때가 바로 그런 순간이었습니다. 부족하고 연약하며 죄인 된 스스로의 모습에 절망하고 있을 때, 하나님께서 제 마음속에 "그렇기 때문에 너를 사랑하는 거란다. 나는 너를 무조건 사랑한다."라고 말씀하셨습니다. 그 음성을 듣고 저는 너무 감격한 나머지 그 자리에 쓰러져서 일어나지도 못했습니다. 예전에는 잘못을 하면 하나님께 벌을 받을까 봐 무서웠는데, 죄인을 무조건 사랑하시는 하나님을 알게 된 후로는 실수를 할 때마다 감격스러웠습니다. 주님께서 이렇게 연약한 나를 끊임없이 사랑하신다고 생각하니 그저 주님이 어서 빨리 오시면 좋겠다는 소망을 갖게 되었습니다.

요한 앞에 나타나신 영광스러운 예수님

사도 요한은 하나님의 말씀과 예수 그리스도를 열심히, 충성스럽게 전하다가 붙잡혀서 밧모 섬으로 오게 됩니다.

"나 요한은 너희 형제요 예수의 환난과 나라와 참음에 동참하는 자라 하나님의 말씀과 예수를 증언하였음으로 말미암아 밧모라 하는 섬에 있었더니 주의 날에 내가 성령에 감동되어 내 뒤에서 나는 나팔 소리 같은 큰 음성을 들으니"(계 1:9-10).

어느 주일날 사도 요한은 성령에 감동되어 "네가 보는 것을 책에 쓰라!"는 큰 음성을 듣게 되었습니다.

"몸을 돌이켜 나에게 말한 음성을 알아 보려고 돌이킬 때에 일곱 금 촛대를 보았는데 촛대 사이에 인자 같은 이가 발에 끌리는 옷을 입고 가슴에 금띠를 띠고 그의 머리와 털의 희기가 흰 양털 같고 눈 같으며 그의 눈은 불꽃 같고 그의 발은 풀무불에 단련한 빛난 주석 같고 그의 음성은 많은 물 소리와 같으며 그의 오른손에 일곱 별이 있고 그의 입에서 좌우에 날선 검이 나오고 그 얼굴은 해가 힘있게 비치는 것 같더라"(계 1:12-16).

요한이 본 것은 일곱 금 촛대와 일곱 별이었습니다. 20절에도 이와 같은 말씀이 있고 이에 대한 풀이도 기록되어 있습니다.

"네가 본 것은 내 오른손의 일곱 별의 비밀과 또 일곱 금 촛대라 일곱 별은 일곱 교회의 사자요 일곱 촛대는 일곱 교회니라"(계 1:20).

일곱 금 촛대 사이에서 예수님이 오른손에 일곱 별을 들고 서 계신 모습은 하나의 상징입니다. 성경에서는 상징을 제시한 후, 그 상징을 풀어 설명하는 부분이 많습니다. 예수님께서도 비유를 들어 설명하신 후, 그 비유의 내용을 자주 풀이해 주셨습니다. 이 말씀에서도 마찬가지입니다. 20절 후반부를 보면 일곱 금 촛대는 아시아의 일곱 교회를, 일곱 별은 일곱 교회의 사자, 곧 하나님의 말씀을 전하는 목사를 가리킨다는 것을 알 수 있습니다. 예수님께서 이 일곱 교회들을 향해 하시는 말씀이 2-3장의 내용입니다.

이제 일곱 금 촛대 사이에 서 계신 예수 그리스도의 모습을 자세히 살펴봅시다. 예수님의 머리털이 흰 양털 같고 눈처럼 희다는 것은 그분이 순결하고 의로우신 분이라는 상징입니다. 또한 예수님의 눈이 불꽃 같다는 것은 참으로 의롭고 깨끗하신 예수님이 우리를 바라보실 때 마치 우리 내면과 영혼을 꿰뚫어보는 것같이 느껴진다는 것을 의미합니다. 저도 예수님 앞에 서면 영혼이 벌거벗은 것 같은 느낌을 받습니다. 죄를 용서받은 우리도 이러한데, 하물며 예수 그리스도의 의로 옷 입지 않은 사람들은 의로우신 예수님 앞에 섰을 때 어떨까요? 감히 똑바로 서 있을 수조차 없을 것입니다.

"악인들은 심판을 견디지 못하며 죄인들이 의인들의 모임에 들지 못하리로다"(시 1:5).

예수님의 그 눈길 앞에 죄인들은 얼굴을 들지도 못하고 거꾸러질 수밖에 없습니다. 풀무에 단련한 빛난 주석 같다고 한 예수님의 발은 하나님의 심판을 뜻합니다. 악인은 하나님의 발에 밟힐 수밖에 없습니다(계 2:18; 사 63:3, 6; 말 4:3).

예수님의 음성이 많은 물 소리 같다고 한 것은 그분의 권세와 지위를 나타내며, 그분의 입에서 좌우에 날선 검이 나온다는 것은 말씀의 양면성을 상징합니다. 우리는 하나님의 말씀을 통해서 구원받습니다. 그와 동시에 말씀이 우리를 심판합니다. 말씀에는 구원과 심판의 양면성이 있습니다. 예수님께서도 그런 말씀을 하셨습니다.

"나를 저버리고 내 말을 받지 아니하는 자를 심판할 이가 있으니 곧 내가 한 그 말이 마지막 날에 그를 심판하리라"(요 12:48).

언젠가 이 말씀을 읽고 정신이 번쩍 든 적이 있습니다. 저는 예수님을 믿는 가정에서 태어나 어릴 적부터 늘 성경을 갖고 다녔습니다. 그런데 늘 들고 다니는 그 책이 저를 심판하리라는 말씀을 읽게 된 것입니다. 제가 심판자를 들고 다닌다는 것을 알게 된 후로는 성경 말씀을 좀 더 정신 차리고 읽게 되었고, 또 힘써 말씀대로 살아야겠다는 다짐을 했습니다.

마지막으로, 예수님의 얼굴은 힘 있게 비치는 해와 같다고 말씀합니다. 이는 광채 때문에 눈이 부셔서 예수님의 얼굴을 똑바로 쳐다보지 못한다는 뜻입니다. 이제 부활하신 예수님의 대략적인 형상을 머릿속에 한번 떠올려 보십시오. 그런 찬란한 모습을 바로 눈앞에서 보았다고 했을 때 여러분은 어떠할 것 같나요? 아마 그분의 권위와 위엄, 찬란한 영광 때문에 눈이 부셔서 쓰러지고 말 것입니다. 사도 요한도 예수 그리스도의 모습을 보고 쓰러졌습니다. 이것이 17절 말씀입니다.

"내가 볼 때에 그의 발 앞에 엎드러져 죽은 자 같이 되매 그가 오른손을 내게 얹고 이르시되 두려워하지 말라 나는 처음이요 마지막이니"
(계 1:17).

아무리 예수님께서 사랑하신 제자라 해도, 예수 그리스도로 구속받은 요한이라 해도 그는 여전히 죄성이 남아 있는 죄인이고, 연약한 인간이었습니다. 그러니 영광스러운 심판자 예수 그리스도와 대면했을 때 엄청난 두려움에 그만 엎드려져 버린 것입니다. 아직 성화되지 않은 인간으로서 도저히 얼굴을 들고 그분 앞에 서 있을 수가 없었기 때문입니다.

우리도 요한과 같은 상황에서는 모두가 그럴 수밖에 없을 것입니다. 그런데 감사하게도 주님께서는 엎드려져 있던 요한에게 오른손을 얹으시며 두려워하지 말라고 말씀하셨습니다. 우리가 쓰러져 있을 때도 예수님께서는 이렇게 말씀하시면서 우리를 일으켜 주십니다. "애야, 일어나라. 괜찮다. 내가 너를 사랑한다. 내가 너를 제사장과 하늘나라 백성으로 삼았으니 걱정하지 말고 일어나라."

그러나 하나님의 자녀가 아니라면, 용서받은 죄인이 아니라면 아마 주님 앞에서 엎드려지는 정도가 아닐 것입니다. 속히 주님께로 돌아와서 주님이 주시는 구원의 은총을 받아들이고 그리스도의 의로 옷 입는 것이 심판을 면할 수 있는 유일한 방법입니다.

"내가 전에 죽었었노라 볼지어다 이제 세세토록 살아 있어 사망과 음부의 열쇠를 가졌노니 그러므로 네가 본 것과 지금 있는 일과 장차 될 일을 기록하라 네가 본 것은 내 오른손의 일곱 별의 비밀과 또 일곱 금 촛대라 일곱 별은 일곱 교회의 사자요 일곱 촛대는 일곱 교회니라"
(계 1:18-20).

    부활하신 영광의 그리스도께서 사도 요한에게 일곱 교회를 위해 "네가 본 것과 지금 있는 일과 장차 될 일을 기록하라"고 명하십니다. 사도 요한은 이 말씀에 순종하여 계시록을 기록한 것입니다.

일곱 교회를 향한 주님의 말씀
(2-3장)

"귀 있는 자는 성령이 교회들에게 하시는 말씀을 들을지어다 이기는 그에게는 내가 감추었던 만나를 주고 또 흰 돌을 줄 터인데 그 돌 위에 새 이름을 기록한 것이 있나니 받는 자 밖에는 그 이름을 알 사람이 없느니라" 계 2:17

요한계시록 2장과 3장은 그 당시 실재했던 일곱 교회를 향한 주님의 말씀입니다. 여기에는 에베소 교회, 서머나 교회, 버가모 교회, 사데 교회, 빌라델비아 교회 등 개별 교회들의 실상과 성격이 나타나 있는데, 이는 기독교 역사 흐름과 각 시대의 특징과도 상당히 비슷합니다.

에베소 교회를 향한 말씀

사도행전 2장에는 오순절 날 천하만국에서 예루살렘으로 모여든 경건한 유대인들 가운데 예수님을 믿게 된 사람들이 나옵니다. 에베소에서 온 사람들도 포함되어 있었습니다. 그들은 오순절을 기념하러 예루살렘에 왔다가 사도 베드로의 설교를 듣고 회심했던 수천 명의 무리 중 하나였습니다(행 2:9).

이렇게 하여 에베소에는 오순절 직후에 성도가 생겼고, 또 특별히 사도 바울이 3차 선교 여행 때 이곳에 2년 동안 머물면서 교회를 세우기도 했습니다. 사도 바울은 에베소에 있을 때 유대인 회당에서 성경을 가르쳤고, 두란노 서원이라는 곳에서도 전도했으며, 성도들의 집을 방문해 말씀을 전하기도 했습니다. 또한 그는 에베소에 있을 때 고린도전서를 기록했습니다(행 19장).

선교 여행 중에 사도 바울이 2년씩이나 한곳에 머물렀던 장소는 에베소뿐이었습니다. 그 때문에 에베소 교회는 조직이 잘 이루어져 장로와 집사도 있었을 뿐만 아니라, 훗날에는 사도 바울의 수제자인 디모데가 이 교회를 맡아 목회를 하게 됩니다. 예수님께서도 에베소 교회에 대해 이렇게 칭찬하셨습니다.

"내가 네 행위와 수고와 네 인내를 알고 또 악한 자들을 용납하지 아니한 것과 자칭 사도라 하되 아닌 자들을 시험하여 그의 거짓된 것을 네가 드러낸 것과 또 네가 참고 내 이름을 위하여 견디고 게으르지 아니한 것을 아노라… 오직 네게 이것이 있으니 네가 니골라 당의 행위를 미워하는도다 나도 이것을 미워하노라"(계 2:2-3, 6).

에베소 교회는 한마디로 일하는 교회, 열심과 열정이 있는 교회였습니다. 에베소 교회 성도들은 다들 열심을 갖고 이것저것 일을 많이 했던 것 같습니다. 또한 에베소 교회는 교회의 순결성을 강조해 악한 자들을 조금도 용납하지 않았습니다. 그래서 교회 안에 있는 악한 요소나 악한 사람을 찾아내는 데 혈안이 되어 있었습니다. 즉, 진리와 비(非)진리를 예리하게 갈라내는 '정통파' 교회였습니다. 미국의 어떤 교파는 이런 자세로 남의 잘못을 지적하고 지나치게 시시비비를 가리다가 교인을 모두 다 잃기도 했습니다.

물론 비진리를 용납해서는 안 됩니다. 그러나 교회는 악한 자를 용서하고 받아들이며 회개시킬 수 있어야 합니다. 죄를 책망하더라도 후에는 반드시 회개를 권면해서 주님께로 돌이키게 해야 합니다. 예수님께서는 밭의 가라지를 완전히 다 뽑아 버리려 했던 종들을 향해 이야기하는 주인의 입을 빌려 우리에게 이런 메시지를 주셨습니다.

"주인이 이르되 가만 두라 가라지를 뽑다가 곡식까지 뽑을까 염려하노라 둘 다 추수 때까지 함께 자라게 두라 추수 때에 내가 추수꾼들에게 말하기를 가라지는 먼저 거두어 불사르게 단으로 묶고 곡식은 모아 내 곳간에 넣으라 하리라"(마 13:29-30).

이 땅에 사는 동안 모든 인간은 불완전할 수밖에 없습니다. 우리가 아무리 옳은 일을 행하고 성경을 잘 안다 해도 착오는 늘 있습니다. 인간의 심판은 정확하기가 참으로 어렵지만, 하나님은 한 치의 실수도 없이 판단하시는 분입니다. 심판은 하나님께 속한 것입니다(롬 12:19). 그러므로 우리는 인간의 불완전함을 깨닫고, 심판은 오직 하나님께 맡겨야 합니다.

그러나 에베소 교회는 그렇지 못했습니다. 에베소 교회 교인들은 성경을 아주 잘 알았습니다. 진리와 비진리를 탁월하게 구별해 냈습니다. 그들이 진리를 분별할 줄 알았던 것까지는 좋았습니다. 그러나 그들은 '진리'라는 자를 갖고 다니면서 만나는 사람마다 자기 자로 재는 일을 일삼았습니다. "이 사람은 좀 짧고 저 사람은 좀 길다!" 하며 매사에 시비를 가렸습니다.

또 한 가지 에베소 교회 교인들이 칭찬받았던 점은 그들이 니골라 당 사람들을 경계했다는 것입니다. 니골라 당 사람들은 우상 숭배를 일삼았으며 음란했습니다. 에베소에는 아데미 여신을 모신 큰 신전이 있었습니다. 신전을 찾은 사람들은 춤을 추고 제물을 바친 후에 신전 여제사장들과의 성관계로 종교 의식을 마무리했습니다. 이런 종교 의식은 사도 바울 때뿐만 아니라 가나안 시대의 이방 종교에서부터 찾아볼 수 있습니다. 에베소 교회의 교인들이 점점 늘어남에 따라 그런 음란한 관습들이 잘못된 것인 줄 깨닫지 못하는 사람들도 교회에 다니게 된 것입니다. 그러다 보니 교회 안에도 자연히 니골라 당의 관습이 들어왔습니다.

이렇게 에베소 교회처럼 열심과 인내를 지니고, 악을 싫어하며 진리를 분별할 줄 알뿐만 아니라 니골라 당을 미워하는 태도는 사실 어느 교회든 마땅히 가져야 할 태도입니다. 그러나 에베소 교회 교인들은 중요한 사실을 간과했습니다.

"그러나 너를 책망할 것이 있나니 너의 처음 사랑을 버렸느니라"(계 2:4).

에베소 교회 교인들은 무엇 때문에, 무엇을 위해 그런 열심을 내는지를 잊었습니다. 본질을 망각한 것입니다. 그러니 종국에 가서는 봉사를 하면서도 기쁘지 않고 피곤하기만 했습니다. 또 사사건건 다른 사람을 걸고넘어지고, 남을 정죄하고 편 가르느라 정신이 없었습니다. 자기 지식을 남을 심판하는 데 사용했습니다. 그들의 머리는 컸으나 가슴은 차가웠습니다. 진리의 말씀을 제대로 알되, 가슴은 사랑으로 뜨거워야만 균형 있는 신앙이라 할 수 있습니다. 에베소 교회 교인들의 이런 모습은 참으로 안타깝습니다.

처음 사랑을 버린 에베소 교회를 향해 주님께서는 "그러므로 어디서 떨어졌는지를 생각하고 회개하여 처음 행위를 가지라"(계 2:5)고 권고하십니다. 왜 이렇게 되었는지 근본부터 점검해 보고 잘못을 돌이키라는 말씀입니다.

우리가 원래 어떤 사람이었는지, 주님께서 그런 우리를 어디서 어떻게 구원해 주셨는지를 돌이켜 볼 때 주님을 향한 첫사랑을 회복할 수 있습니다. 우리를 구원해 주신 하나님의 사랑을 날마다 찬송하고 기도한다면 우리 가슴은 늘 따뜻할 것입니다.

구원의 감격은 신앙생활의 가장 근본이지만, 신앙 연륜이 쌓인 후에는 자칫 소홀히 여기기 쉽습니다. 그리스도인의 뿌리인 구원의 감격을 결코 잃어버려서는 안 됩니다.

에베소 교회 교인들은 주님의 경고를 무시했나 봅니다. 5절 후반부의 "만일 그리하지 아니하고 회개하지 아니하면 내가 네게 가서 네 촛대를 그 자리에서 옮기리라"는 말씀이 이루어졌기 때문입니다. 지금 에베소 교회는 흔적조차 남아 있지 않습니다. 주님께서는 에베소 교회에 마지막으로 이런 말씀을 주셨습니다.

"귀 있는 자는 성령이 교회들에게 하시는 말씀을 들을지어다 이기는 그에게는 내가 하나님의 낙원에 있는 생명나무의 열매를 주어 먹게 하리라"(계 2:7).

목회를 하면서 많은 교인들을 살펴보니 귀가 있어도 듣지 못하는 사람들이 있습니다. 똑같은 설교를 들어도 큰 은혜를 받는 사람이 있는가 하면 무덤덤하고 냉정한 사람이 있습니다. "안식일을 기억하여 거룩하게 지키라"는 설교를 듣고 구원받은 사람이 있는가 하면, 무심코 라디오에서 흘러나온 설교 메시지를 듣다가 구원받은 사람도 있습니다. 그들에게는 들을 귀가 있었던 것입니다. 만약 여러분에게 들을 귀가 없다면 하나님께 겸손하게 구하십시오. "하나님이여 제게 들을 귀를 허락하여 주옵소서." 하고 기도하십시오. 주님께서 은혜를 베푸셔서 여러분에게 들을 귀를 허락해 주실 것입니다.

서머나 교회를 향한 말씀

A.D. 100-313년의 교회 역사를 단적으로 보여 주는 서머나 교회는 핍박받는 교회였습니다. '서머나'라는 단어는 '쓰디쓴(bitter)'이라는 뜻을 지닙니다. '핍박'과 '쓰다'는 일맥상통합니다. 서머나는 비옥한 땅에 위치한 상업 도시였습니다. 이 교회를 향해 주님께서는 먼저 자신을 "처음이며 마지막이요 죽었다가 살아나신 이"(계 2:8)라고 소개합니다. 자신을 영원히 계시며 부활한 존재로 묘사하신 후 서머나 교회를 칭찬하셨습니다.

"내가 네 환난과 궁핍을 알거니와 실상은 네가 부요한 자니라 자칭 유대인이라 하는 자들의 비방도 알거니와 실상은 유대인이 아니요 사탄의 회당이라"(계 2:9).

서머나 교회는 물질적으로 가난했습니다. 핍박을 당하느라 생업도 제대로 꾸려 나갈 수 없었습니다. 핍박 때문에 가난해진 교회입니다. 그러나 영적으로는 부요했습니다. 주님께서는 핍박받는 서머나 교회에 이렇게 권고하셨습니다.

"너는 장차 받을 고난을 두려워하지 말라 볼지어다 마귀가 장차 너희 가운데에서 몇 사람을 옥에 던져 시험을 받게 하리니 너희가 십 일 동안 환난을 받으리라 네가 죽도록 충성하라 그리하면 내가 생명의 관을 네게 주리라"(계 2:10).

"십 일 동안 환난을 받으리라"는 말씀은 실제로 A.D. 100-313년 사이에 로마 제국이 '열 번'에 걸쳐 조직적으로 기독교를 핍박한 역사와 일치합니다. 많은 사람들이 옥에 갇히고 잔인하게 순교를 당했습니다. 성경도 압수당했습니다. 그래서 A.D. 313년 전에 필사된 성경은 현재 거의 남아 있지 않습니다. 이렇게 핍박받는 사람들을 향해 주님께서는 "두려워하지 말라. 죽도록 충성하라!"는 말씀을 주셨습니다. 핍박 속에서도 죽도록 충성하면 생명의 면류관이 주어집니다. 여기에 예수 그리스도를 믿는 기쁨과 영광이 있습니다.

저희 가족은 6.25 전쟁이 일어나기 전까지 평양에서 살았습니다. 그때 예수님을 믿는 아이들은 학교 선생님에게 늘 맞고 다녔습니다. 제가 학교에서 매를 맞고 돌아오면 어머니께서는 "네가 죽도록 충성하라 그리하면 내가 생명의 관을 네게 주리라"(계 2:10)는 말씀과 "몸은 죽여도 영혼은 능히 죽이지 못하는 자들을 두려워하지 말고 오직 몸과 영혼을 능히 지옥에 멸하실 수 있는 이를 두려워하라"(마 10:28)는 말씀을 들려주시며 위로해 주셨습니다.

서머나 교회에서 죽도록 충성한 대표적인 인물이 여든 살에 화형으로 순교한 폴리갑(Polycarpus, 69~155)입니다. 서머나 교회의 지도자였던 폴리갑은 예수님을 부인하면 살려 주겠다는 회유에도 굽히지 않고 담대히 말했습니다. "80년 동안 주님께서는 나를 한 번도 부인한 적이 없으십니다. 그런데 내가 이제 와서 어떻게 주님을 부인하겠습니까?"

요즘에도 핍박은 있습니다. 20세기는 기독교 역사상 가장 많은 순교자를 낸 시대입니다. 공산주의, 이슬람, 힌두교, 불교, 세속주의 등이 기독교인들을 핍박해 왔습니다. 한국에서는 공공연하게 잔인한 박해가 자행되지는 않지만, 예수님을 믿는다는 이유로 직장에서, 가정에서 미움을 받고 비난과 비판의 대상이 됩니다. 그러나 주님의 약속을 기억하십시오.

"나로 말미암아 너희를 욕하고 박해하고 거짓으로 너희를 거슬러 모든 악한 말을 할 때에는 너희에게 복이 있나니 기뻐하고 즐거워하라 하늘에서 너희의 상이 큼이라 너희 전에 있던 선지자들도 이같이 박해하였느니라"(마 5:11-12).

주님께서는 우리가 흔들리지 않고 끝까지 충성할 때 생명의 면류관을 내려 주십니다. 이를 통해 우리는 둘째 사망, 즉 영원한 지옥을 피할 수 있게 됩니다. 11절을 보십시오.

"이기는 자는 둘째 사망의 해를 받지 아니하리라"(계 2:11).

'생명의 면류관'이란 영원한 생명 그 자체입니다. 끝까지 충성하다 죽더라도 그것으로 모든 것이 끝나지는 않습니다. 영원한 생명의 면류관을 받는 것은 하나님과 함께 영원히 사는 삶입니다.

버가모 교회를 향한 말씀

버가모 교회는 악과 타협한 교회입니다. 버가모 교회는 A.D. 313-600년 사이에 로마의 국교가 되었던 기독교의 실상을 그대로 보여줍니다. 어머니 헬레나를 통해 예수 그리스도를 믿게 된 콘스탄틴 대제가 313년에 기독교를 공인했습니다. 그동안 모진 박해를 받아 온 기독교가 4세기 때 세계를 정복한 것입니다.

그러나 황제가 예수님을 믿으니 성도들은 안일해졌고, 영적으로 차갑게 식으면서 타락의 길을 걷게 됩니다. 교회 규모가 커지고 인정을 받다 보면 어느덧 세상과 타협하게 되고 믿음은 시들해집니다. 4-5세기의 기독교 전체가 이런 양상을 보였습니다.

그러나 이 시기에는 교회사적으로 큰 인물들이 대거 쏟아져 나왔습니다. 기독교 신학의 바탕을 마련한 성 어거스틴(St. Augustine), 성경을 라틴어로 번역한 제롬(Jerome), 교회사를 처음 쓴 유세비우스(Eusebius), 삼위일체설을 확립한 아타나시우스(Athanasius), 그리고 명설교자로 알려진 크리소스톰(Chrysostom) 등이 대표적 인물입니다. 특히 크리소스톰은 설교를 탁월하게 잘해서 '골든 마우스(Golden Mouth)'라는 별명까지 있을 정도였습니다. 당시 크리소스톰의 설교를 들으려는 사람들 때문에 교회는 초만원을 이루었고, 결국에는 교회 분위기가 극장처럼 되어 버립니다. 설교자는 배우가 되고 교인들은 관중으로 전락하게 된 것입니다. 이 일은 그 당시 영적 타락의 일례일 뿐입니다.

이런 모습들을 살펴본 결과, 우리가 영적으로 깨어 있기 위해서는 어느 정도의 고난과 시련이 필요하다는 생각이 듭니다. 예수님은 버가모 교회를 향해 말씀하실 때 자신을 "좌우에 날선 검을 가진 이"(계 2:12)라고 묘사하셨습니다. 그리고 말씀의 양면성처럼 주님께서는 칭찬을 먼저 하시고, 곧이어 책망하셨습니다.

"네가 어디에 사는지를 내가 아노니 거기는 사탄의 권좌가 있는 데라 네가 내 이름을 굳게 잡아서 내 충성된 증인 안디바가 너희 가운데 곧 사탄이 사는 곳에서 죽임을 당할 때에도 나를 믿는 믿음을 저버리지 아니하였도다 그러나 네게 두어 가지 책망할 것이 있나니 거기 네게 발람의 교훈을 지키는 자들이 있도다 발람이 발락을 가르쳐 이스라엘 자손 앞에 걸림돌을 놓아 우상의 제물을 먹게 하였고 또 행음하게 하였느니라 이와 같이 네게도 니골라 당의 교훈을 지키는 자들이 있도다"(계 2:13-15).

민수기 22장에는 이스라엘 백성들이 광야를 돌아다니다가 모압 지방, 즉 요단강 바로 건너편까지 와서 진을 쳤을 때, 모압 왕 발락이 메소포타미아에서 선지자 발람을 데려와서 이스라엘 백성들을 저주해 달라고 부탁하는 모습이 나옵니다. 그런데 발람이 저주하려고 입을 열 때마다 하나님의 영이 그 말과 마음과 생각을 움직여 도리어 이스라엘을 축복하게 됩니다. 급기야 발람은 메시아가 온다는 예언까지 하기에 이르렀습니다. 일이 이렇게 되자 마침내 발람은 발락 왕에게 이스라엘 군인들을 잔치에 초대하자는 제안을 했습니다.

발락 왕의 잔치에 초대된 이스라엘 남자들은 어찌 되었을까요? 그들은 술에 잔뜩 취해 앞에서 춤을 추는 가나안 여자들과 간음하는 큰 죄를 범했습니다. 하나님께서는 그 자리에서 그들을 치셨습니다. 발람은 자기 입으로는 저주를 못 하니 이스라엘 사람들을 타락시켜 하나님의 진노를 사게 하려 했던 것입니다. 그는 우상숭배를 하도록 미혹하고, 우상에게 바친 제물을 먹게 했을 뿐만 아니라 음란한 죄를 범하게 하여 하나님의 백성을 타락시켰습니다.

바로 이런 죄들을 짓도록 부추긴다는 점에서 발람의 간교와 니골라 당의 교리는 똑같았습니다. 당시 버가모 교회 안에는 니골라 당 때문에 교회의 통일성이 깨지고 신앙의 거룩함과 순결이 파괴되는 현상이 나타났습니다. 주님께서는 버가모 교회를 책망하신 후에 이런 약속을 주셨습니다.

"귀 있는 자는 성령이 교회들에게 하시는 말씀을 들을지어다 이기는 그에게는 내가 감추었던 만나를 주고 또 흰 돌을 줄 터인데 그 돌 위에 새 이름을 기록한 것이 있나니 받는 자 밖에는 그 이름을 알 사람이 없느니라"(계 2:17).

아주 귀한 음식, 즉 먹으면 살 수 있는 양식이기 때문에 하나님께서는 감추어 두었다가 필요할 때 주시겠다고 말씀하십니다. 그리고 흰 돌 위에 기록된 새 이름은 그것을 받는 자 외에는 아무도 알 수 없다고 하셨습니다. 이렇게 하나님께서 비밀스럽게 두시겠다고 하시면 "하나님께서 알려 주실 그때까지 기다려야지." 하고 지금은 그냥 넘어가는 것이 좋습니다. 그럼에도 흰 돌 위에 기록된 새 이름을 안다고 떠벌리는 사람은 이단 후보자임에 틀림없습니다.

두아디라 교회를 향한 말씀

두아디라 교회를 향해 말씀하시는 예수님의 모습은 "그 눈이 불꽃 같고 그 발이 빛난 주석과 같은 하나님의 아들"(계 2:18)이었습니다. 이는 죄를 심판하시는 심판자의 모습입니다. 다른 교회에 말씀하신 것과 마찬가지로 주님은 두아디라 교회에도 칭찬을 먼저 하셨습니다.

"내가 네 사업과 사랑과 믿음과 섬김과 인내를 아노니 네 나중 행위가 처음 것보다 많도다"(계 2:19).

두아디라 교회는 시간이 갈수록 더욱 열심을 갖고 점점 더 많은 일을 하는 교회였습니다. 그러나 처음에는 참 모범이 되는 훌륭한 교회였는데, 인정을 받고 세력이 커지다 보니 점차 타락하게 되었습니다. 교회 안에서 우상숭배가 행해지고 거짓 선생이 판을 치게 되었습니다. 깨끗했던 교회가 부정하게 된 것입니다. 그래서 주님께 다음과 같은 책망을 들었습니다.

"네게 책망할 일이 있노라 자칭 선지자라 하는 여자 이세벨을 네가 용납함이니 그가 내 종들을 가르쳐 꾀어 행음하게 하고 우상의 제물을 먹게 하는도다"(계 2:20).

거짓 선지자들이 판을 치는데도 두아디라 교회 교인들은 그 가르침에 따라 행음하고 우상의 제물을 먹었습니다. 그들은 성경의 진리를 제대로 몰랐던 게 분명합니다. 평신도들이 말씀을 잘 알고 있으면 거짓을 가르치는 사람은 절대로 강단에 설 수 없습니다. 평신도라고 해서 목사에게만 의존하고 말씀 공부를 등한시할 때 두아디라 교회 같은 오류에 빠질 수 있습니다.

한번은 어떤 집회에 참석한 적이 있는데, 강단에 선 사람이 잘못된 메시지를 전하는데도 시종일관 "아멘!"으로 화답하는 성도들이 많았습니다. 그들이 제대로 된 진리를 알고 있었다면 그 설교가 잘못되었다는 사실을 금방 깨달았을 것입니다.

600-1517년까지 서구 사회는 두아디라 교회처럼 영적으로 무지하던 암흑기였습니다. 히브리어나 헬라어로 된 성경이 당시 식자(識

者)들의 통용어인 라틴어로 번역되어 나오기는 했지만, 대부분의 사람들은 라틴어 독해 능력이 없었습니다. 그러니 성당에서 신부들의 라틴어 강독을 알아들었을 리 만무했고, 성경을 읽은 적이 없으니 진리를 분별해 낸다는 것은 더욱 어려운 일이었습니다. 그 당시 참으로 많은 우상숭배와 미신적인 행위가 자행되었습니다. 중세 교회에는 마르틴 루터(Martin Luther)가 1517년 종교개혁을 단행하기까지 거짓 교리들이 판을 치고, 길 잃은 양들은 진리를 알지 못한 채 어둠 속을 헤매야만 했습니다.

종교개혁 이후 사람들은 스스로도 성경을 읽고 성령의 도움으로 진리를 깨달을 수 있게 되었습니다. 오늘날의 개신교 성도들도 그러한 믿음 생활을 하고 있습니다. 개인 성경 공부를 통해 성령께서 직접 가르쳐 주시는 진리는 성도 각자의 뼈가 되고 살이 됩니다.

저는 평신도 목회자 운동이 더욱 활성화되어야 한다고 생각합니다. 목사에게만 의존하고 목사만 바라보고 있던 성도들은 목사가 잘못되면 어찌 될까요? 가장 바람직한 평신도의 자세는 스스로 말씀을 읽고 깨달으면서 주님을 따르는 삶을 사는 것입니다. 목사는 그저 믿는 사람들이 주님께 나아가도록 도와주는 존재일 뿐, 경배나 추종의 대상이 아닙니다.

가톨릭에서도 1962년 바티칸 공의회 이후로 평신도 성경 공부가 활성화되기는 했지만, 남미나 동남아시아, 아프리카 지역에는 아직도 우상숭배를 자행하는 가톨릭교도들이 많습니다. 예수님께서 십자가 위에서 구속의 역사를 다 이루심으로써 우리는 언제라도 주님께 나아갈 수 있는 길이 마련되었는데도, 이를 알지 못하고 죄를 용서받기 위해 자기 몸을 학대하고 상처를 내는 가톨릭교도들이 많습니다.

다시 본문으로 돌아와 21절을 보십시오. 주님께서는 거짓 선지자 이세벨에게 회개할 기회를 주셨습니다.

"또 내가 그에게 회개할 기회를 주었으되 자기의 음행을 회개하고자 하지 아니하는도다"(계 2:21).

수없이 회개를 촉구했지만 거짓 선지자는 끝내 돌아서지 않았습니다. 암흑 시대에도 많은 선각자들이 영적 타락을 고발하고 진리를 외쳤지만, 이미 권세를 누리던 종교 지도자들은 꿈쩍도 하지 않았을 뿐만 아니라 진리를 외치는 선각자들을 핍박하고 죽였습니다. 그 당시 종교 지도자들은 이미 제도화된 교회를 유지하는 데만 급급했던 것입니다.

대개 교회나 기독교 단체가 성장하고 확장될 때, 자칫 잘못하면 신앙의 본질에서 멀어지는 경우가 있습니다. 한 조직을 위해 너무 열심히 일하다 보면 궁극적인 목표를 망각한 채 조직체 유지에만 급급해 엉뚱한 방향으로 나아가기 쉽습니다. 프린스턴, 하버드, 예일 등과 같은 미국 명문 대학들이 한때 기독교 교육기관으로써 훌륭한 영적 지도자들을 많이 길러 냈습니다. 하지만 이제는 순수한 기독교 정신을 상실하고 그저 하나의 교육기관으로만 기능하게 된 데에서도 그와 같은 예를 찾아볼 수 있습니다.

이제 주님께서는 두아디라 교회를 향해 심판을 선언하십니다.

"볼지어다 내가 그를 침상에 던질 터이요 또 그와 더불어 간음하는 자들도 만일 그의 행위를 회개하지 아니하면 큰 환난 가운데에 던지고 또 내가 사망으로 그의 자녀를 죽이리니 모든 교회가 나는 사람의 뜻과 마음을 살피는 자인 줄 알지라 내가 너희 각 사람의 행위대로 갚아 주리라"(계 2:22-23).

하나님은 공의로운 분이십니다. 사람은 심은 대로 거두게 되어 있습니다. 아무도 이 섭리에서 예외일 수 없습니다. 악한 것을 심는 자의 결말은 심판입니다. 그러나 그럼에도 누구에게나 회개의 길은 열려 있습니다. 인간은 약한 존재이기 때문에 자주 넘어질 수밖에 없고, 또 그런 이유로 더욱 하나님께 매달릴 수밖에 없습니다.

죄를 지었더라도 하나님 앞에서 전심으로 회개하면 주님의 용서를 받아 평안함과 기쁨을 회복할 수 있습니다. 그러나 자신이 행한 일에 대한 대가는 받습니다. 다윗을 보십시오. 한 번의 실수로 평생동안 열여섯 번의 재난을 당했습니다. 저는 이 일을 영어로 이렇게 표현해 보았습니다. "Sin is not worth sinning." 이 말은 "죄라는 것은 범할 가치가 없다!"는 뜻입니다. 한 번의 죄로 열여섯 번의 재앙이라는 대가를 치른 다윗만 봐도 알 수 있습니다.

요한계시록 2장 24-29절은 남은 자들에게 주시는 주님의 권고와 약속입니다. 너도나도 타락하는 시대라 할지라도 그 흐름에 속하지 않은 소수의 사람들은 있기 마련입니다. 비록 극소수이기는 해도 진리를 고수하며 거룩하게 사는 '남은 자(remnants)'들은 2천 년의 기독교 역사 가운데 언제나 있어 왔습니다. 두아디라 교회에도 거짓 선지자를 따르지 않고 열정적으로 주님만을 섬기는 소수의 사람들이 있었습니다.

> "두아디라에 남아 있어 이 교훈을 받지 아니하고 소위 사탄의 깊은 것을 알지 못하는 너희에게 말하노니 다른 짐으로 너희에게 지울 것은 없노라 다만 너희에게 있는 것을 내가 올 때까지 굳게 잡으라 이기는 자와 끝까지 내 일을 지키는 그에게 만국을 다스리는 권세를 주리니 그가 철장을 가지고 그들을 다스려 질그릇 깨뜨리는 것과 같이 하리라 나도 내 아버지께 받은 것이 그러하니라 내가 또 그에게 새벽 별을 주리라 귀 있는 자는 성령이 교회들에게 하시는 말씀을 들을지어다"(계 2:24-29).

진리를 위해 끝까지 인내하고 수고하는 자들에게는 만국을 다스리는 권세가 주어질 것입니다. 그러므로 세상 모든 사람이 타락한다 해도, 다른 사람들이 아무도 알아주지 않는다 해도, 타협하거나 낙심하지 않고 주님만 바라보며 그분이 주신 사명을 감당하고자 하는 각오가 되어 있어야 합니다. 다른 무엇보다도 자기 자신과 주님과의 관계가 바로 서 있고, 오직 주님의 인정을 받는 것이 가장 중요합니다.

사데 교회를 향한 말씀

이제 3장으로 들어갑니다. 주님께서는 사데 교회를 향해 다음과 같이 책망하셨습니다.

> "사데 교회의 사자에게 편지하라 하나님의 일곱 영과 일곱 별을 가지
> 신 이가 이르시되 내가 네 행위를 아노니 네가 살았다 하는 이름은 가
> 졌으나 죽은 자로다"(계 3:1).

사데 교회는 한마디로 죽은 교회였습니다. 그러면서도 자기들의
상태를 직시하지 못할 만큼 영적으로 장님인 교회였습니다. 죽은 사
람은 자신이 죽었다는 것을 알지 못합니다. 마찬가지로 영적으로 죽
어 있는 사람도 자기의 신앙생활에 아무 문제가 없다고 생각하는 오
류를 범합니다. 사데 교회 교인들은 말로만 그리스도인임을 자처하
는 사람들이었습니다.

종교개혁이 일어났던 1517년부터 1790년경의 교회 현실이 꼭 이
러했습니다. 국왕이 주님을 믿으면 그 백성들도 주님을 믿는 사람으
로 간주되었습니다. 한 예로, 유럽의 어떤 황제가 수천 명의 기마병
들을 냇가로 데려가서 건너게 한 후에 그것으로 세례를 베풀었다고
선포하는 웃지 못할 일도 있었습니다. 진심으로 그리스도를 영접했
는지의 여부와는 상관없이 명목상의 그리스도인들을 양산해 내는
일들이 벌어지던 시대였습니다.

미국에서 전도를 하다 보면 왜 자기에게 전도를 하느냐며 따지는
사람들이 있습니다. 그들은 자신이 기독교 가정에서 태어났기 때문
에 스스로를 그리스도인으로 여깁니다. 그러나 그들은 교회에 나가
지도 않으며 영적 진리에도 관심이 없습니다.

우리는 어떤가요? 여러분의 모습은 어떠한지 돌아보시기 바랍니다. 우리에게도 그럴 가능성이 많습니다. 그저 예수님을 믿는 기독교 가정에서 나고 자랐다 해서 자신이 진정한 그리스도인이라 생각할지도 모릅니다. 자신의 참된 믿음을 점검해 보지 않고 교회 생활을 해나가는 성도들도 많습니다.

장로교의 '언약 신학'에 따르면, 장로교 집안에서 태어나 교회에 다니는 사람은 다 언약의 자손이므로 하나님의 자녀가 된다고 생각하기 쉽습니다. 그러나 모태 신앙이고, 유아 세례를 받았고, 어려서부터 교회에 다녔다 해도 자신의 입으로 예수 그리스도를 구주로 시인하고 영접하는 단계를 거치지 않는다면 진정한 그리스도인이 될 수 없다는 사실을 알아야 합니다. 유아 세례를 받은 사람들이 입교 문답 절차를 밟는 것도 바로 이러한 맥락에서입니다. 부모님이 신앙을 가졌다고 해서 자녀가 자동으로 그리스도인이 되는 것은 절대로 아닙니다.

"영접하는 자 곧 그 이름을 믿는 자들에게는 하나님의 자녀가 되는 권세를 주셨으니 이는 혈통으로나 육정으로나 사람의 뜻으로 나지 아니하고 오직 하나님께로부터 난 자들이니라"(요 1:12-13).

한 사람이 회심하고 그리스도와 관계를 맺는 것은 지극히 개인적인 일입니다. 그러므로 부모들은 자녀가 진정한 그리스도인으로 거듭나고 주님 안에서 성장할 수 있도록 특별한 관심을 갖고 도와주어야 합니다. 어렸을 때부터 예수님이 누구시며, 나와 어떤 상관이 있으며, 나를 위해서 어떤 일을 행해 주신 분이신가를 정확하게 가르쳐야 합니다. 영적으로 거듭날 수 있도록 신앙 양육을 해야 합니다. 대략 중·고등학생 때까지는 억지로 교회에 나오게 할 수 있지만 성인이 된 후에는 더 이상 그런 방법이 통하지 않습니다.

주님께서는 입으로만 주님을 믿는 성도들로 가득 찼던 사데 교회에 소생의 길을 제시해 주셨습니다.

"너는 일깨어 그 남은 바 죽게 된 것을 굳건하게 하라 내 하나님 앞에 네 행위의 온전한 것을 찾지 못하였노니 그러므로 네가 어떻게 받았으며 어떻게 들었는지 생각하고 지켜 회개하라 만일 일깨지 아니하면 내가 도둑 같이 이르리니 어느 때에 네게 이를는지 네가 알지 못하리라"(계 3:2-3).

아무리 큰 잘못을 저지른 사람이라 할지라도 하나님께서는 반드시 돌아올 기회를 주십니다. 그럼에도 불구하고 자신의 심각한 상태를 인정하지도 않고, 주님께로 완전히 돌이키지 않는다면 하나님의 심판은 생각지 않은 때에 도둑과 같이 임하게 됩니다. 심판은 예고가 없습니다.

다행히 사데 교회 안에는 옷을 더럽히지 않은 자, 곧 진실하게 주님을 믿는 사람들이 있었습니다.

"그러나 사데에 그 옷을 더럽히지 아니한 자 몇 명이 네게 있어 흰 옷을 입고 나와 함께 다니리니 그들은 합당한 자인 연고라"(계 3:4).

영적으로 믿음을 지키기 열악한 상황 속에서도 언제나 바른 신앙을 간직한 사람들은 있습니다. 극소수일지라도 반드시 남아 신앙의 명맥을 유지해 나갑니다. 에녹이나 노아처럼 말입니다. 사데 교회에도 그리스도의 보혈로 거듭난 진정한 신앙인들이 있었습니다. 주님은 다음과 같은 약속으로 사데 교회에 대한 말씀을 마치셨습니다.

"이기는 자는 이와 같이 흰 옷을 입을 것이요 내가 그 이름을 생명책에서 결코 지우지 아니하고 그 이름을 내 아버지 앞과 그의 천사들 앞에서 시인하리라 귀 있는 자는 성령이 교회들에게 하시는 말씀을 들을지어다"(계 3:5-6).

끝까지 신앙을 지키는 자들은 하나님 앞에서 예수님의 인정을 받을 것입니다. 예수님은 마태복음에서도 이와 비슷한 말씀을 하신 적이 있습니다.

"누구든지 사람 앞에서 나를 시인하면 나도 하늘에 계신 내 아버지 앞에서 그를 시인할 것이요"(마 10:32).

빌라델비아 교회를 향한 말씀

빌라델비아 교회는 살아 있는 교회, 부흥하는 교회로 주님께 칭찬을 받았습니다. 빌라델비아 교회를 향해 절대적 능력자요, 통치자이신 예수님께서는 이렇게 말씀하셨습니다.

> "빌라델비아 교회의 사자에게 편지하라 거룩하고 진실하사 다윗의 열
> 쇠를 가지신 이 곧 열면 닫을 사람이 없고 닫으면 열 사람이 없는 그
> 가 이르시되 볼지어다 내가 네 앞에 열린 문을 두었으되 능히 닫을 사
> 람이 없으리라 내가 네 행위를 아노니 네가 작은 능력을 가지고서도
> 내 말을 지키며 내 이름을 배반하지 아니하였도다"(계 3:7-8).

8절에서 예수님께서는 빌라델비아 교회에 "내가 네 앞에 열린 문
을 두었으되"라고 말씀하십니다. 이는 선교의 문이 열린 상황을 말합
니다. 18세기부터 20세기 초의 교회사가 꼭 이러했습니다. 이 시기는
아프리카 선교의 선구자 데이비드 리빙스턴(David Livingstone), 윌리엄
캐리(William Carey), 허드슨 테일러(James Hudson Taylor) 등 선교 역사
의 주역들이 대거 등장했던 때였으며, 우리나라를 비롯해 중국, 일본
등 아시아권에도 복음이 전해진 아주 의미 있는 때였습니다. 한마디
로 선교의 대부흥 시대였습니다.

예전에 안식년 동안 영국에서 선교의 역사를 공부한 적이 있습니
다. 그때 저는 선교의 대부흥 시대에 어떻게 영국 같은 작은 나라가
당시 세계 선교의 중추 역할을 해낼 수 있었는지에 대해 의문을 품
었습니다. 그래서 이 책 저 책 뒤적이며 조사를 한 결과, 다음과 같은
결론을 얻었습니다.

세계 선교를 감당하기 위해서는 우선 자국 교회가 부흥해야 합니
다. 즉, 평신도들에게 열정이 있어야 합니다. 둘째, 경제가 부흥해야

합니다. 18-19세기에 영국은 산업 혁명을 통해 괄목할 만한 경제 성장을 이룩했습니다. 셋째, 교육열이 강해야 합니다. 웨슬리(Wesley) 형제나 조지 휘필드(George Whitefield)를 비롯해 이 시대에 복음으로 세상을 정복하다시피 한 뛰어난 일꾼들은 대부분 명문 대학 출신의 석학들이었습니다. 그 시대에는 대학 선교가 활발했습니다. '옥스퍼드 대학 7인', '에든버러 7인'이라 알려졌던 대학생 선교팀들이 아시아와 아프리카를 복음으로 정복했습니다. 마지막으로는 정치적인 힘이 있어야 했습니다.

저는 이런 사실들을 깨달으면서 지금 이 시대의 우리나라 상황이 당시 영국과 비슷하다고 생각했습니다. 교회들이 성장하고 있습니다. 교인들의 열기는 뜨거워지고, 열정은 불타오릅니다. 한국인이 가는 곳에는 교회가 생긴다는 말까지 있을 정도입니다. 경제적인 면에서도 안정된 수준에 이르렀습니다. 또한 우리나라 교육열은 가히 세계적이라 할 수 있습니다. 빌라델비아 교회처럼 지금 우리 앞에는 선교의 문이 활짝 열려 있습니다. 세계 어느 나라를 보아도 우리나라처럼 이렇게 준비되어 있는 나라는 없습니다. 이처럼 여러 영역이 잘 준비된 가운데, 우리 그리스도인들이 선교 면에서 좀 더 각성되고 철저하게 훈련된다면 앞으로 세계를 뒤집어놓을 선교 역사가 한국 교회를 통해 나타날 것입니다. 그리고 실제로 지금은 선교사 지원자들이 많이 몰리고 있는 시대이기도 합니다.

18-19세기의 교회를 비롯하여 본문의 빌라델비아 교회가 영적 부흥을 구가할 수 있었던 것은 전적으로 주님의 은혜 덕분이었습니다.

"볼지어다 내가 네 앞에 열린 문을 두었으되 능히 닫을 사람이 없으리라"(계 3:8).

스스로 열겠다고 발버둥을 쳐서 문이 열린 것이 아닙니다. 주님께서 미리 준비하고 기다리셨다가 때가 되어 열어 주신 것입니다. 바야흐로 '열린 문의 시대'가 온 것입니다. 빌라델비아 교회는 예수님께 어떤 칭찬을 받았나요?

"내가 네 행위를 아노니 네가 작은 능력을 가지고서도 내 말을 지키며 내 이름을 배반하지 아니하였도다"(계 3:8).

빌라델비아 교회는 큰 핍박이 있던 상황에서, 작은 능력으로도 주님께 충성을 다했습니다. 우리에게 얼마나 큰 능력이 있고, 또 얼마나 성경 지식을 많이 가지고 있는가는 문제가 되지 않습니다. 하나님께서는 한 달란트라도 자기가 받은 것으로 충성하고 순종하는 자를 크게 쓰십니다. 그런 사람이 하나님을 기쁘게 해 드릴 수 있습니다. 예수님께서도 이렇게 말씀하십니다.

"진실로 너희에게 이르노니 만일 너희에게 믿음이 겨자씨 한 알 만큼만 있어도 이 산을 명하여 여기서 저기로 옮겨지라 하면 옮겨질 것이요 또 너희가 못할 것이 없으리라"(마 17:20).

믿음의 능력은 크기에 달려 있는 것이 아닙니다. 그 믿음을 사용하느냐 사용하지 않느냐에 달려 있습니다. 믿음의 능력은 양이 아니라 질을 통해 드러납니다. 작은 믿음이라도 그 믿음이 발휘될 때 비로소 큰 역사가 이루어집니다. 마치 사람의 눈에 보이지도 않는 원자핵이 핵분열을 거듭하다가 마침내 엄청난 위력을 발휘해 폭발하듯이, 보잘것없어도 갖고 있는 믿음을 행함으로써 순종하게 되면 그 결과는 가히 폭발적으로 나타납니다. 빌라델비아 교회는 작은 능력으로도 충성했기에 주님께서는 다음과 같은 은혜를 허락하셨습니다.

"보라 사탄의 회당 곧 자칭 유대인이라 하나 그렇지 아니하고 거짓말하는 자들 중에서 몇을 네게 주어 그들로 와서 네 발 앞에 절하게 하고 내가 너를 사랑하는 줄을 알게 하리라"(계 3:9).

이것이 바로 작은 믿음으로 큰 역사를 이룬 모습입니다. 이뿐만 아니라 빌라델비아 교회는 더 큰 축복의 약속도 받았습니다.

"네가 나의 인내의 말씀을 지켰은즉 내가 또한 너를 지켜 시험의 때를 면하게 하리니 이는 장차 온 세상에 임하여 땅에 거하는 자들을 시험할 때라"(계 3:10).

"시험의 때를 면하게 하리니"라는 부분은 영어 성경에서 "keep you from the hour of testing"으로 기록되어 있습니다. 이 "시험의 때"란 지금 우리가 겪는 시련이 아닙니다. 요한계시록 6장에서부터 펼쳐질 대환난 시기를 말하는 것으로 보입니다. 이런 사실들을 종합하면 결국 믿음을 지킨 자들은 대환난을 겪지 않으리라는 것을 알수 있습니다. 환난을 겪는 가운데 보호해 주신다는 의미라면 "keep you through the hour of testing"이라 표현했을 것입니다. 그러나 "시험의 때를 면한다"는 것은 재앙이 내려진 상황을 면해서 재앙을 조금도 겪지 않는다는 뜻입니다. 이제 주님께서 빌라델비아 교회에 마지막으로 주시는 말씀입니다.

"내가 속히 오리니 네가 가진 것을 굳게 잡아 아무도 네 면류관을 빼앗지 못하게 하라 이기는 자는 내 하나님 성전에 기둥이 되게 하리니 그가 결코 다시 나가지 아니하리라 내가 하나님의 이름과 하나님의 성 곧 하늘에서 내 하나님께로부터 내려오는 새 예루살렘의 이름과 나의 새 이름을 그이 위에 기록하리라 귀 있는 자는 성령이 교회들에게 하시는 말씀을 들을지어다"(계 3:11-13).

우리나라 성도들도 빌라델비아 교회의 모습처럼 주님 앞에 선다면 분명히 하나님의 성전 기둥으로 크게 쓰임받을 것입니다.

라오디게아 교회를 향한 말씀

마지막으로 등장하는 라오디게아 교회는 20세기의 영적 상황을 여실히 반영하고 있습니다. 물론 라오디게아 교회는 사도 요한이 생존했던 당시의 일곱 교회 중 하나지만 이 교회를 묘사한 특징들은

20세기에 들어오면서 전 세계적으로 확실하게 나타났습니다. 이러한 점을 미루어 볼 때 주님이 다시 오실 날이 가까워지고 있다는 것을 알 수 있습니다.

라오디게아 교회는 자기만족에 찬 교회요, 신앙이 없는 교회였습니다. 그래서 "아멘이시요 충성되고 참된 증인이시요 하나님의 창조의 근본이신"(계 3:14) 예수님께서 라오디게아 교회를 향해 이렇게 책망하셨습니다.

"내가 네 행위를 아노니 네가 차지도 아니하고 뜨겁지도 아니하도다 네가 차든지 뜨겁든지 하기를 원하노라 네가 이같이 미지근하여 뜨겁지도 아니하고 차지도 아니하니 내 입에서 너를 토하여 버리리라"(계 3:15-16).

과거는 이 말씀 구절에 대해 '신앙의 열정을 가져 아예 뜨겁든지 아예 철저하게 믿지 않든지 둘 중 하나를 택해야 한다!'라고 해석하는 사람들이 많았습니다. 그러나 실은 그렇지 않습니다. 예를 들어, 차나 국은 따끈해야 제 맛입니다. 몹시 더운 여름, 땀을 많이 흘렸을 때는 입안이 얼얼할 만큼 시원한 냉수 한 그릇이 간절해집니다. 이렇듯 뜨거우려면 아예 뜨겁고, 차가우려면 아예 차가워야 쓸모가 있다는 뜻입니다.

영적으로도 아예 차든지 뜨겁든지 해야 사람들이 우리를 볼 때마다, 우리의 말을 들을 때마다, 우리와 접촉할 때마다, 우리 삶의 모습을 볼 때마다 확실하고 분명한 느낌을 받습니다. 식은 국이라든가, 냉장이 되지 않은 음료를 마셨을 때 기분이 어떤가요? 주님 보시기에 라오디게아 교회의 영적 상황이 그렇게 미적지근했던 것입니다. 차지도 않고 뜨겁지도 않아 아무 곳에도 쓸모없는 상태였습니다.

예수님을 기왕 믿고자 한다면, 예수 그리스도가 참으로 하나님의 아들이시요, 온 인류의 죄를 사하시고 구원하시기 위해 십자가에 달려 돌아가셨으며, 그분에게 영원한 생명, 즉 영원한 하나님의 나라와 영생이 보장되어 있다는 사실을 확신해야 합니다. 믿을 바에야 철저히, 결사적으로 믿어야 합니다. 그런데 밖에 나가면 교회 생각이 나서 불편하고, 교회 오면 바깥세상이 생각나서 불편해하는 성도들이 많습니다. 예수님을 철저히 믿지 않으면 늘 죄의식에 눌리게 되고 삶의 자유함과 즐거움을 잃게 됩니다.

하나님의 명령에 순종하여 하나밖에 없는 아들을 제단에 바치려고 했던 아브라함과 같은 필사적인 자세로 믿어야 합니다. 그래야만 주님께서 주시고자 하시는 영적인 축복을 누릴 수 있습니다. 그런데 라오디게아 교회는 영적 장님이 되어 자신의 영적 상태가 어떠한지조차 모르고 있는 상황이었습니다.

"네가 말하기를 나는 부자라 부요하여 부족한 것이 없다 하나 네 곤고한 것과 가련한 것과 가난한 것과 눈 먼 것과 벌거벗은 것을 알지 못하는도다"(계 3:17).

죽은 사람은 자신이 죽었다는 사실을 깨닫지 못합니다. 라오디게아 교회가 그랬습니다. '교회'라는 이름은 달고 있으나 교회가 아니었으며, 예수님을 믿는다는 사람들이 모여 있으나 실상은 신앙이 없는 사람들의 모임이었습니다. 이렇게 신앙이라는 본질이 빠져나가 허울 좋은 껍데기만 남은 것이 바로 당시 라오디게아 교회의 현주소였습니다.

이런 모습이 오늘날 우리 교회의 모습이기도 합니다. 한때 세계 선교에 결정적인 역할을 했던 유럽 교회는 지금 겨우 명맥만을 유지하고 있는 형편입니다. 영국에서는 주일을 성수하는 그리스도인이 전 인구의 4%밖에 되지 않으며, 앞으로는 더욱 줄어들 것이라고 합니다. 안타깝게도 유럽에서는 기독교 시대가 이미 지나가 버렸습니다. 훌륭한 석조로 지어진 교회 예배당은 텅 비어 있고, 박물관 정도로 활용되고 있는 실정입니다.

미국도 크게 다르지 않습니다. 영적으로 점점 약해져 가는 형국입니다. 이제 미국 교단의 몇 가지 경우를 통해 오늘날의 교회가 처한 상황을 살펴보려고 합니다. 미국의 한 교파의 신학교 교수가 이런 말을 한 적이 있습니다. "나는 아담과 하와가 역사적인 인물이라고 말하지 못하겠다. 나는 그런 것에 관심이 없다." 다시 말하면 아담이 실존 인물이라는 사실을 믿지 못하겠다는 말입니다. 그러나 아담이 실제로 있었던 사람이 아니라면 무엇 때문에 구원의 역사가 필요했을까요? 미국 신학교에는 이런 식의 주장을 펴는 교수들이 많습니다.

또한 루터교 목사들과 교인들 중 51%만이 성경이 성령의 감동으로 기록된 하나님의 말씀이라고 믿는다고 합니다. 결국 성경이 하나님의 말씀이 아니라고 생각하는 사람이 그들 가운데 절반이나 된다는 이야기입니다. 특이한 점은 성경을 하나님의 말씀으로 믿는 사람들 가운데 목사보다는 평신도의 비율이 두 배로 많다는 것입니다. 침례교 쪽도 예외는 아닙니다. 다음은 미국 침례교 신학교 교수 협회에서 발표한 내용입니다. "우리가 성경이 하나님의 말씀이라는 것을 의심하는 것은 성경을 의심하는 것이지 하나님을 의심하는 것은 아닙니다. 우리에게는 (믿지 않을) 자유가 필요합니다."

미국 장로교에서는 1920년 뉴욕 노회에서 그리스도가 처녀 마리아를 통해 태어난 것이 아니라고 주장한 두 사람에게 목사 안수를 주었습니다. 두 사람 중 한 사람은 세계 기독교 연합회(WCC)의 초대 회장이 되었습니다. 워싱턴 노회에서는 예수님이 하나님의 아들이 아니라고 한 목사를 그대로 목사로 세웠습니다. 뿐만 아니라 미국 장로교 총회에서는 "예수님을 믿지 않아도 천국에 갈 수 있다."라고 주장한 선교사들을 해외로 파송해도 된다는 입장이 통과되었습니다. 이 의견에 반대한 사람이 오히려 소수였습니다. 결국 이것이 문제가 되어 교단이 나뉘어졌으며, 그때 신앙을 지키기 위해 생긴 신학교가 바로 웨스터민스터 신학교입니다. 미국의 감리교 감독이며 신학교 교장인 옥스남(Bromley Oxnam) 목사는 구약 성경의 하나님을 '더러운 깡패'라고 부르기까지 했습니다.

이런 현실이 믿어집니까? 하나님의 말씀을 붙잡고 열심히 나아가는 우리 한국 교회에서는 상상할 수 없는 일들이 서구 세계에서 벌어지고 있습니다. 기독교 역사에서 이런 시대가 있었나요? 주로 교회 밖에서 신의 존재 여부나 예수 그리스도의 신성 등을 둘러싸고 이러쿵저러쿵 말이 있어 왔습니다. 그러나 지금처럼 교회 지도자들과 신학교 교수들이 교회 안에서 이렇게 공공연하게 불신앙을 표명한 적은 없었습니다. 20세기에 들어와 이성을 절대시하는 풍조가 갑작스럽게 거세지면서 기독교계마저 그 기운에 침식당해 버린 것입니다. 예수님의 신성과 성경에 나타난 여러 이적들, 사탄의 존재를 믿지 않는 교인들이 너무도 많습니다. 그러면서도 그들은 자기가 예수님을 믿는다고 공언합니다.

사실 우리나라에서도 심상치 않은 움직임이 일고 있습니다. 1991년 WCC 7차 대회에서 우리나라의 한 여성 신학자가 관음보살이 다시 오실 그리스도의 여성적인 이미지라는 논문을 발표한 일이 있었습니다. 이에 대해 한국의 어느 신학교 교수가 이런 평을 했습니다. "기독교 전래 이전에 불교와 유교를 믿고 살다 간 우리 조상들은 우상숭배를 한 것이 아닙니다. 하나님께서 다른 형태로 혹은 그림자처럼 우리 가운데서 창조와 구속과 속량의 일을 해 오셨다고 이 신학자는 믿고 신앙 고백한 것입니다. 저도 그의 신앙 고백에 동의합니다."

아마 한국 교회 목사들 가운데 95% 이상은 이 의견에 동의하지 않을 것입니다. 어느 나라를 가 보아도 한국 교회처럼 성경에 충실한 신앙을 가진 교회는 없습니다. 한국 교회는 특수한 교회입니다. 그러나 우리도 정신을 바짝 차리고 깨어 있어야 합니다. 자칫하면 우리나라의 영적 상황도 유럽이나 미국같이 될 가능성이 있습니다. 아니, 벌써 그런 조짐들이 심상치 않게 고개를 들고 있습니다. 세계 기독교계 지도자들이 성경을 믿지 않고, 아무 영적 기쁨도 없이 냉랭해진 시대에 한국 교회처럼 성경적이고 뜨거운 교회를 세우신 하나님의 섭리와 목적은 무엇일까요?

교회의 수적인 부흥과 뜨겁게 헌신하는 성도들의 모습을 볼 때 하나님께서 특별히 우리나라를 사랑하신다는 것을 알 수 있습니다. 하나님께서는 앞으로 한국 교회를 통해 세계 기독교를 향한 성령의 불길을 다시금 일으키시고자 작정하고 계심이 분명합니다. 그렇기 때문에 우리 개인의 사명이 얼마나 막중한지 모릅니다. 한 사람 한 사람이 바른 신앙으로 서 있어야만 합니다. 작은 불꽃들이 모여 큰 불을 일으키듯, 각자의 신앙의 불길이 한국 교회 전체의 신앙의 불길이 되고, 한국 교회의 신앙의 불길이 세계를 향해 활활 타오르며 번져 나갈 때 마침내 이 마지막 시대에 복음을 땅 끝까지 전하게 하려는 하나님의 섭리가 우리 가운데 역사하실 것입니다. 나 한 사람의 신앙이 가장 중요하다는 사실을 잊지 마십시오.

예수님께서는 곤고하고 가난하고 눈멀고 벌거벗은 라오디게아 교회에 세 가지 처방을 내려 주셨습니다.

"내가 너를 권하노니 내게서 불로 연단한 금을 사서 부요하게 하고 흰 옷을 사서 입어 벌거벗은 수치를 보이지 않게 하고 안약을 사서 눈에 발라 보게 하라 무릇 내가 사랑하는 자를 책망하여 징계하노니 그러므로 네가 열심을 내라 회개하라"(계 3:18-19).

첫째, 불로 연단한 금을 사라고 하셨습니다. 라오디게아 교회의 극심한 영적 가난이 제거되려면 금이 필요했습니다. 금이란, 말씀에 순종하는 '금과 같은 참된 믿음'을 뜻합니다.

둘째, 흰 옷을 사서 입으라고 하셨습니다. 벌거벗은 수치를 가리기 위해서는 옷이 필요합니다. 그중 흰 옷을 입는다는 것은 믿음으로 말미암아 그리스도의 보혈로 구속함을 받아 단번에 의롭다 함을 입는 것, 곧 '칭의(稱義)'를 뜻합니다. 근본적으로 갖고 태어난 죄성 때문에 죄를 먹고 마시는 우리가 어떻게 하나님 앞에서 깨끗하고 의로운 모습으로 설 수 있을까요? 그럴 수 있는 길은 오직 예수 그리스도를 통한 구속을 믿는 것뿐입니다.

> "모든 사람이 죄를 범하였으매 하나님의 영광에 이르지 못하더니 그리스도 예수 안에 있는 속량으로 말미암아 하나님의 은혜로 값없이 의롭다 하심을 얻은 자 되었느니라"(롬 3:23-24).

예수님께서 흘리신 보혈로 나를 값 주고 사셨다는 것을 믿는 그 순간, 하나님께서는 나를 죽음에서부터 영원한 생명으로 옮겨 주시고 예수 그리스도 안으로 들어오게 해 주십니다. 그 순간부터 하나님께서는 의롭고 완전하시며 죽기까지 순종하신 예수님이라는 안경을 통해 나를 바라보십니다(사 61:10; 계 3:4-6, 19:8).

셋째, 안약을 사서 눈에 바르라고 하셨습니다. 영의 눈이 어두워지고, 영적으로 거듭나지 못했기 때문에 말씀을 깨닫지 못하는 라오디게아 교인들에게는 성령의 내주하심이 필요했습니다. 성령의 내주하심은 예수 그리스도를 영접하는 순간 이루어집니다. 그때부터는 성령께서 영원토록 성도의 마음속에 임재하십니다.

이 세 가지 처방을 종합해서 한마디로 말하면, 결국 구원받으라는 것입니다. 교회에 열심히 다니고, 목회를 하고, 신학교 교수를 하고, 전도를 열심히 해도 여전히 구원받지 못했을 수 있습니다. 목사도 구원받아야 하고 장로도, 집사도, 신학교 교수도, 평신도도 모두 구원받아야 합니다. 영적으로 거듭나지 못하면 강단에 서서 엉뚱한 설교를 합니다. 혹은 책을 통해 말이 되지 않는 이론들을 펼치게 되니 그 신앙이 미지근할 수밖에 없습니다.

예수 그리스도가 내 죄를 위해 십자가를 지시고 구원을 베푸신 나의 구주라는 사실을 믿고 마음 깊이 받아들이며 내 입술로 고백할 때라야 우리는 주님 안에서 거듭난 새 사람이 될 수 있습니다. 그런 후에야 영적인 눈이 뜨이고 귀가 열려 성경이 제대로 깨달아지고, 우리 영혼에 참된 진리가 새겨지며, 비로소 영적인 세계를 이해할 수 있게 됩니다.

라오디게아 교회의 참담한 실상에도 불구하고 주님은 그들을 향한 사랑을 버리지 않으셨습니다.

"무릇 내가 사랑하는 자를 책망하여 징계하노니 그러므로 네가 열심을 내라 회개하라"(계 3:19).

이는 아직 늦지 않았다는 말씀입니다. 언제나 우리 주님은 불쌍한 영혼들에게 손을 내미시면서 "회개하라! 열심을 내어라! 변화되어라! 나를 믿어라!" 하시며 권고하고 독려하십니다. 이 얼마나 감사한 일인가요? 사랑의 주님께서 이제 라오디게아 교회에 은혜의 말씀을 들려주십니다.

"볼지어다 내가 문 밖에 서서 두드리노니 누구든지 내 음성을 듣고 문을 열면 내가 그에게로 들어가 그와 더불어 먹고 그는 나와 더불어 먹으리라"(계 3:20).

"누구든지"라는 말에는 뜨겁지도 차지도 않은 미지근한 사람도, 벌거벗은 사람도, 눈먼 사람도, 가난한 사람도, 아담과 하와를 부정하는 사람도, 하나님을 외면하는 사람도 다 포함됩니다. 바로 여기에 하나님의 크신 사랑과 한량없는 은혜가 있습니다. 한때는 우리도 예수님을 믿는 친구들을 핍박하던 그 사람들과 다를 바 없는 죄인임을 명심하십시오.

주님은 우리에게 구원받는 방법을 친히 가르쳐 주실 정도로 친절하고 자비로운 분입니다. 만약 예수님을 나의 구주로 믿고 있지 않다면, 주님이 가르쳐 주신 대로 지금 당장 마음 문을 열고 주님의 구속의 은혜를 받아들이십시오. 주님께서 여러분과 이제부터 영원토록 함께하실 것입니다.

저는 청년 시절에 성경 공부를 아주 열심히 했습니다만, 솔직히 그때까지도 주님이 나의 구주라는 사실은 깨닫지 못했습니다. 그러다 스물다섯 살이 되던 해에 비로소 예수님이 나의 구주라는 사실을 깨닫고 진짜 신앙을 고백하게 되었습니다. 그때까지 저는 성경을 지식으로 알았을 뿐 그것이 저의 생명인 줄은 몰랐던 것입니다. 제 안에 성령님이 안 계셨기 때문이었습니다.

주님께서는 다음과 같은 말씀으로 일곱 교회를 향한 메시지를 마무리하셨습니다.

"이기는 그에게는 내가 내 보좌에 함께 앉게 하여 주기를 내가 이기고 아버지 보좌에 함께 앉은 것과 같이 하리라 귀 있는 자는 성령이 교회들에게 하시는 말씀을 들을지어다"(계 3:21-22).

"이기는 그"란 구원받는 사람을 뜻합니다. 구원받는 사람은 반드시 승리합니다. 이기는 사람은 성령이 교회에 하시는 말씀을 들을 수 있는 귀를 갖게 됩니다.

하늘 보좌와 어린 양 예수
(4-5장)

"이 일 후에 내가 보니 하늘에 열린 문이 있는데 내가 들은 바 처음에 내게 말하던 나팔 소리 같은 그 음성이 이르되 이리로 올라오라 이 후에 마땅히 일어날 일들을 내가 네게 보이리라 하시더라 내가 곧 성령에 감동되었더니 보라 하늘에 보좌를 베풀었고 그 보좌 위에 앉으신 이가 있는데 앉으신 이의 모양이 벽옥과 홍보석 같고 또 무지개가 있어 보좌에 둘렸는데 그 모양이 녹보석 같더라 또 보좌에 둘려 이십사 보좌들이 있고 그 보좌들 위에 이십사 장로들이 흰 옷을 입고 머리에 금관을 쓰고 앉았더라" 계 4:1-4

요한계시록 4장과 5장은 6장부터 본격적으로 펼쳐질 대환난 사건의 서론입니다. 이 두 장을 '대환난의 전주곡' 혹은 '하늘에서 본 전망'이라고도 하는데, 요한계시록 전체를 이해하는 데 상당히 중요한 부분입니다. 이 두 장은 6장부터 시작될 '악에 대한 하나님의 심판'에 정당성을 부여합니다. 다음과 같은 세 가지 모습이 나타나 있기 때문입니다.

첫째, 전능하신 하나님의 영원하신 모습이 나타나 있습니다. 하나님은 역사의 주관자시며 최후의 심판을 행하시기에 합당하신 분입니다. 둘째, 세상을 창조하신 절대적 창조자의 모습이 나타나 있습니다. 토기장이가 진흙을 다루는 것처럼 하나님께서는 원하는 대로 세상 모든 일을 좌우하실 수 있습니다. 셋째, 구속자로서 세상을 심판하기에 합당하신 모습이 나타나 있습니다.

이렇게 하나님과 어린 양 예수님이 어떤 분이신가를 보여 주는 이유는 무엇일까요? 주님께서 7년 동안 절대 주권을 갖고 이 땅에 심판의 잔을 부을 때, 아무도 도전하거나 항의할 수 없음을 미리 알려 주기 위함입니다.

하늘
보좌

요한계시록 4장 1-11절에는 하늘 보좌와 그 둘레의 정경이 나타나 있습니다. 여기서 요한은 하늘로 올라오라는 초청을 받게 됩니다.

"이 일 후에 내가 보니 하늘에 열린 문이 있는데 내가 들은 바 처음에 내게 말하던 나팔 소리 같은 그 음성이 이르되 이리로 올라오라 이 후에 마땅히 일어날 일들을 내가 네게 보이리라 하시더라"(계 4:1).

"이 후에 마땅히 일어날 일들"은 "장차 될 일"(계 1:19)과 같은 맥락입니다. 1절 전반부의 "이 일 후에"와 후반부의 "이 후에"라는 말이 일곱 교회에 대해 언급한 후에 나왔다는 사실을 통해 이제부터 나타날 사건은 2-3장의 교회 시대가 끝난 후에 일어날 일임을 알 수 있습니다.

하늘로 올라간 요한은 이 땅에서 벌어질 사건들을 저 위에서 내려다볼 수 있게 되었습니다. 하늘에서는 지상에서 벌어지는 사건을 한눈에 볼 수 있을 뿐 아니라 시간을 초월해 영원의 세계까지 볼 수 있습니다. 즉, 우리에게 장차 나타날 아주 신비한 일들을 다 알 수 있습니다. 그렇기 때문에 예언을 통해 우리에게 마땅히 가야 할 길을 보여 주시는 것입니다.

요한이 이처럼 초청을 받아 하늘로 들림을 받았고, 또 6-19장까지 교회의 모습이 나타나지 않는다는 사실을 들어 어떤 학자들은 교회 시대가 끝나면 바로 들림을 받는 사건, 곧 하나님께서 성도들을 이 지상에서 하늘로 데려가는 일이 일어나지 않겠느냐는 주장을 펼치기도 합니다.

요한이 성령에 이끌리어 올라가서 본 천국 보좌의 모습은 요한계시록 4장 2-11절에 묘사되어 있습니다. 그중 5절 말씀을 보겠습니다.

"보좌로부터 번개와 음성과 우렛소리가 나고 보좌 앞에 켠 등불 일곱이 있으니 이는 하나님의 일곱 영이라"(계 4:5).

"하나님의 일곱 영"은 일곱 가지 특징을 가진 하나님의 거룩하신 영, 즉 성령을 말합니다. 이사야 11장 2절에는 성령의 일곱 가지 특징이 나타나 있습니다.

"여호와의 영 곧 지혜와 총명의 영이요 모략과 재능의 영이요 지식과 여호와를 경외하는 영이 강림하시리니"(사 11:2).

요한계시록 5장 6절에서는 '일곱 영'을 "일곱 개의 눈"으로 해석해 놓았는데, 스가랴 3장 9절과 4장 10절 말씀에 따르면 일곱 눈은 일곱 영을 가리킵니다. 그리고 일곱 눈은 스가랴 4장 6절에서 성전을 재건할 하나님의 영으로 나타납니다. 이처럼 일곱 영은 성령과 관련되어 있기 때문에 여기에서도 성령으로 해석하는 것입니다.

요한계시록 4장에는 하나님 아버지께서 보좌에 앉으셨고 그 앞에 일곱 영, 곧 성령과 네 가지 종류의 생물이 둘러서 있는 모습이 묘사되고 있습니다. 여기서 "네 생물"은 천사를 뜻합니다.

> "네 생물은 각각 여섯 날개를 가졌고 그 안과 주위에는 눈들이 가득
> 하더라 그들이 밤낮 쉬지 않고 이르기를 거룩하다 거룩하다 거룩하다
> 주 하나님 곧 전능하신 이여 전에도 계셨고 이제도 계시고 장차 오실
> 이시라 하고"(계 4:8).

하늘에 있는 하나님 보좌 곁에서 그분을 칭송하는 이 무리들은
'스랍(seraph)'에 해당합니다(사 6:2-6). 천사는 스랍과 그룹(cherubim),
이렇게 두 종류가 있는데 그룹은 에덴동산에 있는 생명나무의 길을
수호하는 천사입니다. 에스겔 1장 4-14절에도 네 생물이 등장하는데
그들은 각각 사자와 황소와 사람과 독수리의 모습을 하고 있습니다.

요한계시록 4장 10절 이하에는 이십사 장로의 모습이 나옵니다.
장로들은 이스라엘에서나 교회에서 영적으로 가장 권위 있는 사람
들입니다. 24라는 숫자에 대해서는 여러 해석들이 있습니다. 요한계
시록 5장 8절에서 장로들이 기도와 관련되어 있는 것으로 보아 구약
시대 제사장의 이십사 계급을 말하는 것 같기도 합니다. 이스라엘의
열두 지파와 신약 시대 열두 사도, 즉 구약의 대표자와 신약의 대표
자를 합한 숫자라는 주장도 있습니다. 5장 9절 이하의 새 노래의 내
용에 비추어 본다면 구속받은 성도들을 대표하는 사람들 같기도 합
니다. 특히 4장 4절에서 이십사 장로들이 금관을 받아 머리에 쓰고
앉아 있는 모습은 그들이 성도들이라는 사실을 뒷받침해 줍니다.

인봉된
두루마리

4장에서 마지막 심판을 베푸실 주님이 과연 어떤 분이신가를 보여 준 후, 5장에서는 인봉된 책을 설명합니다.

"내가 보매 보좌에 앉으신 이의 오른손에 두루마리가 있으니 안팎으로 썼고 일곱 인으로 봉하였더라"(계 5:1).

일곱 인으로 봉인된 두루마리 안에는 예수님께서 공중에 나타나셔서 믿는 사람들을 하늘로 들어 올리시고 난 후, 7년 동안 지상에서 벌어질 모든 재앙이 기록되어 있습니다. 인봉을 떼면 그때부터 7년 동안의 대환난이 시작됩니다. 두루마리가 인봉되어 있는 것으로 보아 그 내용은 아직 공개되지 않았음을 알 수 있습니다.

그렇다면 두루마리의 일곱 인봉을 뗄 분, 곧 역사와 마지막을 심판하기에 합당하신 분은 과연 누구일까요?

"또 보매 힘있는 천사가 큰 음성으로 외치기를 누가 그 두루마리를 펴며 그 인을 떼기에 합당하냐 하나 하늘 위에나 땅 위에나 땅 아래에 능히 그 두루마리를 펴거나 보거나 할 자가 없더라 그 두루마리를 펴거나 보거나 하기에 합당한 자가 보이지 아니하기로 내가 크게 울었더니 장로 중의 한 사람이 내게 말하되 울지 말라 유대 지파의 사자 다윗의 뿌리가 이겼으니 그 두루마리와 그 일곱 인을 떼시리라 하더라"(계 5:2-5).

"유대 지파의 사자 다윗의 뿌리"란 왕의 권위를 상징합니다. 다윗의 자손인 예수님에게는 세상을 다스릴 권세뿐만 아니라 심판할 권세도 있습니다. 이 밖에 예수님이 심판자가 되셔야 할 중요한 이유가 한 가지 더 있습니다.

"내가 또 보니 보좌와 네 생물과 장로들 사이에 한 어린 양이 서 있는데 일찍이 죽임을 당한 것 같더라 그에게 일곱 뿔과 일곱 눈이 있으니 이 눈들은 온 땅에 보내심을 받은 하나님의 일곱 영이더라"(계 5:6).

죄로 타락한 피조계(被造界)를 자신의 보혈로 사신 예수님이십니다. 그렇기에 그 구속의 은혜를 끝까지 거절하고 죄를 범한 사람들을 심판할 자격이 있으신 것입니다. 이제 어린 양이 움직이기 시작합니다.

"그 어린 양이 나아와서 보좌에 앉으신 이의 오른손에서 두루마리를 취하시니라 그 두루마리를 취하시매 네 생물과 이십사 장로들이 그 어린 양 앞에 엎드려 각각 거문고와 향이 가득한 금 대접을 가졌으니 이 향은 성도의 기도들이라"(계 5:7-8).

'향'은 그동안 순교한 영혼들이 악의 세력의 핍박을 받고 죽임까지 당한 것에 대해 하나님께 자기들의 한을 풀어 달라고 하소연하며 애통하는 울부짖음입니다. 지금도 핍박받는 성도들의 탄식의 향이 하늘로 올라가고 있습니다. 가정에서 주님을 믿지 않는 남편 또는 아내, 주님을 거부하는 자녀, 그리고 신앙을 핍박하는 부모님 때문에 괴로움 당하는 성도들이 많습니다. 주님을 믿는 사람들은 늘 하나님 한 분만을 믿고 의지하며 삽니다. 예수 그리스도의 보혈의 공로만을 붙잡고 살기 때문에 세상에서 많은 어려움을 겪습니다. 지금 아무런 핍박도 받고 있지 않다면, 여러분이 세상과 긴밀히 타협하며 살고 있는 것은 아닌지 한 번쯤 점검해 보아야 합니다. 주님을 따라 의롭게 살고자 할 때, 예수님을 따르며 좁은 길을 가려고 할 때에는 조롱과 핍박과 고초를 당할 수밖에 없습니다.

드디어 보좌에 앉으신 하나님에게서 두루마리를 받아든 어린 양 앞에 네 생물과 이십사 장로들이 모두 머리 숙여 절합니다. 그분의 절대적 주권을 높여 드리며 찬양하는 모습입니다.

"그들이 새 노래를 불러 이르되 두루마리를 가지시고 그 인봉을 떼기에 합당하시도다 일찍이 죽임을 당하사 각 족속과 방언과 백성과 나라 가운데에서 사람들을 피로 사서 하나님께 드리시고 그들로 우리 하나님 앞에서 나라와 제사장들을 삼으셨으니 그들이 땅에서 왕 노릇 하리로다 하더라"(계 5:9-10).

수많은 천사들이 이에 합세합니다.

"내가 또 보고 들으매 보좌와 생물들과 장로들을 둘러 선 많은 천사의 음성이 있으니 그 수가 만만이요 천천이라 큰 음성으로 이르되 죽임을 당하신 어린 양은 능력과 부와 지혜와 힘과 존귀와 영광과 찬송을 받으시기에 합당하도다 하더라"(계 5:11-12).

이제 마지막으로 모든 만물이 다 함께 찬양을 합니다.

"내가 또 들으니 하늘 위에와 땅 위에와 땅 아래와 바다 위에와 또 그 가운데 모든 피조물이 이르되 보좌에 앉으신 이와 어린 양에게 찬송과 존귀와 영광과 권능을 세세토록 돌릴지어다 하니"(계 5:13).

처음에는 네 생물들이 하나님께 영광과 존귀를 돌리며 찬양하고, 그다음에는 이십사 장로들이 찬양했습니다. 이렇게 각각 찬양을 하다가 이십사 장로와 네 생물들이 함께 찬양을 하고, 그다음에는 수많은 천사들이 합세하고 가장 마지막으로 만물이 함께 입을 모아 주님의 영광을 찬양합니다. 이는 마치 베토벤의 교향곡 9번 「합창」을 연상케 합니다. 가장 처음 소프라노 독창으로 찬가가 시작되면 알토, 테너, 베이스가 차례로 합세합니다. 오케스트라는 바이올린, 비올라, 첼로, 클라리넷, 오보에가 차례차례 등장하여 앞에 이미 등장한 악기들의 연주에 소리를 합합니다. 이런 식으로 200명의 합창단과 각종 악기들의 소리가 어우러지다가 마침내 절정에 이르면 웅장하고 멋진 합창이 완성되는 것입니다. 마지막으로 14절을 보십시오.

"네 생물이 이르되 아멘 하고 장로들은 엎드려 경배하더라"(계 5:14).

절대적 주권을 가지신 하나님, 죄악에 빠져 영 죽을 죄인들을 위해 독생자 예수 그리스도를 희생 제물로 바치시기까지 구원의 길을 열어 주신 하나님, 이런 하나님이시기에 그분께로 돌아서지 않는 사람들은 심판을 면할 수 없습니다. 네 생물과 이십사 장로들도 그분의 심판권을 인정하고 있습니다.

요한계시록 4-5장은 6-19장 사이에 있을 심판에 대한 전주곡으로서 어떤 분이 이 세상을 심판할 것인가를 먼저 보여 준 것입니다. 그리고 나서 두루마리의 인봉을 떼기 때문에 지금부터 나타날 사건에 대해 우리로서는 이렇다 저렇다 말할 수 없습니다.

대환난의 시작, 일곱 인의 재앙

"내가 보매 어린 양이 일곱 인 중의 하나를 떼시는데 그 때에 내가 들으니 네 생물 중의 하나가 우렛소리 같이 말하되 오라 하기로 이에 내가 보니 흰 말이 있는데 그 탄 자가 활을 가졌고 면류관을 받고 나아가서 이기고 또 이기려고 하더라 둘째 인을 떼실 때에 내가 들으니 둘째 생물이 말하되 오라 하니 이에 다른 붉은 말이 나오더라 그 탄 자가 허락을 받아 땅에서 화평을 제하여 버리며 서로 죽이게 하고 또 큰 칼을 받았더라" 계 6:1-4

드디어 대환난이 시작됩니다. 이제부터 나타나는 사건들은 너무 끔찍한 나머지, 어떤 해석자들은 6-19장의 대환난이 앞으로 있을 일이 아니라 지난 기독교 역사에서의 주요 사건들을 상징하는 것이라고 주장하기도 했습니다.

그러나 지난 2천 년 역사 속에서 이렇게 무섭고 엄청난 사건은 한 번도 없었습니다. 세계 대전 같은 비극이 있기는 했지만, 이 세상 전체가 여기 묘사된 것 같은 재앙을 당한 적은 아직 한 번도 없었습니다. 저는 6-19장의 대환난은 장차 일어날 일이라고 생각합니다. 예수님께서는 이미 마태복음 24장에서 대환난에 대한 전반적인 예언을 하셨습니다.

"민족이 민족을, 나라가 나라를 대적하여 일어나겠고 곳곳에 기근과 지진이 있으리니 이 모든 것은 재난의 시작이니라 그 때에 사람들이 너희를 환난에 넘겨 주겠으며 너희를 죽이리니 너희가 내 이름 때문에 모든 민족에게 미움을 받으리라 그 때에 많은 사람이 실족하게 되어 서로 잡아 주고 서로 미워하겠으며 거짓 선지자가 많이 일어나 많은 사람을 미혹하겠으며 불법이 성하므로 많은 사람의 사랑이 식어지리라 그러나 끝까지 견디는 자는 구원을 얻으리라 이 천국 복음이 모든 민족에게 증언되기 위하여 온 세상에 전파되리니 그제야 끝이 오리라 그러므로 너희가 선지자 다니엘이 말한 바 멸망의 가증한 것이 거룩한 곳에 선 것을 보거든 (읽는 자는 깨달을진저) 그 때에 유대에 있는 자들은 산으로 도망할지어다 지붕 위에 있는 자는 집 안에 있는 물건을 가지러 내려 가지 말며 밭에 있는 자는 겉옷을 가지러 뒤로 돌이키지 말지어다 그 날에는 아이 밴 자들과 젖 먹이는 자들에게 화가 있으리로다 너희가 도망하는 일이 겨울에나 안식일에 되지 않도록 기도하라 이는 그 때에 큰 환난이 있겠음이라 창세로부터 지금까지 이런 환난이 없었고 후에도 없으리라"(마 24:7-21).

마태복음 24장을 '감람산 강화(Olivet Discourse)'라고 합니다. 예수님이 감람산에서 마지막으로 세상 끝 날에 있을 일들에 대해 말씀하셨기 때문입니다. 그런데 소위 '말세'에 일어날 일들은 세상의 완전한 끝의 시작일 뿐입니다. 예수님께서는 복음이 온 세계에 완전히 전파될 때에야 비로소 이 세상의 끝이 온다고 하셨습니다.

들려 올라가는 사건을 시작으로 예수님께서 백마 타고 오시는 모습으로 종결될 하나님의 심판, 곧 대환난에 대해서는 요한계시록 6-19장뿐만 아니라 마태복음 24-25장과 다니엘 9장에도 기록되어 있습니다. 즉, 요한계시록에 나타난 일들은 마태복음과 다니엘서의 종말에 관한 부분을 현미경으로 확대해서 보는 것과 같습니다.

대환난의
의미

하나님의 마지막 심판, 대환난은 마지막 아담이신 예수님이 지상에서 천 년 동안 다스릴 왕국의 도래를 미리 준비하는 정화 작업이라 할 수 있습니다. 천년 왕국을 온전하게 지속하기 위해 이 땅에서 모든 악을 마지막으로 일소하는 것입니다.

하나님께서는 이전에도 여러 번에 걸쳐 이 땅을 깨끗하게 하셨습니다. 노아 시대에는 물로 홍수를, 소돔과 고모라에는 불과 유황으로, 가나안 족속은 이스라엘 군대로 토벌하게 하심으로 심판하셨습니다. 그들의 악행과 타락을 더 이상 참으실 수 없었기 때문입니다.

하나님께서는 오래 참으시는 분입니다. 우리가 헤아릴 수 없을 정도로 오래오래 참으십니다. 죄인들에게는 속히 돌아오라고 말씀하시며 회개할 시간을 주십니다. 그러나 어떤 죄인들은 하나님의 그런 긍휼과 기다림에도 결코 돌아오지 않습니다. 오히려 시간을 주고 기다려 줄수록 더욱 악해지고 타락합니다. 그럴 때 하나님의 인내와 오래 참음도 한계에 다다릅니다.

"혹 네가 하나님의 인자하심이 너를 인도하여 회개하게 하심을 알지 못하여 그의 인자하심과 용납하심과 길이 참으심이 풍성함을 멸시하느냐 다만 네 고집과 회개하지 아니한 마음을 따라 진노의 날 곧 하나님의 의로우신 심판이 나타나는 그 날에 임할 진노를 네게 쌓는도다" (롬 2:4-5).

우리가 신앙생활을 잘하다가 돌연 불순종한다 해도 하나님께서는 오래 참아 주십니다. 목사님이나 신앙의 동역자를 통해 권고해 주십니다. 그래도 돌이키지 않으면 그때서야 매를 드십니다. 하나님께서는 매를 들어서라도 우리를 영적으로 회복시키고자 하십니다. 그런데 어떤 사람은 기회를 주면 그 기회를 끝까지 악용합니다. 이것이 바로 "사망에 이르는 죄"(요일 5:16)인 것입니다. 하나님께서는 그분의 자녀가 이 땅에서 주님의 이름을 계속해서 더럽히면, 더 이상 참지 않으시고 그 생명을 거두어 가십니다.

인봉의 재앙

요한계시록 5장에서 봉해져 있던 두루마리를 어린 양 예수님이 받아들고 드디어 인봉(印封)을 하나하나 떼기 시작합니다.

첫째 인

예수님께서 첫째 인을 떼시니 어떤 일이 일어나나요? 6장 1-2절 말씀을 보겠습니다.

"내가 보매 어린 양이 일곱 인 중의 하나를 떼시는데 그 때에 내가 들으니 네 생물 중의 하나가 우렛소리 같이 말하되 오라 하기로 이에 내가 보니 흰 말이 있는데 그 탄 자가 활을 가졌고 면류관을 받고 나아가서 이기고 또 이기려고 하더라"(계 6:1-2).

여기에서 흰 말을 타고 오는 사람은 세계를 무력으로 정복해 나가는 정복자입니다. 백마를 탔기 때문에 예수님처럼 보일지 모르지만 이 사람은 예수님이 아닙니다. 그가 탄 흰 말은 가짜이며, 그는 단지 예수님을 흉내 낸 것뿐입니다. 예수님은 7년 대환난이 끝날 때까지 나타나지 않으십니다. 비로소 19장에 가서야 백마를 타고 수많은 천군 천사와 성도들과 함께 저 하늘에서 내려오십니다.

"또 내가 하늘이 열린 것을 보니 보라 백마와 그것을 탄 자가 있으니 그 이름은 충신과 진실이라 그가 공의로 심판하며 싸우더라 그 눈은 불꽃 같고 그 머리에는 많은 관들이 있고 또 이름 쓴 것 하나가 있으니 자기밖에 아는 자가 없고"(계 19:11-12).

첫째 인을 뗐을 때 나타나는 이 사람은 거짓 그리스도요, 적그리스도입니다. 그리고 넷째 인을 뗄 때까지 계속해서 말을 탄 사람이 등장하는데, 그때그때 모습만 달리할 뿐 네 번 다 동일 인물입니다. 대환난이 시작될 때 이처럼 적그리스도가 나타날 것이기 때문에 예수님께서는 우리에게 미리 경고해 주신 것입니다.

"많은 사람이 내 이름으로 와서 이르되 나는 그리스도라 하여 많은 사람을 미혹하리라"(마 24:5).

적그리스도가 나타나 "내가 그리스도다!", "내가 세계를 구원할 사람이다!"라고 하면서 많은 사람을 미혹할 것이라는 말씀입니다.

지금 시대에도 권력과 군사력을 등에 업고 세계정세를 좌지우지하며 세력을 확장시켜 나가는 사람이 많습니다. 막강한 힘을 갖고서 세계 여러 나라를 마음대로 주무르는 그들에게서 면류관을 쓰고 활을 가진 적그리스도의 모습을 발견할 수 있습니다. 실제로 이라크의 사담 후세인은 아랍의 메시아로 자처했습니다.

적그리스도는 점점 세력을 확장해 나가다가 마침내는 세계를 완전히 장악하고, 곧바로 자기 자신을 신격화하는 작업에 들어갈 것입니다. 요즘 같은 세상에 '어떻게 인간을 신으로 받들 수가 있지?' 하며 의아하겠지만 그런 일은 실제로 곳곳에서 일어나고 있습니다. 가까이는 북한이나 중국의 공산주의 정권에서 최고지도자를 신격화하고 우상화하고 있습니다.

1세기에는 로마 황제를 하나님의 아들로 섬겼습니다. 황제가 하나님의 아들이라는 문구를 동전에도 새겨 넣었습니다. 인간은 얼마든지 자신을 신격화하고 타인에게 그것을 믿도록 강요하고 세뇌시킬 수 있습니다.

적그리스도는 10개국 연합체가 적대시하는 이스라엘을 3년 반 동안 보호해 주기 위해 이스라엘과 평화 조약을 맺을 것입니다. 그러나 3년 반이 지나 적그리스도가 자신의 신격화를 요구할 때 이스라엘 사람들이 반발하고 거부함으로써 이스라엘과 적그리스도 사이에 맺은 평화 조약은 깨지고 말 것입니다(단 9:24, 27; 겔 38-39장).

사실 지금도 이와 비슷한 일들이 벌어지고 있습니다. 아랍 세력에 둘러싸여 있는 이스라엘을 미국이 보호하고 있습니다. 이 상황은 앞으로 대환난이 시작될 때 전개될 사건에 대한 하나의 조짐이라 할 수 있습니다. 현재 정세로 볼 때 적그리스도는 서양 세계에서 나타날 가능성이 많습니다.

둘째 인

예수님께서 둘째 인을 떼시니 둘째 생물이 말합니다. 6장 3-4절 말씀을 보겠습니다.

> "둘째 인을 떼실 때에 내가 들으니 둘째 생물이 말하되 오라 하니 이
> 에 다른 붉은 말이 나오더라 그 탄 자가 허락을 받아 땅에서 화평을
> 제하여 버리며 서로 죽이게 하고 또 큰 칼을 받았더라"(계 6:3-4).

'붉은 말'을 탄 자는 전쟁을 일으키는 자, 곧 적그리스도입니다. 땅에서 화평을 제하여 버린다는 것은 전쟁을 일으킨다는 뜻입니다. 여기에서의 화평은 가짜 평화입니다.

> "그들이 평안하다, 안전하다 할 그 때에 임신한 여자에게 해산의 고통
> 이 이름과 같이 멸망이 갑자기 그들에게 이르리니 결코 피하지 못하리
> 라"(살전 5:3).

마지막 때로 갈수록 '평화'라는 말이 더 많이 나옵니다. 사방에서 평화를 부르짖고 마치 평화로운 분위기가 조성된 것 같을 때, 갑자기 그 평화가 사라지면서 큰 전쟁이 발발할 것입니다. 이때가 바로 이스라엘이 세계를 통치하는 적그리스도의 보호 아래 3년 반 동안 평화

를 누리고 있을 때입니다. 그 전쟁의 발발로 경제 공황이 뒤따르게 됩니다. 셋째 인을 뗄 때 바로 그런 일이 일어납니다.

셋째 인

예수님께서 셋째 인을 떼실 때 요한은 셋째 생물이 말하는 소리를 듣습니다. 6장 5-6절 말씀을 보겠습니다.

"셋째 인을 떼실 때에 내가 들으니 셋째 생물이 말하되 오라 하기로 내가 보니 검은 말이 나오는데 그 탄 자가 손에 저울을 가졌더라 내가 네 생물 사이로부터 나는 듯한 음성을 들으니 이르되 한 데나리온에 밀 한 되요 한 데나리온에 보리 석 되로다 또 감람유와 포도주는 해치지 말라 하더라"(계 6:5-6).

'검은 말'은 경제 공황에 따른 생활의 곤고함과 궁핍함을 뜻합니다. 사도 요한 당시에는 한 데나리온으로 밀은 여덟 되를, 보리는 스물네 되를 살 수 있었습니다. 그런데 검은 말이 나타나면, 즉 갑자기 경제 공황이 닥치면 한 데나리온으로 밀은 한 되, 보리는 석 되밖에 살 수 없습니다. 전쟁으로 인해 물자 생산과 공급이 어려워지기 때문에 화폐 가치가 8분의 1로 떨어지고 물가는 오르는 것입니다.

넷째 인

예수님께서 넷째 인을 떼시면 전쟁과 경제 공황의 결과로 세계 인구의 4분의 1이 죽는다고 합니다.

"넷째 인을 떼실 때에 내가 넷째 생물의 음성을 들으니 말하되 오라 하기로 내가 보매 청황색 말이 나오는데 그 탄 자의 이름은 사망이니 음부가 그 뒤를 따르더라 그들이 땅 사분의 일의 권세를 얻어 검과 흉년과 사망과 땅의 짐승들로써 죽이더라"(계 6:7-8).

기근과 전쟁의 결과는 죽음입니다. '청황색 말'은 죽음을 의미합니다. 시체의 색이 바로 청황색입니다. 칼과 흉년과 사망과 땅의 짐승들 때문에 전 세계 인구의 4분의 1이 죽고 나서 7년 환난기 후반에 들어가게 되면 남아 있는 사람들의 3분의 1이 또 죽습니다(계 9:18). 그리하여 세계 인구는 짧은 기간 내에 절반으로 감소됩니다.

이런 상황에서 사람들은 육체적으로나 영적으로나 정신적으로 얼마나 고통스럽고 괴로울까요? 견뎌 내기 힘들 것입니다. 아무리 강한 사람이라 해도 병이 들고, 가족이 죽고, 먹을 게 없는 상황이 되면 흔들리고 쓰러지기 십상입니다. 이런 끔찍한 시대가 곧 다가올 것입니다. 지난 2천 년 동안 세계 인구의 절반이 죽었던 적이 없었던 것을 보더라도 이 재앙은 앞으로 일어날 사건임을 쉽게 알 수 있습니다. 그러나 감사하게도 하나님의 자녀들, 곧 예수님을 믿는 사람들은 앞에서도 언급했듯이 대환난을 겪지 않을 것입니다.

다섯째 인

어린 양 예수님께서 다섯째 인을 떼실 때에 그리스도를 믿음으로 말미암아 죽임을 당한 성도들의 신원이 크게 들립니다.

"다섯째 인을 떼실 때에 내가 보니 하나님의 말씀과 그들이 가진 증거로 말미암아 죽임을 당한 영혼들이 제단 아래에 있어 큰 소리로 불러 이르되 거룩하고 참되신 대주재여 땅에 거하는 자들을 심판하여 우리 피를 갚아 주지 아니하시기를 어느 때까지 하시려 하나이까 하니 각각 그들에게 흰 두루마기를 주시며 이르시되 아직 잠시 동안 쉬되 그들의 동무 종들과 형제들도 자기처럼 죽임을 당하여 그 수가 차기까지 하라 하시더라"(계 6:9-11).

여기에는 한 그룹 사람들의 순교가 예언되어 있습니다. 예수님께서는 제자들에게 이렇게 말씀하신 적이 있습니다.

"그 때에 사람들이 너희를 환난에 넘겨 주겠으며 너희를 죽이리니 너희가 내 이름 때문에 모든 민족에게 미움을 받으리라"(마 24:9).

여기서 '너희'란 이스라엘 사람들입니다. 요한계시록 6장 9-11절에 예언된 순교자들은 이스라엘 사람들입니다. 말세에 적그리스도가 이스라엘을 3년 반 동안 보호해 주다가 돌연 본색을 드러내며 자신을 섬길 것을 요구하면, 이스라엘 사람들이 반발하고 나설 것이라고 앞에서 언급한 바 있습니다. 이스라엘의 태도에 분개한 적그리스도는 그때부터 이스라엘을 핍박하기 시작하고, 이에 온 이스라엘 사람들이 하나님 앞으로 돌아오게 됩니다. 지금도 물론 예수님을 믿는 유대인들이 늘어나고 있지만 그때는 온 이스라엘 사람들이 다 회심하게 될 것입니다. 사도 바울도 로마서에서 이렇게 말했습니다.

"온 이스라엘이 구원을 받으리라"(롬 11:26).

이렇게 하여 구원받은 이스라엘의 열두 지파마다 각기 1만 2천 명씩, 총 14만 4천 명이 전도자가 되어 복음을 전하다가 적그리스도의 핍박을 받아 순교하게 될 것입니다.

하늘로 올라간 이 영혼들이 "언제까지 이렇게 있어야 합니까?" 하고 신원을 합니다. 하나님께서는 이들에게 동무 종들과 형제들이 순교할 때까지 쉬라고 말씀하십니다. 이것이 바로 9-11절의 내용입니다.

순교를 당할 자들이 아직도 더 있다는 의미입니다. 여기에서 순교한 영혼들에게 하나님께서 쉬라고 명하신 것의 의미는, 삶과 죽음이 절대자이신 하나님의 손에 달려 있음을 깨닫고 부활과 영생을 소망하며 충분히 안식하라는 것이라 생각됩니다.

이로써 다섯 개의 인이 떼어졌습니다. 여기까지가 다니엘서에 나오는 "일흔 이레"(단 9:24) 가운데 70번째 주의 전반부에 해당합니다.

여섯째 인

여섯째 인의 재앙은 인봉의 재앙으로는 마지막이자 대환난에서 하나의 전환점이 됩니다.

"내가 보니 여섯째 인을 떼실 때에 큰 지진이 나며 해가 검은 털로 짠 상복 같이 검어지고 달은 온통 피 같이 되며 하늘의 별들이 무화과나무가 대풍에 흔들려 설익은 열매가 떨어지는 것 같이 땅에 떨어지며 하늘은 두루마리가 말리는 것 같이 떠나가고 각 산과 섬이 제 자리에서 옮겨지매 땅의 임금들과 왕족들과 장군들과 부자들과 강한 자들과 모든 종과 자유인이 굴과 산들의 바위 틈에 숨어 산들과 바위에게 말하되 우리 위에 떨어져 보좌에 앉으신 이의 얼굴에서와 그 어린 양의 진노에서 우리를 가리라 그들의 진노의 큰 날이 이르렀으니 누가 능히 서리요 하더라"(계 6:12-17).

3년 반 동안 쏟아졌던 진노가 여섯째 인이 떼어짐으로 절정에 달합니다. 더욱 극심한 재앙이 내려지게 되었습니다. 같은 내용이 마태복음 24장 29절에도 나와 있습니다.

"그 날 환난 후에 즉시 해가 어두워지며 달이 빛을 내지 아니하며 별들이 하늘에서 떨어지며 하늘의 권능들이 흔들리리라"(마 24:29).

17절에서 "그들이 진노의 큰 날"이라고 한 것으로 보아, 이 시점부터 환난이 더욱 심해지리라는 것을 알 수 있습니다. 요한계시록에서는 이처럼 특히 환난이 심해지는 때를 "마흔두 달"(11:2, 13:5), "천이백육십 일"(11:3, 12:6), 그리고 "한 때와 두 때와 반 때"(12:14)로 표현하고 있습니다.

다니엘 9장 24절에 나오는 "일흔 이레"란 인간의 역사 전체를 말합니다. 70주 가운데 69번째 주에 메시아가 와서 그 주의 마지막에 죽습니다. 그 후 약간의 공백기가 있는 다음 마지막 70번째 주에 가서 드디어 7년 대환난 시기가 있습니다. 적그리스도와 이스라엘의 평화 조약이 맺어진 지 3년 반 후 그 조약이 깨지면서 환난이 더 극심해지는 때가 바로 70번째 주의 중간, 곧 "한 때와 두 때와 반 때"입니다. 바로 이때부터 예수님께서 마태복음 24장 15-21절에 언급하셨던 "멸망의 가증한 것"이 거룩한 곳에 서는 일이 일어날 것입니다.

15-17절에는 대환난을 견디다 못한, 이 땅의 권세 있고 부한 자들이 산과 굴속에 숨어서 산이 무너져 내려 죽기를 바라는 모습이 나옵니다. 차라리 죽기를 바랄 정도로 고통이 극심했던 것입니다. 이렇게 죽고 싶어도 죽지 못하는 어려운 환난의 때가 예수님이 다시 오시기 전에 반드시 있을 것입니다. 구약 성경의 다니엘, 이사야, 학개, 요엘 등 여러 부분에서도 이때에 대해 언급하고 있습니다.

25
—

말세의 구속 역사
(7장)

"이르되 우리가 우리 하나님의 종들의 이마에 인치기까지 땅이나 바다
나 나무들을 해하지 말라 하더라 내가 인침을 받은 자의 수를 들으니
이스라엘 자손의 각 지파 중에서 인침을 받은 자들이 십사만 사천이니
유다 지파 중에 인침을 받은 자가 일만 이천이요 르우벤 지파 중에 일
만 이천이요 갓 지파 중에 일만 이천이요" 계 7:3-5

요한계시록 7장은 여섯째 인에 대한 첨가 내용입니다. 일곱째 인을 떼면 그때부터 일곱 가지 재앙이 시작되는데 그전에 여섯째 인에 대해 부연 설명을 하는 것입니다. 요한계시록에는 이렇게 부연 설명하는 부분이 여러 군데 있습니다. 인의 재앙과 나팔의 재앙과 대접의 재앙 사이사이에 대환난기에 있을 일들을 이해하는 데 필요한 내용이 첨가되어 있습니다(7장, 10장, 11:1-14, 12-14장, 17장, 18:1-24).

인을 맞은 14만 4천 명

7장 1-8절에는 14만 4천 명이 인을 맞는 사건이 나옵니다. 단 지파와 에브라임 지파를 제외한 이스라엘 사람들 가운데 각 지파에서 1만 2천 명씩 선택되어 인침을 받습니다. 이들이 7년 대환난 기간 중 후반 3년 동안 이미 인침을 받은 상태에 있는 것으로 보아, 인침을 받은 때는 전반 3년 반인 것 같습니다. 3절에서 천사들이 하는 말을 들어 보십시오.

"우리가 우리 하나님의 종들의 이마에 인치기까지 땅이나 바다나 나무들을 해하지 말라"(계 7:3).

나팔의 재앙이 시작되어 첫 번째 나팔 소리가 들리는 순간부터는 자연계의 재앙이 내려질 것입니다. 처음 3년 반 사이에 하나님께서 자기 백성들에게 인침을 주시는 이유는 바로 그 때문입니다.

'인치다(put a seal)'라는 것은 안전과 보호를 의미합니다. 그래서 인을 받은 14만 4천 명은 대환난 기간 동안 재앙을 당하지 않습니다. 이들은 후반 3년 반 기간에 재앙 때문이 아니라 하나님의 말씀과 예수 그리스도를 증거하다가 순교합니다. 순교한 이들의 모습이 묘사된 부분이 바로 6장 11절과 14장입니다.

┃ 14만 4천 명을 통한
┃ 전도와 찬미

어떤 사람들은 14만 4천 명이 인을 맞은 것을 그저 많은 사람들이 구원받는 사건의 상징이라고 해석합니다. 그러나 다음 말씀을 보십시오.

"내가 인침을 받은 자의 수를 들으니 이스라엘 자손의 각 지파 중에서 인침을 받은 자들이 십사만 사천이니 유다 지파 중에 인침을 받은 자가 일만 이천이요 르우벤 지파 중에 일만 이천이요 갓 지파 중에 일만 이천이요"(계 7:4-5).

4절은 분명히 "인침을 받은 자"가 이스라엘 자손이라고 말씀합니다. 또 5-8절에서 각 지파의 이름이 일일이 다 거론된 것으로 보아 인을 맞은 사람들은 이스라엘 사람이 틀림없습니다. 전 세계의 많은 사람이 구원받는다는 내용은 9절 이하에 나와 있습니다.

"이 일 후에 내가 보니 각 나라와 족속과 백성과 방언에서 아무도 능히 셀 수 없는 큰 무리가 나와 흰 옷을 입고 손에 종려 가지를 들고 보좌 앞과 어린 양 앞에 서서"(계 7:9).

예수님을 믿는 사람들이 다 하늘로 들림을 받은 후 이 땅에는 주님을 믿지 않는 사람들만 남게 됩니다. 이들은 하나님께서 구원받은 이스라엘 사람들을 통해, 즉 선교사로 택하여 쓰시는 14만 4천 명의 전도를 받아 회심하게 됩니다. 성령께서는 대환난 기간에도 전과 같은 방법으로 거듭남의 역사를 이루어 가십니다.

하나님의 진노가 쏟아져 전쟁, 기근, 경제 공황으로 세계 인구의 3분의 1이 죽게 된 상황에서는 분명 전도가 잘될 것입니다. 원래 가족이 질병에 걸렸거나 죽었을 때 혹은 일신상의 위기를 겪을 때가 복음 전하기 가장 좋은 때입니다. 그렇기 때문에 끔찍한 재앙이 내려지는 대환난 시기에 전도가 잘될 것은 분명합니다.

14만 4천 명, 곧 "대환난 시대의 성도들"이 땅 끝까지 복음을 전하여 지상 명령이 성취되는 때가 반드시 올 것입니다. 지금도 여전히 복음을 듣지 못한 사람들이 있다는 것은 주님이 다시 오실 날이 아직 남아 있다는 뜻입니다. 예수님께서도 이렇게 말씀하셨습니다.

"이 천국 복음이 모든 민족에게 증언되기 위하여 온 세상에 전파되리니 그제야 끝이 오리라"(마 24:14).

세계 각 나라와 민족마다 최소한 몇 사람만이라도 예수님을 믿게 되면 그때 주님이 오실 것입니다. 그렇기 때문에 선교 운동은 앞으로도 계속될 것이며, 세계 복음화는 반드시 이루어질 것입니다.

저는 한국이 이 마지막 시대에 선교의 선두 주자로 쓰임받으리라 확신합니다. 그런데 앞으로 10년이 지나도록 세계 복음화가 이루어지지 않을 수도 있습니다. 지금처럼 선교사를 계속 파송한다면 말입니다. 아직 복음이 들어가지 않은 곳을 표지로 삼고, 선교사를 시급히 파송해야 합니다. 이는 세계 모든 교회들이 서로 협력해야만 가능한 일입니다. 모든 교회가 협력하여 전 세계를 복음화하겠다는 분명한 비전과 계획이 필요합니다. 그렇지 않고 나라마다 교파마다 경쟁적으로 선교 정책을 펴 나간다면 인력과 자원만 낭비할 뿐 세계 복음화는 요원해질 것입니다. 진정으로 세계 선교를 이루고자 한다면, 세계 모든 교회들이 자기 이익의 벽을 깨고 힘을 합해 남은 1만 2천 종족을 각기 분담하여 선교사를 파송해야 합니다.

주님께서는 마지막 때에 반드시 세계 복음화를 성취하실 것입니다. 9절 이하에 그에 대한 비전이 제시되어 있습니다. "능히 셀 수 없는 큰 무리", 곧 구약 시대의 성도들과 신약 시대의 성도들, 그리고 대환난 때에 주님을 믿게 된 성도들이 모두 천국에 모여 여호와 하나님을 찬양하는 이 감격스럽고 영광스러운 모습을 떠올려 보십시오.

"이 일 후에 내가 보니 각 나라와 족속과 백성과 방언에서 아무도 능히 셀 수 없는 큰 무리가 나와 흰 옷을 입고 손에 종려 가지를 들고 보좌 앞과 어린 양 앞에 서서 큰 소리로 외쳐 이르되 구원하심이 보좌에 앉으신 우리 하나님과 어린 양에게 있도다 하니 모든 천사가 보좌와 장로들과 네 생물의 주위에 서 있다가 보좌 앞에 엎드려 얼굴을 대고 하나님께 경배하여 이르되 아멘 찬송과 영광과 지혜와 감사와 존귀와 권능과 힘이 우리 하나님께 세세토록 있을지어다 아멘 하더라"(계 7:9-12).

이렇게 될 날이 반드시 올 것입니다. 언어와 문화가 다른 세계 모든 나라 백성들이 예수 그리스도의 보혈로 구속받았다는 공통된 이유로 하나가 되어 한목소리로 하나님을 찬양하는 모습! 그 합창 소리가 얼마나 아름다울까요?

"그러므로 그들이 하나님의 보좌 앞에 있고 또 그의 성전에서 밤낮 하나님을 섬기매 보좌에 앉으신 이가 그들 위에 장막을 치시리니 그들이 다시는 주리지도 아니하며 목마르지도 아니하고 해나 아무 뜨거운 기운에 상하지도 아니하리니 이는 보좌 가운데에 계신 어린 양이 그들의 목자가 되사 생명수 샘으로 인도하시고 하나님께서 그들의 눈에서 모든 눈물을 씻어 주실 것임이라"(계 7:15-17).

15-17절은 21-22장에 가서야 나올 영원한 세계, 곧 새 하늘과 새 땅을 미리 보여 준 것입니다. 이는 순교까지 감내하며 복음을 전하는 성도들에게 위로와 소망을 주기 위해서입니다. 내가 전도한 사람이

저 영원한 나라에서 나와 함께 있을 모습을 한번 그려 보십시오.

우리가 이 세상을 떠날 때 가져갈 수 있는 유일한 것은 무엇일까요? 자기 자신과 자기가 전도한 사람, 이 둘밖에는 아무것도 없습니다. 천국에서 "당신 때문에 제가 이곳에 오게 되었습니다."라며 누군가가 여러분에게 감사 인사를 할 때 얼마나 감격스러울까요?

하나님께서 여러분과 인연이 닿도록 허락해 주신 사람들이 있을 때 전도하십시오. 평신도라고 변명하다 기회를 놓치지 마십시오. 지금 당장, 바로 즉시 전도해야 합니다.

적어도 여러분의 자녀들만은 확실하게 전도하십시오. 부모라면 아이가 태어났을 때부터 예수 그리스도를 받아들일 수 있게 해 달라고 기도해야 합니다. 아이가 자라서 "나는 부모님 덕분에 예수님을 믿게 되었습니다."라고 고백할 것을 소망하면서 말입니다. 한 사람에게 복음을 전해 구원받게 한다는 것은 실로 감격스러운 일이며 우리 그리스도인에게 주어진 가장 큰 특권입니다.

일곱 나팔의 재앙
(8장)

"일곱째 인을 떼실 때에 하늘이 반 시간쯤 고요하더니 내가 보매 하나님 앞에 일곱 천사가 서 있어 일곱 나팔을 받았더라 또 다른 천사가 와서 제단 곁에 서서 금 향로를 가지고 많은 향을 받았으니 이는 모든 성도의 기도와 합하여 보좌 앞 금 제단에 드리고자 함이라 향연이 성도의 기도와 함께 천사의 손으로부터 하나님 앞으로 올라가는지라 천사가 향로를 가지고 제단의 불을 담아다가 땅에 쏟으매 우레와 음성과 번개와 지진이 나더라" 계 8:1-5

일곱째 인이 떼어지면 나팔 재앙이 시작될 것입니다 요한계시록 8장 1-6절은 이제 곧 들려올 일곱 나팔 소리에 대한 전주곡에 해당합니다.

| 일곱째
| 인

여섯 번째까지는 인을 뗄 때마다 큰 재앙이 내렸습니다. 그런데 일곱째 인을 뗐을 때는 반 시간쯤, 즉 30분 정도 세상이 고요했습니다.

"일곱째 인을 떼실 때에 하늘이 반 시간쯤 고요하더니 내가 보매 하나님 앞에 일곱 천사가 서 있어 일곱 나팔을 받았더라"(계 8:1-2).

혹시라도 '이제 드디어 평화가 오려나?' 하고 기대할 수도 있겠지만, 이 고요함은 앞으로 남은 마지막 3년 반을 휩쓸, 지금까지의 재앙과는 비교도 되지 않을 큰 재앙이 나타날 것을 예고하는 고요함입니다. 그야말로 폭풍 전야입니다. 이러한 고요함을 뚫고 지상으로부터 성도들의 울부짖는 소리가 들려옵니다.

"또 다른 천사가 와서 제단 곁에 서서 금 향로를 가지고 많은 향을 받
았으니 이는 모든 성도의 기도와 합하여 보좌 앞 금 제단에 드리고자
함이라 향연이 성도의 기도와 함께 천사의 손으로부터 하나님 앞으로
올라가는지라"(계 8:3-4).

3절의 "많은 향"은 대환난 기간 동안 악의 세력으로부터 핍박과
고난을 받고 순교까지 당하는 상황에서 성도들이 "하나님, 언제까지
참아야 합니까?"라고 탄원하는 기도입니다. 향은 '성도의 기도'를 상
징합니다.

오늘날에도 주님 뜻에 순종하며 살기 위해 애쓰다가 손해를 보
고, 사람들로부터 미움을 받는 성도들이 많습니다. 주님을 믿지 않는
부모와 배우자와 자녀, 친구와 동료로 인해 하나님께 부르짖고 눈물
로 간구하는 삶을 사는 성도들이 얼마나 많은지 모릅니다. 그 부르
짖음과 답답한 마음들이 향이 되어 하늘에 닿고, 주님께서는 부르짖
는 그 기도에 응답하십니다.

지난 기독교 역사 속에서 얼마나 많은 하나님의 자녀들이 순교를
당하고, 옥에 갇히고, 매 맞고, 욕먹고, 억울한 일들을 겪었는지 모릅
니다. 그러나 공의의 하나님께서 장차 그 모든 억울함과 눈물과 슬픔
과 고통을 다 갚아 주실 것입니다. 그렇기 때문에 우리는 "원수 갚는
것이 내게 있으니"(롬 12:19)라고 말씀하신 주님께 모든 것을 맡기는
삶을 살 수 있는 것입니다.

5절에서는 하나님께서 성도들의 기도를 듣고 거기에 응답하사 이 땅에 재앙을 내리십니다.

"천사가 향로를 가지고 제단의 불을 담아다가 땅에 쏟으매 우레와 음성과 번개와 지진이 나더라"(계 8:5).

올라오는 향을 보며 하나님께서는 천사들에게 향로에 불을 담아 땅 위에 부으라고 명하십니다. 끝까지 충성하며 핍박을 당하는 성도들이 이 땅의 심판을 요구하며 기도한 것에 대한 하나님의 응답입니다. 하나님께서는 하시고자 하는 일을 성도들의 기도를 통해 이루시는 분이라는 사실을 여기에서도 발견할 수 있습니다.

나팔 재앙

이제 부르짖음이 하늘까지 올라가 이 땅에 심판이 내려지는 모습이 나옵니다. 우레와 음성과 번개와 지진이 나고 극심한 재앙의 신호인 나팔이 등장합니다. 이제부터 나타나게 될 일곱 나팔의 재앙은 성도들의 기도를 들으신 하나님께서 이 세상에 내리시는 공의의 심판입니다.

첫 번째 나팔

첫 번째 나팔 소리가 들리자 실로 무시무시한 일이 일어납니다.

"일곱 나팔을 가진 일곱 천사가 나팔 불기를 준비하더라 첫째 천사가 나팔을 부니 피 섞인 우박과 불이 나와서 땅에 쏟아지매 땅의 삼분의 일이 타 버리고 수목의 삼분의 일도 타 버리고 각종 푸른 풀도 타 버렸더라"(계 8:6-7).

지구상의 나무와 풀의 3분의 1이 타서 없어졌다고 상상해 보십시오. 나무의 3분의 1이 사라진다는 것은 지구 전체의 산소가 3분의 1만큼 없어진다는 뜻입니다. 당연히 사람들과의 모든 생명체의 호흡이 어려워집니다. 그 외에도 종이 원료와 건축 자재, 땔감 등이 바닥나고 생태계는 무너질 것이며, 우리 인간의 몸에 꼭 필요한 영양소를 구하지 못해 수많은 사람들이 각종 질병에 시달릴 것입니다.

두 번째 나팔

두 번째 나팔 소리가 들리자 이번에는 바다에 재앙이 내립니다.

"둘째 천사가 나팔을 부니 불 붙는 큰 산과 같은 것이 바다에 던져지매 바다의 삼분의 일이 피가 되고 바다 가운데 생명 가진 피조물들의 삼분의 일이 죽고 배들의 삼분의 일이 깨지더라"(계 8:8-9).

전체 바다의 3분의 1이 피바다가 되어 물고기의 3분의 1이 죽고, 배의 3분의 1이 파손될 것이며, 이 때문에 일자리를 잃고 손해를 보는 사람들이 대량으로 속출할 것입니다. 그러나 주님을 믿는 사람들은 이런 큰 환난을 겪지 않습니다. 천사장의 나팔 소리와 함께 주님께서 다 데려가시기 때문에 진노의 날을 면하게 됩니다.

세 번째 나팔

세 번째 나팔 소리가 들리자 하늘에서 큰 별 하나가 떨어져 식수의 근원인 강물과 샘물을 오염시켜 버립니다. 그 별을 구성하는 물질 속에 유해 요소가 들어 있어서인지 물이 쓰게 되어 많은 사람이 물을 마시지 못해 죽게 됩니다.

"셋째 천사가 나팔을 부니 횃불 같이 타는 큰 별이 하늘에서 떨어져 강들의 삼분의 일과 여러 물샘에 떨어지니 이 별 이름은 쓴 쑥이라 물의 삼분의 일이 쓴 쑥이 되매 그 물이 쓴 물이 되므로 많은 사람이 죽더라"(계 8:10-11).

몸의 70%가 수분으로 이루어져 있는 인간에게 물은 생명과도 같습니다. 지금도 식수 오염 때문에 세계적으로 골머리를 앓고 있는데, 대환난 시대에 이런 재앙이 내려지면 지금의 사정과는 비교도 되지 않는 끔찍하고 비참한 일들이 일어날 것입니다.

네 번째 나팔

네 번째 재앙은 해, 달, 별의 3분의 1이 갑자기 어두워지는 것입니다. 요즘도 스모그 현상으로 햇빛이 가려질 때가 많습니다. 그러나 이렇게 하루 종일 해가 비치지 않은 적은 아직까지 없었습니다. 생명의 근원인 해가 비치지 않았을 때, 자연과 생태계 및 우리 인간이 겪을 어려움과 고통은 너무나 클 것입니다.

"넷째 천사가 나팔을 부니 해 삼분의 일과 달 삼분의 일과 별들의 삼분의 일이 타격을 받아 그 삼분의 일이 어두워지니 낮 삼분의 일은 비추임이 없고 밤도 그러하더라 내가 또 보고 들으니 공중에 날아가는 독수리가 큰 소리로 이르되 땅에 사는 자들에게 화, 화, 화가 있으리니 이는 세 천사들이 불어야 할 나팔 소리가 남아 있음이로다 하더라"(계 8:12-13).

네 가지 재앙으로 이미 이 세상은 쑥대밭이 되었습니다. 13절에서는 설상가상으로 재앙의 상징인 독수리가 날아가면서 앞으로 화가 세 번 더 있을 것이라고 예고합니다. 아직 고통이 끝나지 않았다는 뜻입니다. 이렇게 되면 사람들은 차라리 죽고자 할 것입니다. 아마도 간절히 죽기를 갈구할 것입니다. 그러나 요한계시록 9장 6절에는 "그 날에는 사람들이 죽기를 구하여도 죽지 못하고 죽고 싶으나 죽음이 그들을 피하리로다"라고 말씀합니다.

이 부분을 읽으며 주님을 믿지 않는 많은 사람들이 하나님께로 돌아오기를 바랍니다. 말세에 있을 이런 재앙들을 볼 때 인간 최대의 비극은 하나님을 섬기지 않는 것이 분명합니다. 만물과 세상의 끝을 주관하시는 하나님께 대항하는 것만큼 어리석고 미련한 일은 없습니다. 아직 살아 있다는 것은 하나님께로 돌아올 기회가 있다는 뜻입니다. 이를 놓치지 마십시오.

27

—

첫째 화와 둘째 화
(9장)

"다섯째 천사가 나팔을 불매 내가 보니 하늘에서 땅에 떨어진 별 하나가 있는데 그가 무저갱의 열쇠를 받았더라 그가 무저갱을 여니 그 구멍에서 큰 화덕의 연기 같은 연기가 올라오매 해와 공기가 그 구멍의 연기로 말미암아 어두워지며 또 황충이 연기 가운데로부터 땅 위에 나오매 그들이 땅에 있는 전갈의 권세와 같은 권세를 받았더라" 계 9:1-3

이제 나팔 소리가 세 번 더 남았습니다. 이것이 바로 앞 장에서 공중을 날아가는 독수리가 말한 세 가지 '화' 입니다.

다섯 번째 나팔

다섯 번째 나팔 소리와 함께 인간이 상상할 수조차 없는 무시무시하고 놀라운 재앙이 떨어집니다.

"다섯째 천사가 나팔을 불매 내가 보니 하늘에서 땅에 떨어진 별 하나가 있는데 그가 무저갱의 열쇠를 받았더라"(계 9:1).

무저갱의 열쇠를 받았다고 한 것으로 보아 하늘에서 떨어진 별은 사탄을 가리키는 것 같습니다. 11절에는 사탄에 대해 더 자세히 설명합니다.

"그들에게 왕이 있으니 무저갱의 사자라 히브리어로는 그 이름이 아바돈이요 헬라어로는 그 이름이 아볼루온이더라"(계 9:11).

'아바돈'이란 '파괴자', 즉 '모든 것을 망하게 하는 자'를 뜻합니다.

"그가 무저갱을 여니 그 구멍에서 큰 화덕의 연기 같은 연기가 올라오매 해와 공기가 그 구멍의 연기로 말미암아 어두워지며 또 황충이 연기 가운데로부터 땅 위에 나오매 그들이 땅에 있는 전갈의 권세와 같은 권세를 받았더라"(계 9:2-3).

무저갱이 열리니 거기서 나온 연기가 천지를 뒤덮어 온 세상이 캄캄해집니다. 그리고 그 연기 속에서 황충이 땅 위로 나옵니다. 황충은 큰 메뚜기인데, 전갈처럼 사람들을 쏘아 아프게 만들고 또 수목들을 해하는 벌레입니다. 이 황충이 얼마나 흉측하게 생겼는지는 9장 7-10절에 나와 있습니다.

"황충들의 모양은 전쟁을 위하여 준비한 말들 같고 그 머리에 금 같은 관 비슷한 것을 썼으며 그 얼굴은 사람의 얼굴 같고 또 여자의 머리털 같은 머리털이 있고 그 이빨은 사자의 이빨 같으며 또 철 호심경 같은 호심경이 있고 그 날개들의 소리는 병거와 많은 말들이 전쟁터로 달려 들어가는 소리 같으며 또 전갈과 같은 꼬리와 쏘는 살이 있어 그 꼬리에는 다섯 달 동안 사람들을 해하는 권세가 있더라"(계 9:7-10).

그런데 이 무시무시한 황충이 지금 누구를 괴롭히고 있나요?

"그들에게 이르시되 땅의 풀이나 푸른 것이나 각종 수목은 해하지 말고 오직 이마에 하나님의 인침을 받지 아니한 사람들만 해하라 하시더라 그러나 그들을 죽이지는 못하게 하시고 다섯 달 동안 괴롭게만 하게 하시는데 그 괴롭게 함은 전갈이 사람을 쏠 때에 괴롭게 함과 같더라"(계 9:4-5).

대환난 기간에 이스라엘 사람들의 전도를 통해 예수님을 믿게 된 사람들에게는 하나님께서 그 이마에 인을 쳐 주셨습니다. 이렇게 하나님의 인침을 받은 사람들은 황충의 공격을 받지 않습니다. 황충들이 떼를 지어 몰려다니며 사람들을 덮치는 상황에서도 예수 그리스도를 믿는 사람들은 보호를 받아 아무런 해도 입지 않습니다.

그러나 하나님을 믿지 않고 그분의 자비와 긍휼을 거부한 사람들에게는 황충의 재앙이 집중적으로 내려집니다. 마치 출애굽 전에 죽음의 사자가 문설주에 어린 양의 피를 바른 이스라엘 백성의 집은 뛰어넘고, 애굽 사람들의 집만 쳤듯이 말입니다. 6절에는 이 황충들이 사람들을 죽고 싶을 만큼 괴롭히기는 하지만, 결코 죽이지는 않을 것이라고 말씀합니다.

"그 날에는 사람들이 죽기를 구하여도 죽지 못하고 죽고 싶으나 죽음이 그들을 피하리로다"(계 9:6).

죽고 싶어도 죽지 못하고 흉측한 황충들에게 무려 다섯 달 동안이나 괴롭힘을 당한다고 생각해 보십시오. 분명 죽는 것이 더 낫지 않을까요? 그런데도 죽음이 자꾸 피해 가니 산 채로 재앙을 당할 수밖에 없는 것입니다. 이 얼마나 비참한 인생인지 모릅니다. 이렇게 해서 첫째 화가 지나갔습니다.

"첫째 화는 지나갔으나 보라 아직도 이 후에 화 둘이 이르리로다"(계 9:12).

그러나 아직 두 번의 화가 더 남았습니다. 나중에 일곱 번째 나팔의 재앙이 있기 직전에도 화가 한 번 더 남았다는 사실을 언급하고 넘어갑니다(계 11:4). 화가 한 번씩 지나갈 때마다 이렇게 일일이 경과 보고를 해서 두려움을 가중시키는 것은 대환난 시대가 얼마나 무서운 재앙의 시대인가를 강조하기 위함이라는 생각이 듭니다. 성경 곳곳에는 이런 서술 전개 방식을 통해 하나님께서 말씀하시는 바가 잘 드러나는 부분들이 있습니다.

여섯 번째 나팔

여섯 번째 나팔 소리가 나면 불과 연기와 유황으로 인해 사람들이 죽임을 당할 것이라고 말씀합니다. 어떤 재앙인지 구체적으로 살펴봅시다.

"여섯째 천사가 나팔을 불매 내가 들으니 하나님 앞 금 제단 네 뿔에서 한 음성이 나서 나팔 가진 여섯째 천사에게 말하기를 큰 강 유브라데에 결박한 네 천사를 놓아 주라 하매 네 천사가 놓였으니 그들은 그 년 월 일 시에 이르러 사람 삼분의 일을 죽이기로 준비된 자들이더라 마병대의 수는 이만 만이니 내가 그들의 수를 들었노라 이같은 환상 가운데 그 말들과 그 위에 탄 자들을 보니 불빛과 자줏빛과 유황빛 호심경이 있고 또 말들의 머리는 사자 머리 같고 그 입에서는 불과 연기와 유황이 나오더라 이 세 재앙 곧 자기들의 입에서 나오는 불과 연기와 유황으로 말미암아 사람 삼분의 일이 죽임을 당하니라 이 말들의 힘은·입과 꼬리에 있으니 꼬리는 뱀 같고 또 꼬리에 머리가 있어 이것으로 해하더라"(계 9:13-19).

유브라데에 결박된 네 천사는 악령들입니다. 이들은 이만 만, 즉 2억 명이나 되는 마병대를 끌고 다니면서 불과 연기와 유황으로 전세계 인구의 3분의 1을 죽입니다.

전반 3년 반에서 이미 사람들의 4분의 1이 죽었는데, 이제 남은 사람들 가운데 3분의 1이 죽음으로, 대환난 기간이 다 끝나지 않았는데도 세계 인구의 절반이 지상에서 사라지게 된 것입니다. 이런 재앙 가운데서도 생존한 자들의 모습을 보십시오.

"이 재앙에 죽지 않고 남은 사람들은 손으로 행한 일을 회개하지 아니하고 오히려 여러 귀신과 또는 보거나 듣거나 다니거나 하지 못하는 금, 은, 동과 목석의 우상에게 절하고 또 그 살인과 복술과 음행과 도둑질을 회개하지 아니하더라"(계 9:20-21).

사람들이 얼마나 악하고 미련한지 모릅니다. 온갖 끔찍한 재앙을 다 겪고, 옆에서 사람들이 비참하게 죽어 나가는 것을 숱하게 보고서도 끝까지 회개하지 않습니다. 회개는커녕 여전히 돈을 추구하고, 우상을 숭배하고, "이까짓 세상 될 대로 되라!"는 식으로 먹고 마시고 즐기는 데만 탐닉하면서 범죄를 일삼습니다.

그만큼 심판받았으면 이제는 회개할 때가 되었는데도 변치 않고 악을 향해 달려갑니다. 21절에는 이들이 저지르는 죄 가운데 특별히 네 가지 죄를 부각시켜 보여 주고 있습니다.

"또 그 살인과 복술과 음행과 도둑질을 회개하지 아니하더라"(계 9:21).

말세로 갈수록 "살인과 복술과 음행과 도둑질"에 해당하는 네 가지 범죄가 두드러집니다. 예수님께서도 "그 때에 많은 사람이 실족하게 되어 서로 잡아 주고 서로 미워하겠으며"(마 24:10)라고 말씀하셨습니다. 주님 다시 오실 날이 가까워질수록 사랑이 식어져서 사람과 사람 사이가 멀어지고 서로를 미워하는 경향이 심해집니다. 요즘 세태를 봐도 사랑에 대해 많이들 이야기하지만 실제로 진정한 사랑을 행하는 일은 점점 줄어들고 있습니다.

'복술'이란 마술을 뜻합니다. 일종의 눈속임입니다. 복술은 애굽 사람들이 모세가 보여 준 이적 가운데 몇 가지를 그대로 모방했던 것처럼, 악령의 힘을 통해 이루어지는 경우도 있습니다. 복술은 악령을

섬기는 것입니다. 최첨단 과학 문명을 누리고 있는 요즘에도 미신을
비롯한 복술 행위가 성행합니다. 아니, 오히려 예전보다 더 극심한 것
같습니다.

복술에 해당하는 헬라어는 '팔마케이아(Pharmakeia)'로 '약국', '약
물'이라는 뜻을 가진 영어 단어 'pharmacy'와 연결됩니다. 그리고 마
약이라는 뜻을 가진 'drug'가 'pharmacy'와 관계된다는 점으로 미
루어 볼 때, 복술 속에 마약 문화가 내포되어 있다고 할 수 있습니다.
현재 마약 문제는 한 사회를 넘어 전 세계를 위협하는 국제 문제로
대두되고 있습니다.

이어서 나오는 '도둑질'에는 물건이나 돈을 훔치는 것뿐만 아니라
시간을 훔치는 것도 포함됩니다. 직장에서 근무할 때 여덟 시간 일한
만큼의 급여를 받으면서 실제로는 여섯 시간만 일한다면 그것도 도
둑질인 셈입니다. 그런데 요즘 이런 일은 비일비재합니다. 또 마땅히
칭찬을 받아야 할 사람을 칭찬하지 않는다거나, 어떤 사람에 대해
나쁜 말을 퍼뜨리고 다녀 그의 위신을 떨어뜨리는 것도 일종의 명예
도둑질입니다. 남의 것을 빼앗거나 파괴시키거나 없애 버리는 것, 그
것이 바로 도둑질입니다.

현대 사회에서는 과거 어느 때보다도 이런 일들이 많이 일어납니
다. 앞으로도 살인과 복술과 음행과 도둑질 같은 죄악들은 계속 자
행될 것이며, 21절 말씀처럼 대환난 기간 동안에도 여전할 것입니다.
이렇게 극한 상황에서도 결코 돌이키지 않는 사람들은 영원한 멸망
의 길, 즉 지옥을 향해 자기 발로 걸어가는 것과 같습니다. 하나님께
서는 절대로 사람들을 지옥으로 보내지 않으십니다. 인간 자신이 스

스로 택해서 가는 것입니다.

하나님은 인간을 구원하시고자 예수님을 통해 스스로 인간을 향한 다리를 놓으셨습니다. 오래 참으시며 한 사람이라도 더 하나님께로 돌아오기를 기다리시는 사랑의 하나님이십니다. 그러나 이런 하나님께서 베푸신 은혜를 끝까지 거절하고 외면하는 사람은 우리로서도, 하나님 입장에서도 어쩔 도리가 없는 것입니다.

작은 두루마리와 두 증인
(10-11장)

"내가 또 보니 힘 센 다른 천사가 구름을 입고 하늘에서 내려오는데 그 머리 위에 무지개가 있고 그 얼굴은 해 같고 그 발은 불기둥 같으며 그 손에는 펴 놓인 작은 두루마리를 들고 그 오른 발은 바다를 밟고 왼 발은 땅을 밟고 사자가 부르짖는 것 같이 큰 소리로 외치니 그가 외칠 때에 일곱 우레가 그 소리를 내어 말하더라 일곱 우레가 말을 할 때에 내가 기록하려고 하다가 곧 들으니 하늘에서 소리가 나서 말하기를 일곱 우레가 말한 것을 인봉하고 기록하지 말라 하더라" 계 10:1-4

요한계시록 10장과 11장은 나팔의 여섯 번째 재앙과 직결되는 것이 아닌, 일종의 부연 설명에 해당됩니다. 이는 11장 13절까지 계속됩니다.

"둘째 화는 지나갔으나 보라 셋째 화가 속히 이르는도다"(계 11:14).

11장 14절에서 위와 같은 언급이 있은 후 일곱 번째 나팔이 등장합니다.

사도 요한과 작은 두루마리

요한계시록 10장 1-2절은 사도 요한이 하늘에서 작은 두루마리를 들고 내려오는 모습을 묘사합니다.

"내가 또 보니 힘 센 다른 천사가 구름을 입고 하늘에서 내려오는데 그 머리 위에 무지개가 있고 그 얼굴은 해 같고 그 발은 불기둥 같으며 그 손에는 펴 놓인 작은 두루마리를 들고 그 오른 발은 바다를 밟고 왼 발은 땅을 밟고"(계 10:1-2).

얼굴에서 광채가 나고 전 세계를 향해 두루마리를 펼쳐 무엇인가를 선포하려는 모습으로 보아 이 천사가 혹시 예수님이 아닐까 생각하는 사람들도 있을 것입니다. 그러나 예수님이 아닌 것은 분명합니다. 예수님은 1-3장에서 나타나신 후 19장에 가서야 그 모습을 다시 드러내십니다. 이 천사가 예수님이 아니라는 더욱 확실한 이유는 그가 자기보다 더 크신 하나님을 두고 맹세를 한다는 점입니다.

"세세토록 살아 계신 이 곧 하늘과 그 가운데에 있는 물건이며 땅과 그 가운데에 있는 물건이며 바다와 그 가운데에 있는 물건을 창조하신 이를 가리켜 맹세하여 이르되 지체하지 아니하리니"(계 10:6).

예수님이 창조주 하나님 그 자체이시니 또 다른 창조자를 두고 맹세할 일은 없을 것입니다. 다니엘 10장 5절과 12장 6절도 이와 비슷한 장면을 다룹니다. 다니엘서는 구약 성경에서 종말을 다룬 책입니다. 다니엘서에 나오는 천사는 흰 세마포를 입고 있으나 요한계시록의 천사와 동일한 존재인 듯합니다. 다니엘서에서는 다니엘이 두루마리를 펼치려 할 때 주님께서 종말 때까지 그냥 두라고 말씀하시지만, 요한계시록 10장에서는 천사가 두루마리를 먹어 버리라고 지시합니다. 이렇게 다니엘서와 요한계시록은 서로 긴밀히 연결되어 있습니다. 이번에는 일곱 우레에 대한 언급을 보십시오.

"사자가 부르짖는 것 같이 큰 소리로 외치니 그가 외칠 때에 일곱 우레가 그 소리를 내어 말하더라 일곱 우레가 말을 할 때에 내가 기록하려고 하다가 곧 들으니 하늘에서 소리가 나서 말하기를 일곱 우레가 말한 것을 인봉하고 기록하지 말라 하더라"(계 10:3-4).

성경이 이렇게 일곱 우레에 대해 침묵하고 있기 때문에 우리가 이에 대해 잘 알지 못하는 것은 너무도 당연합니다. 그러므로 일곱 우레를 상세하게 설명하는 목사나 종말론 전문가가 있다면 조심하고 경계하십시오. 그들은 이단일 가능성이 있습니다.

때때로 우리는 성경이 모호하게 말한 사실을 하나님이 꿈속에서 자기에게 가르쳐 주셨다며 확실하게 선포하는 사람들을 만납니다. 이런 사람에게 성도들이 많이 몰려갑니다. 참으로 위험한 일입니다. 우리는 그저 성경이 말하고 있는 정도만 알고 있으면 됩니다. 아무리 궁금해도, 알고 싶어도 성경이 침묵하고 있다면 더 이상 알려고 하지 마십시오. 하나님의 지혜와 섭리를 인정하고 기다리는 자세를 갖는 것이 그리스도인의 현명한 태도입니다.

5-7절은 '하나님의 비밀'에 대한 내용입니다.

"내가 본 바 바다와 땅을 밟고 서 있는 천사가 하늘을 향하여 오른손을 들고 세세토록 살아 계신 이 곧 하늘과 그 가운데에 있는 물건이며 땅과 그 가운데에 있는 물건이며 바다와 그 가운데에 있는 물건을 창조하신 이를 가리켜 맹세하여 이르되 지체하지 아니하리니 일곱째 천사가 소리 내는 날 그의 나팔을 불려고 할 때에 하나님이 그의 종 선지자들에게 전하신 복음과 같이 하나님의 그 비밀이 이루어지리라 하더라"(계 10:5-7).

성경에서 말하는 비밀은 'secret'이 아니라 'mystery'입니다. 'mystery'는 몰랐다가 알게 되는 것을 뜻합니다. "하나님의 그 비밀"은 일곱 번째 나팔이 불릴 때 그동안 숨겨져 왔던 재앙이 모두 일어나 사람들에게 알려지게 된다는 의미입니다.

종말에 대해 공부할 때는 그에 관한 성경 구절을 전부 모아 종합적으로 비교하고 검토하는 것이 좋습니다. 이는 어느 한 가지 사실만을 절대화할 위험을 방지하기 위함입니다. 성경은 항상 전체적으로 보아야 합니다. '하나님의 비밀'에 대해서도 다니엘서 10장, 12장, 데살로니가후서 2장, 요한계시록 10장을 종합해서 살펴보아야 합니다. 그러면 '하나님의 비밀'이 하나님께서 자신의 왕국을 준비하기 위해 기다리시면서 악의 세력에 대해 인내하시다가, 마침내 그 인내가 한계에 다다라 이 땅에 진노를 쏟으시는 것을 가리키는 말임을 알 수 있습니다. 하나님의 진노가 마지막 3년 반 동안 이 땅 위에 쏟아지는 것이며, 그 시작을 알리는 것이 바로 일곱 번째 나팔 소리입니다.

여기에서 "하나님이 그의 종 선지자들에게 전하신 복음과 같이 하나님의 그 비밀이 이루어지리라"는 것은 주님을 믿는 자들을 향한 이야기입니다. 그러나 악에서 돌아서지 않은 자들에게 하나님의 비밀은 무서운 심판을 의미할 뿐입니다.

8-11절에서 사도 요한은 작은 책, 곧 두루마리를 먹어 버리라는 명령을 받습니다. 두루마리는 하나님의 말씀을 가리킵니다.

"하늘에서 나서 내게 들리던 음성이 또 내게 말하여 이르되 네가 가서 바다와 땅을 밟고 서 있는 천사의 손에 펴 놓인 두루마리를 가지라 하기로 내가 천사에게 나아가 작은 두루마리를 달라 한즉 천사가 이르되 갖다 먹어 버리라 네 배에는 쓰나 네 입에는 꿀 같이 달리라 하거늘 내가 천사의 손에서 작은 두루마리를 갖다 먹어 버리니 내 입에는 꿀 같이 다나 먹은 후에 내 배에서는 쓰게 되더라 그가 내게 말하기를 네가 많은 백성과 나라와 방언과 임금에게 다시 예언하여야 하리라 하더라"(계 10:8-11).

마지막 절의 "예언하여야 하리라"는 '하나님의 말씀을 선포한다'는 의미입니다. '예언하다'는 '나바(naba)'라고 하는데 이는 '쏟아내다', '선포하다'라는 뜻을 지닙니다. 헬라어로는 '케루소(Kerysso)'라고 합니다. 이 단어들에는 하나님께서 자신이 말씀하시고자 하는 것을 성령을 통해 선지자의 마음을 뜨겁게 감동시켜 그의 입으로 쏟아내게 하신다는 뜻이 내포되어 있습니다.

그런데 여기에서 예언되는 내용은 반드시 미래에 대한 일만은 아닙니다. 현재의 일 혹은 과거의 일을 선포하는 경우도 있습니다. 하나님께서 과거에 대해 이야기하라고 말씀하셨다면 이 역시 '나바'입니다. 성경에서 말하는 '예언'이 항상 미래를 말하는 것으로만 생각하면 안 됩니다. 기존 성경에는 예언이 전부 '미래'를 뜻하거나 이와 비슷한 뉘앙스로 번역되어 있기 때문에 오해를 불러일으킬 소지가 다분합니다. 이를테면 '예언의 은사'도 미래의 일을 잘 알아맞히는 은사라기보다는 하나님의 말씀을 선포하는 은사라고 해야 그 의미가 더 정확합니다.

10절에서 요한이 두루마리를 먹었을 때 입에는 달고 배에는 쓰다고 했습니다. 하나님의 말씀은 이처럼 양면적입니다. 주님을 믿는 자들에게는 그 말씀이 꿀처럼 달콤하지만, 주님을 믿지 않는 자들에게는 쓰디씁니다. 달다는 것은 구원과 축복과 생명을, 쓰다는 것은 재앙의 심판을 의미합니다. "이 예언의 말씀을 읽는 자와 듣는 자와 그 가운데에 기록한 것을 지키는 자는 복이 있나니 때가 가까움이라"(계 1:3)는 말씀과 같이 복된 책은 읽으면 읽을수록 달콤합니다. 시편 19편 9-10절 말씀을 보십시오.

> "여호와를 경외하는 도는 정결하여 영원까지 이르고 여호와의 법도 진실하여 다 의로우니 금 곧 많은 순금보다 더 사모할 것이며 꿀과 송이꿀보다 더 달도다"(시 19:9-10).

하나님의 종이 말씀을 효과적으로 선포하려면 먼저 스스로가 하나님 말씀을 잘 먹어야 합니다. 그런 후에라야 "백성과 나라와 방언과 임금에게" 예언하라는 명령을 받았을 때 담대하게 선포할 수 있습니다. 평소에 말씀을 잘 먹고 잘 소화시켜 꿀과 같이 입에 달게 되면, 먼저 자기 자신이 즐겁고 평화롭고 힘이 넘칩니다. 그러면 주위 친구와 친지들이 어려운 상황에 처했을 때 잘 도울 수 있습니다. 자기가 배고프고 지치고 피곤하면 만사가 짜증스럽지만, 자기가 행복하고 평안하고 배부르면 여유롭게 이웃을 돌아볼 수 있습니다. 결국 자기 자신이 말씀 위에 굳게 서 있는 것이 가장 중요합니다.

이방인의 때

요한계시록 11장 1-2절에서 사도 요한은 성전을 측량하라는 명령을 받습니다.

"또 내게 지팡이 같은 갈대를 주며 말하기를 일어나서 하나님의 성전과 제단과 그 안에서 경배하는 자들을 측량하되 성전 바깥 마당은 측량하지 말고 그냥 두라 이것은 이방인에게 주었은즉 그들이 거룩한 성을 마흔두 달 동안 짓밟으리라"(계 11:1-2).

"지팡이 같은 갈대"란 '자'를 뜻합니다. 그 자로 성전을 재되 성전 바깥은 재지 말라고 말씀합니다. 성전 안에는 속죄 제물을 바치는 번제단과 회개를 상징하는 물두멍(놋대야)과 성소와 지성소가 있습니다. 그리고 성소에는 무교병이 놓이는 떡 상과 예수님의 상징인 금 촛대와 하나님의 자녀들의 기도를 상징하는 향단이 있으며, 지성소에는 십계명이 새겨진 돌판과 아론의 지팡이가 들어 있는 법궤가 있습니다. 이러한 것들을 다 재라는 것입니다.

2절은 "이것은 이방인에게 주었은즉 그들이 거룩한 성을 마흔두 달 동안 짓밟으리라"고 말씀합니다. 여기서 이방인은 하나님을 적대시하는 모든 사람을 통틀어서 일컫습니다. 성전이 마흔두 달 동안 이방인에게 짓밟힌다는 것은 적그리스도와 이스라엘과의 조약이 3년 반 만에 파기되면서 3년 반 동안 이스라엘이 적그리스도의 대대적인 핍박을 받게 된다는 것을 의미합니다. 그래서 12장에는 '아들을 낳은 여자', 곧 이스라엘이 도망하는 말세의 마지막 모습을 그리고 있습니다. 예수님께서도 이 일에 대해 말씀하신 적이 있습니다.

"그들이 칼날에 죽임을 당하며 모든 이방에 사로잡혀 가겠고 예루살렘은 이방인의 때가 차기까지 이방인들에게 밟히리라"(눅 21:24).

"이방인의 때"는 하나님께서 이방인들 사이에 구속을 이루시면서, 예수님을 거부한 이스라엘을 잠시 방치하시는 시대를 뜻합니다. 바벨론 포로 시대와 앗수르 포로 시대도 여기에 포함됩니다. 지금도 이방인의 때입니다. 이방인의 때는 온 이스라엘이 하나님께로 돌아오는 그때, 곧 대환난 시대가 끝날 때까지 계속될 것입니다.

이렇게 온 이스라엘이 하나님께로 돌아오는 때가 바로 마흔두 달 동안의 기간입니다. 마흔두 달은 다니엘서에서 말한 "일흔 이레" 가운데 70번째 주의 후반부 3년 반(1,260일)을 말하는데 "한 때 두 때 반 때"와도 같은 말입니다. 심판 내용과 그 범위로 보아 이 기간에 마지막 재앙인 대접의 재앙이 내려질 것입니다.

3년 반이라는 숫자를 상징적으로 해석하는 사람들이 있습니다. 그러나 성경을 여러 군데 비교해 살펴보게 되면, 숫자를 비롯해 요한계시록에 나온 내용들은 있는 그대로 받아들이고 해석하는 것이 옳다고 느껴질 것입니다. 하나하나를 다 상징으로 해석하고 깊이 파헤쳐서 성경에도 명시되어 있지 않은 복잡한 이야기에 귀를 기울이다 보면 이단에 미혹될 위험성이 커집니다. 그저 성경과 성령이 가르쳐 주는 만큼만 알고 은혜를 받아도 큰 축복이 됩니다.

두
증인

요한계시록 11장 3-6절에는 '두 증인'이 등장하는데, 이들은 말세에 나타날 특별한 두 사람입니다.

"내가 나의 두 증인에게 권세를 주리니 그들이 굵은 베옷을 입고 천이백육십 일을 예언하리라 그들은 이 땅의 주 앞에 서 있는 두 감람나무와 두 촛대니 만일 누구든지 그들을 해하고자 하면 그들의 입에서 불이 나와서 그들의 원수를 삼켜 버릴 것이요 누구든지 그들을 해하고자 하면 반드시 그와 같이 죽임을 당하리라 그들이 권능을 가지고 하늘을 닫아 그 예언을 하는 날 동안 비가 오지 못하게 하고 또 권능을 가지고 물을 피로 변하게 하고 아무 때든지 원하는 대로 여러 가지 재앙으로 땅을 치리로다"(계 11:3-6).

두 증인은 마지막 시대에 마지막으로 쓰임받는 선지자들로 보입니다. 그들의 예언 활동 후에는 지진이 일어나는데(계 11:13), 이것은 여섯째 인을 떼고 난 후의 결과와 흡사합니다. 굵은 베옷을 입은 것으로 보아 그들의 예언 내용은 극심한 재앙과 관계되는 듯하며, 사람들은 그 예언을 듣고 고통스러워합니다.

하나님의 대언자인 이들의 능력이 얼마나 큰지 한 사람은 비를 멎게 하고, 또 한 사람은 물을 피로 만들 것이라고 합니다. 초자연적인 능력을 가진 두 증인! 전자는 엘리야를, 후자는 모세를 연상케 합니다. 그런데 7-10절 말씀을 보면 두 증인이 짐승에게 죽임을 당합니다.

"그들이 그 증언을 마칠 때에 무저갱으로부터 올라오는 짐승이 그들과 더불어 전쟁을 일으켜 그들을 이기고 그들을 죽일 터인즉 그들의 시체가 큰 성 길에 있으리니 그 성은 영적으로 하면 소돔이라고도 하고 애굽이라고도 하니 곧 그들의 주께서 십자가에 못 박히신 곳이라 백성들과 족속과 방언과 나라 중에서 사람들이 그 시체를 사흘 반 동안을 보며 무덤에 장사하지 못하게 하리로다 이 두 선지자가 땅에 사는 자들을 괴롭게 한 고로 땅에 사는 자들이 그들의 죽음을 즐거워하고 기뻐하여 서로 예물을 보내리라 하더라"(계 11:7-10).

무저갱으로부터 올라온 짐승은 사탄이 아니라 사탄이 보낸 적그리스도입니다. 하나님을 흉내 내는 사탄에게도 삼위일체 같은 것이 있습니다. 사탄이 있고, 사탄이 육신을 입고 오는 적그리스도, 곧 정치적인 짐승이 있으며, 성령처럼 제 삼위에 해당하는 종교적인 짐승이 있습니다. 본문에서는 적그리스도가 나타나 두 증인을 죽여 "영적으로 하면 소돔이라고도 하고 애굽이라고도 하니 곧 그들의 주께서 십자가에 못 박히신 곳"인 예루살렘 길가에 그 시체를 버려둡니다. 예루살렘을 중심으로 전도하고 말씀을 선포한 것으로 미루어 볼 때 두 증인은 유대 사람임에 틀림없습니다.

두 증인이 죽자 사람들은 어떤 반응을 보이나요? 너무들 좋아하고 있습니다. 영적으로 강력한 메시지가 선포될 때 거꾸러져 회개하는 사람이 있는가 하면, 이렇게 그 메시지를 전하는 사람을 죽이고 싶어 할 정도로 미워하는 사람도 있게 마련입니다. 그러나 3일 반 후에 두 증인은 다시 살아나게 됩니다.

"삼 일 반 후에 하나님께로부터 생기가 그들 속에 들어가매 그들이 발로 일어서니 구경하는 자들이 크게 두려워하더라 하늘로부터 큰 음성이 있어 이리로 올라오라 함을 그들이 듣고 구름을 타고 하늘로 올라가니 그들의 원수들도 구경하더라"(계 11:11-12).

하나님께서 두 증인에게 생기를 불어넣으심으로 이들이 부활하여 승천한 것입니다. 그러자 마귀도 이것을 모방하여 13장에서 두 짐승을 살려 내는 기적을 일으킵니다. 13-14절에서 드디어 둘째 화의 결론이 납니다.

"그 때에 큰 지진이 나서 성 십분의 일이 무너지고 지진에 죽은 사람이 칠천이라 그 남은 자들이 두려워하여 영광을 하늘의 하나님께 돌리더라 둘째 화는 지나갔으나 보라 셋째 화가 속히 이르는도다"(계 11:13-14).

큰 지진이 나서 7천 명의 사람이 죽자, 남은 자들이 두려워하며 하나님께 영광을 돌렸다고 합니다. 이렇게 둘째 화는 지나갔지만 이는 잠시뿐입니다. 곧 셋째 화가 닥칠 것이기 때문입니다.

일곱 번째
나팔

일곱 번째 나팔 소리와 함께 이제 셋째 화가 시작됩니다.

"일곱째 천사가 나팔을 불매 하늘에 큰 음성들이 나서 이르되 세상 나라가 우리 주와 그의 그리스도의 나라가 되어 그가 세세토록 왕 노릇 하시리로다 하니"(계 11:15).

지금까지 마귀가 주관하던 이 세상에 일곱째 나팔 소리와 함께 마지막 재앙이 쏟아지고 나면 마침내 하나님 나라가 세워질 것입니다. 종국에 이루어질 이런 일을 바라보십시오. 복음 때문에, 예수님 때문에, 신앙과 믿음 때문에 고난받는 성도에게 큰 위로가 될 것입니다.

그런데 짚고 넘어갈 문제가 있습니다. 일곱 번째 나팔은 '마지막 나팔'과는 다릅니다. 어떤 사람들은 일곱 번째 나팔을 데살로니가전서 4장에 나오는 마지막 나팔 소리와 동일시하는데, 성경을 자세히 고찰해 보면 그렇지 않습니다. 다음 말씀들을 보십시오.

"보라 내가 너희에게 비밀을 말하노니 우리가 다 잠 잘 것이 아니요 마지막 나팔에 순식간에 홀연히 다 변화되리니"(고전 15:51).

"주께서 호령과 천사장의 소리와 하나님의 나팔 소리로 친히 하늘로부터 강림하시리니 그리스도 안에서 죽은 자들이 먼저 일어나고"(살전 4:16).

"그가 큰 나팔 소리와 함께 천사들을 보내리니 그들이 그의 택하신 자들을 하늘 이 끝에서 저 끝까지 사방에서 모으리라"(마 24:31).

여기서 알 수 있는 사실은 마지막 나팔 소리와 함께 죽은 자의 부활과 휴거 사건이 일어나리라는 것입니다. 그러나 일곱 번째 나팔은 11장에 나오는 두 증인이 부활한 후에 울리는 것이며, 마지막 재앙을 알리는 나팔입니다. 이것은 곧 일곱 번째 나팔이 휴거를 알리는 마지막 나팔 소리가 아님을 의미합니다.

일곱 번째 나팔이 울리자 하늘에서는 그리스도가 세세토록 왕 노릇을 하리라는 찬양이 울려 퍼집니다. 이에 이십사 장로들도 엎드려 경배하며 화답합니다.

"하나님 앞에서 자기 보좌에 앉아 있던 이십사 장로가 엎드려 얼굴을 땅에 대고 하나님께 경배하여 이르되 감사하옵나니 옛적에도 계셨고 지금도 계신 주 하나님 곧 전능하신 이여 친히 큰 권능을 잡으시고 왕 노릇 하시도다 이방들이 분노하매 주의 진노가 내려 죽은 자를 심판하시며 종 선지자들과 성도들과 또 작은 자든지 큰 자든지 주의 이름을 경외하는 자들에게 상 주시며 또 땅을 망하게 하는 자들을 멸망시키실 때로소이다 하더라"(계 11:16-18).

마지막 때는 누구에게나 임합니다. 그러나 주님을 경외하는 사람들에게는 기쁨의 때가 되고, 주님을 대적하는 사람들에게는 멸망의 때가 될 것입니다.

용과 두 짐승의 등장
(12-13장)

"하늘에 큰 이적이 보이니 해를 옷 입은 한 여자가 있는데 그 발 아래에는 달이 있고 그 머리에는 열두 별의 관을 썼더라 이 여자가 아이를 배어 해산하게 되매 아파서 애를 쓰며 부르짖더라 하늘에 또 다른 이적이 보이니 보라 한 큰 붉은 용이 있어 머리가 일곱이요 뿔이 열이라 그 여러 머리에 일곱 왕관이 있는데 그 꼬리가 하늘의 별 삼분의 일을 끌어다가 땅에 던지더라 용이 해산하려는 여자 앞에서 그가 해산하면 그 아이를 삼키고자 하더니 여자가 아들을 낳으니 이는 장차 철장으로 만국을 다스릴 남자라 그 아이를 하나님 앞과 그 보좌 앞으로 올려가더라"

계 12:1-5

요한계시록 12장과 13장은 일곱 번째 나팔에 대한 부연 설명입니다. 12장에는 여자, 곧 이스라엘이 7년 대환난의 마지막 3년 반 동안 사탄의 핍박을 받는 모습이, 13장에는 마지막 때에 나타날 두 짐승이 활동하는 모습이 기록되어 있습니다.

| 해를 옷 입은 한 여자와
| 큰 붉은 용

우선 요한계시록 12장 1절에 묘사된 여자의 모습이 어떠한지 살펴보십시오.

"하늘에 큰 이적이 보이니 해를 옷 입은 한 여자가 있는데 그 발 아래에는 달이 있고 그 머리에는 열두 별의 관을 썼더라"(계 12:1).

이 여자가 누구인지 해석하려면 성경의 여러 곳을 보아야 합니다. 문맥상 바로 앞에 나오는 11장 19절을 먼저 보십시오.

"이에 하늘에 있는 하나님의 성전이 열리니 성전 안에 하나님의 언약 궤가 보이며"(계 11:19).

"하나님의 언약궤"는 구약 시대의 이스라엘 백성과 관련이 있습니다. 이처럼 하나님의 법궤를 언급한 것으로 보아 여기에는 이스라엘에 대한 암시가 들어 있음을 알 수 있습니다. 이스라엘에 대한 하나님의 프로그램은 아직 끝나지 않았습니다.

요한계시록 12장 1절에서는 하늘에 큰 이적이 보였다고 말씀합니다. 3절 역시 "또 다른 이적"이 보인다고 말씀합니다. 이적은 'sign', 곧 표적을 말하는데, 이 표적은 주로 이스라엘을 지칭합니다. 고린도전서 1장 22절이나 14장 21-22절에서 유대인은 표적을 구한다고 말씀합니다. 예수님이 살아 계셨을 때도 유대인들은 자주 찾아와 표적을 보여 달라고 요구했습니다. 즉, '법궤'와 '표적'을 통해 12장에 나오는 여자가 이스라엘을 가리킨다고 보는 것이 성경적으로 상당히 설득력이 있습니다. 7절에서 사탄을 상징하는 용과 싸우는 천사 미가엘이 이스라엘을 보호하는 임무를 맡은 천사라는 점(단 12:1-7)도 이 사실을 뒷받침해 줍니다. 어떤 학자들은 여자를 교회로 해석하는데, 전후 문맥을 살펴보면 그 주장은 근거가 약합니다. 그런데 이스라엘을 상징하는 이 여자가 아기를 가졌습니다.

"이 여자가 아이를 배어 해산하게 되매 아파서 애를 쓰며 부르짖더라"(계 12:2).

2절에 나오는 아이는 바로 예수 그리스도입니다. 이는 예수 그리스도께서 이스라엘을 통해 이 세상에 오셨다는 사실을 뜻합니다. 이스라엘이 메시아를 낳은 것입니다. 여기서는 그저 아이라고 했지만, 13절에서는 '남자'라고 표현합니다.

"용이 자기가 땅으로 내쫓긴 것을 보고 남자를 낳은 여자를 박해하는지라"(계 12:13).

3절은 '붉은 용'인 사탄에 대한 설명입니다.

"하늘에 또 다른 이적이 보이니 보라 한 큰 붉은 용이 있어 머리가 일곱이요 뿔이 열이라 그 여러 머리에 일곱 왕관이 있는데"(계 12:3).

"한 큰 붉은 용"은 사탄을 상징하는데, 9절에서 이 붉은 용에 대해 자세히 묘사하고 있습니다.

"큰 용이 내쫓기니 옛 뱀 곧 마귀라고도 하고 사탄이라고도 하며 온천하를 꾀는 자라"(계 12:9).

성경은 용이 '사탄'이라고 친히 밝히고 있습니다. 그런데 이 용은 머리가 일곱이고 뿔이 열 개로, 첫 번째 짐승인 적그리스도와 동일시됩니다(계 13:1). 대환난의 마지막 3년 반 동안 용(사탄)과 적그리스도는 타락한 천사들인 수많은 악령들과 함께 이스라엘에 대항해 싸웁니다.

13장에서 사탄은 두 짐승을 지상으로 보냅니다. 사탄을 대신하는 존재인 적그리스도가 첫 번째 짐승이며, 기적을 일으키고 온 세상 사람들이 적그리스도를 믿게끔 옆에서 돕는 역할을 하는 존재가 두 번째 짐승입니다. 이제 다시 12장 4절을 보십시오.

"그 꼬리가 하늘의 별 삼분의 일을 끌어다가 땅에 던지더라"(계 12:4).

'꼬리'는 용의 꼬리이며 '별'은 천사들입니다. 사탄은 모든 천사들 가운데 3분의 1을 유혹해서 그들이 자기와 함께 타락하도록 만들었습니다. 사탄과 함께 타락한 수많은 천사들이 바로 귀신, 곧 악령들입니다. 전체 천사의 3분의 1이나 되는 악령의 세력들이 지금도 공중을 헤매고 다니며 성도들을 해치기 위해 수단과 방법을 가리지 않고 활동하고 있다는 사실을 잊지 마십시오. 4절 후반부에는 태어날 아이를 잡아먹으려는 용의 모습이 나옵니다.

"용이 해산하려는 여자 앞에서 그가 해산하면 그 아이를 삼키고자 하더니"(계 12:4).

실제로 사탄은 예수님이 태어나자마자 로마의 헤롯 왕을 통해 그분을 삼키려 들었습니다. 그때 무고한 사내아이들이 얼마나 많이 희생되었는지 모릅니다. 그 후에도 예수님은 사역을 하시면서 몇 번이나 죽을 고비를 넘기셨습니다. 결국 사탄은 가룟 유다를 통해 예수님을 십자가에 못 박아 죽였습니다. 5절에서는 마침내 여자가 해산을 했습니다.

"여자가 아들을 낳으니 이는 장차 철장으로 만국을 다스릴 남자라"(계 12:5).

철장으로 만국을 다스린다는 표현은 성경 여러 곳에 나옵니다. 시 편 2편 7-9절을 보십시오.

"내가 여호와의 명령을 전하노라 여호와께서 내게 이르시되 너는 내 아들이라 오늘 내가 너를 낳았도다 내게 구하라 내가 이방 나라를 네 유업으로 주리니 네 소유가 땅 끝까지 이르리로다 네가 철장으로 그들 을 깨뜨림이여 질그릇 같이 부수리라 하시도다"(시 2:7-9).

메시아에 대한 이 예언 속에 철장으로 만국을 다스린다는 표현이 나옵니다. 또 요한계시록 19장 11-16절을 펼쳐 보십시오. 특별히 15 절을 눈여겨보십시오.

"또 내가 하늘이 열린 것을 보니 보라 백마와 그것을 탄 자가 있으니 그 이름은 충신과 진실이라 그가 공의로 심판하며 싸우더라 그 눈은 불꽃 같고 그 머리에는 많은 관들이 있고 또 이름 쓴 것 하나가 있으 니 자기밖에 아는 자가 없고 또 그가 피 뿌린 옷을 입었는데 그 이름 은 하나님의 말씀이라 칭하더라 하늘에 있는 군대들이 희고 깨끗한 세마포 옷을 입고 백마를 타고 그를 따르더라 그의 입에서 예리한 검이 나오니 그것으로 만국을 치겠고 친히 그들을 철장으로 다스리며 또 친히 하나님 곧 전능하신 이의 맹렬한 진노의 포도주 틀을 밟겠고 그 옷과 그 다리에 이름을 쓴 것이 있으니 만왕의 왕이요 만주의 주라 하였더라"(계 19:11-16).

이러한 말씀을 통해 여자가 낳은 사내아이가 예수 그리스도라는 사실이 분명하게 드러납니다. 12장 5절에는 예수님의 탄생과 승천에 대한 얘기가 모두 들어 있습니다.

"여자가 아들을 낳으니 이는 장차 철장으로 만국을 다스릴 남자라 그 아이를 하나님 앞과 그 보좌 앞으로 올려가더라"(계 12:5).

그런데 예수님의 탄생과 승천 사이에 33년이라는 시간이 비어 있습니다. "장차 철장으로 만국을 다스릴" 때는 승천 후 다시 재림하실 때입니다. 5절과 6절 사이의 시간적 공백은 이보다 더 깁니다.

"그 여자가 광야로 도망하매 거기서 천이백육십 일 동안 그를 양육하기 위하여 하나님께서 예비하신 곳이 있더라"(계 12:6).

5절과 6절에서 사건들이 급속도로 전개됩니다. 메시아의 탄생 이야기가 나오자마자 메시아가 승천하고, 또 시간이 금세 흘러 말세의 마지막 3년 반까지 이르게 되었습니다. 유한한 우리 인간의 눈에는 예수님의 탄생과 승천, 그리고 마지막 3년 반까지의 시간이 아주

긴 것 같아도 영원하신 하나님께서 저 보좌 위에서 세계 역사를 한 눈에 내려다보실 때는 본문에 표현된 대로 잠시 잠깐인 것입니다. 그 기나긴 세월이 한 문장으로 압축되어 있습니다.

하늘의 전쟁

7-8절에는 하나님을 대표해 미가엘과 선한 천사들이 용, 곧 사탄과 타락한 천사들을 상대하여 싸우는 모습이 나옵니다.

> "하늘에 전쟁이 있으니 미가엘과 그의 사자들이 용과 더불어 싸울새 용과 그의 사자들도 싸우나 이기지 못하여 다시 하늘에서 그들이 있을 곳을 얻지 못한지라"(계 12:7-8).

'하늘'은 천국이 아니라 공중을 뜻합니다. 이제 사탄은 그동안 권세를 잡고 있었던 공중마저도 미가엘에게 빼앗기고 쫓겨나게 되었습니다. 공중에서 쫓겨난 사탄 무리들이 이번에는 어디로 갔는지 살펴보겠습니다.

> "큰 용이 내쫓기니 옛 뱀 곧 마귀라고도 하고 사탄이라고도 하며 온 천하를 꾀는 자라 그가 땅으로 내쫓기니 그의 사자들도 그와 함께 내쫓기니라"(계 12:9).

하나님 보좌 앞에서 쫓겨나 공중에서 활동하던 사탄 무리들은 공중에서도 쫓겨나 갈 곳이 없게 되자 마침내 이 땅으로 내려옵니다. 주님을 믿는 사람들이 모두 들림을 받고, 주님을 믿지 않는 사람들만 남아 있는 땅, 이곳에서의 마지막 3년 반 동안 얼마나 많은 악령들이 들끓게 될까요? 한번 상상해 보십시오.

여기에서 잠깐 사탄의 축출 과정을 네 단계로 나누어 살펴보겠습니다. 가장 처음에 사탄은 하나님 앞에서 쫓겨났습니다(사 14:12-20; 겔 28:11-19). 그다음에는 공중에서 쫓겨납니다(계 12:7-9; 단 12:1-2). 그 후에는 미가엘에게 쫓겨 땅으로 내려옵니다. 이제 사탄의 세력들은 이스라엘을 핍박하기 시작합니다.

"그 때에 네 민족을 호위하는 큰 군주 미가엘이 일어날 것이요 또 환난이 있으리니"(단 12:1).

사실 지금도 이스라엘은 이슬람권인 주변 나라들과 적대 상태에 있습니다. 이슬람교는 현재 엄청난 세력으로 확장 중입니다. 기독교 국가였던 영국에 이슬람 사원인 모스크가 천 개 넘게 들어서고 있습니다. 지금 서구 사회는 무섭게 뻗쳐 오는 이슬람 세력을 감당하지 못하는 실정입니다. 이런 상황으로 볼 때 이슬람은 적그리스도의 세력으로 부상해 마지막 때에 이스라엘을 대대적으로 핍박할 가능성도 있습니다.

땅으로 쫓겨난 사탄의 세력은 또다시 무저갱으로 천 년 동안 추방당합니다.

"또 내가 보매 천사가 무저갱의 열쇠와 큰 쇠사슬을 그의 손에 가지고 하늘로부터 내려와서 용을 잡으니 곧 옛 뱀이요 마귀요 사탄이라 잡아서 천 년 동안 결박하여 무저갱에 던져 넣어 잠그고 그 위에 인봉하여 천 년이 차도록 다시는 만국을 미혹하지 못하게 하였는데 그 후에는 반드시 잠깐 놓이리라"(계 20:1-3).

7년 대환난 기간이 끝나고 나서 사탄은 무저갱에 갇혀 꼼짝 못하게 됩니다. 그러다 잠깐 놓임을 받습니다. 그렇지만 이후 사탄은 불과 유황 못으로 완전히 추방당합니다.

"또 그들을 미혹하는 마귀가 불과 유황 못에 던져지니 거기는 그 짐승과 거짓 선지자도 있어 세세토록 밤낮 괴로움을 받으리라"(계 20:10).

이때는 사탄뿐만 아니라 사탄과 동역하던 두 짐승도 함께 불 못으로 던져집니다.

사탄에 대한 승리의 선포

사탄을 공중에서 추방한 하늘에서는 기쁨이 넘칩니다. 그러나 이제 땅 위에는 사탄이 마지막 발악을 하여 큰 화가 미칠 것입니다. 요한계시록 12장 10-12절을 보십시오.

"내가 또 들으니 하늘에 큰 음성이 있어 이르되 이제 우리 하나님의 구원과 능력과 나라와 또 그의 그리스도의 권세가 나타났으니 우리 형제들을 참소하던 자 곧 우리 하나님 앞에서 밤낮 참소하던 자가 쫓겨 났고 또 우리 형제들이 어린 양의 피와 자기들이 증언하는 말씀으로 써 그를 이겼으니 그들은 죽기까지 자기들의 생명을 아끼지 아니하였 도다 그러므로 하늘과 그 가운데에 거하는 자들은 즐거워하라 그러나 땅과 바다는 화 있을진저 이는 마귀가 자기의 때가 얼마 남지 않은 줄 을 알므로 크게 분내어 너희에게 내려갔음이라 하더라"(계 12:10-12).

7년 대환난 기간 동안 유대인 14만 4천 명의 선교를 통해 혹은 또 다른 성도들의 전도를 받아 예수님을 믿게 되는 사람들, 곧 '환난 때의 성도들'은 이때에도 땅에 남아 있을 것입니다. 이들은 온갖 모 진 핍박과 순교 가운데서도 사탄의 세력에 굴복하지 않고 끝까지 참 고 견뎌 내어 승리할 것입니다.

11장에 따르면 그들이 승리할 수 있는 것은 어린 양의 피 때문입 니다. 세상을 이기신 그리스도께서 자신의 보혈로 인간의 죄를 사하 여 주시고 구원을 완성하셨기에 최후 승리를 이룰 수 있습니다. 구원 받은 사람은 반드시 승리합니다. 그들은 또한 증거의 말씀, 곧 하나님 의 말씀과 죽기까지 희생하는 삶으로 인해 승리할 수밖에 없습니다.

7년 대환난 가운데 가장 견디기 힘든 마지막 3년 반 동안 예수 그 리스도의 보혈과 하나님의 말씀과 희생적인 삶을 통해 승리를 맛보 는 성도들이 있을 것이라고 이야기했습니다. 그렇다면 우리가 사는 시대에서도 이런 승리의 삶이 가능할까요? 저는 가능하다고 생각합니다. 예수 그리스도의 보혈을 입은 사람들, 말씀을 붙들고 사는 성도들, 죽기까지 순종하는 그리스도인들은 반드시 승리합니다.

이스라엘을 향한 핍박

땅으로 내쫓긴 용은 최후 발악으로 여자를 핍박하기 시작합니다.

"용이 자기가 땅으로 내쫓긴 것을 보고 남자를 낳은 여자를 박해하는 지라 그 여자가 큰 독수리의 두 날개를 받아 광야 자기 곳으로 날아가 거기서 그 뱀의 낯을 피하여 한 때와 두 때와 반 때를 양육 받으매"(계 12:13-14).

"여자가 큰 독수리의 두 날개를 받아 광야 자기 곳으로 날아가"라는 구절을 보고 이스라엘 사람들이 비행기를 타고 광야로 도망치는 모습이라고 해석하는 사람도 있습니다. 그런데 이 말씀은 상징적인 표현이기 때문에 우리가 그 속뜻을 낱낱이 알 수는 없습니다.

광야의 위치는 정확히 알 수 없으나 사해 남서쪽일 것이라 짐작됩니다. 사해 지방에서 남쪽으로 약 80킬로미터쯤 내려가면 '페트라'라는 곳이 있습니다. 구약 시대 에돔 지방에 해당하는데 지금은 아무도 살지 않습니다. 그곳에는 엄청나게 큰 산이 있는데, 옛날 이스라엘 사람들이 그 산으로 도피하기도 했습니다. 현재는 그 산을 뚫어서 도시를 만들어 놓았습니다. 그래서 대환난의 때 역시 이스라엘 사람들이 이 지역으로 피신할 가능성이 많다고 본 것입니다. 이 주장이 반드시 옳다고는 장담할 수 없으나 오늘날의 모든 정치적 상황과 과학의 발전 등을 고려해 볼 때 그럴 가능성이 전혀 없진 않습니다.

여자가 광야로 피신하자 사탄은 자연계를 움직여 홍수를 일으켜서 다시 핍박합니다. 15절을 보십시오.

"여자의 뒤에서 뱀이 그 입으로 물을 강 같이 토하여 여자를 물에 떠내려 가게 하려 하되"(계 12:15).

사탄이 도망간 이스라엘 사람들을 홍수로 몰살시키려 하자 갑자기 땅이 갈라지면서 물을 다 삼켜 버리는 기적이 일어납니다.

"땅이 여자를 도와 그 입을 벌려 용의 입에서 토한 강물을 삼키니"(계 12:16).

이렇게 자기 뜻대로 되지 않자 사탄은 미처 도망가지 못한 성도들에게로 눈을 돌립니다.

"용이 여자에게 분노하여 돌아가서 그 여자의 남은 자손 곧 하나님의 계명을 지키며 예수의 증거를 가진 자들과 더불어 싸우려고 바다 모래 위에 서 있더라"(계 12:17).

그러나 "여자의 남은 자손"은 사탄에게 공격을 당하면서도 끝까지 살아남아서 마지막 3년 반이 끝났을 때 곧바로 천년 왕국으로 들어갈 것입니다. 스가랴 12장에도 이스라엘 사람의 3분의 1이 살아서 천년 왕국으로 들어갈 것이라고 예언되어 있습니다. 물론 14만 4천 명의 선교사와 또 다른 성도들의 전도를 받아 예수님을 믿게 된 사람들도 마지막 3년 반이 끝나면 바로 천년 왕국으로 들어갈 것입니다.

이제 13장으로 들어갑니다. 13장에는 11장에서 하나님의 두 증인이 나타나 활동했듯이 두 짐승이 등장합니다.

| 첫 번째
| 짐승

두 짐승은 사탄의 종입니다. 첫 번째 짐승의 모습은 12장에 나온 용의 모습과 똑같습니다.

"내가 보니 바다에서 한 짐승이 나오는데 뿔이 열이요 머리가 일곱이라 그 뿔에는 열 왕관이 있고 그 머리들에는 신성모독 하는 이름들이 있더라"(계 13:1).

이렇게 첫 번째 짐승이 용과 같은 모습을 하고 있다는 것은 그들의 근본이 일치함을 의미합니다. "머리들에 신성모독 하는 이름들이 있"다는 것은 이 첫 번째 짐승이 하나님을 대적하고 저주하는 적그리스도의 성격을 가졌음을 뜻합니다. 이 짐승의 특징을 보십시오.

"내가 본 짐승은 표범과 비슷하고 그 발은 곰의 발 같고 그 입은 사자의 입 같은데 용이 자기의 능력과 보좌와 큰 권세를 그에게 주었더라"(계 13:2).

이런 특징으로 미루어 볼 때 첫 번째 짐승은 매우 사납고 무자비하며, 사탄이 인간의 육신을 입은 존재라는 것을 알 수 있습니다. 그런데 드디어 사건이 일어났습니다.

"그의 머리 하나가 상하여 죽게 된 것 같더니"(계 13:3).

전 세계를 정치적, 군사적으로 장악하여 세계 독재자로 군림한 이 첫 번째 짐승이 어떤 연고인지는 모르나 머리에 치명상을 입어 죽게 되었습니다. 그런데 그때 갑자기 놀라운 기적이 일어납니다. 3절 후반부를 보십시오.

"그 죽게 되었던 상처가 나으매 온 땅이 놀랍게 여겨 짐승을 따르고"(계 13:3).

이 기적은 사탄이 행한 일입니다. 사탄의 능력은 하나님의 능력처럼 무한하지는 않으나 폭풍이나 홍수 등의 자연재해를 일으키거나 사람이나 동물을 죽이기도 하고, 몸에 질병을 가져오기도 하고(욥 1장), 심지어는 이 말씀에서처럼 빈사 상태에 있는 사람을 살려내는 일 정도는 할 수 있습니다. 죽게 된 사람이 죽지 않고 살아났으니 온 세상 사람들이 얼마나 놀랐을까요? 이 일을 통해 짐승은 경이로운 인물이 되고, 마침내 경배의 대상으로까지 부상합니다.

사탄은 이처럼 하나님이 하신 일을 흉내 냅니다. 그러나 실상은 늘 하나씩 부족합니다. 예수님은 완전히 숨을 거두신 후에 부활하셨습니다. 그러나 적그리스도인 첫 번째 짐승은 죽어 가던 상태에서 완치된 것뿐입니다. 그리고 삼위일체 하나님을 상징하는 숫자는 777인데, 사탄의 삼위를 상징하는 숫자는 666입니다. 사탄은 아무리 하나님 행세를 하려고 해도 늘 하나가 부족합니다.

그러나 사람들은 어떤가요? 이 첫 번째 짐승의 치명상이 나았을 때 그 짐승을 메시아로 여겨 그를 섬기기 시작합니다.

"용이 짐승에게 권세를 주므로 용에게 경배하며 짐승에게 경배하여 이르되 누가 이 짐승과 같으냐 누가 능히 이와 더불어 싸우리요 하더라" (계 13:4).

이는 사람들이 완전히 미혹된 모습입니다. 이들은 무엇이 참된 것인지 분별하지 못합니다. 하나님이 어떤 분인지를 제대로 알지 못해 가짜 사이비를 신봉하는 것입니다. 그러면 이제 사람들의 숭배를 받기 시작한 첫 번째 짐승의 활동을 살펴봅시다.

"또 짐승이 과장되고 신성모독을 말하는 입을 받고 또 마흔두 달 동안 일할 권세를 받으니라 짐승이 입을 벌려 하나님을 향하여 비방하되 그의 이름과 그의 장막 곧 하늘에 사는 자들을 비방하더라 또 권세를 받아 성도들과 싸워 이기게 되고 각 족속과 백성과 방언과 나라를 다스리는 권세를 받으니 죽임을 당한 어린 양의 생명책에 창세 이후로 이름이 기록되지 못하고 이 땅에 사는 자들은 다 그 짐승에게 경배하리라"(계 13:5-8).

첫 번째 짐승이 활동하는 기간은 5절에 나온 대로 마흔두 달, 곧 3년 반입니다. 이것은 대환난 기간의 중간에 해당합니다. 그런데 어떤 사람들은 마흔두 달은 오랜 기간에 대한 상징적인 표현이며 '대환난의 때'란 지금까지의 기독교 역사를 말하기 때문에 특별한 대환난은 존재하지 않는다고 주장합니다. 그러나 우리는 성경이 말하는 대로, 성경이 말하는 만큼 이해하는 것으로 족한 줄 알아야 합니다.

이 짐승은 하나님과 성도들을 비방하고 저주하고 공격할 것입니다. 사실 첫 번째 짐승, 곧 적그리스도가 나타날 준비는 현재 거의 다 되어 있는 셈입니다. 이슬람교도 세력이 날로 확장되고 쉴 새 없이 팽창 중입니다. 적그리스도의 영들이 이슬람교도를 통해, 세속주의를 통해, 인본주의를 통해 온 세계를 좀먹어 가고 있습니다. 그래서 이 세계는 참되신 하나님과 그의 아들 예수 그리스도를 섬기는 신앙에서 점차 멀어지고 있는 상황입니다.

적그리스도가 다스릴 세계 제국, 곧 17-18장에 바벨론이라고 명명된 대제국이 일어날 조짐이 요즘 한창인 종교 통합 운동에서 보이고 있습니다. "모든 종교는 결국 하나!"라는 주장이 공공연하게 나돌고 "오직 예수 그리스도만이 구원의 길!"이라는 진리가 부정되고 있는 세상입니다. 우리는 아주 급박하고 도전적인 시대에 살고 있습니다. 그러나 아무리 사탄의 세력이 잠시 잠깐 전 세계를 장악한다 해도 최후 승리는 하나님께 있습니다.

> "누구든지 귀가 있거든 들을지어다 사로잡힐 자는 사로잡혀 갈 것이요 칼에 죽을 자는 마땅히 칼에 죽을 것이니 성도들의 인내와 믿음이 여기 있느니라"(계 13:9-10).

사로잡는 자, 칼로 죽이는 자, 곧 사탄의 세력이 결국에는 망하게 된다는 사실을 듣고 기억하라고 말씀합니다. 그러니 두려워하지 말고 인내와 믿음으로 경주하라는 것입니다. 이는 마지막 때를 살아가는 성도를 향한 권면의 말씀입니다. 적그리스도의 통치하에서 고통과 시련을 겪으면서도 "생명책에 창세 이후로 이름이 기록"(계 13:8)된 자들은 세상 역사의 궁극적인 주관자가 하나님이심을 알고 인내와 믿음으로 싸워 끝내 승리할 것입니다.

두 번째 짐승

두 번째 짐승은 땅에서 올라올 것입니다. 11절 말씀을 보십시오.

> "내가 보매 또 다른 짐승이 땅에서 올라오니 어린 양 같이 두 뿔이 있고 용처럼 말을 하더라"(계 13:11).

부드러운 양의 이미지를 가진 것으로 보아 두 번째 짐승은 아마도 경건하고 고상한 모습의 영적 지도자(성직자)로 등장할 것 같습니다. 그래서 사람들은 이 짐승을 보면 다 엄숙하고 숙연한 모습으로 다소 경건해질지 모릅니다. "저분이야말로 하나님께서 이 시대에 우리를 위해 허락하신 영적 지도자시다."라고 하면서 말입니다.

그러나 겉모습은 어린 양인 것 같으나 말은 용처럼 한다고 말씀합니다. 사탄의 몸에서 나온 세력이니 그 악한 근본은 속일 수가 없습니다. 그러면 이렇게 등장한 두 번째 짐승, 즉 거짓 선지자는 어떤 일을 할까요?

"그가 먼저 나온 짐승의 모든 권세를 그 앞에서 행하고 땅과 땅에 사는 자들을 처음 짐승에게 경배하게 하니 곧 죽게 되었던 상처가 나은 자라 큰 이적을 행하되 심지어 사람들 앞에서 불이 하늘로부터 땅에 내려오게 하고 짐승 앞에서 받은 바 이적을 행함으로 땅에 거하는 자들을 미혹하며 땅에 거하는 자들에게 이르기를 칼에 상하였다가 살아난 짐승을 위하여 우상을 만들라 하더라 그가 권세를 받아 그 짐승의 우상에게 생기를 주어 그 짐승의 우상으로 말하게 하고 또 짐승의 우상에게 경배하지 아니하는 자는 몇이든지 다 죽이게 하더라 그가 모든 자 곧 작은 자나 큰 자나 부자나 가난한 자나 자유인이나 종들에게 그 오른손에나 이마에 표를 받게 하고 누구든지 이 표를 가진 자 외에는 매매를 못하게 하니 이 표는 곧 짐승의 이름이나 그 이름의 수라"(계 13:12-17).

두 번째 짐승은 사람들이 적그리스도를 섬기도록 하는 데 앞장설 것입니다. 적그리스도야말로 말세의 혼란한 와중에 세계를 구할 메시아라고 선전하면서 말입니다. 그리고 갖가지 기적을 보여 주면서 사람들을 속일 것입니다.

말세에는 곳곳에서 수많은 기적들이 행해질 것입니다. 그런 기적들이 모두 악령의 역사로 일어난다는 사실을 모르는 대부분의 사람들은 진짜 하나님이나 메시아인가 싶어 적그리스도의 세력에게로 몰려갈 것입니다. 이로써 하나님에게서 떠나가는 사람들이 더욱 늘어날 것입니다. 예수님께서도 이렇게 말씀하신 바 있습니다.

"거짓 그리스도들과 거짓 선지자들이 일어나 큰 표적과 기사를 보여 할 수만 있으면 택하신 자들도 미혹하리라"(마 24:24).

모든 기적을 다 믿어서는 안 됩니다. 모든 기적이 하나님의 권능으로 이루어지는 것이 아니라는 사실을 알아야 합니다. 하나님의 역사로 일어난 참된 기적인지를 분별하려면 그 기적을 통해 우리가 하나님께로 더 가까이 나아가는지 아니면 멀어지는지를 보면 됩니다. 거짓 그리스도인들과 거짓 선지자들은 할 수만 있다면 하나님이 택한 자들까지 잘못된 길로 끌고 가려 합니다. 그런데 감사하게도, 참으로 다행스럽게도 그것은 불가능합니다.

복음의 진리는 절대로 희한하지 않습니다. 오히려 너무나도 단순하고 보편적입니다. 나이나 학력에 관계없이 누구나 깨달을 수 있습니다. 그래서 항상 반복되는 것처럼 느껴지는 신앙생활에 권태감을 느끼기도 하고, 신비하고 기적 같은 일을 체험하고 싶은 유혹을 받기도 합니다. 2세기에 영지주의가 판을 쳤던 것도 이런 이유에서였습니다.

하나님의 진리는 단순해 보여도 아주 깊은 뜻이 들어 있습니다. 그리고 기적은 사실 교회 안에서도 일어날 수 있습니다. 하나님이 계신데 왜 기적이 일어나지 않을까요? 하나님께서는 그분의 목적을 이루기 위해 기적을 일으키기도 하십니다. 그럴 때 우리는 그것을 보고 하나님께 영광을 돌립니다. 다시 한번 강조하지만 우리가 좇고 따라야 할 대상은 오직 예수 그리스도 그분 자체이지, 신비스러운 체험이나 기적이 결코 아닙니다.

적그리스도를 섬기게 하고 사람들을 미혹하던 두 번째 짐승은 마침내 적그리스도를 우상으로 만들어 한 사람도 빠짐없이 거기에 절하라고 명령합니다. 구약 시대에 느부갓네살 왕이 그랬던 것처럼 죽은 사람도 아니고 산 사람의 우상을 만들어 거기에 절하는 일은 첨단 과학 문명 시대인 현재에도 분명히 일어나고 있습니다.

두 번째 짐승은 적그리스도 모양의 우상이 실제로 움직이고 말도 할 수 있도록 만들 것입니다. 미국의 디즈니랜드에 가 보면 실물 크기의 링컨 대통령 인형이 정말 살아 있는 사람처럼 입술이나 눈동자를 움직이고 연설하는 모습을 볼 수 있습니다. 두 번째 짐승이 행할 이 일도 충분히 이루어질 수 있습니다.

적그리스도의 우상에 경배하지 않는 사람은 다 죽임을 당할 것입니다. 또 오른손이나 이마에 매매표를 받게 한다는 것으로 보아 적그리스도 치하에서는 배급제가 실시될 것으로 짐작됩니다. 아마 비협조자들은 살아남기 힘들 것입니다. 사탄의 세력은 말세에 이렇게 권세를 부려 보지만, 사실 그들의 정체는 너무도 초라합니다.

"지혜가 여기 있으니 총명한 자는 그 짐승의 수를 세어 보라 그것은
사람의 수니 그의 수는 육백육십육이니라"(계 13:18).

여기서 "육백육십육"은 그냥 666(육육육)이라고 칭해야 옳습니다.
본래 성경에도 "six six six"라고 되어 있습니다. 6은 하나님을 상징하
는 완전수인 7에서 하나 모자란 수입니다. 하나님과 어떻게든 비슷해
지려고 갖은 애를 써 보지만 결코 그렇게 되지 못하는 사탄의 본질
을 나타냅니다. 과거에는 말세론을 전공한다는 사람들이 교황의 이
름을 풀어서 666을 만들고 심지어 미국 닉슨 대통령 때는 국무총리
헨리 키신저(Henry Kissinger)의 이름을 숫자로 풀어 소위 666 이론을
성립시킨 적이 있었습니다. 알파벳은 그 하나하나가 숫자이기 때문에
합산이 가능해서 그런 어처구니 없는 이론까지 나왔습니다. 666은
적그리스도의 실체, 곧 그가 가짜 하나님, 가짜 예수, 가짜 성령임을
나타내는 숫자입니다.

죄인을 향한 하나님의 진노
(14장)

"또 내가 보니 보라 어린 양이 시온 산에 섰고 그와 함께 십사만 사천이 서 있는데 그들의 이마에는 어린 양의 이름과 그 아버지의 이름을 쓴 것이 있더라 내가 하늘에서 나는 소리를 들으니 많은 물 소리와도 같고 큰 우렛소리와도 같은데 내가 들은 소리는 거문고 타는 자들이 그 거문고를 타는 것 같더라 그들이 보좌 앞과 네 생물과 장로들 앞에서 새 노래를 부르니 땅에서 속량함을 받은 십사만 사천 밖에는 능히 이 노래를 배울 자가 없더라" 계 14:1-3

요한계시록 14장 역시 일곱 번째 나팔에 대한 부연 설명입니다. 특별히 이 장에서는 처음으로 바벨론의 멸망에 대해 언급하고 있습니다.

│ 어린 양과
│ 14만 4천 명

먼저 요한계시록 14장 1절을 보십시오.

"또 내가 보니 보라 어린 양이 시온 산에 섰고 그와 함께 십사만 사천이 서 있는데 그들의 이마에는 어린 양의 이름과 그 아버지의 이름을 쓴 것이 있더라"(계 14:1).

예루살렘에는 '시온'이라는 언덕이 있습니다. 보통 예루살렘을 '시온 산'이라고 부릅니다. 본문의 무대인 '시온 산'은 하늘의 시온 산을 가리키는 것입니다. 사도 요한은 어린 양 예수님과 14만 4천 명의 유대인이 시온 산에 서 있는 광경을 보게 됩니다. 14만 4천 명의 유대인들은 대환난 기간 동안 예수님을 믿게 되어 복음 전파에 헌신했던 사람들입니다. 이들의 이마에는 짐승의 표가 아닌 예수 그리스도와 하나님의 이름이 씌어 있다고 말씀합니다. 성부, 성자의 이름을 이마에 썼다는 것은 그리스도와 하나님을 온전히 영접했다는 의미입니다. 우주의 근본이신 하나님을 아버지로 믿고, 예수 그리스도가 자기를 대신해 십자가에서 돌아가시고 모든 죄를 용서하셨으며 영원한 생명을 주신 구주이심을 믿고 이를 받아들였음을 말합니다.

이제 어린 양과 14만 4천 명이 선 하늘의 시온 산에서 웅장한 합창 소리가 들리기 시작합니다.

"내가 하늘에서 나는 소리를 들으니 많은 물 소리와도 같고 큰 우렛소리와도 같은데 내가 들은 소리는 거문고 타는 자들이 그 거문고를 타는 것 같더라"(계 14:2).

많은 성도들의 합창 소리가 마치 물 소리 같고, 큰 우렛소리와도 같고, 거문고 소리처럼 아름답다고 묘사합니다. 강단에 서서 예배를 인도하며 성도들이 한마음으로 찬송가 부르는 소리를 들을 때도 가슴 벅찬 감동이 느껴지는데, 하물며 하늘에서 나는 이런 찬양 소리를 들을 때는 어떤 느낌일까요? 천국에서는 모든 성도가 완전한 목소리로 온전한 영적 상태에서 예수 그리스도와 하나님 아버지를 바로 눈앞에 모시고 찬송할 것입니다. 참으로 기대되는 모습입니다.

14만 4천 명의 찬양을 듣는 청중은 하나님과 네 천사와 이십사 장로들입니다.

"그들이 보좌 앞과 네 생물과 장로들 앞에서 새 노래를 부르니 땅에서 속량함을 받은 십사만 사천 밖에는 능히 이 노래를 배울 자가 없더라" (계 14:3).

14만 4천 성도가 부르는 '새 노래'란 이 세상에서 인간이 만들어 낸 노래와는 질적으로 종류가 다른, 하늘나라의 노래입니다. 즉, 하나님이 새로운 피조물이 된 그리스도인들에게 주신 신령한 노래입니다. 인류 역사의 마지막 3년 반이라는 가장 어려운 기간에 예수님을 믿고 구원받은 성도들이니 그 구원이 얼마나 감격스러울까요? 그 감격이 담긴 찬양이 울려 퍼지는 광경을 머릿속에 한번 그려 보십시오.

14만 4천 명의 일곱 가지 정체성

3절 후반부와 4-5절에는 14만 4천 명의 성도들의 정체성을 일곱 가지로 설명합니다.

첫째, 땅에 있었던 사람들입니다. 14만 4천 명은 이 땅에 살던 사람들이었습니다.

둘째, 속량함을 받은 사람들입니다. 지상에서 살던 도중에 예수 그리스도를 믿게 된 사람들입니다. 4절 후반부를 보십시오.

"사람 가운데에서 속량함을 받아"(계 14:4).

'속량'이란 대가를 주고 샀다는 말입니다. 주님께서 자신의 피를 흘려 죄의 대가를 지불하시고 우리를 사셨기 때문에 우리는 아무 공로 없이 거저 구원받게 되었습니다. 인간이 선행한다고 해서 구원을 얻을 순 없습니다. 그런데 주님의 보혈로 거저 주어지는 구원을 끝까지 거절하는 사람들이 있습니다. 이런 사람들이 있기 때문에 "사람 가운데에서 속량함을 받아"라고 말씀하신 것입니다.

셋째, 자신을 깨끗하게 보전한 사람들입니다. 4절 전반부를 살펴보십시오.

"이 사람들은 여자와 더불어 더럽히지 아니하고 순결한 자라"(계 14:4).

이때 '여자'는 17장에 나오는 큰 음녀 바벨론을, '순결'은 영적인 의미의 '순결'을 뜻합니다. 그들은 핍박을 받고 순교를 당하면서도 끝까지 짐승의 표를 받지 않고 적그리스도를 섬기지 않으며 믿음을 지켰다는 의미입니다.

넷째, 어린 양이 어디로 인도하든지 따라가는 자들입니다. 그들은 여럿을 따르지 않았습니다. 일편단심 어린 양 예수님만 따랐습니다. 신앙생활을 하다 보면 목사나 장로를 추종하는 경우가 종종 있습니다. 그러나 그렇게 사람을 따르다 보면 반드시 실족하기 마련입니다.

우리가 끝까지 따라야 할 분은 오직 예수님 한 분밖에 없습니다. 딴 데로 눈 돌리지 않고 예수님께만 초점을 맞출 때 우리 신앙생활은 참된 진리를 따르게 될 것입니다.

다섯째, 하나님께 바쳐진 첫 열매들입니다. 4절 후반부를 보십시오.

"처음 익은 열매로 하나님과 어린 양에게 속한 자들이니"(계 14:4).

이 말씀은 이들이 대환난 기간에 처음 주님을 믿게 되어 하나님 께 바쳐졌다는 뜻입니다.

여섯째, 진실한 사람들입니다. 예수 그리스도를 믿는 사람은 솔직 담백하고 투명합니다.

"그 입에 거짓말이 없고"(계 14:5).

이들은 하나님의 불꽃같은 눈앞에 자신이 적나라한 모습으로 섰 다는 것을 잘 압니다. 그렇기 때문에 사람들에게 무엇을 숨기려 하지 않고, 위선과 포장 없이 진실하게 대합니다.

일곱째, 흠이 없는 사람들입니다. '흠이 없다(blameless)'는 것은 '뿔 이 없다'는 뜻입니다. 하나님을 나의 아버지로 믿고 어린 양이신 예수 님만 따라가는 사람들에게는 뿔이 없습니다.

"흠이 없는 자들이더라"(계 14:5).

뿔이 있으면 가는 데마다 들이박습니다. 교인들 가운데에도 입만 열면 사람들 마음에 상처 주는 소리만 골라서 하는 사람이 있습니다. 그러나 예수님만 따라가는 사람들은 시간이 지날수록 그분처럼 변하여, 솟아 있던 뿔도 다듬어져 둥글둥글해집니다.

│ 세 천사의
│ 메시지

사도 요한은 요한계시록 14장 6-13절에서 세 천사가 전하는 말을 기록했습니다.

첫째 천사의 메시지: 영원한 복음
첫째 천사는 땅에 거하는 사람들에게 영원한 복음을 선포합니다.

"또 보니 다른 천사가 공중에 날아가는데 땅에 거주하는 자들 곧 모든 민족과 종족과 방언과 백성에게 전할 영원한 복음을 가졌더라"(계 14:6).

말세에는 모든 사람에게 복음이 전해질 것입니다. 어느 나라도, 어느 족속도, 어느 방언도, 어느 백성도 제외되지 않습니다. 예수님께서도 이렇게 말씀하셨습니다.

"이 천국 복음이 모든 민족에게 증언되기 위하여 온 세상에 전파되리니 그제야 끝이 오리라"(마 24:14).

첫째 천사가 전한 영원한 복음의 내용은 크게 네 가지로 요약됩니다(계 14:1).

첫째, 하나님을 경외하라고 합니다.

"그가 큰 음성으로 이르되 하나님을 두려워하며"(계 14:7).

솔로몬도 하나님을 경외하는 것이 모든 지식의 근본이라고 했습니다(잠 1:7). 우주의 근원이 되시는 하나님을 알고 경외하지 않는다면, 근본을 모르는 것입니다. 안다고 해도 단편적인 수준에 머무를 뿐 결국은 아무것도 제대로 이해할 수 없습니다.

둘째, 하나님께 영광을 돌리라고 합니다. 이는 특히 구약 성경에서 관용구로 많이 쓰이는 표현입니다. 바꿔 말하면 "회개하고 예수 그리스도를 믿으라!"는 말입니다. 하나님께로 돌아오라는 뜻입니다. 아간의 죄가 발각되었을 때 그는 여호수아로부터 "이스라엘의 하나님 여호와께 영광을 돌려 그 앞에 자복하라!"는 말을 들었습니다(수 7:19). 여기서도 하나님께 영광 돌리라는 말이 회개하라는 의미로 쓰였음을 알 수 있습니다.

셋째, 하나님께서 심판하신다고 합니다. 복음은 생명입니다. 그러므로 복음을 받아들이지 않으면 결국 죽게 됩니다. 하나님께서 자기 아들을 십자가에 못 박혀 죽게까지 하시며 희생하셨습니다. 이처럼 한량없는 은혜를 베풀어 죄를 범한 인간들을 사랑하셨는데도 그 사랑을 거부한다면 하나님으로서도 어쩔 수 없습니다. 그 사람은 심판의 대상이 될 수밖에 없는 것입니다. 이제 그 심판이 임박했습니다.

넷째, 창조주 하나님을 경배하라고 합니다. 이는 모든 우주 만물의 근원인 하나님께 엎드려 절하라는 말입니다. 삶에서 하나님을 우선으로 드높이라는 뜻입니다. 언제 어디서 무엇을 하든 주님을 통해서 우리 인생이 전개된다는 것을, 즉 그분의 주권을 인정하라는 것입니다.

"하늘과 땅과 바다와 물들의 근원을 만드신 이를 경배하라"(계 14:7).

"하나님을 경외하고 그분께 돌아오라. 왜냐하면 하나님의 심판이 있기 때문이다. 하나님께 모든 삶을 바치고 그분 앞에 엎드리라." 이것이 영원한 복음의 내용입니다. 문제는 이렇게 단순한 복음의 메시지를 심오하게 풀이할 때 생깁니다. 신학 공부를 상당히 오랜 기간 해 온 저도 무슨 말인지 모를 소리들을 하는 사람을 종종 만납니다. 저도 한때는 현학적인 지식을 추구한 적이 있었습니다. 그러나 거기에서는 생명 되신 예수 그리스도를 발견할 수 없습니다.

미국의 한 조사 결과에 따르면 미국 목사님들의 학위가 높을수록 성경을 덜 믿는 경향이 있다고 합니다. 목회학 석사를 받은 사람들 가운데 약 절반만 성경을 믿고, 박사까지 하면 그 수가 더 줄어든다고 합니다. 지식이 신앙에 방해가 되지는 않으나, 신앙 없는 지식은 교만을 낳을 수 있습니다. 복음은 참으로 쉽고 간단합니다. 무학에 가까운 사람도 이해할 수 있을 정도로 단순합니다. 얼마나 감사한 일인가요? 생명의 말씀은 예수님께 있다는 사실을 꼭 기억하십시오.

둘째 천사의 메시지: 바벨론의 멸망

요한계시록 17-18장에는 이에 대한 더 자세한 묘사가 나옵니다. '바벨론'은 하나님이 없는 이 세계를 통틀어 이르는 말입니다. 바벨탑을 쌓아 하나님 없는 하나 된 세상을 이루어 보려던 인간의 노력이 얼마나 많았는지 모릅니다. 이 '바벨탑'은 인류 역사에서 무수한 제국들의 흥망성쇠라는 모습으로 계속 존재해 왔습니다. 이런 노력의 배후에 사탄의 세력이 숨어 있다는 것은 두말할 필요도 없습니다. 바벨론 세력은 말세에 잠시 그들의 세상을 만들기는 하지만, 둘째 천사의 예언처럼 결국 멸망하고 말 것입니다. 어떤 때는 바벨론 세력이 실제적으로 이 세계를 움직이는 것 같기도 합니다. 그러나 바벨론 세력은 결국 패망하리라는 말씀을 기억하십시오. 8절 말씀이 우리 그리스도인들에게 참된 위로를 줄 것입니다.

"또 다른 천사 곧 둘째가 그 뒤를 따라 말하되 무너졌도다 무너졌도다 큰 성 바벨론이여 모든 나라에게 그의 음행으로 말미암아 진노의 포도주를 먹이던 자로다 하더라"(계 14:8).

"무너졌도다"라는 말이 두 번씩이나 반복되는 것은 바벨론 패망의 확실성을 강조하기 위함입니다. 궁극적인 승리는 하나님께 속해 있습니다. 바벨론이 망하는 이유는 무엇인가요? 그들이 "모든 나라에게 그의 음행으로 말미암아 진노의 포도주를 먹이던 자"이기 때문입니다. 음행으로 모든 민족에게 진노의 포도주를 먹인다는 것은 적그리스도를 섬기도록 참되고 유일하신 하나님에게서 돌아서게 하고 그분을 경외하지 못하게 하는 것을 말합니다.

"진노의 포도주"는 인본주의 철학, 정치적 이념, 이단 종교, 심지어 교회 안의 혼란일 수도 있습니다. 사탄이 사용하는 포도주는 수백, 수천 가지입니다. 사람들로 하여금 그것을 마시고 흠뻑 취하게 합니다. 정신을 혼미하게 만듭니다. 사탄은 수단과 방법을 가리지 않고 사람들이 하나님께 다가가는 것을 훼방합니다. 오늘날도 갖가지 종교와 이념이 자기들에게 모든 문제 해결의 열쇠가 있다며 사람들을 미혹합니다. 참되신 하나님을 보지 못하게 만들고 있습니다. 우리는 온갖 종교와 허울 좋은 이념 뒤에 악령과 사탄의 세력이 득실대고 있다는 사실을 깨달아야 합니다. 주님을 믿는 성도들도 항상 깨어 있지 않으면 자기도 모르는 사이에 악의 세력에 동조하게 됩니다.

셋째 천사의 메시지: 짐승 숭배자들의 영원한 멸망
짐승을 숭배하는 자는 이마나 손에 짐승의 표를 받은 자들입니다.

"또 다른 천사 곧 셋째가 그 뒤를 따라 큰 음성으로 이르되 만일 누구든지 짐승과 그의 우상에게 경배하고 이마에나 손에 표를 받으면 그도 하나님의 진노의 포도주를 마시리니 그 진노의 잔에 섞인 것이 없이 부은 포도주라 거룩한 천사들 앞과 어린 양 앞에서 불과 유황으로 고난을 받으리니"(계 14:9-10).

사탄의 현신(現身)인 세계의 통치자 적그리스도의 표를 이마와 손에 받아 그의 추종자가 된 사람들은 하나님의 진노의 대상이 됩니다. 그 표가 어떤 것인가 하는 추측은 분분하나 성경은 그저 '표'라고 말할 뿐입니다. 다만 이마와 손에 받음으로 적그리스도의 소유임을 분명히 보여 준다고 합니다.

"섞인 것이 없이 부은 포도주"란 아주 독해서 한 잔만 마셔도 정신이 혼미해지는 술을 말합니다. 하나님의 진노가 극에 달했기 때문에 끝까지 하나님을 거부하는 자들이 지옥에서 받을 고통이 너무도 극심하다는 것을 이런 독한 술에 비유했습니다.

10절은 천사들과 어린 양 앞에서 그 고통을 받게 된다고 말씀합니다. 아무도 보지 않는 곳에서 혼자 고통을 받는다면 그나마 나을 것입니다. 그러나 영원한 생명을 누리는 이들을 보면서 고통을 받으니 아마도 그 괴로움이 더 가중될 것입니다. 부자와 거지 나사로 이야기에서도 이런 모습을 볼 수 있습니다(눅 16:19-31).

짐승의 표를 받는 사람들에게 이와 같은 고통이 기다리고 있습니다. 그러나 사랑의 하나님께서는 예수님의 재림을 미루시며 아직까지도 주님을 믿지 않는 사람들이 어서 회개하여 하나님 품으로 돌아오기를 기다리고 계십니다.

"그 고난의 연기가 세세토록 올라가리로다 짐승과 그의 우상에게 경배하고 그의 이름 표를 받는 자는 누구든지 밤낮 쉼을 얻지 못하리라 하더라"(계 14:11).

짐승을 숭배하던 자들이 받을 고통은 영원합니다. 그들의 고통은 영원히 쉼이 없을 것입니다. 하나님의 진노의 포도주는 이 정도로 독한 것입니다. 끝까지 주님을 거부하고 복음을 거절하는 사람들을 떠올려 보십시오. 얼마나 불쌍하고 안타까운 인생인지 모릅니다. 짧은 인생의 편안함을 위해 영원한 안식을 버리고 어리석은 길을 가는 사람들이 너무나도 많습니다. 하나님께서 손수 다 마련해 놓으신 구원의 길을 마다하고 굳이 영원한 고통의 길로 들어가려 하니 얼마나 미련한 일인지요? 물론 그런 사람들의 뒤에서는 악한 사탄의 세력이 참으로 집요하게 역사하고 있습니다.

주 안에서 죽은 자들

예수님을 믿는 사람들은 살아서도 죽어서도 하나님이 주시는 축복을 누립니다.

"성도들의 인내가 여기 있나니 그들은 하나님의 계명과 예수에 대한 믿음을 지키는 자니라 또 내가 들으니 하늘에서 음성이 나서 이르되 기록하라 지금 이후로 주 안에서 죽는 자들은 복이 있도다 하시매 성령이 이르시되 그러하다 그들이 수고를 그치고 쉬리니 이는 그들의 행한 일이 따름이라 하시더라"(계 14:12-13).

'patience'는 그저 '참다'라는 의미인 반면 'perseverence'는 끝까지 참아서 이긴다는 뜻을 지닙니다. "성도들의 인내"를 '견인(堅忍)'이라고도 하는데, 이는 칼뱅주의의 5대 교리 중 하나입니다. 즉, 성도들은 고통과 고난을 겪는 중에도 끝까지 참고 또 참아서 마침내 승리를 이룬다는 교리입니다. 우리는 넘어질 때도 있고, 실수할 때도 있고, 또 주님에게서 떠난 것같이 느껴지는 순간도 있습니다. 그러나 예수 그리스도를 자기 구주로 영접한 사람들, 곧 영적으로 거듭난 사람들은 끝까지 어린 양이신 예수님을 따르기 때문에 결국은 믿음으로 승리하게 됩니다. 이것은 참으로 큰 축복입니다.

예수 그리스도를 믿고 하나님의 계명대로 행하며 끝까지 참는 것은 성령께서 역사하셔야 가능한 일입니다. "주님, 제가 오늘부터 이것은 꼭 지키겠습니다." 하고 다짐하면 반드시 못 지킵니다. 인간은 별 수 없습니다. 사람은 연약합니다. 저 또한 과거에 제 힘으로 하나님의 계명을 지켜 보려고 숱하게 맹세했습니다. 그러나 제 힘으로는 도저히 지킬 수가 없었습니다. 수없이 좌절을 경험한 끝에 성령의 능력을 의지하지 않고서 인간은 아무것도 할 수 없다는 사실을 깨달았습니다. 주님께 겸손하게 나아가 힘을 달라고 간구해야 합니다. 성령의 능력이 함께해야 우리는 끝까지 하나님의 계명대로 행하며 예수 그리스도를 향한 믿음을 지킬 수 있습니다.

예수님을 자기 구주로 믿고 살다가 주 안에서 죽는 자들은 모두

복됩니다. 13절은 그 이유를 이렇게 말씀합니다.

"그들이 수고를 그치고 쉬리니"(계 14:13).

인생은 태어날 때부터 죽을 때까지 힘든 수고의 연속입니다. 그러나 성도들에게는 죽는 그 순간부터 참된 안식이 있습니다. 한 성도의 죽음은 유가족들에게는 슬픈 일이지만 죽은 당사자에게는 영원한 쉼을 의미합니다. 주님 안에서 죽은 사람은 오히려 이 땅에서 분투하며 살아가는 사람보다 더 행복할 것입니다.

인생이라는 것이 얼마나 수고스러운가요? 만약 하나님이 계시지 않고 영생에 대한 아무런 소망도 없다면 인생 자체는 너무도 허무할 것입니다. 평생 수고만 하다가 죽었는데 그것이 끝이라고 생각해 보십시오. 그러나 하나님을 알고 영원한 소망을 가졌을 때, 그 수고는 무의미하지 않습니다.

이 땅에서는 어려움 가운데서도 주님을 바라보며 살아야 합니다. 삶과 죽음의 의미를 알고 살다가, 죽으면 영원한 쉼을 얻는 그런 인생이 되어야 합니다. 믿는 가족이나 친지가 먼저 이 세상을 떠난다 해도 영원한 나라에서 다시 만날 수 있다는 소망을 가지십시오.

죽는 그 순간은 우리에게 최고의 시간입니다. 수고스러운 인생으로부터 해방되기 때문입니다. 눈물도 질병도 죽음도 없는 영생을 누리게 될 것입니다. 주님 안에서 죽는 자들은 영원한 안식을 얻을 뿐만 아니라 이 땅에서 행한 모든 것을 보상받을 것입니다.

"이는 그들의 행한 일이 따름이라 하시더라"(계 14:13).

이 땅에서 주님 때문에 참고 수고한 것, 주님을 위해서 애쓰고 희생하고 용서한 것, 그 모든 일에 대해 우리는 천국에서 보상을 받게 됩니다. 구원은 은혜로 받으나, 보상은 수고와 헌신으로 받습니다. 이 땅에서는 억울한 일도 많지만 주님께 그것을 다 맡기고 살기 때문에 거기에 대한 보상 또한 우리를 기다리고 있습니다.

하나님께 속한 사람들에게는 이러한 축복이 기다리고 있지만 하나님을 대적하는 사람들에게는 아직 일곱 대접의 재앙과 영원한 두 번째 죽음만이 기다리고 있습니다. 얼마나 대조적인 결말인가요?

추수의 심판

14장 14-20절에서는 마지막에 있을 심판을 추수하는 광경으로 묘사합니다.

"또 내가 보니 흰 구름이 있고 구름 위에 인자와 같은 이가 앉으셨는데 그 머리에는 금 면류관이 있고 그 손에는 예리한 낫을 가졌더라"(계 14:14).

'인자'란 예수님을 가리킵니다. 머리에 금 면류관을 쓰고 손에는 예리한 낫을 든 것으로 보아 예수님이 추수의 총책임자임을 알 수 있습니다. 이때의 추수는 알곡을 거둬들이는 추수가 아니라 가라지를 전부 잘라서 태워 버리는 심판을 말합니다. 부활에도 생명의 부활과 저주의 부활이 있는 것처럼 추수에도 알곡 추수와 가라지 추수가 있습니다. 예수님이 심판자의 모습으로 나타나시자 그분 앞에 있던 천사가 하나님의 명령을 대신해 큰 소리로 추수를 시작하라고 외칩니다. 15절을 보십시오.

"또 다른 천사가 성전으로부터 나와 구름 위에 앉은 이를 향하여 큰 음성으로 외쳐 이르되 당신의 낫을 휘둘러 거두소서 땅의 곡식이 다 익어 거둘 때가 이르렀음이니이다 하니"(계 14:15).

이 부분을 간혹 오해하기도 합니다. 본문 말씀만 보면 꼭 천사가 예수님에게 명령하는 것처럼 보입니다. 일개 천사가 감히 예수님을 향해 큰 소리로 "당신의 낫을 휘둘러 거두소서"라고 말하니 말입니다.

원어 성경을 보면 이 말은 천사가 예수님을 향해 한 말이 아니라 예수님 곁에 있던 다른 천사들에게 한 말입니다. 지금 우리가 보는 성경은 원문 성경이 아닌 중국 성경이나 영어 성경을 번역한 것이기 때문에 뜻이나 표현상에 다소 차이가 있을 수 있습니다.

천사가 "자, 주여, 이제 시간이 되었으니 시작합시다."라고 하자 예수님께서는 곧바로 추수 작업에 들어가십니다.

"구름 위에 앉으신 이가 낫을 땅에 휘두르매 땅의 곡식이 거두어지니라"(계 14:16).

이때 '곡식'은 악한 사람들을 가리킵니다. 19절의 '땅의 포도'도 마찬가지입니다. 예수님이 추수를 하시자 이번에는 다른 두 천사가 나타나서 추수를 돕습니다. 그들이 예리한 낫을 들고 베니 단번에 곡식들이 거두어집니다.

"또 다른 천사가 하늘에 있는 성전에서 나오는데 역시 예리한 낫을 가졌더라 또 불을 다스리는 다른 천사가 제단으로부터 나와 예리한 낫 가진 자를 향하여 큰 음성으로 불러 이르되 네 예리한 낫을 휘둘러 땅의 포도송이를 거두라 그 포도가 익었느니라 하더라"(계 14:17-18).

이제는 포도가 익을 만큼 익었으니 따다가 성 밖에 있는 포도주 틀에 집어넣고 밟아서 짜자는 말입니다.

"천사가 낫을 땅에 휘둘러 땅의 포도를 거두어 하나님의 진노의 큰 포도주 틀에 던지매 성 밖에서 그 틀이 밟히니 틀에서 피가 나서 말 굴레에까지 닿았고 천육백 스다디온에 퍼졌더라"(계 14:19-20).

하나님을 대적하던 자들의 최후는 이렇습니다. 악으로 잘 영근 포도들이 얼마나 많이 거두어졌으면 땅에서부터 사람의 목까지 오는 높이에 닿고, 서울에서 대구 정도 거리까지 닿을 만큼 그 즙이 튀고 흘렀을까요?

마지막 14장 19-20절은 아마겟돈 전쟁에 대한 이야기인데 19장 17-19절에 다시 언급됩니다. 아마겟돈 전쟁은 천년 왕국이 막을 내릴 때 벌어지는 인류의 마지막 전쟁입니다. 이때는 유브라데(Euphra-tes; 유프라테스) 강으로부터 2억이나 되는 동방 연합 군대가 이스라엘을 향해 진격합니다. 2억의 군대는 곧 하나님을 대적하는 사람들입니다. 이들을 조종하는 대장은 물론 사탄입니다. 사탄이 예수님을 향한 마지막 발악으로 선전포고를 하고 대접전이 벌어집니다. 그 접전지는 이스라엘 북쪽 갈릴리 지방에 있는 '므깃도(Megiddo)'라는 넓은 벌판이 될 것으로 보입니다. 그곳은 지금은 좋은 농지로 개발되어 있으나 옛날부터 이스라엘 사람들이 자주 전쟁을 하던 장소입니다.

옛날 앗시리아(Assyria; 아시리아)나 바벨론, 페르시아 등은 이스라엘을 칠 때 동쪽에서부터 공격하지 못했습니다. 동쪽에 사막이 있었기 때문입니다. 그래서 꼭 유프라테스 강을 따라 북쪽으로 올라간 후 남쪽을 향해 내려오면서 이스라엘을 공격했습니다. 그런 과정에서 므깃도는 항상 접전지가 되곤 했습니다. 사울과 블레셋 사람들도 이곳에서 싸웠습니다.

그렇기 때문에 므깃도에서 마지막 세계 전쟁이 일어날 가능성이 많다고 봅니다. 이곳에서 인류 역사의 마지막 전쟁이 일어날 때, 많은 사람들이 죽을 것이고, 그 비참한 모습이 바로 본문의 마지막 추수 광경과 같을 것입니다. 이 전쟁으로 세계 역사는 막을 내리게 됩니다.

31

일곱 대접의 재앙
(15-16장)

"또 하늘에 크고 이상한 다른 이적을 보매 일곱 천사가 일곱 재앙을 가졌으니 곧 마지막 재앙이라 하나님의 진노가 이것으로 마치리로다 또 내가 보니 불이 섞인 유리 바다 같은 것이 있고 짐승과 그의 우상과 그의 이름의 수를 이기고 벗어난 자들이 유리 바다 가에 서서 하나님의 거문고를 가지고 하나님의 종 모세의 노래, 어린 양의 노래를 불러 이르되 주 하나님 곧 전능하신 이시여 하시는 일이 크고 놀라우시도다 만국의 왕이시여 주의 길이 의롭고 참되시도다 주여 누가 주의 이름을 두려워하지 아니하며 영화롭게 하지 아니하오리까 오직 주만 거룩하시니이다 주의 의로우신 일이 나타났으매 만국이 와서 주께 경배하리이다 하더라" 계 15:1-4

이제 마지막 재앙, 곧 일곱 대접의 재앙이 임할 차례입니다. 대접의 재앙이 끝나면 곧바로 천년 왕국이 시작됩니다. 요한계시록 15장은 이 재앙의 서론 부분에 해당합니다.

일곱 대접의 준비

1절에는 하나님의 진노를 가득 담은 금 대접을 든 일곱 천사가 나옵니다. 그들은 마지막 재앙을 예고합니다.

> "또 하늘에 크고 이상한 다른 이적을 보매 일곱 천사가 일곱 재앙을 가졌으니 곧 마지막 재앙이라 하나님의 진노가 이것으로 마치리로다"
> (계 15:1).

2-4절은 "짐승과 그의 우상과 그의 이름의 수를 이기고 벗어난 자들", 곧 예수 그리스도 안에서 승리한 사람들의 찬양입니다.

"또 내가 보니 불이 섞인 유리 바다 같은 것이 있고 짐승과 그의 우상과 그의 이름의 수를 이기고 벗어난 자들이 유리 바다 가에 서서 하나님의 거문고를 가지고 하나님의 종 모세의 노래, 어린 양의 노래를 불러 이르되 주 하나님 곧 전능하신 이시여 하시는 일이 크고 놀라우시도다 만국의 왕이시여 주의 길이 의롭고 참되시도다 주여 누가 주의 이름을 두려워하지 아니하며 영화롭게 하지 아니하오리이까 오직 주만 거룩하시니이다 주의 의로우신 일이 나타났으매 만국이 와서 주께 경배하리이다 하더라"(계 15:2-4).

이들이 하나님의 어떠하심을 찬양하나요? 하나님의 전능하심과 그 행하신 일의 위대함, 그리고 이 세계를 통치하심에 대해 찬양하고 있습니다. 그 밖에도 하나님의 의로우심과 참되심, 거룩하심 등을 찬양하며 하나님의 영광을 드러내고 있습니다.

이것은 우리가 함께 모여 기도하는 시간을 가질 때도 활용할 수 있는 좋은 방법입니다. 한 사람씩 돌아가면서 "자비와 긍휼이 풍성하신 주님! 주님은 저에게 참 많은 자비를 베푸셨습니다.", "전능하신 주님! 주님께서는 모든 것을 하실 수 있습니다.", "하나님이 하시는 일은 크고 기이하십니다."라고 하나님을 찬양하는 기도를 할 수 있습니다. 이런 방식으로 하나님을 찬양하고 나면 마음이 활짝 열리고 하나님이 더욱 가깝게 느껴질 것입니다.

5절부터는 문이 열려 있는 하늘 성전이 나타납니다.

"또 이 일 후에 내가 보니 하늘에 증거 장막의 성전이 열리며 일곱 재앙을 가진 일곱 천사가 성전으로부터 나와 맑고 빛난 세마포 옷을 입고 가슴에 금 띠를 띠고 네 생물 중의 하나가 영원토록 살아 계신 하나님의 진노를 가득히 담은 금 대접 일곱을 그 일곱 천사들에게 주니"(계 15:5-7).

하나님의 보좌 앞에서 대기하고 있다가 명령이 떨어지면 직접 수종을 드는 천사들 가운데 하나가 일곱 대접을 하나님에게서 받아 일곱 천사에게 하나씩 주었습니다. 드디어 이 땅에 재앙이 쏟아질 준비가 다 되었습니다.

"하나님의 영광과 능력으로 말미암아 성전에 연기가 가득 차매 일곱 천사의 일곱 재앙이 마치기까지는 성전에 능히 들어갈 자가 없더라"(계 15:8).

'연기'는 하나님의 영광과 능력을 상징합니다. 대접을 받아든 일곱 천사가 드디어 일곱 대접을 하나씩 쏟기 시작합니다. 16장에서는 어떤 재앙을 쏟는지가 나옵니다. 1절을 보십시오.

"또 내가 들으니 성전에서 큰 음성이 나서 일곱 천사에게 말하되 너희는 가서 하나님의 진노의 일곱 대접을 땅에 쏟으라 하더라"(계 16:1).

대접의
재앙

이제 일곱 대접의 재앙이 어떻게 전개되는지 살펴보겠습니다.

첫 번째 대접

요한계시록 16장 2절에는 두 종류의 사람이 나옵니다.

"첫째 천사가 가서 그 대접을 땅에 쏟으매 짐승의 표를 받은 사람들과
그 우상에게 경배하는 자들에게 악하고 독한 종기가 나더라"(계 16:2).

하나는 짐승의 표를 처음부터 받은 사람들, 즉 우리가 예수 그리
스도를 영접함으로써 완전히 거듭나는 것처럼 사탄의 악으로 완전히
거듭난 사람들입니다. 나머지 하나는 그 우상에게 경배하는 자들,
곧 죽음의 위협에 굴복하여 동조한 사람들입니다. 이들은 너 나 할
것 없이 모두 피부병 같은 독한 종기로 고통을 받습니다.

두 번째 대접

3절에서는 온 바다가 오염되고 바다 가운데 사는 모든 생물이 죽
게 됩니다.

"둘째 천사가 그 대접을 바다에 쏟으매 바다가 곧 죽은 자의 피 같이
되니 바다 가운데 모든 생물이 죽더라"(계 16:3).

이것은 실제로 바다가 인간의 피로 물든다는 의미라기보다는 심하게 오염되는 상태를 뜻합니다. 바다가 완전히 오염되어 아무런 생물도 살 수 없게 되는 것입니다. 바다가 죽으면 생태계가 파괴되고 그로 인해 종국에는 인간의 생명도 위협받게 됩니다.

세 번째 대접

세 번째 대접을 쏟으면 강과 물이 피로 변합니다. 이 땅 위의 모든 생물의 생명을 유지하는 데 필수적인 물을 먹을 수 없게 된 것입니다. 이는 악인에 대한 심판입니다. 그들은 하나님의 사람들인 성도들과 선지자들을 너무 많이 죽였습니다. 결국 자기들이 행한 일대로 대가를 받는 것입니다.

> "셋째 천사가 그 대접을 강과 물 근원에 쏟으매 피가 되더라 내가 들으니 물을 차지한 천사가 이르되 전에도 계셨고 지금도 계신 거룩하신 이여 이렇게 심판하시니 의로우시도다 그들이 성도들과 선지자들의 피를 흘렸으므로 그들에게 피를 마시게 하신 것이 합당하니이다 하더라"
> (계 16:4-6).

주님은 공의의 하나님이시기 때문에 반드시 행한 대로 갚으십니다. 저는 어렸을 때 그런 하나님이 참 무섭다고 생각했습니다. 행한 대로 똑같이 복수한다니 너무 잔인하지 않나 하는 생각이 들었습니다. 그러나 성경을 좀 더 공부해 보니 "눈은 눈으로, 이는 이로"(마 5:38)라는 말씀은 '공의'를 뜻하는 것이었습니다. 이 원칙은 어쩌다 실수로 상대방을 상하게 한 사람에게는 적용되지 않습니다. 계획적으로, 고의적으로 남에게 해를 끼친 사람에게 적용되는 원칙입니다.

만약 누군가가 여러분이 산 지 1년밖에 안 된 자동차를 완전히 망가뜨려 놓았다고 합시다. 그러면 자동차에 피해를 준 그 사람은 산지 1년 된 자동차로 배상하는 것이 마땅합니다. 만약 비싼 중형차를 망가뜨려 놓고 경차로 배상하면 그것은 불의입니다. 그렇기 때문에 선지자와 성도들의 피를 흘린 악한 자들에게 공의로 갚으시는 하나님은 의로우신 것입니다. 하나님이 그렇게 하시지 않는다면 억울한 사람이 얼마나 많을까요? 인류 역사가 불의로 끝나서는 안 될 것입니다. 네 번째 대접 기사가 나오기 전, 7절에서는 하나님의 심판이 공의롭다는 것을 다시 한번 강조합니다.

"또 내가 들으니 제단이 말하기를 그러하다 주 하나님 곧 전능하신 이시여 심판하시는 것이 참되시고 의로우시도다 하더라"(계 16:7).

하나님은 절대로 불공정하게 심판하지 않으십니다. 하나님은 복음을 들어 보지 못하고 죽은 사람들에 대해서도 공의롭게 행하실 것입니다. 하나님의 공의로만 들이댄다면 사람에게는 아무 희망이 없습니다. 우리는 공의보다는 자비를 간구해야 합니다. 복음은 자비입니다.

네 번째 대접

네 번째 대접을 해에 쏟으니 불이 쏟아져 나와 사람들을 태웁니다. 8-9절을 봅시다.

"넷째 천사가 그 대접을 해에 쏟으매 해가 권세를 받아 불로 사람들을 태우니 사람들이 크게 태움에 태워진지라 이 재앙들을 행하는 권세를 가지신 하나님의 이름을 비방하며 또 회개하지 아니하고 주께 영광을 돌리지 아니하더라"(계 16:8-9).

피부에 독한 종기가 나서 앉지도, 서지도, 눕지도 못하고, 또 마실 물도 없게 되고, 이처럼 태양의 재앙까지 겪으면서도 사람들은 고집을 꺾지 않습니다. 회개하고 돌이키지 않는 것입니다. 이 정도 재앙까지 내려졌으면 "하나님이여, 잘못했습니다. 우리를 용서하여 주옵소서. 우리에게 자비를 베풀어 주시고 우리 죄를 용서하여 주옵소서. 못 살겠습니다."라고 할 만한데, 도리어 하나님을 정면에서 저주합니다.

이처럼 말세에는 악한 사람들이 이전보다 더욱더 악해질 것입니다. 그들은 극한 고통을 겪으면서도 절대로 하나님께로 돌아서지 않을 것입니다. 7절에서 하나님의 심판이 공의롭다고 한 이유가 바로 여기에 있습니다.

다섯 번째 대접

하나님께서 계속해서 진노를 나타내심으로 회개를 촉구하는데도 악한 사람들이 회개는커녕 더욱더 악해지는 모습이 10-11절에도 계속 나옵니다.

"또 다섯째 천사가 그 대접을 짐승의 왕좌에 쏟으니 그 나라가 곧 어두워지며 사람들이 아파서 자기 혀를 깨물고 아픈 것과 종기로 말미암아 하늘의 하나님을 비방하고 그들의 행위를 회개하지 아니하더라"
(계 16:10-11).

자기 아들을 내어 주시기까지 한 희생적인 사랑도, 지속적인 권고의 채찍도 모두 무시하는 자들은 스스로 지옥을 향해 가는 것입니다. 절대로 하나님이 지옥으로 보내는 것이 아닙니다. 사람들이 영원한 멸망을 자처하는 것입니다. 예수님께서 우리 죄를 대속하셨기 때문에 예수 그리스도를 구주로 영접하기만 한다면 누구도 지옥에 가지 않습니다. 그런데 현실은 그렇지 않습니다.

여섯 번째 대접
여섯 번째 대접이 쏟아지면 이 땅에 큰 전쟁이 일어납니다.

"또 여섯째 천사가 그 대접을 큰 강 유브라데에 쏟으매 강물이 말라서 동방에서 오는 왕들의 길이 예비되었더라"(계 16:12).

"동방에서 오는 왕들"은 아마겟돈 전쟁에서 2억의 군대를 몰고 올 왕들입니다(계 19:17). 구약 성경 다니엘 11장 40-44절의 내용이 요한계시록에 와서 이렇게 구체화되는 것입니다. 13-14절을 보십시오.

"또 내가 보매 개구리 같은 세 더러운 영이 용의 입과 짐승의 입과 거짓 선지자의 입에서 나오니 그들은 귀신의 영이라 이적을 행하여 온 천하 왕들에게 가서 하나님 곧 전능하신 이의 큰 날에 있을 전쟁을 위하여 그들을 모으더라"(계 16:13-14).

사탄과 짐승과 거짓 선지자, 곧 사탄의 삼위일체에서 악한 영들이 나와 이적을 행하여 온 천하 왕들을 전쟁에 끌어들일 것이라는 내용입니다. 사탄의 세력도 하나님처럼 이적을 행할 수 있습니다. 모세가 하나님의 능력으로 이적을 행했을 때 애굽 마술사들도 똑같은 이적을 행했습니다.

악령들이 얼마나 대단한 이적을 행했는지 온 천하 왕들이 그 이적의 힘에 완전히 압도당해 마지막 전쟁에 동원됩니다. 사탄은 사탄대로, 적그리스도는 적그리스도대로 마치 예수님이 이적을 행하듯 이적을 행하고, 또 거짓 선지자는 성령처럼 곳곳에서 악령의 능력으로 이적을 행하니 세상 사람들이 거기에 모두 미혹되어 사탄을 추종하게 되는 것입니다.

그런데 15절을 보십시오.

"보라 내가 도둑 같이 오리니 누구든지 깨어 자기 옷을 지켜 벌거벗고 다니지 아니하며 자기의 부끄러움을 보이지 아니하는 자는 복이 있도다"(계 16:15).

사탄이 어린 양과 성도를 향해 마지막 대접전을 벌이려고 전 세계의 모든 군대를 집결시켰을 때, 주님께서 갑자기 임하심으로 그들은 마침내 완전히 멸망하고 맙니다. 19장 15절에 보면 주님께서 악의 세력을 어떻게 치시는지 나옵니다.

"그의 입에서 예리한 검이 나오니 그것으로 만국을 치겠고"(계 19:15).

이로써 악의 세력은 완전히 물러가고 인류 역사도 막을 내립니다. 15절 후반부의 "깨어 자기 옷을 지켜 벌거벗고 다니지 아니하며 자기의 부끄러움을 보이지 아니하는 자"란 바로 주님을 믿는 사람들을 말합니다.

7년 대환난 기간이나 천년 왕국 동안에라도 회개하고 주님께로 돌아온 사람들은 예수 그리스도의 보혈로 죄를 씻음받고 또 예수 그리스도의 의로움으로 덧입혀졌기 때문에 세상 끝 날에 수치를 당하지 않을 것입니다.

요한계시록은 1장 3절에서 "이 예언의 말씀을 읽는 자와 듣는 자와 그 가운데에 기록한 것을 지키는 자는 복이 있나니"라고 말씀하며 계시록의 전체 목적을 밝혔습니다. 이후 16장까지 오는 동안 주님을 믿는 자들이 심판과 재앙의 세계를 보고, 혹시나 낙심하고 두려워할까 싶어 15절 같은 격려와 위로의 말씀을 곳곳에 남겨 주셨습니다. 이를 통해 우리의 연약한 심정을 헤아려 주시는 참으로 세심하신 주님의 사랑을 느낄 수 있습니다.

16절에서는 드디어 '아마겟돈'이라는 이름이 등장합니다.

"세 영이 히브리어로 아마겟돈이라 하는 곳으로 왕들을 모으더라"(계 16:16).

갈릴리 서남쪽 스불론과 납달리 지역에 위치한 아마겟돈을 '므깃도'라고도 부릅니다. 아마겟돈은 평야 지역으로, 정확히 말하자면 잇사갈 지방에 해당합니다. 이제 마지막 일곱 번째 대접의 재앙이 내려지는 모습을 보십시오.

일곱 번째 대접

일곱 번째 대접이 쏟아지자 인류 역사상 최대의 지진이 일어납니다. 섬과 산이 없어지고 큰 성 바벨론이 세 갈래로 갈라질 만큼 대단한 지진입니다. 감히 상상하지 못할 정도입니다.

"일곱째 천사가 그 대접을 공중에 쏟으매 큰 음성이 성전에서 보좌로부터 나서 이르되 되었다 하시니 번개와 음성들과 우렛소리가 있고 또 큰 지진이 있어 얼마나 큰지 사람이 땅에 있어 온 이래로 이같이 큰 지진이 없었더라 큰 성이 세 갈래로 갈라지고 만국의 성들도 무너지니 큰 성 바벨론이 하나님 앞에 기억하신 바 되어 그의 맹렬한 진노의 포도주 잔을 받으매 각 섬도 없어지고 산악도 간 데 없더라 또 무게가 한 달란트나 되는 큰 우박이 하늘로부터 사람들에게 내리매 사람들이 그 우박의 재앙 때문에 하나님을 비방하니 그 재앙이 심히 큼이러라"(계 16:17-21).

21절을 보십시오. 이런 대지진에 큰 우박까지 퍼붓는데도 여전히 사람들은 강퍅한 모습을 보입니다. 그들은 하나님의 이 마지막 진노도 두렵지 않은 듯합니다. 이렇게 멸망할 자들은 망할 짓만 계속할 뿐입니다. 결국 파멸만이 그들을 기다리고 있습니다.

바벨론의 멸망
(17-18장)

"또 일곱 대접을 가진 일곱 천사 중 하나가 와서 내게 말하여 이르되 이리로 오라 많은 물 위에 앉은 큰 음녀가 받을 심판을 네게 보이리라 땅의 임금들도 그와 더불어 음행하였고 땅에 사는 자들도 그 음행의 포도주에 취하였다 하고 곧 성령으로 나를 데리고 광야로 가니라 내가 보니 여자가 붉은 빛 짐승을 탔는데 그 짐승의 몸에 하나님을 모독하는 이름들이 가득하고 일곱 머리와 열 뿔이 있으며 그 여자는 자주 빛과 붉은 빛 옷을 입고 금과 보석과 진주로 꾸미고 손에 금 잔을 가졌는데 가증한 물건과 그의 음행의 더러운 것들이 가득하더라" 계 17:1-4

마지막 일곱 번째 대접이 쏟아지면서 인류의 모든 역사는 막을 내립니다(계 16:17-21). 높이 솟아 있던 산도 무너져 평지가 됩니다. 땅에는 대대적인 변화가 일어납니다. 하나님께서 세상을 창조한 이후 최대의 재앙이 쏟아짐으로써 아담의 타락 이후 사탄과 악의 세력이 주도해 온 세계는 완전히 패망합니다. 우리가 아는 이 인류의 역사가 드디어 끝나는 것입니다. 17-18장은 일곱 번째 대접에 대한 부가 설명입니다. 즉, 바벨론의 멸망을 자세히 보여주고 있습니다.

종교적 바벨론의 멸망

요한계시록 17장에서 종교적 바벨론은 창녀의 모습으로 나타납니다. 세계 역사의 마지막 때에는 두 개의 바벨론이 나타납니다. 하나는 종교적 바벨론이고 다른 하나는 정치적 바벨론입니다. 종교적 바벨론과 정치적 바벨론은 서로의 세력을 결속시킵니다. 특히 전자가 후자를 지원합니다. 적그리스도가 세계를 장악하는 과정에 악령 세력이 지원을 하는 것입니다. 그리하여 세계 모든 권세를 장악한 적그리스도가 이 세상을 통치하게 됩니다. 적그리스도는 일단 자신이 목표하던 바를 이루고 나면 종교적 바벨론을 제거해 버립니다.

바벨탑을 쌓아 하나의 세계 정부를 만들려고 했던(창 11장) 소위 '바벨론 운동'은 앗시리아 제국, 바벨론 제국, 애굽 제국, 그리스 제국, 로마 제국 등을 거쳐 오늘에까지 이르고 있습니다. 이 대규모 정치 세력의 배후에는 언제나 악령 세력의 지원이 있었습니다.

종교 세력은 세계적 규모의 정치 세력을 끝까지 지원합니다. 그러나 실컷 이용만 당하고 나서 결국에는 정치 세력에 완전히 흡수되고 맙니다. 바벨론 세력은 종교 세력과 정치 세력의 합작으로 이루어지지만, 정치 세력에게 더 이상 필요 없고 귀찮은 존재가 된 종교적 세력은 그 즉시 버림받게 됩니다.

종교 세력의 힘은 막강합니다. 그래서 정치적 바벨론 세력이 세계 정권을 완전히 장악할 때까지는 종교 세력을 이용합니다. 정치 생리가 원래 그렇습니다. 대부분의 정치인들은 세력을 얻을 때까지 수단과 방법을 가리지 않습니다. 무엇이든 이용하려 합니다.

지금 북한의 경우도 마찬가지입니다. 교회가 있어 설교도 하고 찬송도 하고 기도도 합니다. 그러나 설교를 들어 보면 마지막에 가서 정치적 메시지가 꼭 거론됩니다. 북한 정부가 바라는 정치적 목적에 부합되는 발언이 나오는 것입니다. 이런 일들을 볼 때 북한 정부도 그들의 이권을 위해 종교와 교회를 이용하고 있는 듯합니다. 북한을 장악하기 위해 조선 기독교 연맹을 이용했지만, 세력을 장악한 후에는 종교 말살 정책을 폈습니다. 그러다가 다시 종교가 필요해지니 1980

년경부터 종교를 이용하고 있습니다.

지금 중국도 기독교를 허용하고 있습니다. 경제 부흥에 서구 사회 그리스도인들의 이용 가치가 크기 때문입니다. 서구 사회를 비롯한 우리나라의 많은 그리스도인들이 중국에 가서 자금을 지원하고, 학교와 공장을 세우고, 영어, 컴퓨터, 농사법 등을 가르칩니다. 사회, 교육, 경제적인 면에서 상당한 유익을 끼치고 있습니다. 그 이유가 무엇일까요? 중국 선교의 터전을 넓히기 위함입니다. 그러나 중국은 이런 그리스도인들을 충분히 이용한 후 종교적 활동을 한다는 딱지를 붙여 강제 출국 명령을 내리는 수법도 쓰고 있습니다.

한때 구소련에서는 목사를 사칭하는 간첩을 미국에 파견한 적도 있었습니다. 과거 일본도 신사 참배를 위해 한국의 많은 목사들을 이용했습니다. 이처럼 정치가 종교를 이용하는 방법은 참으로 다양하고 교묘합니다. 그런 모습이 17장에도 나타납니다. 먼저 짐승을 탄 여자에 대한 환상이 보입니다.

"또 일곱 대접을 가진 일곱 천사 중 하나가 와서 내게 말하여 이르되 이리로 오라 많은 물 위에 앉은 큰 음녀가 받을 심판을 네게 보이리라 땅의 임금들도 그와 더불어 음행하였고 땅에 사는 자들도 그 음행의 포도주에 취하였다 하고 곧 성령으로 나를 데리고 광야로 가니라 내가 보니 여자가 붉은 빛 짐승을 탔는데 그 짐승의 몸에 하나님을 모독하는 이름들이 가득하고 일곱 머리와 열 뿔이 있으며 그 여자는 자주 빛과 붉은 빛 옷을 입고 금과 보석과 진주로 꾸미고 손에 금 잔을 가졌는데 가증한 물건과 그의 음행의 더러운 것들이 가득하더라"(계 17:1-4).

일곱 대접을 가진 천사 중 마지막 대접을 가졌던 천사가 사도 요한 앞에 나타나 음녀의 모습을 한 여자를 보여 줍니다. 자극적이고 현란한 옷차림에 술잔을 든 음녀는 몸에 하나님의 이름을 모독하는 이름들이 가득한, 일곱 머리와 열 뿔이 있는 붉은 짐승을 타고 있습니다. 여러분은 이런 모습이 상상되시나요?

1절에 기록된 "많은 물 위"란 무엇일까요? 요한계시록의 특징 가운데 하나는 상징적으로 표현된 것들을 늘 자체적으로 해석해 준다는 점입니다. "많은 물 위"에 대한 해석도 15절에 바로 나타나 있습니다.

"또 천사가 내게 말하되 네가 본 바 음녀가 앉아 있는 물은 백성과 무리와 열국과 방언들이니라"(계 17:15).

"많은 물", 즉 "음녀가 앉아 있는 물"은 "백성과 무리와 열국과 방언들"이라고 설명합니다. 이는 온 세계 사람들을 뜻합니다. 따라서 음녀가 물 위에 앉은 것은 악령 세력이 전 세계 사람들을 미혹하는 모습이라고 할 수 있습니다.

악령 세력은 온갖 종교와 이단 등을 이용해 거짓 영적 운동을 일으켜 사람들이 참되신 창조주요, 유일한 구주이신 예수 그리스도를 믿지 못하도록 할 것입니다. 어떤 때는 인본주의나 무신론 같은 사상으로 인간의 마음을 하나님에게서 멀어지게 만들기도 합니다.

전 세계적으로 하나님을 믿지 못하게 하는 운동을 벌여 온 장본인이 바로 이 음녀입니다. "땅의 임금들도 그와 더불어 음행하였고 땅에 사는 자들도 그 음행의 포도주에 취하였다"(계 17:2)라는 것은 음녀의 꼬임에 넘어가 이리저리 끌려다니다가 영적으로 혼미한 상태에 빠져 참된 신이신 하나님을 섬기지 못하게 된 전 세계 사람들의 상태를 나타냅니다.

오늘날 전 세계적으로 큰 음녀의 활동이 활발해지고 있습니다. 모든 종교는 상호 대화를 통해 하나가 되어야 한다는 운동이 급속도로 퍼지고 있으며, 기독교 내에서도 예수 그리스도만이 구원의 길은 아니라는 주장이 일부 수용되고 있는 형편입니다. 이를 '종교 다원주의'라고 합니다. 특히 WCC(세계 기독교 협의회)가 주축이 되어 이런 움직임이 일어나자 복음주의적인 기독교 대표자들이 상당히 반발하고 있습니다.

지금 온 세계는 큰 음녀의 포도주에 취해 비틀거리고 있습니다. 온갖 종교의 출현은 큰 음녀가 세계만방의 백성들에게 술을 먹여 취하게 만듦으로써 나타난 현상들입니다. 큰 음녀는 인간이 이 땅에 나타난 후로 지금까지 쉬지 않고 활동해 왔습니다. 인간은 영적인 존재이기 때문에 하나님을 제대로 알지 못하면 엉뚱한 가짜를 믿고 의지하게 됩니다.

구소련은 1910년 볼셰비키 혁명 이후 고르바초프가 나타나기 전까지 거의 70년간 무신론을 하나의 종교로 철저히 훈련시켰고, 어린 아이들에게도 아예 종교 교육을 하지 못하게 만들었습니다. 그러나 개방 이후 오늘날에 와서는 각종 종교들의 집산지가 되어 버렸습니다.

3절에서 사도 요한이 성령의 이끌림을 받아 광야로 갔을 때를 보십시오. 전 세계 사람들을 영적으로 음란하게 만든 큰 음녀는 하나님을 정면에서 도전하고 저주하는 이름들이 가득 적힌 짐승을 타고 있었습니다. 하나님을 모독하는 이름들이란 하나님을 거부하고 우상을 숭배하는 세계 모든 종교, 이단, 영적 단체와 운동을 뜻합니다.

여자가 탄 "붉은 빛 짐승"은 머리를 일곱 개, 뿔을 열 개나 가지고 있습니다. 각각의 의미를 밝히기에 앞서 17장에 나온 음녀에 대한 설명을 먼저 살펴볼 필요가 있습니다.

"또 네가 본 그 여자는 땅의 왕들을 다스리는 큰 성이라 하더라"(계 17:18).

"지혜 있는 뜻이 여기 있으니 그 일곱 머리는 여자가 앉은 일곱 산이요"(계 17:9).

"네가 보던 열 뿔은 열 왕이니 아직 나라를 얻지 못하였으나 다만 짐승과 더불어 임금처럼 한동안 권세를 받으리라"(계 17:12).

여자를 "땅의 왕들을 다스리는 큰 성", 곧 마지막 때에 나타날 대제국의 수도라고 합니다. 짐승의 일곱 머리는 대제국을 둘러싼 일곱 산이라고 말씀합니다. 열 개의 뿔은 하나의 세력으로 대두되는 열 명의 왕입니다.

이 구절들에서 살펴본 사실에 입각해 종말론을 연구하는 학자들은 두 가지 주장을 펼칩니다. 먼저는 유럽 통합으로 인해 적그리스도가 유럽에서 나타날 것이라고 주장하는 것입니다. 꼭 그러리라고 단정할 수는 없습니다. 하지만 유럽에서 적그리스도가 나타날 가능성을 뒷받침해 주는 사실이 있습니다. 바로 로마 제국의 핍박을 받던 상황에서 로마 제국에 직접적으로 도전할 수 없었던 사도 요한이 상징을 통해 로마 제국 속에서 이후에 나타날 적그리스도의 모습을 보여 주었을 가능성입니다. 로마는 가톨릭교회의 중심지이기도 합니다. 종교 개혁이 있기까지 교황을 중심으로 정치와 종교가 하나 되어 기독교가 타락했던 일들이 다시 일어날 가능성이 여전히 남아 있는 곳입니다. 1054년에 갈라졌던 로마 가톨릭과 그리스 정교회의 두 대표가 거의 천 년 만에 만나 종교 연합 운동의 선두 주자인 WCC 회의에 참석하는 일들이 말세에 나타날 종교적인 현상의 심상치 않은 조짐으로도 보입니다.

"아이들아 지금은 마지막 때라 적그리스도가 오리라는 말을 너희가 들은 것과 같이 지금도 많은 적그리스도가 일어났으니 그러므로 우리가 마지막 때인 줄 아노라"(요일 2:18).

또 다른 주장은 모슬렘 세계에서 적그리스도가 출현할 것이라는 추측입니다. 사실 이 가능성도 배제할 수 없습니다. 현재 가장 강력한 종교 세력이면서 동시에 정치 세력으로 부상하는 지역이 바로 아랍권이기 때문입니다. 특히 종교 세력으로의 기독교는 이슬람을 감당해 내지 못하고 있는 현실입니다. 유럽의 많은 교회가 회교 사원으로 탈바꿈하고 있으며, 영국의 경우에는 모슬렘 세력이 막강해져서 정치인들도 꼼짝 못하는 실정입니다. 지금 우리나라에서도 이슬람 세력이 점점 확장되고 있습니다.

이슬람교는 종교와 정치가 완전히 하나입니다. 일단 모슬렘이 정권을 잡으면 가차 없이 이슬람교를 믿도록 강요할 것입니다. 인권이나 종교의 자유 같은 이야기는 그들에게 통하지 않습니다. 지금도 모슬렘 지역에 파송된 많은 선교사들이 모진 핍박을 받고 순교를 당하고 있습니다. 그들은 다른 나라에 가서 선교하면서 자기 나라에는 절대로 다른 종교가 발을 붙일 수 없도록 탄압합니다.

모슬렘 지역에도 종교의 자유가 있어야 합니다. 세계에서 모슬렘 지역보다 인권이 더 유린되는 곳은 없다 해도 과언이 아닙니다. 이처럼 모슬렘이 종교적인 면에서 철저히 인권을 유린하고 있어도 전 세계의 정치인들은 입을 다물고 있습니다. 세계 언론은 힘을 모아 이런 현실을 고발해야만 합니다.

음녀의 정체는 5절에서 더 구체적으로 드러납니다.

"그의 이마에 이름이 기록되었으니 비밀이라, 큰 바벨론이라, 땅의 음녀들과 가증한 것들의 어미라 하였더라"(계 17:5).

"큰 바벨론"이라는 이름을 가진 이 음녀는 영적으로 세계를 조종하는 종교적 바벨론입니다. 큰 바벨론은 구약 시대의 바벨탑 사건에서부터 오늘날까지 세계를 하나로 만들고 하나님께 대적하는 운동을 주도해 오고 있습니다. 역사가 바뀌고 바벨론 제국, 앗시리아 제국, 그리스 제국, 페르시아 제국 등을 거쳐 오면서 지배 세력은 다양하게 바뀌었지만, 그 배후의 악령의 역사는 그 모습만 달리할 뿐 계속되어 왔습니다. 큰 바벨론은 온 인류가 하나님을 믿지 못하도록 우상숭배를 하게 하는 포도주를 사람들에게 지속적으로 먹여 온 것입니다.

큰 바벨론은 많은 이방 종교의 어머니라 할 수 있습니다. 이 세상에 존재하는 종교는 크게 은혜로 구원받는 종교와 행위로 구원받는 종교로 나눌 수 있습니다. 전자에 해당하는 종교는 기독교밖에 없습니다. 후자에 나머지 종교가 다 포함됩니다. 큰 바벨론은 바로 후자에 속하는 모든 종교의 어머니입니다. 기독교를 제외한 모든 종교는 겉으로 드러나는 양상만 조금씩 다를 뿐 한 어머니에게서 난 한 형제들인 것입니다. "땅의 음녀들과 가증한 것들의 어미"란 바로 이를 두고 한 말입니다. 큰 바벨론은 누구든지 구원받을 수 있도록 열려진 은혜의 길을 막으려고 그런 각종 종교들을 만들어 낸 것입니다.

큰 바벨론은 성도들을 핍박하고 죽이는 일도 합니다.

"또 내가 보매 이 여자가 성도들의 피와 예수의 증인들의 피에 취한지라"(계 17:6).

성도들을 얼마나 많이 죽였는지 그들의 피에 취했을 정도라고 말씀합니다. 큰 바벨론은 그동안 하나님의 백성을 핍박하고 죽이는 일을 많이 해 왔습니다. 구약의 에스더 시대에도 하만을 통해 이스라엘 백성을 몰살시키려 했고, 오늘날 그리스도인을 탄압하는 모슬렘에게서도 큰 바벨론의 모습을 찾아볼 수 있습니다. 큰 음녀 바벨론은 기회만 있으면 하나님의 백성을 괴롭히고 죽이려 합니다. 따라서 앞으로도 어떤 일이 일어날지 알 수 없습니다.

사도 요한이 짐승을 탄 큰 음녀의 모습을 보고 기이하게 여기자 천사가 요한이 본 광경에 대해 해석해 줍니다. 6절 후반부부터 8절까지의 말씀을 보십시오.

> "내가 그 여자를 보고 놀랍게 여기고 크게 놀랍게 여기니 천사가 이르되 왜 놀랍게 여기느냐 내가 여자와 그가 탄 일곱 머리와 열 뿔 가진 짐승의 비밀을 네게 이르리라 네가 본 짐승은 전에 있었다가 지금은 없으나 장차 무저갱으로부터 올라와 멸망으로 들어갈 자니 땅에 사는 자들로서 창세 이후로 그 이름이 생명책에 기록되지 못한 자들이 이전에 있었다가 지금은 없으나 장차 나올 짐승을 보고 놀랍게 여기리라"(계 17:6-8).

천사의 해석에 따르면 여자가 타고 있는 짐승은 바로 사탄입니다. 장차 무저갱에서 올라와 멸망으로 들어갈 자는 사탄밖에 없기 때문입니다(계 20:1-15). 사탄이 이끄는 바벨론 세력은 8절에 나온 대로 전에는 대제국의 형태로 존재했으나 현재 교회 시대에는 없어졌다가 말세에 세계 정부의 형태로 다시 나타날 것입니다. 마치 종교적 바벨론처럼 정치적 바벨론도 인류 역사의 마지막 때까지 존속합니다. 이 정치적 바벨론 세력에 대해 "땅에 사는 자들로서 창세 이후로 그 이름이 생명책에 기록되지 못한 자들", 곧 하나님을 믿지 않는 사람들은 기이해할 것입니다.

9-13절은 짐승에 대해 조금 더 자세히 설명합니다.

> "지혜 있는 뜻이 여기 있으니 그 일곱 머리는 여자가 앉은 일곱 산이

요 또 일곱 왕이라 다섯은 망하였고 하나는 있고 다른 하나는 아직 이르지 아니하였으나 이르면 반드시 잠시 동안 머무르리라 전에 있었다가 지금 없어진 짐승은 여덟째 왕이니 일곱 중에 속한 자라 그가 멸망으로 들어가리라"(계 17:9-11).

첫째 왕은 애굽 제국, 둘째 왕은 앗시리아 제국, 셋째 왕은 바벨론 제국, 넷째 왕은 메대 바사 제국, 다섯째 왕은 그리스 제국을 가리킵니다. 사도 요한이 요한계시록을 쓰던 당시 이 제국들은 모두 멸망했고 여섯째 왕인 로마 제국도 결국 400년경에 멸망하게 되지만, 요한 당시에는 건재했습니다. 아직 나타나지 않은 마지막 일곱째 왕은 적그리스도가 다스릴 세계 제국을 뜻합니다.

이 제국은 잠깐 있다가 멸망할 것입니다. 그러나 마지막 발악으로 아마겟돈 전쟁을 일으켜 이스라엘을 공격했다가 어린 양 예수의 입에서 나온 말씀의 검에 맞아 영원히 멸망하게 됩니다. 그때 사탄과 첫째 짐승과 둘째 짐승, 즉 적그리스도와 그의 보좌관인 종교적 지도자는 모두 무저갱 속에 갇히게 되고, 종국에는 지옥 불에 던져집니다.

적그리스도는 세상 모든 권세를 한 가지 목적하에 통합하여 독재자로 군림할 것입니다. 이러한 적그리스도의 움직임에 세상 통치자들도 호응하여 기꺼이 권세를 넘겨 줄 것입니다.

"네가 보던 열 뿔은 열 왕이니 아직 나라를 얻지 못하였으나 다만 짐승과 더불어 임금처럼 한동안 권세를 받으리라 그들이 한 뜻을 가지고 자기의 능력과 권세를 짐승에게 주더라"(계 17:12-13).

말세에 나타날 적그리스도의 세력이 우리 그리스도인에게는 위협적으로 보이기도 합니다. 하지만 궁극적인 승리는 어린 양과 성도들에게 속한 것임을 기억하십시오.

"그들이 어린 양과 더불어 싸우려니와 어린 양은 만주의 주시요 만왕의 왕이시므로 그들을 이기실 터이요 또 그와 함께 있는 자들 곧 부르심을 받고 택하심을 받은 진실한 자들도 이기리로다"(계 17:14).

이 말씀은 마지막 때를 살아가는 우리에게 큰 위로와 힘을 줍니다. 적그리스도 세력은 어린 양 예수 그리스도와 싸워 절대로 이길 수 없습니다. 마지막에 주님께서 싸워 승리하실 때 하나님의 백성들, 곧 하나님의 특별한 부르심을 입고 선택받아 그분께 끝까지 충성하는 성도들도 함께 승리할 것입니다.

적그리스도 세력인 정치적 바벨론은 일단 권세를 잡고 나면 그동안 자기를 지원해 준 '큰 바벨론(종교적 바벨론)'을 즉시 제거할 것입니다. 실컷 이용해 먹고, 단물이 다 빠진 종교적 바벨론은 더 이상 이용 가치가 없기 때문입니다.

"또 천사가 내게 말하되 네가 본 바 음녀가 앉아 있는 물은 백성과 무리와 열국과 방언들이니라 네가 본 바 이 열 뿔과 짐승은 음녀를 미워하여 망하게 하고 벌거벗게 하고 그의 살을 먹고 불로 아주 사르리라"(계 17:15-16).

적그리스도의 세력에 이용당하고 버림받은 큰 음녀 바벨론의 최후는 아주 비참합니다. 정치하는 사람이라면 누구나 종교를 이용하고 싶어 합니다. 동원력과 헌신이 큰 종교인 집단을 이용하면 정권을 잡는 데 무척 유리하기 때문입니다. 종교인들도 권력의 맛을 알고 나면 정치계와 더욱 연계하려고 애씁니다.

그러나 종교인이 정치 세력과 야합하면 반드시 타락하게 되어 있습니다. 또한 철저히 이용당하고 결국에는 배신당하기 십상입니다. 특별히 교회는 어느 한 정당이나 정부의 시녀가 되어서는 안 됩니다. 종교인들이 아마추어 정치인 흉내를 내어서도 안 됩니다. 교회는 하나님이 맡기신 일에만 충실해야 합니다.

이렇게 하여 종교적 바벨론이 멸망하고 정치적 바벨론이 모든 권력을 장악하게 됩니다. 그러나 언제까지고 장악하지는 못할 것입니다.

"이는 하나님이 자기 뜻대로 할 마음을 그들에게 주사 한 뜻을 이루게 하시고 그들의 나라를 그 짐승에게 주게 하시되 하나님의 말씀이 응하기까지 하심이라"(계 17:17).

마침내 하나님이 작정하신 때가 되면 사탄의 세력은 어린 양과 마지막 싸움을 하고 나서 무저갱에 들어가고, 그 후에는 영원한 지옥불에 던져질 것입니다. 우리 성도들은 예수 그리스도의 궁극적인 승리를 믿고 용기를 얻어야 합니다. 마지막 18절을 보십시오.

"또 네가 본 그 여자는 땅의 왕들을 다스리는 큰 성이라 하더라"(계 17:18).

우리는 여기서 말하는 '큰 성'이 어디인지 정확하게 알 수 없습니다. 다른 여러 상징에 대해서도 성경에 설명이 되어 있지 않은 것은 분명하게 파악하기가 어렵습니다. 성경에 나온 만큼만 알고 이해하는 것이 성경을 건전하고 올바르게 해석하는 태도입니다.

정치적 바벨론의 멸망

종교적 바벨론이 정치적 바벨론의 손에 멸망했습니다. 그런데 이번에는 사탄의 세력을 상징하는 정치적 바벨론의 멸망이 선포됩니다. 18장 1-2절을 보십시오.

> "이 일 후에 다른 천사가 하늘에서 내려 오는 것을 보니 큰 권세를 가졌는데 그의 영광으로 땅이 환하여지더라 힘찬 음성으로 외쳐 이르되 무너졌도다 무너졌도다 큰 성 바벨론이여 귀신의 처소와 각종 더러운 영이 모이는 곳과 각종 더럽고 가증한 새들이 모이는 곳이 되었도다"
> (계 18:1-2).

미가엘로 보이는 한 천사가 나타나더니 "무너졌도다 무너졌도다" 하며 바벨론의 멸망에 대해 강하고 확실하게 선포합니다. 적그리스도의 세계인 바벨론은 성령이 떠남으로 말미암아 온통 악한 영들로 들끓게 됩니다. 온갖 재앙을 다 겪고도 돌이키지 않고 하나님을 대적하는 자들이 남아 있기 때문에 바벨론은 그야말로 마귀의 소굴이 됩니다. 이런 바벨론이기에 멸망할 수밖에 없습니다. 3절에서는 이 바벨론 사람들의 타락상을 보여 줍니다.

"그 음행의 진노의 포도주로 말미암아 만국이 무너졌으며 또 땅의 왕들이 그와 더불어 음행하였으며 땅의 상인들도 그 사치의 세력으로 치부하였도다 하더라"(계 18:3).

말세에는 정치와 경제가 사람들의 최대 관심사가 되어 경제적 세력과 정치적 세력이 세상을 움직이는 중추 역할을 할 것입니다. 예전에는 공산주의니 자본주의니 하는 이념이 중요했지만 이제는 아무리 이념이 좋아도 배가 고프면 소용없습니다. 구소련을 비롯한 동구권이 몰락한 모습을 보십시오. 세상은 경제를 움직이는 사람이 실세를 쥐는 방향으로 흘러가고 있습니다.

하나님께서는 자기 백성들이 바벨론 세력에 영합하기를 원치 않으셨기 때문에 다음과 같이 말씀하셨습니다.

"또 내가 들으니 하늘로부터 다른 음성이 나서 이르되 내 백성아, 거기서 나와 그의 죄에 참여하지 말고 그가 받을 재앙들을 받지 말라 그의 죄는 하늘에 사무쳤으며 하나님은 그의 불의한 일을 기억하신지라"(계 18:4-5).

세상의 제도나 악령 세력에 조금도 가담하지 말고 재앙을 피하라는 말씀입니다. 세계 권력을 장악한 적그리스도 세력이 마지막에는 결국 멸망할 것임을 알고 그들과 야합하지 말라는 뜻입니다. 사탄이 수천 년 동안 이 세상에서 행해 온 악이 이제 극에 달합니다. 마침내 하나님께서 인간 역사에 종지부를 찍으실 때가 온 것입니다.

기독교인이라는 이름을 달고 예수님을 섬긴다고 하면서도 악한 세력에 동조하는 사람들을 자주 봅니다. 우리 그리스도인들은 어떤 일을 할 때 조금이라도 불의하거나 악한 면이 있다면 과감하게 손을 떼고 끊어 내는 결단력이 있어야 합니다. 우리의 제한된 자원과 시간을 투자할 가치가 있는 선한 일에 헌신해야 합니다. 그러려면 영적인 분별력이 필요합니다.

마침내 바벨론이 멸망하는 모습을 보십시오.

"그가 준 그대로 그에게 주고 그의 행위대로 갑절을 갚아 주고 그가 섞은 잔에도 갑절이나 섞어 그에게 주라 그가 얼마나 자기를 영화롭게 하였으며 사치하였든지 그만큼 고통과 애통함으로 갚아 주라 그가 마음에 말하기를 나는 여왕으로 앉은 자요 과부가 아니라 결단코 애통함을 당하지 아니하리라 하니 그러므로 하루 동안에 그 재앙들이 이르리니 곧 사망과 애통함과 흉년이라 그가 또한 불에 살라지리니 그를 심판하시는 주 하나님은 강하신 자이심이라"(계 18:6-8).

사치와 안락을 누리던 바벨론에 갑작스러운 고통과 애통이 찾아 듭니다. 그런데 이 재앙은 하루 동안에 이루어집니다. 원래 잘되는 데는 오랜 시간과 많은 노력이 필요해도 망하는 것은 순식간입니다. 우리 그리스도인들도 타고난 죄성이 여전히 남아 있기 때문에 날마다 영의 양식을 공급받지 않거나, 주님 안에서 전도하고 봉사하지 않으면 자연스럽게 타락의 길로 들어서게 됩니다.

수천 년 동안 이 세계를 제멋대로 주무르던 사탄 세력이 절대자이신 하나님의 강한 권세로 하루아침에 무너집니다. 이에 대해 슬퍼하는 자들이 있었습니다.

"그와 함께 음행하고 사치하던 땅의 왕들이 그가 불타는 연기를 보고 위하여 울고 가슴을 치며 그의 고통을 무서워하여 멀리 서서 이르되 화 있도다 화 있도다 큰 성, 견고한 성 바벨론이여 한 시간에 네 심판이 이르렀다 하리로다 땅의 상인들이 그를 위하여 울고 애통하는 것은 다시 그들의 상품을 사는 자가 없음이라 그 상품은 금과 은과 보석과 진주와 세마포와 자주 옷감과 비단과 붉은 옷감이요 각종 향목과 각종 상아 그릇이요 값진 나무와 구리와 철과 대리석으로 만든 각종 그릇이요 계피와 향료와 향과 향유와 유향과 포도주와 감람유와 고운 밀가루와 밀이요 소와 양과 말과 수레와 종들과 사람의 영혼들이라 바벨론아 네 영혼이 탐하던 과일이 네게서 떠났으며 맛있는 것들과 빛난 것들이 다 없어졌으니 사람들이 결코 이것들을 다시 보지 못하리로다 바벨론으로 말미암아 치부한 이 상품의 상인들이 그의 고통을 무서워하여 멀리 서서 울고 애통하여 이르되 화 있도다 화 있도다 큰 성이여 세마포 옷과 자주 옷과 붉은 옷을 입고 금과 보석과 진주로 꾸민 것인데 그러한 부가 한 시간에 망하였도다 모든 선장과 각처를 다니는 선객들과 선원들과 바다에서 일하는 자들이 멀리 서서 그가 불타는 연기를 보고 외쳐 이르되 이 큰 성과 같은 성이 어디 있느냐 하며 티끌을 자기 머리에 뿌리고 울며 애통하여 외쳐 이르되 화 있도다 화 있도다 이 큰 성이여 바다에서 배 부리는 모든 자들이 너의 보배로운 상품으로 치부하였더니 한 시간에 망하였도다"(계 18:9-19).

정치하던 사람과 사업하던 사람들, 그리고 상품을 배로 수송하던 사람들, 즉 권력과 돈을 하나님으로 여기며 섬기던 사람들이 바벨론의 멸망을 애통해합니다. 그들이 의지하던 모든 것이 사라졌습니다. 그들은 이 세상의 것들에만 소망을 두고 살았습니다. 세상 것에만 매여 그것이 전부인 줄 알고 살다가 모든 것이 무너지자 그들은 슬피 울며 통곡한 것입니다.

말세가 가까울수록 경제가 발달하고 갖가지 다양하고 편리한 상품들이 쏟아져 나올 것입니다. 인간 생활은 말할 수 없이 안락해질 것입니다. 인류 역사에서 지금 시대처럼 풍성하고 윤택한 때도 없었습니다. 물질문명의 극치를 누리고 있는 때라고 말해도 과언이 아닙니다. 그러나 물질문명이 발달할수록 정신적, 도덕적 타락은 가속화됩니다. 잘 먹고 잘 사는 것은 절대로 인생의 목적이 될 수 없습니다. 그것만을 추구한다면 짐승과 다를 바 없습니다. 삶의 의미와 목적과 보람, 그리고 영원에 대한 소망을 발견하려는 태도가 인간의 삶에서 진정으로 필요합니다.

바벨론이 멸망하는 그 시간에 다른 한쪽에서는 기쁨이 넘치고 있습니다.

"하늘과 성도들과 사도들과 선지자들아, 그로 말미암아 즐거워하라 하나님이 너희를 위하여 그에게 심판을 행하셨음이라 하더라"(계 18:20).

그 오랜 세월 동안 하나님의 백성들을 괴롭혔던 악의 세력이 완전히 멸망하자 하늘에 있는 자들이 모두 기뻐합니다. 이제 하루아침에 패망한 바벨론의 최후 모습이 어떤지 보십시오.

"이에 한 힘 센 천사가 큰 맷돌 같은 돌을 들어 바다에 던져 이르되 큰 성 바벨론이 이같이 비참하게 던져져 결코 다시 보이지 아니하리로다 또 거문고 타는 자와 풍류하는 자와 퉁소 부는 자와 나팔 부는 자들의 소리가 결코 다시 네 안에서 들리지 아니하고 어떠한 세공업자든지 결코 다시 네 안에서 보이지 아니하고 또 맷돌 소리가 결코 다시 네 안에서 들리지 아니하고 등불 빛이 결코 다시 네 안에서 비치지 아니하고 신랑과 신부의 음성이 결코 다시 네 안에서 들리지 아니하리로다 너의 상인들은 땅의 왕족들이라 네 복술로 말미암아 만국이 미혹되었도다 선지자들과 성도들과 및 땅 위에서 죽임을 당한 모든 자의 피가 그 성 중에서 발견되었느니라 하더라"(계 18:21-24).

바다에 던져진 큰 맷돌이 다시는 물 위로 오르지 못하는 것과 마찬가지로 바벨론은 이 세상에서 완전히 자취를 감춥니다. 하나님의 백성들은 더 이상 고난을 받지 않게 되었습니다. 이제는 세세 무궁토록 우리 주 예수 그리스도께서 다스리는 나라가 설 것입니다. 성도들에게는 기쁨과 영광의 시간만이 펼쳐질 것입니다.

하나님의 최후의 승리

(19장)

"이 일 후에 내가 들으니 하늘에 허다한 무리의 큰 음성 같은 것이 있어 이르되 할렐루야 구원과 영광과 능력이 우리 하나님께 있도다 그의 심판은 참되고 의로운지라 음행으로 땅을 더럽게 한 큰 음녀를 심판하사 자기 종들의 피를 그 음녀의 손에 갚으셨도다 하고 두 번째로 할렐루야 하니 그 연기가 세세토록 올라가더라 또 이십사 장로와 네 생물이 엎드려 보좌에 앉으신 하나님께 경배하여 이르되 아멘 할렐루야 하니 보좌에서 음성이 나서 이르시되 하나님의 종들 곧 그를 경외하는 너희들아 작은 자나 큰 자나 다 우리 하나님께 찬송하라 하더라 또 내가 들으니 허다한 무리의 음성과도 같고 많은 물 소리와도 같고 큰 우렛소리와도 같은 소리로 이르되 할렐루야 주 우리 하나님 곧 전능하신 이가 통치하시도다" 계 19:1-6

요한계시록 19-22장에는 요한계시록의 마지막 일곱 가지 사건이 나타납니다. 19장 1-10절에는 하늘에서 어린 양의 혼인 잔치에 초대된 허다한 무리들의 합창이 울려 퍼지고 있습니다.

네 번의 할렐루야

19장 1-6절은 수천 년간 자신들을 핍박하고 죽이던 사탄의 세력이 바벨론과 함께 멸망하자 하나님께 "언제까지입니까? 언제까지입니까?" 하며 탄원하던 하늘의 성도들이 다 같이 "할렐루야!"를 외치며 기뻐하는 모습입니다. 이제 다시는 고통도, 눈물도, 죽음도 없게 되었습니다.

"이 일 후에 내가 들으니 하늘에 허다한 무리의 큰 음성 같은 것이 있어 이르되 할렐루야 구원과 영광과 능력이 우리 하나님께 있도다"(계 19:1).

첫 번째 할렐루야는 구원을 베푸신 영광과 능력의 하나님에 대한 찬양입니다. 참 하나님은 구원의 하나님이시고 영광의 하나님이시며, 능력의 하나님이시라는 것입니다.

두 번째 할렐루야는 하늘에까지 쌓인 악을 온당하게 처벌하여 자신의 종들이 흘린 피를 갚으신 하나님의 심판이 참되고 의롭다는 찬양입니다. 2-3절 말씀을 보십시오.

"그의 심판은 참되고 의로운지라 음행으로 땅을 더럽게 한 큰 음녀를 심판하사 자기 종들의 피를 그 음녀의 손에 갚으셨도다 하고 두 번째로 할렐루야 하니 그 연기가 세세토록 올라가더라"(계 19:2-3).

4-5절 말씀은 세 번째 할렐루야로, 경배의 찬양입니다.

"또 이십사 장로와 네 생물이 엎드려 보좌에 앉으신 하나님께 경배하여 이르되 아멘 할렐루야 하니 보좌에서 음성이 나서 이르시되 하나님의 종들 곧 그를 경외하는 너희들아 작은 자나 큰 자나 다 우리 하나님께 찬송하라 하더라"(계 19:4-5).

이스라엘 백성과 교회를 대표하는 이십사 장로가 세 번째 할렐루야 찬양을 하고 나자, 6절에서는 마지막으로 하나님의 백성 모두가 할렐루야 찬양을 합니다.

"또 내가 들으니 허다한 무리의 음성과도 같고 많은 물 소리와도 같고 큰 우렛소리와도 같은 소리로 이르되 할렐루야 주 우리 하나님 곧 전능하신 이가 통치하시도다"(계 19:6).

네 번째 할렐루야 찬양을 부르는 사람들은 모든 성도입니다. 5절에도 기록되어 있듯 하나님을 경외하는 사람은 누구를 막론하고 할렐루야를 외칠 것입니다. 그리스도의 복음은 남녀노소, 빈부 격차와 모든 계급을 초월합니다. 가난한 사람뿐만 아니라 부자에게도, 억압받는 사람뿐만 아니라 자유로운 사람에게도, 피지배자뿐만 아니라 지배자에게도 그리스도의 복음은 예외 없이 필요합니다.

인간이면 누구에게나 예수님이 필요합니다. 그렇기 때문에 기독교는 사람을 '있는 자'와 '없는 자'로 나누어 증오심과 적개심, 혐오감을 부추기지 않습니다. 사회에서는 장군과 이등병이 함께 앉을 수 없지만 교회에서는 같이 앉아서 예배를 드리고, 끝나면 문밖에서 악수하고 대화할 수 있습니다.

네 번째 할렐루야는 하나님의 통치가 완성된 것에 대한 찬양입니다. 수천 년간 모든 성도가 염원해 온 하나님의 나라가 영광스러운 모습으로 임했기 때문입니다.

어린 양의 혼인 잔치

하늘에서 어린 양의 혼인 잔치가 열리게 되는 때는 짐작해 보건대 대환난 기간의 초기일 것입니다. 이는 대환난 바로 직전에 휴거가 일어나 주님을 믿는 성도들이 모두 들림을 받아 신랑이신 예수 그리스도의 신부로서 준비가 완료되기 때문입니다. 이스라엘의 관습 중 결혼식이 끝난 후 7일간 만찬이 계속된다는 점도 대환난의 기간과 맞아떨어집니다.

"우리가 즐거워하고 크게 기뻐하며 그에게 영광을 돌리세 어린 양의 혼인 기약이 이르렀고 그의 아내가 자신을 준비하였으므로 그에게 빛나고 깨끗한 세마포 옷을 입도록 허락하셨으니 이 세마포 옷은 성도들의 옳은 행실이로다 하더라"(계 19:7-8).

신부인 교회에게 허락된 빛나고 깨끗한 세마포(신부 드레스)는 성경에서 설명하고 있듯 성도들의 옳은 행실을 상징합니다. 세마포를 입은 신부는 이제 신랑 되신 예수 그리스도와 영원히 함께 살 것입니다. 어린 양의 혼인 잔치에는 신랑이신 예수님과 신부인 교회 외에도 많은 하객들이 참석합니다.

"천사가 내게 말하기를 기록하라 어린 양의 혼인 잔치에 청함을 받은 자들은 복이 있도다 하고 또 내게 말하되 이것은 하나님의 참되신 말씀이라 하기로"(계 19:9).

혼인 잔치에 초대된 하객들은 천사와 이스라엘 백성들일 것입니다. 이스라엘 백성들은 교회, 곧 신약 시대 이후의 성도들이 아니기 때문에 신부의 자리에 서지는 않을 것입니다. 이 혼인 잔치에 참석하지 못한 사람들, 즉 예수 그리스도를 영접하지 않은 사람들은 17절 이하에 나오는 '새들의 잔치'에 참석할 것입니다.

│ 예수님의
│ 다시 오심

이제 드디어 우리 주님이 이 땅에 다시 오십니다. 11절에는 마지막 일곱 가지 사건 가운데 첫 번째 사건이 등장합니다.

"또 내가 하늘이 열린 것을 보니 보라 백마와 그것을 탄 자가 있으니 그 이름은 충신과 진실이라 그가 공의로 심판하며 싸우더라"(계 19:11).

이번에 나타난 백마 탄 자는 6장 2절에 나온 자와 동일 인물이 아닙니다. 이제 진짜 그리스도가 나타나신 것입니다. 다시 오실 그리스도는 충성스럽고 성실하며 공의로 이 세상을 심판하실 유일한 분이십니다. 또한 전쟁을 이끄는 장군의 모습으로 오십니다. 이는 인류 최후의 전쟁인 아마겟돈 전쟁을 수행하시기 위함입니다. 다시 오신 예수님에 대한 묘사를 살펴보겠습니다.

"그 눈은 불꽃 같고 그 머리에는 많은 관들이 있고 또 이름 쓴 것 하나가 있으니 자기밖에 아는 자가 없고 또 그가 피 뿌린 옷을 입었는데 그 이름은 하나님의 말씀이라 칭하더라 하늘에 있는 군대들이 희고 깨끗한 세마포 옷을 입고 백마를 타고 그를 따르더라 그의 입에서 예리한 검이 나오니 그것으로 만국을 치겠고 친히 그들을 철장으로 다스리며 또 친히 하나님 곧 전능하신 이의 맹렬한 진노의 포도주 틀을 밟겠고 그 옷과 그 다리에 이름을 쓴 것이 있으니 만왕의 왕이요 만주의 주라 하였더라"(계 19:12-16).

예수님의 다시 오심과 함께 이 땅에는 하나님 나라가 임하게 됩니다. 14절 "하늘에 있는 군대들이 희고 깨끗한 세마포 옷을 입고 백마를 타고 그를 따르더라"는 말씀은 하늘에 있는 성도들이 주님과 함께 이 땅에 임하는 광경을 묘사한 것입니다.

마지막 전쟁과 새들의 잔치

이제 어린 양의 혼인 잔치와는 극히 대조적인 '새들의 잔치'가 벌어집니다. 이 잔치는 아마겟돈 전쟁으로 인류가 멸망하고 난 그 자리에서 열립니다.

"또 내가 보니 한 천사가 태양 안에 서서 공중에 나는 모든 새를 향하여 큰 음성으로 외쳐 이르되 와서 하나님의 큰 잔치에 모여 왕들의 살과 장군들의 살과 장사들의 살과 말들과 그것을 탄 자들의 살과 자유인들이나 종들이나 작은 자나 큰 자나 모든 자의 살을 먹으라 하더라 또 내가 보매 그 짐승과 땅의 임금들과 그들의 군대들이 모여 그 말 탄 자와 그의 군대와 더불어 전쟁을 일으키다가 짐승이 잡히고 그 앞에서 표적을 행하던 거짓 선지자도 함께 잡혔으니 이는 짐승의 표를 받고 그의 우상에게 경배하던 자들을 표적으로 미혹하던 자라 이둘이 산 채로 유황불 붙는 못에 던져지고 그 나머지는 말 탄 자의 입으로부터 나오는 검에 죽으매 모든 새가 그들의 살로 배불리더라"(계 19:17-21).

첫째 짐승인 적그리스도와 그를 추종하는 세상 왕들이 이끄는 군대가 등장합니다. 이들은 말을 탄 예수 그리스도가 대장 되시는 성도들의 군대와 전쟁을 합니다. 이 마지막 전쟁(아마겟돈)에서 결국 적그리스도의 군대는 패배합니다. 그리하여 적그리스도와 그들을 돕던 거짓 선지자는 붙잡혀 유황불에 들어가고 그들을 따르던 사람들도 모두 죽습니다. 그리고 새들이 날아와 그들의 시체를 뜯어먹습니다. 그 모습이 바로 본문이 말하는 '새들의 잔치'입니다.

천년 왕국과 최후의 심판

(20장)

"또 내가 보매 천사가 무저갱의 열쇠와 큰 쇠사슬을 그의 손에 가지고 하늘로부터 내려와서 용을 잡으니 곧 옛 뱀이요 마귀요 사탄이라 잡아서 천 년 동안 결박하여 무저갱에 던져 넣어 잠그고 그 위에 인봉하여 천 년이 차도록 다시는 만국을 미혹하지 못하게 하였는데 그 후에는 반드시 잠깐 놓이리라 또 내가 보좌들을 보니 거기에 앉은 자들이 있어 심판하는 권세를 받았더라 또 내가 보니 예수를 증언함과 하나님의 말씀 때문에 목 베임을 당한 자들의 영혼들과 또 짐승과 그의 우상에게 경배하지 아니하고 그들의 이마와 손에 그의 표를 받지 아니한 자들이 살아서 그리스도와 더불어 천 년 동안 왕 노릇 하니 (그 나머지 죽은 자들은 그 천 년이 차기까지 살지 못하더라) 이는 첫째 부활이라"

계 20:1-5

예수님께서 이 땅에 오셔서 천년 왕국을 세우시고, 공의로 이 세상을 천 년 동안 다스리는 때가 드디어 도래합니다. 요한계시록은 해피엔딩입니다. 사탄의 세력이 완전히 패배하고 하나님의 궁극적 승리로 인류 역사는 막을 내립니다. 새 하늘과 새 땅과 새 예루살렘이 지상에 펼쳐지는 것으로 끝을 맺습니다. 진실로 아름답고 영광스러운 결말입니다. 요한계시록은 성도들에게 마지막 때와 미래에 대한 소망을 심어 주고, 현재 겪는 고난을 감내할 수 있도록 힘을 북돋워 주는 책입니다.

"현재의 고난은 장차 우리에게 나타날 영광과 비교할 수 없도다"(롬 8:18).

결박된 사탄

하나님을 배반한 후로 수천 년 동안 인간을 악의 길로 몰아넣고, 의인을 핍박하여 죽이고, 지금도 우리를 시험하고 괴롭히며 마침내는 잠깐이나마 세상을 자기 손에 넣어 보기까지 했던 사탄이 이제 완전히 결박되어 무저갱에 갇힙니다.

"또 내가 보매 천사가 무저갱의 열쇠와 큰 쇠사슬을 그의 손에 가지고 하늘로부터 내려와서 용을 잡으니 곧 옛 뱀이요 마귀요 사탄이라 잡아서 천 년 동안 결박하여"(계 20:1-2).

지금은 활개를 치며 악행을 일삼는 사탄이지만, 하나님의 권세로 언젠가는 이렇게 비참한 모습으로 패망합니다. 사탄은 용, 옛 뱀, 마귀 등 여러 가지 이름을 가집니다. 하나님을 칭하는 이름도 여러 가지이듯 사탄을 지칭하는 이름도 상당히 많습니다.

'사탄'의 원래 뜻은 '원수'입니다. 사탄은 하나님의 원수요, 우리 인간의 원수이며 모든 선한 일을 반대하는 적입니다. '용'은 상징적인 괴물인데, 히브리어로는 '탄', 곧 광야에 사는 괴물을 뜻합니다. 요한계시록 12장 9절에는 '큰 용'이라고 표현되어 있습니다. '옛 뱀'은 창세기 3장에 나오는 뱀을 가리키며, '마귀'는 '헐뜯는 자'라는 뜻으로 신약 성경 마태복음 4장 1절을 비롯해 여러 곳에 언급된 이름입니다.

요한계시록 12장 10절에는 "우리 형제들을 참소하던 자 곧 우리 하나님 앞에서 밤낮 참소하던 자"라고도 합니다. 사탄의 주된 활동 중 하나가 바로 참소입니다. 사탄은 하나님께 우리 죄를 낱낱이 고할 뿐만 아니라 "예수 믿는다면서 거짓말이나 하고!", "너 같은 위선자가 무슨 성도야?", "네가 목사라며? 목사가 그래도 돼? 집어치워!", "너는 아무 쓸모가 없어. 너는 아무것도 아니야. 네가 뭔데 예수 믿는다고 난리야?"라고 참소합니다. 자기 비하를 비롯한 부정적인 감정을 불어넣으며 끊임없이 우리를 괴롭힙니다. 그럴 때 우리는 무력해지고 낙심하게 됩니다. 죄인인 내게 실수가 있어도 덮어 주시고, 내가 뭘 어떻게 해야 할지 모를 때는 성령님을 보내 주셔서 기도하게 하시는 사랑의 하나님을 까맣게 잊어버리기도 합니다. 그러나 사탄이 참소할 때 이 사실을 기억하십시오. 사탄은 하나님이 우리에게 베푸신 구원과 영원한 생명을 절대로 빼앗아 갈 수 없습니다.

사탄의 또 다른 이름은 이외에도 '너희 대적'(벧전 5:8), '바알세불'(마 12:24), '벨리알'(고후 6:15), '온 천하를 꾀는 자'(계 12:9), '원수'(마 13:25), '거짓의 아비'(요 8:44), '처음부터 살인한 자'(요 8:44), '이 세상의 신'(고후 4:4), '이 세상의 임금'(요 12:31), '공중의 권세 잡은 자'(엡 2:2), '시험하는 자'(살전 3:5) 등이 있습니다. 이러한 이름들을 통해 우리는 사탄의 실체와 모습, 그들의 주된 활동과 성격을 알 수 있습니다.

2절은 천사가 내려와 사탄을 천 년 동안 잡아 가둔다고 말씀합니다. 이 말씀에서 천년 왕국설이 나오게 되었습니다. 예수님이 이 땅에 왕국을 세우시고 천 년 동안 친히 다스리신다는 것이 천년 왕국설의 주된 내용입니다.

이 설은 예수님이 오시는 때를 언제로 잡느냐에 따라 세 가지 견해로 나뉩니다. 모든 역사가 다 끝나고 아마겟돈 전쟁 후에 예수님이 오셔서 이 세상을 천 년 동안 다스리신다는 것이 전 천년설이고, 따로 천 년이라는 세월이 있는 것이 아니라 지금 이 교회 시대가 바로 천년 왕국이라고 주장하는 견해가 무 천년설입니다. 후 천년설은 복음이 곳곳에 전파되면서 사람들이 다 거룩하고 선하게 변화하면서 문명이 완전히 기독교화되어 천 년 동안 이 땅에 평화로운 시대가 펼쳐질 것이라고 보는 견해입니다. 그러나 후 천년설은 1차 세계 대전 이후 거의 수그러들었습니다. 지금은 무 천년설과 전 천년설이 맞서고 있는 상황입니다.

교계에서도 전 천년설을 이단처럼 취급하는 사람들이 있습니다. 자기 견해와 다르다고 해서 이단으로 몰아붙이는 것은 옳지 않은 태도입니다. 우리 한국 교회는 장로교가 강세이기 때문에 마치 전 천년설이 장로교가 표방하는 개혁주의 신앙과 상반되는 것처럼 생각하는 사람들이 많습니다. 그래서 개혁주의 신앙을 가진 사람은 무조건 무 천년설을 믿어야 한다는 식의 분위기가 한국 장로교회 안에 만연해 있습니다. 그러나 반드시 그런 것은 아닙니다.

우리나라의 뛰어난 개혁주의 신학자인 고(故) 박윤선 목사님은 전 천년설을 받아들이셨습니다. 그분의 말씀을 일부 인용해 보겠습니다. "우리는 무 천년주의자들처럼 천 년 동안 성도들이 왕 노릇 한다는 것을 신약 시대 성도들의 생활 상태(그리스도를 모시고 영적으로 승리하는 삶)와 동일시할 수는 없다. 성도들이 왕 노릇 하는 것은 교회 시대의 일로 생각되지 않는다. 그렇게 무 천년 식으로 생각하다 보면 억지 주장을 하게 된다(고후 6:2-3; 딤후 2:12 말씀을 제시한 후에)… 그러므로 나는 이 사상을 내포한 요한계시록 20장 4-6절은 재림 후의 일을 가리킨다고 확언한다. 나는 전 천년설이 옳다고 생각한다… 그러나 전 천년설의 올바른 형태는 칼뱅주의와 일치한다."

박윤선 목사님뿐만 아니라 네덜란드의 개혁주의 신학자 헤르만 바빙크(Herman Bavinck, 1854-1921)나 아브라함 카이퍼(Abraham

Kuyper, 1837-1920)도 전 천년설을 받아들였습니다. 이는 개혁주의 신앙으로도 얼마든지 전 천년설을 받아들일 수도 있다는 예입니다.

그런데 무 천년설에는 몇 가지 오류가 있습니다. 무 천년설에서는 천년 왕국을 영적인 의미로만 해석해서 예수님의 초림에서 재림까지의 교회 시대를 천년 왕국 기간으로 봅니다. 그러나 2절 말씀을 보십시오. 사탄이 무저갱에 천 년 동안 감금되어 사람들을 더 이상 미혹하지 못한다고 말씀합니다. 그런데 정말로 오늘날 사탄의 모습을 그 어디에서도 찾아볼 수 없나요? 시간이 갈수록 오히려 사탄은 더욱 기승을 부리며 사람들을 미혹하고 있지 않나요?

또한 무 천년설을 주장하는 이들은 '천 년'이 그저 오랜 기간을 의미할 뿐이라고 주장합니다. 요한계시록에 나온 다른 숫자들, 곧 7(일곱 교회, 일곱 별, 일곱 촛대, 일곱 인, 일곱 천사, 일곱 나팔, 일곱 우레 등)과 12(열두 사도, 열두 지파, 열두 문 등), 24(이십사 장로), 144,000(십사만 사천 명), 666(짐승의 수), 2(두 증인, 두 짐승), 10(열 뿔)을 비롯한 여러 수치들은 그 숫자를 있는 그대로 받아들이면서 굳이 1,000이라는 숫자만은 예외시킨다는 것은 잘 납득되지 않습니다. 1,000이라는 숫자만을 상징으로 보는 근거가 과연 무엇인지 잘 모르겠습니다.

이에 대해 "사랑하는 자들아 주께는 하루가 천 년 같고 천 년이 하루 같다는 이 한 가지를 잊지 말라"(벧후 3:8)는 말씀을 근거로 삼는 사람들도 있습니다. 이 말씀에서는 분명히 '하루가 천 년 같다'라고 하셨지 '하루가 천 년이다'라고 단정 짓지 않으셨습니다. 이 말씀은 곧 다시 오시겠다던 예수님이 오시지 않자, 불평하고 흔들리기 시작하던 초대 교회 교인들을 향해 베드로가 위로하고 권면하기 위한 말이었습니다. 즉, 인간에게는 아주 긴 것 같은 세월도 영원히 계시는 하나님께는 아주 짧은 시간이라는 사실을 깨우쳐 주기 위함이었습니다. 이제 3절을 보십시오.

"무저갱에 던져 넣어 잠그고 그 위에 인봉하여 천 년이 차도록 다시는 만국을 미혹하지 못하게 하였는데 그 후에는 반드시 잠깐 놓이리라" (계 20:3).

천 년이 지날 때까지 사탄을 밑도 끝도 없는 깊은 지옥에 집어넣은 뒤 무저갱의 문을 잠그고 인봉까지 해서 절대로 나올 수 없도록 결박한다는 뜻입니다. 비록 지금은 사탄이 삼킬 자를 찾아 발악하고 공중 권세를 잡아 활개 치며 하나님을 대적하지만, 반드시 이렇게 결박되는 날이 오고야 말 것입니다.

천년
왕국

이제 성도들이 왕 노릇 하는 천년 왕국의 모습이 나옵니다.

"또 내가 보좌들을 보니 거기에 앉은 자들이 있어 심판하는 권세를 받았더라 또 내가 보니 예수를 증언함과 하나님의 말씀 때문에 목 베임을 당한 자들의 영혼들과 또 짐승과 그의 우상에게 경배하지 아니하고 그들의 이마와 손에 그의 표를 받지 아니한 자들이 살아서 그리스도와 더불어 천 년 동안 왕 노릇 하니 (그 나머지 죽은 자들은 그 천 년이 차기까지 살지 못하더라) 이는 첫째 부활이라"(계 20:4-5).

4절의 "이마와 손에 그의 표를 받지 아니한 자들이 살아서"에서 '살아서'와 5절의 "그 천 년이 차기까지 살지 못하더라"에서 '살지 못하더라'는 각각 '살아나서'와 '살아나지 못하더라'로 바꾸어야 보다 더 명확한 뜻이 됩니다.

이렇게 고쳐 놓고 나서 4-5절을 읽어 보면, 첫째 부활이란 예수님을 믿고 죽었던 자들의 부활임을 알 수 있습니다. 즉, 순교자들과 7년 대환난 기간 동안에 예수님을 믿게 된 사람들은 천사장의 나팔 소리와 함께 주님을 믿지 않는 사람들보다 먼저 부활할 것입니다.

예수님을 믿지 않고 죽은 사람들은 5절 말씀처럼 천년 왕국 후에야 부활합니다. 그리고 부활한 성도들은 들림을 받았던 성도들, 곧 보좌에 앉은 자들과 함께 지상으로 내려와 예수님과 더불어 천 년 동안 왕 노릇 하는 권세를 누릴 것입니다. 그런데 무 천년설을 주장하는 이들은 부활을 영적으로 죽었던 사람이 복음을 듣고 그 영혼이 살아나는 것이라고 해석합니다.

우리의 부활한 몸은 질적으로 지금과는 확연히 차이가 날 것입니다. 겉모습은 그대로일지라도 질적으로는 완전한 몸으로 변해 시공을 초월하기 때문에 주님과 함께 천 년 동안 죽지 않고 이 세상을 다스리는 일이 가능할 것입니다. 6절 말씀을 보십시오.

"이 첫째 부활에 참여하는 자들은 복이 있고 거룩하도다 둘째 사망이 그들을 다스리는 권세가 없고 도리어 그들이 하나님과 그리스도의 제사장이 되어 천 년 동안 그리스도와 더불어 왕 노릇 하리라"(계 20:6).

천년 왕국에 대해 성경은 이 정도로만 언급하기 때문에 더 세세한 부분은 알 수 없습니다.

사탄의 최후의 모습

천년 왕국 시대가 끝난 후 사탄은 잠깐 놓임을 받습니다.

"천 년이 차매 사탄이 그 옥에서 놓여 나와서 땅의 사방 백성 곧 곡과 마곡을 미혹하고 모아 싸움을 붙이리니 그 수가 바다의 모래 같으리라 그들이 지면에 널리 퍼져 성도들의 진과 사랑하시는 성을 두르매 하늘에서 불이 내려와 그들을 태워버리고"(계 20:7-9).

에스겔 28장에 나와 있듯이 사탄은 폭력과 욕심, 이기심과 야망, 그리고 쾌락이라는 다섯 가지 무기로 이 세상을 다스립니다. 그러나 예수님께서 다스리시는 천년 왕국은 이와는 전혀 다릅니다. 천 년 동안 번영과 평화가 계속됩니다. 예수님께서 철장으로 다스리시기 때문에 그 누구도 악을 행하지 않는 공의로운 세상입니다.

첫째 부활에 참여한 사람들에게는 죄성이 조금도 남아 있지 않지만, 환난 시기를 거쳐 천년 왕국에 들어온 사람들에게는 여전히 죄성이 남아 있습니다. 물론 예수님께서 철장으로 다스리는 천년 왕국 기간 동안에는 억제되어 있습니다. 그러나 사탄이 잠깐 풀려 나와 최후의 발악을 하며 사람들을 미혹할 때 자극을 받아 죄성이 다시 봇물처럼 터져 나옵니다. 7절의 "곡과 마곡"이란 불신 세계를 총괄적으로 지칭하는데, 사탄은 이들을 총동원해 마지막 몸부림을 칩니다.

원래 죄성이란 적절한 상황과 기회만 주어지면 마치 기다렸다는 듯 언제든지 분출되기 마련입니다. 하나님의 은혜로 성령이 역사하지 않는다면 우리는 죄의 본성대로 행동할 수밖에 없는 연약한 존재입니다. 천년 왕국이 끝난 후에 하나님께서 잠깐 사탄을 풀어 주시는 것은 인간의 죄성이 얼마나 뿌리 깊은가를 보여 주시기 위함이라 생각됩니다. 우리 그리스도인들도 성령을 따르지 않으면 어김없이 육신과 세상, 그리고 사탄을 따르게 되어 있습니다.

사탄과 불신 세력들이 "성도들의 진과 사랑하시는 성", 곧 예루살렘을 포위하고 공격하려 하자 별안간 하늘에서 불이 떨어져 모두 소멸되고 맙니다. 그 누구도 하나님을 대적할 수 없다는 진리가 이 말씀에서도 분명하게 드러납니다. 마침내 사탄도 유황불에 던져집니다.

"또 그들을 미혹하는 마귀가 불과 유황 못에 던져지니 거기는 그 짐승과 거짓 선지자도 있어 세세토록 밤낮 괴로움을 받으리라"(계 20:10).

불과 유황 못에는 이미 짐승과 거짓 선지자가 빠져 있었습니다. 이제 마지막으로 사탄까지 불못에 던져짐으로 사탄의 삼위일체가 모두 영원한 형벌을 받게 됩니다.

최후의
심판

사탄이 모든 권세를 박탈당하고, 죽었던 자들이 모두 부활하게 되자 이제 흰 보좌의 심판, 즉 마지막 심판이 내려집니다. 흰 보좌는 주님의 거룩함을 상징합니다.

"또 내가 크고 흰 보좌와 그 위에 앉으신 이를 보니 땅과 하늘이 그 앞에서 피하여 간 데 없더라 또 내가 보니 죽은 자들이 큰 자나 작은 자나 그 보좌 앞에 서 있는데 책들이 펴 있고 또 다른 책이 펴졌으니 곧 생명책이라 죽은 자들이 자기 행위를 따라 책들에 기록된 대로 심판을 받으니 바다가 그 가운데에서 죽은 자들을 내주고 또 사망과 음부도 그 가운데에서 죽은 자들을 내주매 각 사람이 자기의 행위대로 심판을 받고 사망과 음부도 불못에 던져지니 이것은 둘째 사망 곧 불못이라 누구든지 생명책에 기록되지 못한 자는 불못에 던져지더라"(계 20:11-15).

요한계시록 3장 5절과 시편 69편 28절에 따르면, 생명책에는 전 세계 모든 사람의 이름이 빠짐없이 적혀 있었던 것으로 보입니다. 즉, 하나님의 영원한 계획 속에 "이는 그를 믿는 자마다 멸망하지 않고 영생을 얻게 하려"(요 3:16)는 섭리가 들어 있었던 것입니다. 그러나 끝까지 예수님을 믿지 않는 사람의 이름은 생명책에서 지워지게 됩니다. 결국 지옥은 자기가 선택해서 가는 것입니다.

구원의 문은 언제나 열려 있습니다. "내가 곧 길이요 진리요 생명이니 나로 말미암지 않고는 아버지께로 올 자가 없느니라"(요 14:6)는 예수님의 말씀은 구원의 길이 아주 좁다는 부정적인 의미가 아닙니다. "이제는 내가 왔으니 나를 통해서 누구나 다 아버지께로 갈 수 있다."라는 긍정적인 의미가 더 강한 말씀입니다.

예수님께서는 인간의 가장 근본적인 죄 문제를 다 해결해 놓으시고, 하나님을 모르는 자들이 돌이키기만을 기다리십니다. 구원을 위해 인간이 해야 할 일은 그저 돌이키는 것밖에 없습니다. 어떤 공로나 선행도 필요치 않습니다. 이렇게 천국문은 누구에게나 열려 있는데도 이를 마다하는 것은 결국 스스로 지옥행을 선택하는 것입니다. 하나님의 사랑과 자신의 죄인 됨을 끝까지 부인하는 자는 생명책에서 스스로 자기 이름을 지우게 되는 것입니다.

가끔 이런 질문을 받습니다. "복음을 전혀 듣지 못하고 죽은 사람들은 어떻게 되는 겁니까? 이를테면 우리나라에 복음이 들어오기 전에 죽은 사람들 말입니다." 이것은 우리가 걱정해야 할 문제가 아닙니다. 공의의 하나님은 공의롭게 그 문제를 해결하실 것입니다.

최후의 심판은 이 땅에서의 행위에 따라 집행됩니다. 이 세상에서 우리의 모든 행위는 하나도 빠짐없이 하늘나라의 책에 기록됩니다. 공의로우신 하나님께서는 우리가 행한 대로 갚으실 것입니다. 자기가 행한 모든 말과 행동이 엄연히 기록되어 있기 때문에, 또한 하나님은 모든 것을 공의롭게 행하시기 때문에 우리는 그분의 심판 앞에서 어떠한 이의 제기나 변명도 할 수 없습니다. 결국 하나님이 우리를 심판하시는 것이 아니라 우리의 행위가 우리의 최후를 심판하는 것이라 할 수 있습니다.

이처럼 행위는 형벌과 보상의 근거가 됩니다. 그러나 구원의 근거가 되지는 못합니다. 자신의 모든 행위가 적힌 기록이 그리스도의 피로 지워지지 않는다면 그 누구도, 아무리 선하고 경건한 행위를 많이 한 사람이라 해도 절대로 구원받지 못합니다.

기독교 신앙의 기초는 은혜입니다. 공의가 아닙니다. 공의를 먼저 적용하면 구원받을 자가 하나도 없습니다. 우리의 부족함과 연약함에도 불구하고 하나님의 은혜 때문에 우리에게는 희망이 있습니다. 이것이 바로 복음입니다. 이것이야말로 가장 기쁜 소식입니다. 그래서 우리가 이 복음 전하기를 즐거워하는 것입니다.

새 예루살렘
(21장)

"또 내가 새 하늘과 새 땅을 보니 처음 하늘과 처음 땅이 없어졌고 바다도 다시 있지 않더라 또 내가 보매 거룩한 성 새 예루살렘이 하나님께로부터 하늘에서 내려오니 그 준비한 것이 신부가 남편을 위하여 단장한 것 같더라 내가 들으니 보좌에서 큰 음성이 나서 이르되 보라 하나님의 장막이 사람들과 함께 있으매 하나님이 그들과 함께 계시리니 그들은 하나님의 백성이 되고 하나님은 친히 그들과 함께 계셔서 모든 눈물을 그 눈에서 닦아 주시니 다시는 사망이 없고 애통하는 것이나 곡하는 것이나 아픈 것이 다시 있지 아니하리니 처음 것들이 다 지나갔음이러라 보좌에 앉으신 이가 이르시되 보라 내가 만물을 새롭게 하노라 하시고 또 이르시되 이 말은 신실하고 참되니 기록하라 하시고 또 내게 말씀하시되 이루었도다 나는 알파와 오메가요 처음과 마지막이라 내가 생명수 샘물을 목마른 자에게 값없이 주리니 이기는 자는 이것들을 상속으로 받으리라 나는 그의 하나님이 되고 그는 내 아들이 되리라" 계 21:1-7

창세기에 '창조와 타락'으로 시작된 인류 역사는 이제 새 하늘과 새 땅이 펼쳐지고 영원한 세계가 열리는 것으로 종결됩니다. 기독교 역사관은 이렇게 시작과 끝이 있습니다. 그런데 동양의 역사관은 시작과 끝 대신 순환적입니다. 불교도 힌두교도 모두 윤회설에 바탕을 둔 종교입니다. 승려들에게 진리를 깨달았는지 물은 적이 있습니다. "찾고 있는 중입니다."라고 대답하기에, 언제부터 찾았는지 또 물었습니다. "지금 25년째 찾고 있습니다."라는 대답이 돌아왔습니다. 그들은 그저 찾기만 하는 것입니다. 어떤 목표를 갖기보다는 찾는 행위 그 자체에 의미를 둡니다.

이런 생각은 그림에도 나타납니다. 동양의 인생철학이 담긴 풍경화를 보면 산, 나무, 정자, 사람이 비슷비슷한 모습으로 서로 어우러져 있습니다. 어느 하나를 부각시키는 것이 아니라 있는 그대로의 모습을 조화롭게 묘사합니다. 우리나라의 사물놀이나 중국, 인도 등의 음악에도 시작과 끝의 구분이 모호한 동양의 세계관이 반영되어 있습니다. 반면 서양 철학은 목표 지향적이며 성취를 중시합니다.

요한계시록 21-22장에서 인간의 모든 고통과 슬픔과 한(恨)은 말끔하게 씻깁니다. 수천 년의 역사를 통해 인간들이 흘린 눈물과 땀,

안타까움과 아쉬움, 그리고 죽음이 완전히 사라지고 모든 인간이 간절히 염원해 오던 새로운 세상이 열리기 때문입니다.

우리 그리스도인은 새로운 세상에 대한 소망이 있기에 현재 어떠한 고난이 있더라도 감내하며 기쁨으로 살아갈 수 있습니다. 이 땅에서는 눈물도 있고, 질병도 있고, 고난과 슬픔도 있지만, 모든 문제가 해결되고 모든 것이 새로워진 세상에서 사는 특권이 있습니다. 하나님의 은혜로 그 세상을 누리게 될 것을 기대하기에 지금의 어려움과 고통을 이겨 낼 수 있는 것입니다. 지금 당장 보이거나 만질 수 있는 세상은 아니지만 주님께서 요한계시록 21-22장에서 보여 주셨기 때문에 그것을 믿고 영광된 세상을 향해 인내하며 나아가는 것입니다.

"현재의 고난은 장차 우리에게 나타날 영광과 비교할 수 없도다"(롬 8:18).

주님께서 말씀하신 이 영원한 세계를 믿지 않는 사람들에게는 아무런 소망이 없습니다. 이 땅에서는 죽도록 고생하고, 죽으면 그것으로 모든 것이 끝납니다. 나를 사랑하시고 죄를 용서해 주시는 하나님이 존재하지 않는다고 믿는 자들에게 어떤 소망이 있을까요? 제대로 알아보지도 않고 그렇게 믿는 것이 그들에게는 하나의 신앙입니다. 사람이 죽고 난 후에는 다른 생명체의 모습으로 환생한다고 믿기도 합니다. 대부분의 사람들은 모든 것을 다 알아보거나 경험해 보지 않아도 자신만의 신념 체계를 구축하며 살아갑니다.

인간은 누구를 막론하고 자기만의 신앙을 갖고 살아갑니다. 무엇을 믿느냐 하는 것은 결국 개인의 선택에 달린 일입니다. 그렇다면 어떤 선택이 인생에서 가장 만족스러울 것인가를 검토해 볼 필요가 있습니다. 성도들은 인간의 역사가 요한계시록 21-22장처럼 하나님 안에서 막을 내릴 것이라는 믿음을 선택하고 살아가는 사람들입니다.

새 하늘과 새 땅

이제 새롭게 열리는 완전한 새 하늘과 새 땅의 모습이 어떠한지 보십시오.

"또 내가 새 하늘과 새 땅을 보니 처음 하늘과 처음 땅이 없어졌고 바다도 다시 있지 않더라 또 내가 보매 거룩한 성 새 예루살렘이 하나님께로부터 하늘에서 내려오니 그 준비한 것이 신부가 남편을 위하여 단장한 것 같더라"(계 21:1-2).

새 하늘과 새 땅은 지금처럼 오염된 하늘과 땅과는 전혀 다를 것입니다. 하나님께서 이 우주를 완전히 새롭게 만드실 것이기 때문입니다. 새 하늘과 새 땅은 현재의 하늘과 땅을 개조한 세계가 아니라 완전히 새로 창조된 세계입니다. 그때는 해도 달도 별도 없을 것이며 바다도 없어질 것입니다. 예수님께서도 지금과는 완전히 다른 새 하늘과 새 땅이 펼쳐질 것에 대해 여러 번 말씀하셨습니다.

"내가 진실로 너희에게 말하노니 이 세대가 지나가기 전에 이 일이 다 일어나리라 천지는 없어질지언정 내 말은 없어지지 아니하리라"(마 24:34-35).

"그러나 율법의 한 획이 떨어짐보다 천지가 없어짐이 쉬우리라"(눅 16:17).

"그러나 주의 날이 도둑 같이 오리니 그 날에는 하늘이 큰 소리로 떠나가고 물질이 뜨거운 불에 풀어지고 땅과 그 중에 있는 모든 일이 드러나리로다 이 모든 것이 이렇게 풀어지리니 너희가 어떠한 사람이 되어야 마땅하냐 거룩한 행실과 경건함으로 하나님의 날이 임하기를 바라보고 간절히 사모하라 그 날에 하늘이 불에 타서 풀어지고 물질이 뜨거운 불에 녹아지려니와 우리는 그의 약속대로 의가 있는 곳인 새 하늘과 새 땅을 바라보도다"(벧후 3:10-13).

지금 이 세계가 완전히 사라지고 새 하늘과 새 땅이 나타난다고 말씀합니다. 이렇게 새 하늘과 새 땅이 펼쳐진 다음에는 새 예루살렘 성이 하늘에서부터 내려옵니다. 그런데 하늘에서부터 내려올 새 예루살렘 성이 우주에 떠 있을 가능성을 상상해 볼 수도 있습니다.

요즘에는 사람이 가서 살 수 있는 우주 도시를 건설하려는 계획을 세우고 있다고 하니, 우주에 떠 있는 도시를 상상해 보는 것도 어렵지 않습니다. 새 예루살렘 성이 하늘에서 내려올 때쯤의 우리 몸 상태는 지금과 질적으로 전혀 다를 것입니다. 그렇기 때문에 예수님의 부활체처럼 시공을 초월하여 공중에 떠 있는 도시를 오갈 수도 있을지 모릅니다. 3-8절에서는 새 하늘과 새 땅이 펼쳐진 세상에 대해 조금 더 자세히 설명합니다. 3-4절을 보십시오.

> "내가 들으니 보좌에서 큰 음성이 나서 이르되 보라 하나님의 장막이 사람들과 함께 있으매 하나님이 그들과 함께 계시리니 그들은 하나님의 백성이 되고 하나님은 친히 그들과 함께 계셔서 모든 눈물을 그 눈에서 닦아 주시니 다시는 사망이 없고 애통하는 것이나 곡하는 것이나 아픈 것이 다시 있지 아니하리니 처음 것들이 다 지나갔음이러라"
> (계 21:3-4).

"하나님의 장막"이란 하나님 그분 자신을 뜻합니다. 하나님의 장막이 사람들과 함께 있다는 것은 하나님께서 우리를 완전히 감싸서 우리가 그분의 세계 속에 거하게 된다는 말씀입니다. 즉, 하나님의 온전한 백성이 된다는 뜻입니다. 그렇게 될 때 우리는 더 이상 고통과 슬픔과 괴로움 때문에 울지 않아도 됩니다. 오늘도 얼마나 많은 사람들이 고난 속에 살고 있나요? 하나님의 장막 속에 거하면 우리를 괴롭게 하던 죽음도, 애통함도, 아픔도 없게 됩니다. 새 하늘과 새 땅이 생기기까지 타락한 이 땅에 있던 모든 것들, 곧 처음 것들이 다 지나갔기 때문입니다. 참으로 이날이 손꼽아 기다려집니다.

5절에서는 이렇게 처음 것들이 다 지나가는 데서 그치는 것이 아니라 온 우주가 새롭게 될 것이라고 말씀합니다.

> "보좌에 앉으신 이가 이르시되 보라 내가 만물을 새롭게 하노라 하시

고 또 이르시되 이 말은 신실하고 참되니 기록하라 하시고"(계 21:5).

여기에서 "보라"는 이제 모든 일이 완성되었음을 말합니다. 주님께서는 사도 요한에게 우주 안에 있는 모든 것을 새롭게 하는 일을 마쳤으니 그것을 기록하라고 명령하십니다. 이 명령은 우리 성도들에게 소망을 주기 위함입니다. 즉, 이 약속을 기록해 놓고 주님이 오실 때까지 하나님의 자녀들에게, 그분의 성도들에게 읽어 주라고 명하신 것은 우리의 미래가 어떻게 펼쳐질 것인가를 분명히 알고 믿고 그대로 바라는 복된 삶을 누리라는 뜻입니다.

소망이 있는 삶은 참으로 중요합니다. 바라보고 기다려야 할 목표가 주어지면 현실에서의 어려움을 거뜬히 감내할 수 있기 때문입니다. 우리 인간은 소망이 있으면 얼마든지 살 수 있습니다. 성경은 "사랑은 모든 것을 바란다."고 말씀합니다. 사랑이란 지금 아무리 잘못되었어도 훗날의 더 좋은 것을 바라보고 기다리고 기대하는 것입니다. 지금 실수했어도 다음에 잘할 수 있다고 생각하고, 지금은 악해도 반드시 선해질 것임을 기다리고 바라는 것입니다.

"또 내게 말씀하시되 이루었도다 나는 알파와 오메가요 처음과 마지막이라 내가 생명수 샘물을 목마른 자에게 값없이 주리니"(계 21:6).

"알파와 오메가요 처음과 마지막이라" 하신, 곧 모든 것을 주관하시는 우리 주님께서 인생의 갈증 때문에 목말라 하는 자들에게 생명수 샘물을 값없이 주신다고 말씀하십니다.

기독교는 하나님의 전적인 은혜로 구원받는 종교입니다. 그 누구도 하나님의 완전한 의에 이를 수 없습니다. 하나님께서 값없이 은혜를 부어 주시지 않으면 우리 인간에게는 아무런 소망이 없습니다.

기독교가 너무 폐쇄적이고 배타적이라고 말하는 사람들이 있습니다. 알고 보면 기독교만큼 포괄적이고 수용적인 종교도 또 없습니다. 전 세계 모든 민족, 모든 언어, 모든 인종에게 구원의 문이 활짝 열려 있어서 누구나 원하기만 하면 값없이 새 하늘과 새 땅과 새 예루살렘과 영원한 생명을 얻을 수 있기 때문입니다. 7절에는 영원한 기업이 약속되어 있습니다.

"이기는 자는 이것들을 상속으로 받으리라 나는 그의 하나님이 되고 그는 내 아들이 되리라"(계 21:7).

모든 것을 이겨 낸 자들은 하나님의 자녀가 되고 새 하늘과 새 땅과 새 예루살렘을 얻게 될 것입니다. 이 구절을 읽으면서 "나는 영적으로 가끔 넘어질 때도 있는데 어떡하지?" 하고 걱정하는 사람도 있을 것입니다. 걱정할 필요가 전혀 없습니다. 이기는 것은 내가 하는 일이 아니기 때문입니다. 우리의 총사령관은 예수님이므로 그분을 구주로 영접한 사람이라면 반드시 이기게 되어 있습니다. 자기가 잘 싸워서 이기는 것이 아닙니다. 하나님의 자녀가 중간에 지는 법은 절대로 없습니다. 7절에서 "이기는 자"란 결국 '믿는 자' 모두를 뜻합니다.

어렸을 때 저는 "준비된 자만 천국에 갈 수 있다."라는 말을 많이 들었습니다. 그래서 열심히 기도하고 회개하고 나서는 '오늘은 준비됐는데…. 주님이 오늘 오셔야 할 텐데…'라면서 주님을 기다렸습니다. 그러나 다음 날 사소한 죄라도 짓게 되면 '아이쿠! 이거 준비된 거 다 망쳤구나.' 하면서 다시 저 나름대로 성결해지려고 얼마나 애썼는지 모릅니다. 주님이 혹시 주일날 오실까 봐 성가대석에서 토요일 밤에 혼자서 밤을 새기도 했습니다. 추운 겨울밤 담요도 없이 덜덜 떨면서 다시 오실 주님을 기다렸습니다. 준비된 자만 들어갈 수 있다는 천국에 가기 위해서였습니다. 그 당시 구원 때문에 얼마나 고민을 많이 했는지 모릅니다.

이후에 성경을 통해 구원의 본질을 깨닫고 나니 '준비된 자'가 '하나님이 값없이 베푸시는 은혜로 구원받는 모든 성도'를 말한다는 사실을 알게 되었습니다. '이기는 자', '준비된 자', '믿는 자' 모두 같은 말입니다. 자신의 노력과 행위로는 구원받을 수 없음을 인정하고 예수 그리스도만을 의지하는 사람에게는 영원한 기업이 약속되어 있습니다.

그러나 둘째 사망을 경험하는 사람들도 있습니다. 첫째 사망은 영혼과 육체가 분리되는 것입니다. 둘째 사망은 하나님과 영원히 분리되는 것입니다. 영원한 나라에서는 하나님의 자녀가 되어 영원한 생명을 누리고 생명나무 과실을 먹을 자들이 있는가 하면, 또 다른 한쪽에서는 영원히 죽을 사람들이 있습니다. 바로 이런 사람들입니다.

"그러나 두려워하는 자들과 믿지 아니하는 자들과 흉악한 자들과 살인자들과 음행하는 자들과 점술가들과 우상 숭배자들과 거짓말하는 모든 자들은 불과 유황으로 타는 못에 던져지리니 이것이 둘째 사망이라"(계 21:8).

하나님을 믿지 않는 사람들은 종말이나 최후의 심판 등에 대한 이야기를 듣고 싶어 하지 않습니다. 아무리 하나님을 거부한다고 해도 미래에 대한 두려움은 누구나 갖고 있기 때문입니다. 주님을 믿지 않는 사람들은 사실 두려워하는 자들입니다. 주님이 오신다는 말만 들어도 벌벌 떱니다.

저도 한때는 그런 사람이었습니다. 주님이 부흥회 동안에, 혹은 새벽 기도할 때, 혹은 성경 읽을 동안에 오셔야 한다고 생각했습니다. 구원받을 것에 대한 확신이 없었기 때문입니다. 구원의 확신을 갖게 되면 인생이 만족스럽고 앞날에 대한 두려움이 없습니다.

"거짓말하는 모든 자들"이라는 부분에 자기가 해당된다고 생각하는 사람들이 있습니다. 여기서 '거짓말'은 하나님을 싫어하고 성령이 그 안에 거하지 않는 모든 믿지 않는 자들의 기만적인 생활 양식을 뜻합니다.

8절에 언급된 여덟 가지 부류의 사람들은 모두 불과 유황 못에 던져질 것입니다. 반면 예수 그리스도의 보혈로 깨끗하게 된 자들은 새 예루살렘에 들어가게 됩니다. 탕자의 비유에서도 나타났듯이 하나님은 오늘도 주님을 믿지 않는 사람들이 주님 품으로 돌아오기를 손꼽아 기다리십니다. 하나님은 오래 참으시며 우리의 실수와 허물을 다 덮어 주시는 사랑의 본체이십니다. 이러한 사랑을 끝까지 거부하는 자들이 둘째 사망, 곧 불 못에 빠지는 것은 공의로운 심판의 결과라고 생각됩니다. 그러나 분명한 사실은 원래 불 못은 하나님의 형상을 가진 사람이 들어갈 곳은 아니라는 것입니다.

"마귀와 그 사자들을 위하여 예비된 영원한 불에 들어가라"(마 25:41).

그럼에도 불구하고 많은 사람들이 스스로 지옥행을 준비하고 있습니다. 주님을 믿는 우리가 필사적으로 그 길을 막아야 합니다. 사랑과 이해를 바탕으로 그들에게 복음을 전하고, 인내심을 갖고 꾸준히 돌보며 그들이 마지막에는 하나님 나라에 가서 새 하늘과 새 땅과 새 예루살렘을 유업으로 받을 수 있도록 도와주어야 합니다. 그렇게 해야 할 책임이 우리에게 있습니다. 끝까지 복음을 거부하는 사람들은 결국 둘째 사망에 들어가게 됩니다.

거룩한 성 예루살렘

21장 9절부터 22장 5절까지는 새 하늘과 새 땅과 함께 등장했던 새 예루살렘에 대해 자세히 설명합니다.

"일곱 대접을 가지고 마지막 일곱 재앙을 담은 일곱 천사 중 하나가 나아와서 내게 말하여 이르되 이리 오라 내가 신부 곧 어린 양의 아내를 네게 보이리라 하고 성령으로 나를 데리고 크고 높은 산으로 올라가 하나님께로부터 하늘에서 내려오는 거룩한 성 예루살렘을 보이니"(계 21:9-10).

새 예루살렘 성이 얼마나 찬란하게 단장되어 있는지 그 성을 신부라고 표현하고 있습니다. 새 예루살렘 성이 얼마나 아름답게 단장했는지 하나하나 살펴보도록 합시다.

"하나님의 영광이 있어 그 성의 빛이 지극히 귀한 보석 같고 벽옥과 수정 같이 맑더라"(계 21:11).

"그 성은 해나 달의 비침이 쓸 데 없으니 이는 하나님의 영광이 비치고 어린 양이 그 등불이 되심이라"(계 21:23).

하나님의 영광이 어찌나 찬란한지 해도 달도 비칠 필요가 없습니다. 하나님의 영광만이 새 예루살렘을 온통 빛내고 있습니다. 예수님이 변화산에서 모습이 변하셨을 때도 그 모습이 해와 같이 빛나셨습니다. 하나님의 모습 자체가 더없는 빛을 발하기에 모세도 하나님과 대면하려고 장막에 들어갔다가 나왔을 때 그 얼굴이 환하게 빛났습니다.

마찬가지로 예수님을 잘 믿는 사람들은 얼굴이 참 밝습니다. 하나님의 영광이 그 얼굴에 자연스럽게 나타나기 때문에 '아, 저 사람 예수님 믿는 사람이구나.' 하고 금방 알아차릴 수 있습니다.

이제 새 예루살렘 성의 구조와 크기가 자세하게 나옵니다.

"크고 높은 성곽이 있고 열두 문이 있는데 문에 열두 천사가 있고 그 문들 위에 이름을 썼으니 이스라엘 자손 열두 지파의 이름들이라 동쪽에 세 문, 북쪽에 세 문, 남쪽에 세 문, 서쪽에 세 문이니 그 성의 성곽에는 열두 기초석이 있고 그 위에는 어린 양의 열두 사도의 열두 이름이 있더라 내게 말하는 자가 그 성과 그 문들과 성곽을 측량하려고 금 갈대 자를 가졌더라 그 성은 네모가 반듯하여 길이와 너비가 같은지라 그 갈대 자로 그 성을 측량하니 만 이천 스다디온이요 길이와 너비와 높이가 같더라 그 성곽을 측량하매 백사십사 규빗이니 사람의 측량 곧 천사의 측량이라"(계 21:12-17).

새 예루살렘 성에는 동서남북 사방에 세 개씩 총 열두 문이 있고, 문마다 천사들이 보초를 서고 있습니다. 이기는 자, 곧 믿는 자들만 들어갈 수 있습니다. 그리고 높이와 길이와 너비가 모두 같은 정육면체 모양을 하고 있습니다. 그런데 길이, 너비, 높이가 모두 1만 2천 스다디온이라고 합니다. 1스다디온이 약 1.6킬로미터이니, 한 면의 길이만 해도 미국 동부에서 서부까지 거리의 세 배나 됩니다. 그다음은 성곽의 화려함을 묘사합니다.

"그 성곽은 벽옥으로 쌓였고 그 성은 정금인데 맑은 유리 같더라 그 성의 성곽의 기초석은 각색 보석으로 꾸몄는데 첫째 기초석은 벽옥이요 둘째는 남보석이요 셋째는 옥수요 넷째는 녹보석이요 다섯째는 홍마노요 여섯째는 홍보석이요 일곱째는 황옥이요 여덟째는 녹옥이요 아홉째는 담황옥이요 열째는 비취옥이요 열한째는 청옥이요 열두째는 자수정이라"(계 21:18-20).

새 예루살렘 성은 이렇게 세상 모든 보석과 찬란한 것들, 그 이상의 귀하고 아름다운 것들로 꾸며져 있을 것입니다. 하나님께서 창조하신 완전한 세계이니 얼마나 아름답고 눈이 부실까요? 어쩌면 이 세상의 모든 보석은 영원한 하나님 나라인 새 예루살렘에 대한 맛보기인지도 모르겠습니다. 그런 것들을 볼 때마다 새 예루살렘을 생각하라는 뜻에서 말입니다.

우리 성도들은 인간의 육체적, 정신적, 영적 목마름이 모두 해갈되는 새 예루살렘에서 영생을 누리게 될 것입니다. 새 예루살렘 성민은 바로 우리들입니다. 예수님께서도 약속하셨습니다.

"내가 너희를 위하여 거처를 예비하러 가노니"(요 14:2).

'거처'에 해당하는 영단어는 '맨션(mansion)'입니다. 계속해서 이 성의 모습을 살펴보십시오.

"그 열두 문은 열두 진주니 각 문마다 한 개의 진주로 되어 있고 성의 길은 맑은 유리 같은 정금이더라"(계 21:21).

하나님 나라에서 우리가 순금으로 된 길을 걷게 된다고 생각해 보십시오. 이 땅에서 눈물 흘리던 일들, 고통스러웠던 일들, 억울했던 일들 때문에 쌓였던 모든 한과 슬픔이 풀릴 것입니다. 새 예루살렘 성에서는 하나님 자신이 성전이시기 때문에 성전이 따로 없습니다.

"성 안에서 내가 성전을 보지 못하였으니 이는 주 하나님 곧 전능하신 이와 및 어린 양이 그 성전이심이라 그 성은 해나 달의 비침이 쓸 데 없으니 이는 하나님의 영광이 비치고 어린 양이 그 등불이 되심이라 만국이 그 빛 가운데로 다니고 땅의 왕들이 자기 영광을 가지고 그리로 들어가리라 낮에 성문들을 도무지 닫지 아니하리니 거기에는 밤이 없음이라 사람들이 만국의 영광과 존귀를 가지고 그리로 들어가겠고 무엇이든지 속된 것이나 가증한 일 또는 거짓말하는 자는 결코 그리로 들어가지 못하되 오직 어린 양의 생명책에 기록된 자들만 들어가리라"(계 21:22-27).

하나님과 예수님과 영원히 함께 살게 될 곳, 어둠이라고는 전혀 없고 언제나 빛 가운데 살게 될 성전, 피곤할 일이 없으니 쉴 필요도 없는 새 예루살렘 성이 우리를 기다리고 있습니다.

다시 오실 예수 그리스도
(22장)

"또 그가 수정 같이 맑은 생명수의 강을 내게 보이니 하나님과 및 어린 양의 보좌로부터 나와서 길 가운데로 흐르더라 강 좌우에 생명나무가 있어 열두 가지 열매를 맺되 달마다 그 열매를 맺고 그 나무 잎사귀들은 만국을 치료하기 위하여 있더라 다시 저주가 없으며 하나님과 그 어린 양의 보좌가 그 가운데에 있으리니 그의 종들이 그를 섬기며 그의 얼굴을 볼 터이요 그의 이름도 그들의 이마에 있으리라 다시 밤이 없겠고 등불과 햇빛이 쓸 데 없으니 이는 주 하나님이 그들에게 비치심이라 그들이 세세토록 왕 노릇 하리로다" 계 22:1-5

마지막 장인 요한계시록 22장 1-5절까지는 새 예루살렘의 모습이 그려져 있습니다. 나머지 부분에서는 요한계시록의 말씀이 참된 계시임을 확증합니다.

생명수 강

새 예루살렘 성에는 생명수의 강이 흐릅니다. 생명수 강의 근원은 "하나님과 및 어린 양의 보좌"입니다. 보좌로부터 나온 강물은 생명나무가 심겨진 길 가운데로 흐릅니다.

"또 그가 수정 같이 맑은 생명수의 강을 내게 보이니 하나님과 및 어린 양의 보좌로부터 나와서 길 가운데로 흐르더라 강 좌우에 생명나무가 있어 열두 가지 열매를 맺되 달마다 그 열매를 맺고 그 나무 잎사귀들은 만국을 치료하기 위하여 있더라"(계 22:1-2).

요한계시록의 많은 내용들은 구약 성경의 이사야서, 에스겔서, 다니엘서, 스가랴서 등의 여러 선지서에 나타난 환상과 연결됩니다. 특히 이 생명수 강이 흐르는 내용은 스가랴서에 나타난 환상과 상당히 비슷합니다.

2절의 '생명나무'는 창세기 2장 9절의 그 생명나무입니다. 이 생명나무는 인간의 타락 이후 줄곧 그룹(천사)들과 화염검에 둘러싸여 보호받다가 마침내 영원한 세계가 임했을 때 다시 우리 인간이 먹을 수 있게 됩니다.

에스겔 47장 7절에도 생명나무가 나옵니다. 이 생명나무 잎사귀는 인간의 모든 고통과 슬픔과 불완전한 것들을 치유해 줍니다. 인간은 영원한 나라에서 영적으로, 육체적으로 완전한 건강을 누리며 살게 됩니다. 이처럼 영원한 하나님 나라는 모든 것이 완전하게 회복된 나라입니다.

"다시 저주가 없으며 하나님과 그 어린 양의 보좌가 그 가운데에 있으리니 그의 종들이 그를 섬기며 그의 얼굴을 볼 터이요 그의 이름도 그들의 이마에 있으리라"(계 22:3-4).

영원한 나라에서는 창세기 3장에서 인간이 저주받을 때 함께 저주받았던 자연 세계도 온전하게 회복될 것입니다. 죄의 영향력이 완전히 자취를 감추게 되기 때문입니다. 또한 새 예루살렘에서는 하나님의 보좌가 그 나라 한복판에 있을 것입니다.

하나님의 완전한 통치가 이루어질 때 이 세상은 참으로 공의롭고 평화로울 것입니다. 아울러 하나님의 통치 앞에 모든 사람들은 그분의 종답게 완전히 복종할 것입니다. 완전한 복종이란 완전한 예배를 의미합니다. "그의 종들이 그를 섬기며"에서의 '섬김'은 영적인 뜻에서의 섬김을 뜻합니다. 그때는 우리의 모습 또한 거룩하신 그분의 모습으로 변화될 것이기에 "그를 섬기며 그의 얼굴을 볼" 수 있게 됩니다.

> "사랑하는 자들아 우리가 지금은 하나님의 자녀라 장래에 어떻게 될지는 아직 나타나지 아니하였으나 그가 나타나시면 우리가 그와 같을 줄을 아는 것은 그의 참모습 그대로 볼 것이기 때문이니"(요일 3:2).

> "하나님이 미리 아신 자들을 또한 그 아들의 형상을 본받게 하기 위하여 미리 정하셨으니"(롬 8:29).

하나님께서 우리를 만세전부터 택하시고 우리를 부르셔서 의롭다 인정해 주시고 영화롭게 만들어 가시는 그 한 가지 이유는 바로 "그 아들의 형상을 본받게 하기 위하여"입니다. 우리가 예수님을 닮아 가는 과정은 예수 그리스도를 구주로 영접한 순간부터 시작됩니다.

또한 하나님 나라에서 우리는 완전한 신분을 보장받게 될 것입니다. 4절 후반부를 보십시오.

> "그의 이름도 그들의 이마에 있으리라"(계 22:4).

어린 양 예수님의 이름이 이마에 있다는 것은 "이 사람은 하나님의 자녀요, 어린 양의 신부다."라는 확실한 신분 표시가 됩니다. 사탄도 전에 이와 비슷한 모양을 본떠서 자기를 따르는 자들의 이마에 짐승의 표를 받게 했습니다.

"다시 밤이 없겠고 등불과 햇빛이 쓸 데 없으니 이는 주 하나님이 그들에게 비치심이라 그들이 세세토록 왕 노릇 하리로다"(계 22:5).

하나님 나라는 그분의 영광만이 찬란하게 빛나기 때문에 어두움이 전혀 없을 것입니다. 예수 그리스도의 영광스러운 모습이 얼마나 눈부신지는 요한계시록 1장 16절과 마태복음 17장 2절에도 기록되어 있습니다.

계시의 확실성

새 예루살렘의 영광스러운 모습을 다 보여 주신 후 하나님께서는 요한계시록의 모든 내용이 주님이 내려 준 계시임을 분명하게 확신시켜 주십니다.

"또 그가 내게 말하기를 이 말은 신실하고 참된지라 주 곧 선지자들의 영의 하나님이 그의 종들에게 반드시 속히 되어질 일을 보이시려고 그의 천사를 보내셨도다 보라 내가 속히 오리니 이 두루마리의 예언의 말씀을 지키는 자는 복이 있으리라 하더라"(계 22:6-7).

요한계시록 1장 1절부터 22장 5절까지 기록된 이 모든 말씀들은 신실하고 참되신 하나님께서 주신 말씀이기에 확실할 수밖에 없습니다. 요한계시록은 구약 성경과 신약 성경의 모든 저자들, 즉 모든 선지자들에게 역사하셨던 성령께서 "반드시 속히 되어질 일"을 우리에게 보여 주신 책입니다. "속히 되어질 일"이란 일단 시작하면 속속 진행될 일이라는 뜻입니다. 이 6-7절 말씀은 요한계시록 1장 1-3절 말씀과 거의 흡사합니다.

　　"예수 그리스도의 계시라 이는 하나님이 그에게 주사 반드시 속히 일어날 일들을 그 종들에게 보이시려고 그의 천사를 그 종 요한에게 보내어 알게 하신 것이라 요한은 하나님의 말씀과 예수 그리스도의 증거 곧 자기가 본 것을 다 증언하였느니라 이 예언의 말씀을 읽는 자와 듣는 자와 그 가운데에 기록한 것을 지키는 자는 복이 있나니 때가 가까움이라"(계 1:1-3).

　　지금까지 "반드시 속히 일어날 일들"을 모두 미리 보고, 천사로부터 그 계시의 확실성까지 보증받고 난 사도 요한의 모습이 어떠한지 한번 보십시오.

　　"이것들을 보고 들은 자는 나 요한이니 내가 듣고 볼 때에 이 일을 내게 보이던 천사의 발 앞에 경배하려고 엎드렸더니 그가 내게 말하기를 나는 너와 네 형제 선지자들과 또 이 두루마리의 말을 지키는 자들과 함께 된 종이니 그리하지 말고 하나님께 경배하라 하더라"(계 22:8-9).

천사를 따라 새 하늘과 새 땅과 새 예루살렘까지 보고 난 사도 요한은 너무나도 감격한 나머지 자신을 인도하던 천사에게 엎드려 경배하려고 합니다. 모든 영광과 존귀를 받으실 분은 오직 하나님뿐이시며 천사는 그분의 심부름꾼에 불과한데도 말입니다. 19장 10절에서도 사도 요한은 같은 이유로 천사에게 경배하려고 했습니다. 요한의 감정이 격해져서 그런 태도를 취한 것 같습니다. 감정적으로 흥분할 때 누구든 이런 실수를 범할 수 있습니다. 이에 천사는 하나님께만 경배하라는 말을 하며, 아주 중요한 한마디를 덧붙입니다.

"또 내게 말하되 이 두루마리의 예언의 말씀을 인봉하지 말라 때가 가까우니라"(계 22:10).

다니엘 12장 4절에서 봉해 놓으라고 명해졌던, 세상 끝 날에 있을 일들과 그 모습이 요한계시록을 통해 드디어 성도들에게 공개되었습니다. 종말에 일어날 일들은 비밀이 아닙니다. 주님께서도 사도 요한에게 예언의 말씀을 인봉하지 말라고 하셨습니다. 누구든지 종말이 무엇이며 어떻게 될 것인지 알 수 있어야 하기 때문입니다. 주님께서는 특히 그분의 자녀들에게 참 소망을 주시기 위해 이 요한계시록을 허락하셨습니다.

요한계시록은 내용이 어렵고 해석이 복잡하다는 이유로 그동안 교회 설교로 기피되어 왔습니다. 대부분의 교인들은 요한계시록을 공부할 기회를 별로 갖지 못했기 때문에, 또 혼자서는 마음잡고 읽어도 무슨 말인지 도통 알 수가 없었기 때문에 '닫혀진 책'이 되고 말았습니다. 그러나 하나님께서는 사도 요한에게 분명히 이 책을 인봉하지 말라고 하셨습니다. 모든 성도들이 요한계시록을 읽고 그 안의 말씀을 지킴으로써 복된 삶을 사는 것이 하나님의 뜻입니다. 그렇기 때문에 우리는 종말에 있을 일들에 대해 무지해서는 안 됩니다.

"불의를 행하는 자는 그대로 불의를 행하고 더러운 자는 그대로 더럽고 의로운 자는 그대로 의를 행하고 거룩한 자는 그대로 거룩하게 하라"(계 22:11).

우리의 영원한 미래의 모습은 지금 이 땅에서부터 이미 결정됩니다. 예수 그리스도를 기준으로 한쪽에는 영원한 저주와 죽음이 있고, 한쪽에는 영원한 축복과 생명이 있습니다. 예수 그리스도를 영접한 자의 부활은 영원한 생명을 의미할 것이고, 예수 그리스도를 끝까지 거부한 자의 부활은 영원한 저주를 의미할 것입니다. 예수 그리스도는 영원한 세계로 가는 여정에서 단 하나의 갈림길입니다. 영원한 세계가 시작될 때는 이미 정해진 영원한 거처를 바꿀 수 없습니다. 22장에서 예수님께서는 "속히 오리니"라는 말씀을 두 번이나 하셨습니다.

"보라 내가 속히 오리니 내가 줄 상이 내게 있어 각 사람에게 그가 행한 대로 갚아 주리라"(계 22:12).

7절에서도 속히 오신다고 말씀합니다. 이는 금방 온다는 뜻이 아닙니다. 갑자기 온다는 말입니다. 영어로는 'quickly'가 아니라 'suddenly'에 해당합니다. 예수님께서는 자신이 도적같이 임할 것이라고 하셨습니다. 그렇기 때문에 우리는 항상 주님의 다시 오심을 준비하면서 살아야 합니다. 주님은 언제라도 오실 수 있습니다. 또한 우리도 언제 죽을지 알 수 없습니다.

'속히 오실 주님'은 자기 자녀들에게 상을 주시러 오실 것입니다. 성도들은 모두 상을 받을 것입니다. 그러나 이 세상에서 어떻게 주님을 섬기고 살아왔는지에 따라 각자 받을 상이 다를 것입니다. 구원은 하나님께서 성도에게 거저 주시지만, 보상은 각자가 행한 대로 주십니다. 각 사람마다 그가 일한 만큼, 행한 만큼 갚아 주십니다.

사람이 인정해 주든 그렇지 않든, 그리고 어떤 특정한 직분을 맡았든 그렇지 않든 하나님께서 늘 보고 계시다고 생각하며 묵묵히 주님을 섬기듯 일하십시오. 사람의 칭찬이나 직분은 장차 주님께서 주실 상급에 비하면 아무것도 아닙니다.

천국에 가면 깜짝 놀랄 일들이 많습니다. 드러나지 않게 성실히 주님을 섬기던 사람들은 큰 상을 받을 것이고, 교회에서 명예로운 직분을 받아도 하나님이 보실 때 그 직분에 합당한 섬김이 없었으면 그 직분 때문에 오히려 하나님 앞에서 굉장한 부끄러움을 당할 것입니다. 묵묵히 성실하게 주님을 섬기고 있다면 사람들이 몰라줘도 실망하거나 걱정하지 마십시오. 그럴 필요 전혀 없습니다. 주님께서 다 갚아 주실 날이 있기 때문입니다.

이런 우스갯소리가 있습니다. 한 사람이 천국에 가자 베드로가 다가오더니 그를 거처로 안내했습니다. 그는 황금 보석으로 꾸며진 멋진 집을 상상했는데, 베드로는 어떤 뒷골목의 허름한 집으로 그를 인도했습니다. 이게 어찌 된 노릇이냐면서 그 사람이 항의하자 베드로는 "이 집은 지상에서 그동안 당신이 보내 준 재목을 가지고 지은 것입니다."라고 대답했습니다.

여러분이 이 땅에서 주님을 위해 희생하고 애쓰고 수고한 것들은 절대로 헛되지 않습니다. 하나님은 몇 배씩 갚아 주시는 분입니다. 그동안 주님을 섬기는 데 게으른 종이었다면 이제라도 열심을 내어 주님을 섬기기 바랍니다.

13절에서 예수님은 사도 요한에게 자신이 어떤 존재인지를 확증시켜 주십니다.

"나는 알파와 오메가요 처음과 마지막이요 시작과 마침이라"(계 22:13).

이는 요즘 식으로 말하면 도장을 찍거나 서명을 하는 것입니다. 요한계시록 1장부터 22장의 말씀을 해 주신 분, 창조부터 영원까지 모든 역사를 주관하시는 분이 바로 예수님이심을 스스로 밝히신 것입니다. 예수님은 이런 말씀을 여러 번 하셨습니다(계 1:8, 17, 2:8, 21:6). 예수님은 참으로 이 우주를 다스리는 분이시며, 생명의 근원이 되십니다.

이제 14절을 보십시오. 어떠한 자가 복이 있다고 기록되어 있나요?

"자기 두루마기를 빠는 자들은 복이 있으니 이는 그들이 생명나무에 나아가며 문들을 통하여 성에 들어갈 권세를 받으려 함이로다"(계 22:14).

새 예루살렘을 마음대로 드나들 특권은 자기 옷을 예수 그리스도의 보혈로 깨끗이 씻은 사람들에게만 주어질 것입니다. 반대로 15절에는 새 예루살렘에 들어가지 못하는 사람들의 특징이 나와 있습니다.

"개들과 점술가들과 음행하는 자들과 살인자들과 우상 숭배자들과 및 거짓말을 좋아하며 지어내는 자는 다 성 밖에 있으리라"(계 22:15).

성경에서 '개'란 아주 악한 인격의 인간을 가리킵니다(빌 3:2; 사 56:10-11). 또 점술가는 점치고 악령과 접하는 사람을, 음행하는 자는 육체적으로나 영적으로 간음한 사람을 말합니다.

16절은 예수님이 마지막으로 자신을 증거하시는 부분입니다.

"나 예수는 교회들을 위하여 내 사자를 보내어 이것들을 너희에게 증언하게 하였노라 나는 다윗의 뿌리요 자손이니 곧 광명한 새벽 별이라 하시더라"(계 22:16).

예수님이 우리를 위해 천사를 보내 증거하신 내용은 바로 자신이 "다윗의 뿌리요 자손"(사 11:1 참조)이며 "광명한 새벽 별"(민 24:17 참조)이라는 사실이었습니다. 즉, 구약 성경에 나타난 메시아 예언을 여기서 다시 재확증하시는 것입니다.

"다윗의 뿌리요 자손이니"라는 말은 예수님이 역사적이고 실제적인 인물이라는 사실을 가르쳐 줍니다. 하나님의 아들이 다윗의 자손으로 태어나 인류의 죄를 대속하셨다는 것입니다. 예수님은 분명 이 땅에 태어나셨고 이 땅에서 사역하시다가 돌아가셨습니다.

과거에 독일을 중심으로 성경을 새로 해석하는 움직임이 일면서 예수님이 역사적인 인물이라는 사실을 의심하는 사람들이 있었습니다. 예수님 사건이 이 땅에서 실제 일어난 사건이 아니라 그저 하나의 영적인 사건이었다고 주장하는 신학자들도 있었습니다. 그러나 예수님은 이렇게 주님의 역사성을 부인하는 신학자들이 나올 것을 미리 아시고 16절 같은 말씀을 우리에게 주셨습니다. 이제 17절 말씀으로 넘어갑니다.

"성령과 신부가 말씀하시기를 오라 하시는도다 듣는 자도 오라 할 것이요 목마른 자도 올 것이요 또 원하는 자는 값없이 생명수를 받으라 하시더라"(계 22:17).

'신부'는 교회를 뜻합니다. 요한계시록은 주님을 믿지 않는 사람이라 할지라도 장래에 있을 일을 미리 알고 영원한 멸망으로 향하던 발걸음을 지금이라도 어서 돌이키라고 주신 책입니다. 지레 겁을 먹고 두려워하며 교회를 떠나라고 주신 책이 아닙니다. 요한계시록은 목마른 자들을 향해 어서 와서 영원한 생명수를 마시라는 예수님의 귀한 초청장인 것입니다.

18-19절은 경고의 말씀입니다.

"내가 이 두루마리의 예언의 말씀을 듣는 모든 사람에게 증언하노니 만일 누구든지 이것들 외에 더하면 하나님이 이 두루마리에 기록된 재앙들을 그에게 더하실 것이요 만일 누구든지 이 두루마리의 예언의 말씀에서 제하여 버리면 하나님이 이 두루마리에 기록된 생명나무와 및 거룩한 성에 참여함을 제하여 버리시리라"(계 22:18-19).

인간은 하나님의 계시에 절대로 손을 대서는 안 됩니다. 살을 보태도 안 되고 빼서도 안 되는 것입니다. 그런데 몰몬교나 여호와의 증인을 비롯한 각종 이단과 현대의 일부 신학자들은 하나님 말씀에 함부로 손을 댑니다.

저는 요한계시록을 강해할 때 구석구석 살피며 자세하게 모든 뜻을 풀어 내지 않았습니다. 복잡한 학설을 나열하기보다는 그저 성경에 기록된 것을 쉽게 이해할 수 있게 하는 데 역점을 두어 전체적인 흐름을 살펴보았을 뿐입니다. 우리는 성경에 기록되어 있는 그대로만 이해하면 됩니다. 하나님께서 그 정도만 알려 주셨기 때문입니다. 하나님께서 가르쳐 주시지 않은 것을 캐내려고 하면 문제가 생깁니다.

다시 한번 강조합니다. 하나님 말씀은 일점일획도 보태거나 빼서는 안 됩니다. 그저 겸손하게 있는 그대로 받아들이고 '아멘' 하면 됩니다. 인간이 하나님의 말씀을 판단하고 심판하는 태도는 온당하지 못하다는 것을 꼭 기억하십시오.

요한계시록은 속히 오시겠다는 예수님의 말씀으로 끝을 맺습니다.

"이것들을 증언하신 이가 이르시되 내가 진실로 속히 오리라 하시거늘 아멘 주 예수여 오시옵소서 주 예수의 은혜가 모든 자들에게 있을지어다 아멘"(계 22:20-21).

요약과 맺는 말

우리는 세상에 살고 있지만, 세상에 속한 사람은 아닙니다. 땅을 밟고 살고 있지만 하나님께 속한 사람들이요, 영원한 천국 시민들입니다. 그러나 인생에는 종말이 있습니다. 개인적 종말과 역사적 종말이 있습니다. 개인적 종말은 더욱 확실합니다. 언제 올지 모릅니다. 그 때가 언제이든지 우리는 주님을 만날 마음의 준비를 하고, 그날을 예비하며 살아야 합니다.

우리가 마지막 호흡을 하는 그 순간은 영광스러운 천국 문이 활짝 열리는 순간입니다. 우리는 아픔도, 슬픔도, 고통도, 죽음도, 눈물도 없는 그 나라에 도착해 기쁨과 감사로 주님을 만날 것입니다. 참으로 기대됩니다.

주님이 더디 오시면 인류 역사에는 큰 변화가 일어납니다. 사탄은 자기 시간이 얼마 남지 않은 것을 알고 최후의 발악을 합니다. 악은 성할 것이고, 사랑은 식어질 것이며, 하늘과 땅에 놀라운 변화들이 일어날 것입니다. 주님 다시 오실 날이 가까워지면 끝까지 저항하는 세상에는 인류가 지금껏 경험하지 못한 최악의 재앙들이 내려질 것입니다.

예수님도 마태복음 24장에서 예언하셨고, 사도 요한도 계시록을 통해 더욱 자세히 보여 주었습니다. 종교적 바벨론과 정치적 바벨론이 하나로 연합하는 그날, 적그리스도의 출현으로 인해 하늘과 땅에 충격적인 재난들이 나타날 것입니다.

그러나 우리는 구원받은 하나님의 자녀들입니다. 하나님의 보호 아래 있습니다. 두렵지 않습니다. 그 마지막 시대에 관한 계시를 이미 잘 알고 있기 때문에 놀라지 않습니다. 주님이 우리를 데리러 오실 날이 가까워 오고 있습니다. 그날이 언제이든지 "아멘, 주여 어서 오시옵소서!"라고 기도하며 기다릴 것입니다. 이미 구원받은 우리는 항상 준비가 되어 있습니다.

그날이 오면 평생토록 기다리던 예수님을 만나게 될 것입니다. 앞서간 가족들과 성도들을 만나 영원한 천국에서 서로 사랑하고 하나님을 찬양하며 살아갈 것입니다. 우주는 우리의 것이요, 부활하신 예수님과 같이 영화롭게 변한 몸을 입어 중력이나 시공간의 제한을 받지 않고 완전히 새롭게 재창조된 새 하늘과 새 땅에서 영원히 주님과 함께 영광을 누리며 살아갈 것입니다.

"아멘, 주 예수여 오시옵소서!"